근대 **일본의 문화사 9** : 1955년 이후 1

냉전 체제와 자본의 문화

저자

요시미 슌야吉見俊哉 | 1957년생 도쿄대학 대학원 정보학환情報學環 교수

야스마루 요시오安丸良夫 | 1923년생 히토쓰바시대학 명예교수

강상중姜尙中 | 1950년생 세이가쿠인聖學院대학 교수

나카무라 히데유키中村秀之 | 모모야마가쿠인대학桃山学院大学 교수

호소카와 슈헤이細川周平 | 1955년생 국제일본문화연구센터 교수

와타나베 모리오渡辺守雄 | 1954년생 규슈국제대학九州国際大学 법학부 교수

야카비 오사무屋嘉比收 | 1957년생 오키나와대학 법경학부 준교수

역자

허보윤許寶允, Boyoon Her | 현대공예이론 전공

김연숙金淵淑, Yeonsook Kim | 한국문학 전공

전미경全美慶, Mikyung Jun | 가족학 전공

한윤아韓允娥, Yoonah Han | 동아시아영화 / 영상이론 전공

이현희李炫熹, Hyunhee Lee | 일본근대문학 전공

강현정姜現正, Hyunjung Kang | 동아시아영화 / 영상이론 전공

남효진南孝瑱, Hyojin Nam | 일본학 전공

한국과 일본의 근대 형성기에 관심을 가진 우리들은 옛 '연구공간 수유+너머'의 '일본근대와 젠더 세미나'에서 만나 함께 공부해왔다. 이 책의 번역 이전에 이와나미岩波 강좌의 '근대일본문화사' 시리즈 중 3권『근대 지知의 성립』(소명출판, 2010), 4권『감성의 근대』(소명출판, 2011), 5권『내셔널리즘의 편성』(소명출판, 2012), 6권『확장하는 모더니티』(소명출판, 2007)를 번역했고, 현재 이 시리즈의 10권에 해당하는『역사와 주체를 묻다』를 번역하고 있다.

근대 일본의 문화사 9:1955년 이후 1

냉전 체제와 자본의 문화

초판 인쇄 2013년 7월 25일 **초판 발행** 2013년 8월 5일
지은이 요시미 슌야 외
옮긴이 허보윤 김연숙 전미경 한윤아 이현희 강현정 남효진
펴낸이 박성모 **펴낸곳** 소명출판 **출판등록** 제13-522호
주소 서울시 서초구 서초동 1621-18 란빌딩 1층
전화 02-585-7840 **팩스** 02-585-7848 **전자우편** somyong@korea.com **홈페이지** www.somyong.co.kr

값 24,000원

ⓒ 소명출판, 2013

ISBN 978-89-5626-853-8 94910
ISBN 978-89-5626-540-7 (세트)

근대 일본의 문화사 9 : 1955년 이후 1

냉전 체제와 자본의 문화

A Cold War Regime and Capitalist Culture

요시미 슌야 외 지음

허보윤, 김연숙, 전미경, 한윤아, 이현희, 강현정, 남효진 옮김

소명출판

REISEN TAISEI TO SHIHON NO BUNKA-1955 NENIGO 1

Iwanami koza : Kindai Nihon no bunkashi, vol.9

edited by Shunya Yoshimi

ⓒ 2002 by Iwanami Shoten, Publishers

Originally published in Japanese by Iwanami Shoten, Publishers, Tokyo, 2002.

This Korean language edition published in 2013

by Somyong Publishing Co., Seoul

by arrangement with the Proprietor c/o Iwanami Shoten, Publishers, Tokyo

◆ **일러두기**

1. 번역을 위한 텍스트는 이와나미岩波서점에서 2002년에 발행한『岩波講座, 近代日本の文化史 9 冷戰体制と資本の文化 1955年以後 1』이며, 이 책의 편집위원은 고모리 요이치小森陽一, 사카이 나오키酒井直樹, 시마조노 스스무島薗進, 지노 카오리千野香織, 나리타 류이치成田龍一, 요시미 슌야吉見俊哉이다.
2. 저자의 원주는 미주를 사용하였고, 역자의 주는 각주를 사용하였다.
   예 각주 : 1, 미주 : 1)
3. 단행본과 신문, 잡지는『 』, 논문·시는「 」, 영화·연극·노래 등은〈 〉를 사용하였다. 다만 본 글의 특성상 사진제목이나 그림제목이 많은 경우, 이해하기 쉽도록 따로《 》로 표시하였다. 또 원문을 인용한 경우는 " "를, 강조의 경우는 ' '를 사용하였다.
4. 표기법
   • 일본어 인명 및 지명의 한글표기는 원칙적으로「외래어 표기법」(1986년 문교부 고시)에 따랐다. 따라서 어두에 격음을 쓰지 않았으며, 장음표기도 하지 않았다.
   • 일본의 인명 및 지명 등의 고유명사는 각 장마다 처음 나오는 경우에 한하여 한글 다음에 한자어나 일본어를 넣어 병기하고 그 다음부터는 한글만을 표기하였다.
   • 역자의 판단에 따라 이미 익숙해진 명사와 고유명사나 일본어 발음 그대로를 살리는 것이 좋다고 여겨진 경우에는 일본어 발음대로 쓰는 것을 원칙으로 하였다. 예를 들면,『東京日日新聞』의 경우『도쿄니치니치신문』이라고 표기했다.

20세기 마지막 사반세기 동안, 근대 역사와 문화를 재검토하는 일이 세계적으로 이루어졌으며, 그에 관한 서사 방식 또한 새롭게 모색되어왔다. 일본에서도 1980년대 이후 그와 같은 과정이 눈부시게 전개되었다.

3

　'역사'의 개념 자체를 다양한 개인과 사회 집단의 역학관계 안에서 구성된 담론으로 새로이 파악하고, '역사'에 관한 지식들이 근대의 권력관계를 둘러싼 투쟁의 장 속에 배치되어 있음을 깨달았다. 또한 '문화'의 개념도 제각기 처한 역사적·사회적·정치적 맥락 속에서 만들어지며 강요당하고, 강요당하면서 만들어지는 투쟁의 장으로 재인식되었고, 실체적인 가치로서가 아니라 오히려 새로운 물음을 던지는 장으로서 재발견되었다. 그런 까닭에 우리가 '역사'와 '문화' 속에서 어떠한 주체로 구성되었는가를 문제 삼지 않을 수 없다.

　이러한 비판적 실천은 근대 학문 분야나 지식을 둘러싼 모든 영역에서 전개되고 있다. 비판적 실천이야말로 근대적으로 제도화된 학문 분야를 근본적으로 비판하면서 자유로운 재편성을 모색하는 일이다.

우리가 지향하는 것은 종래 의미의 '근대사'도 '문화사'도 아니다. 각각의 학문 분야에서 탈영역적인 질문을 던지고 경계를 초월하여 공유할 수 있는 새로운 서사의 지평을 창출하는 일이다. 이를 위해 우리는 '문화'라는 창을 통하여 근대 일본을 재검토할 것이다. 근대 일본의 문화를, 끝없는 항쟁과 조정調整, 전략과 전술의 충돌과 교차 속에서 경계가 계속 변화하는 영역, 불안정하고 유동적인 그래서 동적인 매력을 가진 영역으로 보고자 한다. 근대 일본의 역사는 과거 사건들의 집적이나 현재의 시점에서 재구성된 서사가 아니다. 그것은 현재를 살아가는 것과 과거를 재정의 하는 것의 사이를 계속 왕복하고 횡단하는 운동이다.

근대의 학문 분야들이 은폐해온 역사와 문화의 정치성을 밝히기 위해 이 책에서는 '일본'의 근대를 문제 삼고 있다. 하지만 여러 나라의 연구자들에게 특별히 집필을 부탁했다. 그들의 글을 통해 세계 여러 지역에서 진행되고 있는 비판적인 지식의 새로운 흐름을 두루 살필 것이다. 동시에 이제까지 제각기 속해있던 학문 분야에서 빠져나와, 근대 일본의 역사와 문화에 관한 지적 담론의 경계를 돌파하고자 한다.

고모리 요이치　小森陽一

사카이 나오키　酒井直樹

시마조노 스스무　島薗進

지노 카오리　千野香織

나리타 류이치　成田龍一

요시미 슌야　吉見俊哉

지난 8월의 광복절 즈음이었다. 인터넷의 어느 게시판에 "왜 우리나라는 분단되었나요?"라는 질문이 등장했다. 그 내용은 독일의 분단과 우리의 경우를 비교하면서 우리나라는 식민지였을 뿐이었고, 오히려 패전책임을 져야 할 일본은 아무런 변화도 겪지 않았다는 것이었다. 그에 이어진 댓글에는 당신 외국인이냐, 초등학생이냐 등등 질문꺼리도 아니라는 식의 야유와 조롱이 이어졌다. 한참 후에야 국제 정세가 재편되는 과정에서 한반도의 분단이 시행되었다는 분석이 댓글로 달리고, 현재 우리 주변의 국제적 상황과 관련한 분석까지 나오면서, 비로소 질문-응답은 마무리되었다.

역사적 사건을 바로 그 현장에서 경험하지 않는 한, 우리에게 역사는 항상 선험적인 배경으로 존재한다. 종종 식민지 경험은 책에서나 등장하는 화석 같은 역사이며, 분단상황이란 물고기가 자기 주변의 물을 자각하기 힘든 것처럼 으레 내 주위에 있어왔던 것으로 간주된다. 그러나 역사적 사건을 그 당대의 시각과 지금의 시각, 그리고 사건 당사자와 그를 둘러싼 소위 국제 정세라는 씨줄과 날줄이 교차하

5

는 지점에 올려놓는 순간, 그것은 엄청나게 많은 의미를 생산해낸다. 앞서 말한 인터넷 게시판의 일화가 그러하다. 강대국이 우리 뜻과는 상관없이 분단상황으로 만들었다는 사실을, 그야말로 이미 존재해온 실체로 받아들일 수도 있다. 그때 그것은 나와 아무런 관계를 맺지 못한다. 그래서 많은 사람들이 질문자체를 의문시했지만, 누군가가 그 질문을 나와 연속적인 것으로, 세계사적 맥락으로 조망하는 순간 그것은 '왜'라는 질문을 만들어내었고, 그 답으로 지금-여기의 현재적 위치를 설명하는 의미를 생산해내기 시작한 것이다.

이와나미 '근대 일본의 문화사' 강좌의 편집자들이 서문에서 밝히고 있는 것처럼, '역사'라는 개념은 다양한 개인과 사회집단의 역학관계 안에서 구성되는 것이고, '문화'의 개념도 근대의 권력관계들이 쟁투하는 장 속에서 출현하는 것이다. 따라서 '전후' 일본의 역사와 문화의 장을 살펴보는 것은 지금-여기의 우리가 어떻게 자리 잡고 있는지를 살펴보는 일이다.

『냉전 체제와 자본의 문화』는 이와나미 강좌 중 제9권으로, 제2차 세계대전 이후라는 '전후'를 '질문'하고 있는 책이다. 전쟁이 끝나고, 전후 정치·경제·사회·문화와 일상생활에 어떤 변화가 일어났는지, 그 변화가 어떻게 지금의 일본을 설명하는 의미가 되는지를 묻고 있는 것이다.

우선, 일본에게 '전후'란, 서구-근대와 관계하는 제2막이라 할 수 있다. 제1막이 메이지 유신으로 대표되는 서구 근대화의 경험, 이후 태평양전쟁으로 대표되는 제국일본의 경험이라면, 제2막은 패전 이후 다시 등장한 미국경험이다.

또 이 책은 1955년을 중요한 기점으로 삼아 일본의 전후를 주목하고 있다. 일본의 '전후'는 패전과 점령이라는 전쟁 직후의 '전후'와 전쟁 이후 재편되는 일본을 주목하는 '전후' 두 가지로 나누어서 살펴볼 수 있다. 진주만 공격으로부터 나가사키와 히로시마의 원폭 투하에 이은 항복 이후, 패전국에 대한 미군의 점령 즉 군부통치가 1945년 8월에 시작되어 1952년 4월에까지 6년 8개월 동안 지속되었다.

이후, 소위 '55년 체제'로 불리는 일련의 사회정치적 변화, 즉 보수합동에 의한 거대한 보수정당의 탄생과 이로 인한 보수안정의 기반 구축, 자본주의 발전 정책의 본격화 등의 변화를 겪게 된다. 이러한 국내 정치체제의 안정을 바탕으로, 일본은 미국과의 관계도 강화하고, 소련과 국교를 수립하며 국제연합에 가입하고, 아시아 국가들과의 관계도 하나하나 정상화해 나가는 등 국제정치의 장에 본격적으로 가담한다. 이 책이 기점으로 삼고 있는 1955년이란, 전후 일본이 안팎으로 재편되는 즈음으로, 현대 일본사회의 틀이 구축되어 나가는 지점을 가리키는 것이다.

이와 같은 전후 시기의 일본을 좌우하는 가장 중요한 요소는, 미-소 '냉전 체제'와 '자본'의 막강한 힘, 두 가지다. 이 두 가지는 한반도에도 마찬가지로 적용된다. 38선-휴전선이라는 한반도분단이 냉전 체제의 서곡이었다면, 1950년의 한국전쟁은 냉전체제의 극단적 표출이었으며, 그 이후 '미국'으로 대표되는 '자본'의 막강한 힘은 남한사회를 완전히 새롭게 재구성했다. 우리는 식민지로부터 해방되었지만, 1945년 이래 여전히 분단국가 속에서 살고 있고, 따라서 우리에게도 '전후'는 여전히 중요한 현재진행형의 문제다.

이 책에 실린 글의 내용과 체제를 소개하면 다음과 같다.

우선 총설에서는 "냉전 체제와 '미국'의 소비"를 주제로 전후 일본

사회에서 '미국'이 어떻게 영향을 끼치고 그것이 문화를 비롯한 일상 및 사회정치적인 공간에서 의미화되었는지를 살피고 있다. 이후 "1부 '전후'라는 담론 공간"의 일본 학계의 대응방식을 검토하고 있는 「전후 일본사상사에 나타난 '민중'과 '대중'」과 전후 새롭게 재편되는 일본의 모습을 보여주는 「전후 '일본'의 재구축」을 싣고 있다. "2부 대중문화 속 일본의 '전후'"에서는 「'이등병'을 표상하다」, 「애매한 일본의 '흑인'」, 「벌레라는 주제로 본 전후 일본의 하위문화」라는 세 편의 글을 통해, 전후 일본의 영화·음악·애니메이션 등에서 드러나는 특징들을 살펴보고 있다. 그리고 "3부 냉전, 기지 그리고 경계를 넘는 문화"에서는 오키나와를 중심으로, 전후 미국문화의 수용양상을 살펴보고 있다.

좀 더 자세히 살펴보자면, 총설에서 요시미 슌야는 전후에 미국 및 미국문화가 일본사회와 어떤 관계로 얽혀있는지를 탐색한다. 그에 따르면, 전후에 미국이 점령군으로서 일본에 주둔하면서 끼친 영향은 결코 일방적인 것이 아니었다. 즉, 점령자와 피점령자 간의 위계적 영향 관계가 아닌, 양자의 능동적인 '포옹'이 전후 일본문화를 만들어낸 것이다. 또한 그는 전후 문화가 전전이나 전쟁기와의 연속선상에서 고찰되어야 한다고 주장한다. 예를 들어, 점령군의 검열제도는 전쟁기 일본 군문화와, 전후 소비 생활은 전간기 도쿄에서 풍미한 도시문화와 연속성을 가지고 있다. 이러한 전제를 기반으로 요시미 슌야는 '아메리카니즘'이 가진 정치적 그리고 일상적 중층성을 살피며, 그것이 결국 '미국'의 소비로 귀결되어 버렸음을 지적한다.

야스마루 요시오의 「전후 일본사상사에 나타난 '민중'과 '대중'」은,

일본이 2차 세계대전에서 패전하기 직전부터 1980년대 초까지를 대상으로 일본 학계에서 어떻게 '민중', '대중', '시민', '인민'이 연구되어 왔는지를 역사적으로 고찰한 글이다. 그 결과 야스마루 요시오는 '민중', '대중', '시민', '서민' 등의 용어를 사용할 때 사람들은 이미 어느 정도 전략적으로 이데올로기적인 입장을 취하고 있어서, 연구에서 중립적인 객관성을 가지기 힘들다고 한다. 하지만, 그 용어들은 우리들이 살아가는 세계의 전체성을 전망하기 위한 방법적인 개념이므로, 이 세계의 전체성을 민중의 생활을 매개로 표상하는 노력을 멈출 수 없다는 점에서 여전히 유효하다. 덧붙여 그는 민중을 '생활자' 즉, 주어진 조건 속에서 온갖 조정을 되풀이 하고 궁리와 노력을 거듭하면서 어떻게든 살아나가는 사람이라고 정의한다. 특히 근대사회에서 생활 단위는 기본적으로 가족이었기 때문에, 민중의 생활과 생활사상을 탐구하기 위해서는 특히 가족에 초점을 맞추어 분석할 필요가 있다고 지적한다.

9

  강상중의 「전후 '일본'의 재구축」은 패전 이후 전후 상징천황제, 일본문화론, 보수주의의 상호 역동 속에서 재구축되는 '일본'을 보여주고 있다. 그에 따르면, 동아시아에 군림하는 왕권으로 성립된 전쟁 전의 천황제와 달리 전후 천황제는 그 기반을 일본열도에 한정시켜 일본 국민공동체의 상징적 존재가 되었고, 전후 보수주의자들에 의해 주창된 이 상징 천황제는 점령국 미국의 의도와 정확히 부합한 것이기에 미일합작품이라 할 수 있다. 또 패전 후 일본은 미국의 식민지국과 다름없었기에, 정치적으로 가질 수 없는 일본의 내셔널 아이덴티티는 일본 문화론으로 드러났다. 그러나 1980년대가 들어서면서 전후 천황제·일본문화론·보수주의에 의해 만들어진 일본 국내용의 내셔널 아이덴티티는 모순을 드러내기 시작했는데, 강상중은 이를 타파하기 위해서는 국민국가를 넘어선 광역 개념으로서의 동아시아 관계를 만들어야만 한다고 말한다. 즉 재구축된 일본을 새롭고 적극적인 의미에서 다시 한 번 해체하는 활동이 나타나야 하는데, 그 한 방법으로 일본과 한반도를 중심으로 한 '동북아시아 공동의 집'이란 개념을 제시하였다.

나카무라 히데유키의 「'이등병'을 표상하다」는 1955년 전후로 일어났던 소설과 영화 〈이등병 이야기〉의 대유행 현상, 이른바 '이등병 붐'을 고찰하고 있다. 영화산업의 변동을 반영한 '중편 부록영화'의 제작, 본격 대중서 판형인 '신서판' 출간, 다양한 대중잡지류가 쏟아져 나오며 '○○붐'을 주조하려는 시도 등 대중미디어 상황의 변화와 〈이등병 이야기〉라는 서사는 딱 맞아떨어졌고, '이등병들'은 영화와 소설, 잡지와 신문 기사를 오가며 당시 대중문화계를 주름잡게 되었다. 〈이등병 이야기〉는 '이등병'으로 표상되는 인물, 전쟁에 동원된 평범한 소시민의 입장에서 전쟁의 기억을 서술한다는 특징이 있다. 이는 당시로서는 유례없는 전쟁 재현이었다. 특히 '딱딱하지 않고 인간미 넘치는' 군인들, '전쟁 명분보다는 동료애를 중시하는' 병영생활의 이미지를 만들어낸 〈이등병 이야기〉의 재현 안에는 전쟁 피해자들, 여자들, 식민지 영토들의 왜곡된 상像이 은폐되어 있다. 특히 식민지 여성과 위안부들의 '눈물'이 훼손된 남성성을 받아들여주며 일본의 '새로운 남자'를 만드는 중요한 계기였다. 따라서 '이등병'을 둘러싼 이미지와 관객의 열렬한 호응은 일본의 고도성장기를 예비하는 주체성 및 심성과 연결되어 있으며, 전쟁·천황 등 역사-정치적 이슈들은 이제 문화상품으로 포장되어 성찰의 기회를 점점 잃게 되어 버린다.

호소카와 슈헤이의 「애매한 일본의 '흑인'」은 전후 일본에서 유행한 1970년대 블루스, 1980년대 두왑, 1990년대 랩을 통해 흑인음악과 그 음악에 담긴 흑인성이 일본에서 어떻게 해석되고 평가되었으며 어떤 의미를 가지는지 살펴본다. 이 글은 일본인 자신들의 환경과는 완전히 동떨어진 흑인 음악에 대한 일본인의 문화적응 과정에 나타난, 특히 모방 — 흑인분장, 일본어 랩 — 을 통한 접근이 갖는 인종적인 애매함에 주목한다. 흑인음악은 사회적·인종적으로 너무나 멀리 떨어진 외부에서 들어왔기 때문에 오히려 이상화된 사회적, 성적, 인종적, 국민적 경험을 일본인들에게 제공했다. 호소카와 슈헤이는 단순한 일본의 문화잡식주의나 복화술적 자기표현이 갖는 공허함을 뛰어넘어 외부에서 들어온 음악의 적응 과정에 대한 의미를 역사와 물질의 맥락 속에서 새롭게 찾아야 한다고 주장한다.

　　와타나베 모리오의 「벌레라는 주제로 본 전후 일본의 하위문화」는 '전후 50년'이 된 1995년을 기점으로 전후 일본 하위문화가 변모되는 양상을 '벌레'를 통해 살펴보고 있다. 예를 들어 〈거미와 튤립〉에서는 일본인 스스로를 벌레=소녀와 동일화하고 여기에 '귀여움'을 부과한다. 이는 〈바람계곡의 나우시카〉를 통해 상실된 모성이 소녀에게로 전해지는 것과 연결되어 있으며, 이를 통해 두려움을 동반한 유형성숙적 개념을 엿볼 수 있었다. 또 유형성숙의 개념은 〈철완 아톰〉에서 대표적으로 드러나고 있다고 지적한다. 이러한 고찰을 통해, 와타나베 모리오는 일본 전후 하위문화가 유형성숙의 어두운 면, 즉 '징그러움'을 드러냈지만, 그것이 결국 '인간' 안의 잠재적 다형성을 드러냈다고 설명한다. 즉 벌레는 '징그러운' 존재이면서 동시에 '작고 귀여운' 존재로 등장해서, 동일존재의 양면을 나타내고 있다는 것이다. 따라

11

서 순진무구와 징그러움이라는 두 가지 자기상을 중첩시키면서 드러나는 어긋남을 통해, '전후 50년' 이후 일본사회를 되돌아보는 일이 중요하다고 한다.

야카비 오사무의 「경계를 넘는 오키나와」는 전후 오키나와에서 '미국'이 어떤 모습으로 존재했고 어떻게 수용되어 갔는지를 고찰한 글이다. '섬 전체 투쟁' 이전(1940년대 후반부터 1950년대 전반)과 이후(1960년대 이후) 시기를 대상으로, 일본 본토와 오키나와, 오키나와 내에서도 기지 인접지역과 그 외 지역으로 나누고, 계층별·직업별로 세분화하여 각각에서 '아메리카니즘'이 수용되어 간 경위를 밝히고 있다. 그리고 이때 '일본'은 어떤 역할을 했으며 오키나와는 이를 어떻게 경험하고 저항하고 수용했는지를 살핀다. 예를 들면 서민계층에서 의식주 문제 해결을 위해 미군 물자를 빼돌리거나, 암거래, 밀무역이 행해진 사실이나, 중산층 가정에서 미국식 생활의 수용과 '반미' 운동이 공존했던 모습을 살펴보고 있다. 그 외 미군기지에서 일을 하며 생계를 이어나가면서도 '미군기지 반대'라는 모순을 안고 살아야 했던 전군노(전 오키나와 군노동조합) 노조원들의 모습도 자세하게 고찰한다. 이런 사례들을 통해 야카비 오사무는, 오키나와 사람들이 단순히 국가나 민족의 경계를 넘는 것뿐 아니라 자신들의 생활영역을 사회로 확장하고 이해관계가 다른 타자의 경계까지 넘어섰던 오키나와의 경계를 넘는 주체성을 발견할 수 있다고 결론 내린다.

『냉전 체제와 자본의 문화』는, 이미 출간된 『근대 지의 성립』, 『감성의 근대』, 『확장하는 모더니티』, 『내셔널리즘의 편성』에 이은 다섯 번째 공동 번역작업이다. 옛 '연구공간 수유+너머'에서 일본어세미나로 만난 우리들은 외국어학습의 방법으로 번역을 시도했고, 뜻하지 않게 여러 차례 공동 작업을 거치며, 현재 일곱 명의 구성원이 남아 번역세미나모임이라는 독특한 형태를 유지하고 있다. 앞으로 시간이 더 흐르면, 우리들이 또 어떤 모습으로 달라질지는 아무도 예상할 수 없다. 그러나 분명한 것은, 일본/조선-아시아-젠더-근대 등의 몇 가지 접점을 가지고 만난 우리들이 공부와 번역을 통해 공통 감각을 만들어냈고, 새로운 집합적 신체도 경험했다는 사실이다.

이번 책의 번역과정은 한 사람이 한 장을 책임 번역하는 것이었지만 결코 개인적인 작업은 아니었다. 공동의 눈으로 원문을 읽었고, 공동의 사유를 거쳤으며, 공동의 힘으로 문장을 만들었고, 공동의 작업으로 출판에 이르렀다. 나아가 우리들은 직접 번역에 참가했던 사람들은 물론, 공부하는 과정과 책을 만들어내는 과정에서 만난 많은 이들과 공통 감각을, 집합적 신체를 공유하는 행운을 누렸다. 그 공유의 경험이 이렇게 다섯 번째의 책을 탄생시켰으며, 우리 각자를 변신시켰고, 앞으로도 수많은 변화를 일으킬 것 같다. 아마도 우리 모두는 무수히 일어날 그 변화들을 설레는 마음으로, 감사하게 맞아들일 것이다. 여기저기서 마주칠 우리들의 잘못과 실수까지도 선선히 받아들이면서 말이다.

역자들을 대표하여
김연숙

13

| 차례 |

———{ 총설 }———

14

냉전 체제와 '미국'의 소비
대중문화의 '전후' 지정학

---{ 제1부 **'전후'**라는 담론 공간 }---

전후 일본사상사에 나타난 '민중'과 '대중'

15

전후 '일본'의 재구축
천황제 · 일본문화론 · 보수주의

16

17

| 총 설 |

냉전 체제와 '미국'의 소비

냉전 체제와 '미국'의 소비[1]

대중문화의 '전후戰後' 지정학

요시미 슌야吉見俊哉[2]

1. 패전 후 천황제와 아메리카니즘

　전후 일본에서 아메리카니즘과 내셔널리즘의 결합을 살피는 데, 존 다우어John W. Dower의 『패배를 껴안고』[3]가 피해갈 수 없는 연구서라는 점은 널리 알려진 사실이다. 미군의 일본 점령 초기에 초점을 맞춘 다우

1　이 글은 허보윤이 번역했다.

2　1957년생. 도쿄대학 대학원 정보학환情報学環 교수. 문화사회학 전공. 『미디어 시대의 문화사회학』(1994)을 비롯하여 『목소리의 자본주의』, 『드라마투르기』, 『기록, 천황의 죽음』, 『미디어로서의 전화』, 『고도정보사회의 커뮤니케이션』, 『도시사회학의 프론티어』, 『영의 수사학』, 『에도 도쿄』, 『1930년대 미디어와 신체』 등 다수의 저서가 있다.

3　이 책의 원제는 *Embracing defeat-Japan in the wake of World War II*이며, 『패배를 껴안고』(최은석 역, 민음사, 2009)라는 제목으로 번역본이 출간되어 있다.

어의 책은 제2차 세계대전까지의 천황제 지배와 점령기의 미군지배가 가진 구조적 연속성을 밝혔다는 점에서 매우 중요하다. 다우어는 점령기를 일본이 외부 권력에 일방적으로 복종했던 시기로 보지 않았다. 오히려 "패자가 승자와 그들의 계획에 어떤 영향을 미쳤다"거나 혹은 점령이 "패전국의 종래 실태를 변화시켰다기보다 오히려 종래의 경향을 더욱 강화시켰음"을 드러내고자 했다. 맥아더Douglas MacArthur는 천황 히로히토裕仁의 형사적 전쟁 책임뿐만 아니라 천황의 이름으로 잔학한 전쟁을 벌인 도덕적 책임까지 면제시켜주었는데, 이는 천황과 그의 측근 그리고 일본 보수 지배층이 감히 바라지도 못하던 일이었다.

존 다우어는 특히 통치 구조 측면에 나타난 전쟁기부터 전후까지의 연속성을 강조하였다. 패전 후 표면적으로는 '군국주의'에서 '민주주의'로의 전환이 이야기되었지만, 실질적인 통치 형태로 보면 중일전쟁기부터 미군점령기에 이르기까지 일본 사람들은 일관되게 군사독재적인 체제의 지배를 받았다. 점령기에 맥아더는 신식민지주의의 지배자로서, 그때까지 천황이 불가침 대상이었던 것과 마찬가지로 불가침의 권력을 가지고 있었다. 따라서 그는 "민주주의를 설파하는 한편으로 명령에 의한 지배를 행했다. 승자는 평등이라는 관념을 열심히 옹호하면서도 침범할 수 없는 특권계급을 만들어" 갔다. 그러한 권위주의는 맥아더와 그 측근들이 강고하게 내면화하고 있던 아시아에 대한 인종적 편견과 오리엔탈리즘을 통해 이데올로기로서 정당화되었다. 그들의 세계관에 따르면 일본은 어디까지나 '열두 살 어린애'였을 뿐이다.

그러나 동시에 점령자의 통치는 항상 간접적인 수단을 통해서만 가능했고, 그랬기 때문에 실상 복잡하게 전개될 수밖에 없었다. 왜냐하면 그들에게는 일본을 직접 통치할만한 언어 능력과 전문성이 결여되어 있었기 때문이다. 점령군 지휘관들은 압도적인 힘을 가지고 있으면서도 자신의 명령을 실행하기 위해서는 현지 관료에게 의지할 수밖에 없었다. 결국 점령군은 관료제와 천황제라는 "항복 이전의 일본정치 체제 중에서도 가장 비민주적이었던 제도"를 지속시킨 셈이었다. 맥아더는 "기존의 정부 기구를 바꾸고, 천황 히로히토를 퇴위시키고, 천황제를 폐지할 수도 있는 권한"을 가지고 있었지만, 그의 사령부에서 그런 것들이 진지하게 고려된 적은 단 한 번도 없었다. 오히려 그들은 천황제와 관료제를 온전히 보존한 채로 "새로운 민주주의 국가"에 접속하는 방향을 선택했다. 그 결과 일본의 관료 조직은 미국의 비호 아래에서 "전쟁을 위해 국가총동원령을 내렸던 절정기보다도 실제로 훨씬 더 큰 권한과 영향력"을 행사하게 되었다.[1]

미국의 일본통치가 더욱 복잡해진 것은 1945년 여름까지 점령 정책을 조언한 사람들 중에 일본전문가가 배제되어서였다. 맥아더는 미국의 일본전문가들이 일본의 특수성을 강조하면서 점령 정책에 개입하는 것을 달가워하지 않았다. 일본의 보수파와 친분이 있던 미국 내 많은 일본전문가들은 전후 일본에 민주주의가 정착될 수 있을지에 대해 회의적이었다. 그러나 맥아더 휘하에서 일본 점령 정책을 입안한 사람은 그러한 일본전문가가 아니라 뉴딜-자유주의자liberalist들이었다. 그들은 "민주주의의 이상, 목표, 정책은 보편적인 것"이라는 입장에서 민주주의가 일본에 뿌리내릴 가능성을 낙관적으로 보고 있었다. 이러한 사람들의 영향을 받아 초기의 점령 정책은 헌법 초안 등의 영역에서 자유주의적이고 보편주의적인 경향을 보였다. 그러나 다른 한편으로는 천황제와 관료제라는 구체제를 온전히 보존하는 방침을 고수하였기 때문에, 점령 정책은 처음부터 일종의 분열을 잉태하고 있었다.

다우어는, 이러한 점령군의 방침에 천황이나 일본의 구지배층이 어떻게 적응하고 또 회유되었는지를 상세히 분석하였다. 그는 특히나 천황의 전쟁 책임 회피가 어느 정도는 미일 합작품이며 각기 의도는 달랐지만 맥아더와 일본 지배 엘리트층의 이해득실이 일치하면서 치밀하게 달성된 것임을 정확하게 포착하였다. 또한 점령군과 구지배층의 그 같은 '포옹'의 결과, 중대한 문제들을 방치한 채로 사회의 기본 패턴이 어떻게 형성되었는지에 대해서도 주의를 환기시켰다. 미군에 의한 점령 통치 체제가 전시 총동원 체제를 지탱했던 천황제와 '포옹'했기 때문에 전후 일본에서 "제국 일본의 약탈 행위에 의해 가장 큰 피해를 입은 아시아인들은 (…중략…) 패전국에 책임을 물을 수 있는 영향력을 전혀 획득"하지 못하고 말았다.[2] 천황 히로히토의 면책은 전후 사회의 재출발에 치명적인 결함을 남겼던 것이다.

그런데 이 같은 다우어의 주도면밀한 고찰에도 불구하고, 그의 논의에는 간과하기 어려운 사각지대가 있다. 그는 분명히 맥아더의 지배와 천황제의 '포옹'에 대해 설득력 있는 논의를 전개했다. 그러나 그러한 통치 차원의 연속성과 패전국 민중의 다양한 욕망은 어떻게 결부되었던 것일까. 다우어는 같은 책에서 "나는 일본사회의 모든 계층 사람들이 패배의 고난과 재출발의 호기 속에서 경험했던 것, 그리고 그들이 내지른 '목소리'를 가능한 들으려" 노력했다고 말한다.[3] 그러기 위해서 그는 점령기 일본인들이 보여준 "다양하고, 정열적이고, 모순에 가득 찬" 반응을 상세하게 묘사했다. 그러나 맥아더나 점령군 정책 입안자에 대해 예리한 칼을 휘둘러 그들 언동의 배후 문맥을 포착하는 데에 성공했던 것에 비하면, 그가 세심한 주의를 기울이지 않은 보통 사람들, 빈곤층이나 중간층, 농민들에 대한 서술은 그저 온화할 뿐으로 과거와의 연속성보다 '패전'에 따른 해방의 순간이 더 강조되는 분위기이다. 그는 민중의 반응이 다양하다는 점을 강조했지만, 그 기반에 존재하는 뒤얽힌 맥락이나 상호관계를 충분히 분석하지 않은 채 다양성을 단순히 사람들의 재기나 활력, 능동성의 발로로 해석하여 보다 중요한 질문을 차단시켜 버렸다.

분명, 패전 후 수년간의 일본사회는 과거의 권위가 단숨에 무너지고 혼돈의 상황으로 빠져든 이례적인 시기였다. 사람들은 일본 보수 엘리트의 상상력은 물론 미국 자유주의자의 상상력을 뛰어넘는 다양한 미래를 사고하고 희구했다. 다우어는, 그 같은 전후의 일본민중에게 지배 전략에 포섭되지 않을 가능성이 있다고 보았다. 그래서 통치의 연속성과 민중의 의식을 구별하고 후자의 자율적 가능성을 강조했던 것이다. 그러나 패전 후 얼마 지나지 않아 1950년대 중반에 이르면, 경제 부흥을 배경으로 민중의 다양성이 다시 천황제와 조화를 이루며 결합하게 된다. 문제는 바로 이 전환이다. 그리고 그것은 위로부터의 조작의 결과물일 뿐만 아니라, 이미 처음부터 사람들의 일상적 실천 가운데 싹트고 있었던 것이기도 했다.

예를 들어 다우어에 따르면, 맥아더는 일본인의 동양적 심성에 대한 강한 확신을 가지고 있어서, 일본인은 "권위를 공경하는 심성이 있기 때문에 위로부터 명령 받은 급격한 변화에도 잘 순응한다"라고 생각했다고 한다. 그래서 맥아더는 자신의 재능에 딱 맞는 배역, 즉 '일본/동양'이라는 무대 위에서 '제왕' 역할을 완벽하게 해치웠다. 강력한 오리엔탈리즘의 시선을 가진 맥아더는 스스로를 신격화하는 시나리오를 선택했던 것이다. 언뜻 보면 일본인들이 그 같은 신격화를 받아들여 새로운 외래의 신에게 동양인다운 숭경崇敬의 마음을 보였던 것으로 이해할 수 있다. 그러나 다우어는 그러한 설명이 얼마나 "얄팍하고 불충분"한 지를 거듭 지적했다.[4] 예를 들어 다우어는 점령기에

25

일본인이 써 보낸 막대한 양의 '맥아더 원수에게 보내는 편지'에 대해, 그들의 편지는 단순한 개인숭배의 증거가 아니라 "일찍이 한번도 경험하지 못한 패배의 '공간'에 있게 된 일본인이 그 공간을 새로운 자기 표현으로 충족시키려고 활발하게 행동한 것"이라고 말한다.[5] 그는 맥아더의 권위주의적인 드라마의 무대 가운데에서 '동양적 복종'이라는 단순한 이해로는 환원되지 않는 다양한 욕망이 꿈틀거리고 있었음을 간파했던 것이다.

그러나 그럼에도 이들 '편지'에 드러나 있는, 맥아더라는 사람에게 자신들의 생각을 인정받고 싶어 했던 많은 사람들의 소망은 내용의 다양성으로 환원시킬 수 없는 복잡한 문제를 여전히 내포하고 있다. 다우어가 지적했듯이, 일본 각지에서 점령자에게 엄청난 양의 편지를 보내게 된 배경에는 "맥아더 최고사령관은 범하기 어려운 권력을 지닌 천황과 같은 존재인데, 맥아더 쪽이 천황보다 가까이 하기 쉬워서 보다 직접적인 관계를 가질 수 있을 것"이라는 사람들 사이의 믿음이 있었다. 사람들은 맥아더를 마치 사제나 정신과 의사처럼 여기고 자신의 죄를 고백하며 현재의 역경에서 구제해주기를 바랐다. 그들은 단순히 맥아더가 절대적 강자이기 때문에 복종한 것이 아니라, 오히려 자신들에게 새로운 의미를 부여해줄 초월적인 시선을 맥아더에게서 찾았던 것이다. 이러한 시선은, 점령군의 압도적인 모습과 사람들의 감정 구조가 결합되면서 그 때까지 지니고 있던 천황제적 감정이 부분 변형된 것으로 보인다.

요컨대 거기에는 천황제적 감정 구조가 이른바 미국화되는 과정이 잠재되어 있었다. 전쟁기의 절대적인 권위 체제로부터 해방되었어도 그러한 체제 속에서 길러진 감정 구조는 없어지지 않았다. 이와 같은 부분 변형은, 물론 한편으로 천황제와 맥아더 통치의 '포옹'에 의한 것이었지만 동시에 일본인들이 근대를 거치며 갖게 된 서양에 대한 콤플렉스와도 연관이 있었다. 다시 말해, 미국의 군사적 우월함을 쉽게 받아들이고 일상의식의 차원에서 천황제를 미국화한 것에도 기인한다는 것이다. 이 같은 변형 과정은 이윽고 천황 히로히토 자신이 양복을 입고 지방순행을 다니는 일로 이어졌고, 1950년대 말에는 황태자의 결혼이라는 일대 이벤트를 통해 완성의 경지에 달했다. 사실, 패전직후에는 감정 구조의 차원에서 권위 체제의 변형이 일어났다. 이 변형 탓에 구체제를 부정하는 내용이 맥아더에게 보낸 편지에 들어있었다 하더라도, 실상 시선의 구조 차원에서는 뿌리 깊은 연속성이 내재하고 있었던 것이다.

그렇지만 패전에 직면하여 부상하기 시작한 민중의식은 천황이나 구지배층에게 공포의 대상이었다. 실제로 지배층은 패전 후 일본에서 발생할지도 모르는 혁명 봉기에 대해 불안해하고 있었다. 그 불안은, 유럽군주제가 차례로 무너지고 또 러시아 혁명에 의해 위기감이 배가되었던 제1차 세계대전 직후로 거슬러 올라가는 불안이었다. 또한 제2차 세계대전 중 전황이 악화되면서 천황가를 끊임없이 위협했던 불안이기도 했다. 그랬기 때문에 천황은 "패전을 정식으로 인정하는 성명인 동시에, 패전 국가의 사회적, 정치적 안정을 도모하고 천황의 지배를 유지하기 위한 긴급 캠페인"으로서 옥음玉音(천황의 목소리)방송을 했다. 패전의 혼란 가운데 자포자기하면 안 된다는 경고를 국민들에게 할 필요가 있었던 것이다.[6] 그것뿐일까. 다우어가 별도의 자료를 통해 밝힌 바에 따르면, 천황은 맥아더에게 일본의 민중은 "민주화에 필요한 교육이 부족하고 또한 신실한 종교심도 부족하기 때문에 한 쪽 극단에서 다른 쪽 극단으로 흔들리기 쉬우니" "점령이 지나치게 짧지 않기를" 부탁했다고 한다.[7] 천황이나 지배 엘리트의 입장에서 보면 패전국의 민중은 예측할 수 없는 위험성을 가진 타자였다.

그런데 지배층이 볼 때 '민중'이 타자였다 하더라도, 통치 차원에서의 '포옹'과 민중의 상상력이 이질적인 것이었다고 단언할 수는 없다. 예를 들어 다우어는 패전 직후 유포된 '평화국가건설'이나 '문화국가건설'과 같은 표어가 전쟁 중의 '대동아공영권건설'이나 '신문화' 등과 같은 "언어의 주술적 사용법"(쓰루미 순스케鶴見俊輔)의 연장선상에 있다고 지적했다. 이 표어들은 "낡은 내용을 버리고 대신 새로운 것으로 가득 채워질 것을 기대하는 여행 가방"과 같은 것이었다.8) '새로운 민주주의'에서 '밝은 생활'에 이르기까지 전후 다양한 유형으로 이야기된 '새로움'이나 '밝음'을 향해 모든 국민이 '힘내자', '뭉치자'라는 표어의 내용은 분명 전쟁기부터 계속 강조되어온 주제였다. 즉, 총력전 때 전개된 일본인의 자기 인식 스타일이 패전 후에도 달라지지 않고 그대로 유지되었던 것이다.

이렇듯 사람들의 일상 언어에까지 널리 침투한, 전쟁기에서부터 점령기로 이어지는 연속성을 깊이 고찰하다 보면, 일상적 실천 차원의 '전후' 다양성도 그 문맥을 따져서 구조화된 전략적 행위로 이해해야 함을 알 수 있다. 예를 들어, 패전의 충격과 허탈감 속에서 사람들의 일상의식이나 대중문화가 완전히 새롭게 '미국적' 자유나 물질주의로 '해방'되었던 것이 아니다. 다시 말하겠지만, '미국'은 이미 전간기戰間期4부터 도쿄나 오사카 등의 대도시 일본인들에게 익숙한 욕망의 대상이었다. 미국과의 전쟁이 한창이던 때조차 적지 않은 일본인은 의식 밑바닥에서 미국에 계속 유혹 당했다. 전전戰前,5 전쟁기, 전

4　제1차 세계대전의 종결 시점에서부터 제2차 세계대전의 시작 전까지의 사이 기간을 말한다.
5　'전전戰前'이라는 말은, 1945년 패전을 기점으로 그 이전을 의미하는 경우가 일반적이다. 그러나 이 글에서는 제2차 세계대전 기간을 '전쟁기'로 따로 구분하고, '전전'은 제2차 세

후로 이어지는 이 같은 문화적 연속성은, 거꾸로 '전전'이나 '전쟁기'의 문화가 반드시 '전후'와 이질적인 구조를 가졌던 것은 아니라는 생각이 들게 한다. 요컨대 '일본적인 것'과 '미국적인 것'을 애당초 다른 것으로 대립시켜 논의를 시작하면 안 되고, 대중문화나 일상의식의 차원에서 연속성을 가진 것으로 이해할 필요가 있다는 말이다. '전후'의 다양성도 이러한 연속성 가운데에서 생겨난 차이였던 것이다.

여기서 짚고 넘어가야 할 것은, 전쟁기까지의 근대 체제에서 일본은 분명 제국에 준하는 국가 즉 준제국이었다는 사실이다. 패전까지 일본은 근대 체제의 외부에 있었던 것이 아니다. 19세기 말이면 세계는 이미 식민지를 가진 나라와 식민지가 된 나라로 나뉘어 있었다. 지구상의 많은 사회가 식민지가 되거나 식민지를 가지는 관계를 자기 내부에 중층적으로 끌어안게 되었고, 그것이 사회의 정체성 구성에 기본적 출발점이 되었다. 근대 일본은 두 가지의 식민지역학관계를 선택적으로 작동시켰다. 즉, 자국 내에 거주하는 사람들을 국민 주체로 개조하는 동시에, 신생 '제국'으로서 자국의 영토를 조선반도와 남방으로 확장시켰다. 근대 일본은, 한편으로 '문명개화'의 논리에 따라 구미열강을 기준 삼아 사회 구석구석을 자기식민지화하면서도 그것을 식민지라고 의식하지 않고(식민지적 무의식), 다른 한편으로 '문명'을 받아들이지 않은 주변의 여러 나라들을 '야만'의 존재로 지명하여 제압함으로써 자기 우월성을 확인했던 것이다(식민주의적 의식).[9] 이러한 이중의 과정이 급속히 진행되어 다른 열강들과 마찬가지로 제1차 세계대전 무렵에 이르러 임계점에 달했다.

따라서 어떤 의미에서 제2차 세계대전 후에 벌어진 일은, 이 준제

29

계대전 개시 이전을 가리킨다.

국의 체제가 '미국'이라는 초제국의 아시아 전략으로 이어지는 과정
이었다. 붕괴한 준제국의 엘리트에게는, 산산이 부서진 제국의 단면
들을 아시아에서 새롭게 지배권을 확립한 세계 최대 초제국의 체제
에 적응시킴으로써 연명하게 만들어서 새로운 종속적 권력의 그물망
을 짜나가는 것이 당연한 과제였다. 노회한 보수 정치가 요시다 시게
루古田茂를 중심으로 전개된 이러한 전략은 맥아더 사령부에 꽤 효과
가 있었다. 또한 대중문화나 사람들의 일상의식이라는 관점에서 보
면, 점령하에 벌어진 일은 '전쟁으로부터의 해방'인 동시에 1920년대
에 시작된 과정의 전면적인 전개라는 성격을 가지고 있었다. 1920년
대에 대도시 중산계급을 사로잡았던 모더니티의 이미지는 경제적으
로 혼돈의 한 가운데에 있었던 대중에게 단편적이고 공상적인 방식
으로 침투해갔다. 사람들은 '자유', '풍요로움', '민주주의', '연애', '스피
드'와 같은 미국의 이미지를 탐했는데, 적어도 도시의 중류 이상의 사
람들에게 이것은 낯선 경험이 아니었다.

2. 일본 속의 '미국' – 전전戰前 속의 '전후戰後'

　전후 일본에서 '미국'이라는 중층의 복잡한 작용을 파악하기 위해
서는, 미국화의 기간을 전후로 한정하지 않고 전전戰前까지 거슬러 올
라가 20세기 전체를 관통해 생각할 필요가 있다. 그런데 이제까지 전
전 일본에서의 '미국'에 대한 많은 논의들은, '미국적 자유' 관념의 수
용 양상이나 미일의 정치·군사적 국제관계의 투영으로서 일본의 친

미·반미 감정을 분석하는 데에 주로 관심을 집중해 왔다. 예를 들어, 가토 히데토시加藤秀俊와 가메이 슌스케龜井俊介가 편집한 『일본과 미국日本とアメリカ』은 문학작품과 평론을 대상으로 미일 쌍방의 이미지를 검토했는데, 그 가운데 가메이 슌스케는 일본인이 '미국'을 만난 초창기에 '자유'의 정신이나 제도를 어떻게 이해했는지에 대해 살폈다. 그는 요코이 쇼난橫井小楠, 사카모토 료마坂本龍馬, 나카오카 신타로中岡愼太郎 등의 막부 말기 사상가들이 공화정을 지향한 데에 '자유의 나라'라는 미국의 이미지가 작용했다고 주장한다. 그러한 '미국적' 공화정치에 대한 경도는, 막부가 붕괴될 때 하코다테函館의 고료카쿠五稜郭[6]에서 농성을 했던 에노모토 타케아키榎本武揚 무리의 '홋카이도 공화국'에서부터 자유민권운동을 한 바바 타쓰이馬場辰猪나 우에키 에모리植木枝盛 등의 급진주의로 이어졌다. 또한 후쿠자와 유키치福澤諭吉는 미국을 "순수한 공화정치로, 사실상 인민의 대리인들이 함께 모여 국정을 논의하는 추호도 사심이 없는" 국가로 묘사했다. 초기 후쿠자와 유키치의 사상은 미국에 대한 그의 인식과 긴밀하게 결부되어 있다. 그의 책 『학문을 권함學問のすすめ』에 나오는 "하늘은 사람 위에 사람을 만들지 않고, 사람 아래 사람을 만들지 않았다"는 유명한 구절이 사실 미국 독립선언문에서 유래한 것이라는 점에서도 이는 명백하다. 또한 가메이 슌스케는 메이지 일본이 '미국'을 받아들이는 과정에서 기독교 선교사가 수행한 역할의 중요성을 언급한 바 있다. 막부 말기에서 메이지기에 걸쳐 일본에 온 선교사 거의 대부분이 미국인이었다. 또한 다이가쿠 난코大學南校의 후루벡키Guido Herman Fridolin Verbeck, 구마모토 양학교熊本洋學校의 제인스Leroy Lansing Janes, 삿포로 농업학교札幌農學校의 클라

31

---

6 에도막부가 북방 경비를 위해 청사로 건축한 성곽.

크William Smith Clark 등 미국 기독교 선교사들은 교육 분야에도 커다란 영향을 끼쳤다.10)

이렇듯 메이지기 일본의 아메리카니즘에 대한 연구는 정치 엘리트나 지식인, 교육자, 종교인들의 사상에 중심을 두었고, 이는 당연한 것이었다. 하지만 다이쇼기 이후에 대한 연구에서도 같은 관점이 그대로 적용되었다. 다이쇼기 이후의 아메리카니즘 분석은 '가상의 적으로서 미국'의 이미지가 논단이나 잡지에서 어떻게 그려졌는가에 특히 집중했다. 사에키 쇼이치佐伯彰一는 이미 1920년대부터 일본 출판시장에서 미일미래전쟁물이라 할만한 SF대중소설이 하나의 장르로 등장한 것을 추적한 바 있다. 사에키 쇼이치에 따르면 그 효시는 1897년『문예구락부文藝俱樂部』특별호로 나온『미일개전미래기日米開戰未來記』이다. 그러나 미일미래전쟁물이 지속적인 관심을 일으키게 된 것은 1911년 호머 리Homer Lea의 소설을 번역한『미일필전론日米必戰論』과『미일전쟁日米戰爭』이 출간된 무렵부터였다. 이어서 1914년, 쓰시마 해전을 그린『최근의 일전此一戰』으로 몇 해 전부터 인기를 누린 미즈노 히로노리水野廣德가 이번에는 미래의 미일전쟁을 상상해 그린『다음의 일전次の一戰』을 출간했다. 더욱이 1920년대에는 워싱턴회의7 결과에 대한 반발이 일면서,『만약 미일이 전쟁을 한다면日米若し戰はば』(1920)이나『미일전쟁 꿈이야기日米戰爭夢物語』(1922) 등의 책이 출간되었다. 그 외에도 1920년대 초 미야자키 이치우宮崎一雨의『미일미래전日米未來戰』(1923)을 비롯하여『미일 싸워야할까日米鬪うべきか』,『미일전쟁日米戰爭』,『미일전쟁미래기日米戰爭未來記』,『일본 위기 미국이라는 화가 닥친다日本危機 米禍來る』등의 제

---

7 제1차 세계대전 후 1921.11~1922.2에 워싱턴에서 개최된 해군군비 제한 문제 및 극동, 태평양 지역에 관한 국제회의. 영국, 미국, 프랑스, 이탈리아, 일본의 해군 주력함의 제한을 약속함.

목을 가진 책이 계속 출판되었다.[11] 사와다 지로澤田次郎는 『소년구락부少年俱樂部』에 묘사된 미국의 이미지를 분석했는데, 1924년 미국의 배일排日이민법에 충격을 받아 "미국에 대한 복수심"에 격해지면서 반미적 투서나 읽을거리가 다수 연재되었던 점에 주목했다.[12]

이외에도 도쿠토미 소호德富蘇峰에서 고노에 후미마로近衛文麿까지 언론인, 정치가, 군인 등이 가진 미국 이미지를 분석한 연구는 일일이 세기 어려울 정도다. 그러나 이러한 분석들은 분석의 기본 단위를 언제나 두 국민국가 간의 관계에 두었고, 대부분이 정치·군사적 변화와 문화적 변화를 직선으로 연결해버리는 경향이 있었다는 점에서 커다란 한계가 있다.[13] 이미 제1차 세계대전 후부터 '미국'에 대한 생각을 할 때, 협의의 미일관계를 벗어나 글로벌한 표상 정치에 주목하지 않으면 의미가 없는 상황이 펼쳐지고 있었다. 왜냐하면 '미국'은 이미 1920년대부터 단순히 소설이나 평론 속에 등장하는 '상대국'에 그치는 것이 아니라, 사람들의 일상생활 가운데에서 매우 친근한 존재가 되었기 때문이다. 1929년 출간된 『미국アメリカ』이라는 책에서 무로부세 코신室伏高信은 지금 "미국적이지 않은 일본이 어디 있을까. 미국과 동떨어진 일본이 존재할까. 우리에게 미국적이지 않은 생활이 어디에 남아있을까. 나는 단언한다. 미국은 세계 그 자체다. 오늘날 일본도 또한 미국이다"라고 말했다. 그는 또, 미국은 그 문명을 "라틴 아메리카, 일본, 중국, 인도뿐만 아니라 영국에도, 독일에도, 프랑스에도, 혹은 공산주의 러시아에도, 영원한 도시 로마에도" 수출하고 있다고 주장했다. 그에 따르면 "세계는 지금 미국문명의 시대로 돌입했다. 미국달러가 세계를 지배하고 있다. 미국문명, 달러에서 출발한 미국문명, 그렇다, 달러문명이 세계를 지배"하고 있는 것이었다.[14] 오늘날의 눈으로 보자면, 무로부세 코신의 논의는 매우 터무니없는 문

33

화제국주의론이며 이론적 조잡함과 현실에 대한 과장이 두드러진다. 그러나 이러한 논의가 이미 쇼와 초기에 활발하게 이야기되었다는 사실은 주목할 만한 가치가 있다.

이렇듯 1920년대 말에 이미 '적으로서의 미국'이 아닌 '우리 자신의 일부로서의 미국'이 논단에서도 다양한 입장으로 다뤄졌다. 사실 이 두 개의 '미국'은 동전의 양면이었다. 지난 세기와는 다른 20세기적 자기의식이 '미국'이라는 타자를 매개로 부상했던 것이다. 예를 들어 니이 이타루新居格는 지금 세계는 "각국의 색, 향기, 소리가 국제적으로 신속하게 용해되는 세기"로 진입하였고, 아메리카니즘이 이러한 "칵테일 시대"의 세계를 석권하고 있다고 했다. 일본에서도 재즈가 젊은 이의 마음을 사로잡았고, 할리우드영화는 거의 무제한으로 들어왔다. 젊은이들은 헤어스타일부터 화장, 복장에 이르기까지 헐리우드영화의 세계를 모방했다. 미국풍 빌딩으로 출근하고 일요일 낮에는 야구 구경이나 드라이브를 하고 밤에는 댄스홀에서 재즈에 맞춰 춤추거나 영화관에서 시간을 보내는 것이 이 시대의 가장 도시적인 생활이 되었다. 니이 이타루는 생활이나 풍속에서 이러한 아메리카니즘 유행이, 사상에서 러시아주의의 유행과 병행했다고 말한다. 즉, 일본에서는 "러시아풍의 이데올로기를 생각하면서 미국풍의 취미성을 가진 사람이 적지 않고, 설령 미국풍의 생활양식을 따르는 소위 모던보이라고 해도 사회주의에 결코 무관심하지 않았다." 니이 이타루는 생활의 미국화와 사상의 러시아화가 동시에 진행된 상호보완의 현실이라고 말했다.15)

같은 무렵, 오야 소이치大宅壯一는 이 시대의 급속한 미국화가 도쿄보다도 오사카에서 이루어졌던 점에 주목했다. 그는, 오사카는 "일본의 미국"이었다고 말한다. 메이지 이래 일본의 근대화는 도쿄의 엘리트가 주도했지만, 그렇게 발달한 도쿄문화의 대부분이 유럽의 모방이었다. 대학 제도부터 예술에 이르기까지 근대 일본문화의 모델은 어디까지나 영국, 독일, 프랑스였다. 그런데 제1차 세계대전이 그 같은 세계 인식을 뒤엎었다. 이 변동 속에서 현대문화의 두 가지 유형으로 떠오른 것이 러시아와 미국이었다. 그 중에서도 미국은 "무한한 자본력과 영화 그리고 광고의 위력을 통해 전쟁 때문에 심하게 피폐한 문화의 고향 유럽을 휩쓸고 나아가 동양의 여러 나라를, 전 세계를 정복해가고 있다." 오야 소이치는 1923년 대지진 후의 도쿄를 제1차 세계대전 후의 유럽상황에 견주었다. 그리고 새로이 대두한 미국의 국내 대응항이 바로 오사카였다. 오야 소이치에 따르면 그때까지의 도쿄문화는 유럽 선진국들을 모방함으로써 발달한 것인데, 그 원형인 유럽이 전쟁을 치르며 정신과 색채를 잃어버린 상황이었기 때문에 유럽을 모방하는 도쿄도 쇠퇴하지 않을 수 없다는 것이다. 그 같은 도쿄의 퇴조를 대신하여 일본을 정복한 것이 오사카이고, 오사카에서 번성한 생활 중심의 미국문화였다. 신문업계나 연예계 등 많은 분야에서 오사카 자본은 구 도쿄 세력을 이미 압도한 상태였다.[16]

실제로 1920년대 중반 오사카에서는 아메리카니즘과 모더니즘이 표리를 이루며 대중소비문화를 확장시켜가고 있었다. 제프리 헤인즈 Jeffrey E. Hanes는 이 무렵의 오사카가 "모던라이프의 바퀴를 돌려 순조롭게 앞으로 나아가고, 모던라이프로 활발하게 상업 활동을 진행"했음을 묘사한 바 있다. 1925년에 이르러 오사카 인구는 도쿄를 앞지르고 문화 전파력도 도쿄를 능가하게 되었다. 당시 "오사카의 상인들은 '티저 광고'를 도입하여 제품의 질이 아니라 이미지로 소비자를 유혹했다. 오사카 백화점은 특판일을 정하고, '마네킹 걸'로 패션쇼를 개최하고, 레스토랑을 열고, 쇼윈도우를 화려하게 꾸미고 (…중략…) '문화 산업'으로 카페나 댄스홀, 영화관, 연극 극장, 대중 연예장, 유원지, 대중식당, 비어홀 등을 열었다." 양차 세계대전 사이에 벌어진 오사카의 이 같은 모던라이프는 대지진 이전에 이미 도쿄에서 시도된 것들이었다. 그러나 기본적으로 고학력 부유층과 국가 관료의 후원을 받았던 도쿄와 달리, 오사카는 오히려 물질주의적인 대중문화의 습속에 기대고 있었다. 오사카문화는 제1차 세계대전을 계기로 시작된 한신阪神 일대의 급격한 산업 발전을 배경에 두고 있었다. 그 같은 경제 발전으로 "부자가 된 오사카의 졸부들은 손에 들어온 이익을 더 크게 불리려는 욕망에 타올랐고, 그 욕망의 불꽃은 소비산업의 부채질로 더욱 더 강해졌다."17)

그런데, 그 당시 동아시아에 이 같은 아메리카니즘이 침투한 곳은 일본만이 아니었다. 특히 상하이나 서울 혹은 마닐라 등의 도시에서는 도쿄나 오사카의 모더니즘과 동시대적인 '미국'이 일상문화 풍경에 들어서기 시작했다. 서울은 식민지 조선에서 모더니즘과 직결된 유일한 공간이었다. 서울의 모더니즘은 대개 도쿄를 경유해 들어온 것들이었지만, 한편으로 일본과의 관계로 환원할 수 없는 요소들도 있었다. 예를 들어, 영화의 경우 1920년대에 할리우드영화가 수입영화의 약 90%, 1930년대에는 60~80%를 점했고, 이 영화들이 '미국'의 이미지를 직접적으로 전했다고 한다. 그러한 영화는 서울의 젊은이들에게 단순한 오락거리가 아니라 '모더니티의 교과서'로 받아들여졌다. 그 영향으로 서울의 젊은 여성들 사이에 걸음걸이가 크게 달라지고, 모던걸은 은막의 여주인공이 보여준 헤어스타일, 화장, 복장, 말하는 법, 몸가짐에 이르기까지 모든 것을 흉내 냈다고 한다. 또한 미국에서 온 기독교 선교사들도 커다란 영향을 끼쳤다. 조선의 모더니스트들에게 '미국'은 제국 일본의 허위적 근대와는 다른 '풍요롭고',

'자유로운' 근대의 표상으로 수용되었던 것이다.[18]

중요한 것은 1920~30년대 일본을 비롯한 아시아의 일상에 침투한 '미국'이 현실의 미국사회에서 유래한 것임에도, 그대로 직수입되지 않고 현지의 맥락 속에서 재구성되었다는 사실이다. 제1차 세계대전을 통해서 일본의 자본주의는 급속히 발전했고, 제1차 대전 후 세계 체제 속에서 스스로를 준제국으로 자리매김했다. 그리고 그러한 세계 역학 안에서 아메리카니즘을 자국화하고 재구성했던 것이다. 시미즈 이쿠타로清水幾太郎는 1943년 미일이 교전 상태임에도 불구하고 일본에서 아메리카니즘이 범람한 것을 두고, 미국의 아메리카니즘 일부가 일본사회라는 다른 문맥에서 독자 발전한 것이라 보았다. 그가 강조했던 것은 "미국문화가 태평양을 건너오면서 그 기능에 커다란 차이 내지 변화가 생겼다"는 점이다. 요소의 의미는 문맥에 의존하고 "어떤 요소가 하나의 전체에서 다른 전체로 전해졌을 때, 전자에서 수행했던 기능을 후자에서도 그대로 수행하는 것은 아니다." 시미즈 이쿠타로에 따르면 미국에서의 아메리카니즘은 미국인들의 생활이나 문화를 관통하는 바탕 정신을 지칭하는 반면, 일본의 아메리카니즘은 향락이나 소비의 측면에서 현저하게 발달했다. 본국의 아메리카니즘이 공공정신의 표현임에 반해, 일본의 아메리카니즘은 개인이나 가정과 깊이 연관된, 사적 영역의 현상으로 수용되었다.[19]

위와 같이 주장하면 당장 반론이 제기될 것이다. 일본의 아메리카니즘 수용에는 윌슨주의에 강한 영향을 받은 '민주주의로서의 미국'이라는 차원이 있기 때문이다. 이 맥락에서 보면 아메리카니즘을 반드시 사적인 소비중심의 아메리카니즘이라고 말할 수 없다. 분명 1920년대 초까지 일본의 아메리카니즘에는 지식인 차원의 민주주의 이미지와 함께 보다 대중적 차원의 모던라이프 이미지가 공존했다.

특히 다이쇼기에는 '민주주의'가 미국적 신조의 핵심으로 받아들여져 지식인들을 중심으로 폭넓은 관심을 불러일으켰다. 그러나 이러한 윌슨주의적 아메리카니즘에 대한 관심은 윌슨 시대의 종언과 함께 1920년대에 급속히 쇠퇴하고, 사상의 아메리카니즘에서 풍속의 아메리카니즘으로의 전환, 즉 '모던이미지'로의 전환에 가속도가 붙었다.[20] 따라서 적어도 1920년대 후반부터 전쟁기를 거쳐 전후까지 일본에서 아메리카니즘의 주축을 이룬 것은 풍속과 소비의 대중적 아메리카니즘이었지, 지식인들이 선호하던 윌슨주의의 아메리카니즘이 아니었다.

흥미로운 것은 이러한 소비중심의 아메리카니즘이 내포한 섹슈얼리티적인 의미 중첩이다. 1920년대 후반부터 아메리카니즘의 유행을 전형적으로 표상했던 것은 모던걸의 성적 신체 이미지였다. 이 시대 모던걸은 시대의 상징으로서 잡지나 소설, 광고, 영화, 유행가 등에 활발하게 등장했다. 다니자키 준이치로谷崎潤一郎가 『치인의 사랑癡人の愛』에서 "메리 픽포드Mary Pickford를 닮은" 나오미라는 인물로 세심하게 그려냈듯이, 1920년대의 미국화 가운데 부상한 '근대'의 상품성은 모던걸의 창부 이미지 속에서 자화상을 찾아냈다. 게다가 다니자키 준이치로의 소설은 이러한 상품성 / 창부성(소비의 대상으로서 '여성')이 서구적 / 미국적인 것에 자기를 의탁함으로써 일본의 전통적인 남성성보다 우월한 입장에 서고자 했음을 간파하고 있다. 주인공인 죠지와 나오미는 신주쿠에 있는 양옥을 빌리고, 이 "동화같은 집"을 무대로 할리우드영화의 장면을 그대로 따라하는데, 나오미 쪽은 그러한 환상을 현실로 이행시키고 자기의 육체를 보다 철저하게 미국화 = 상품화함으로써 죠지의 어정쩡한 서양 지향적 태도보다 우월한 입장을 획득한다.

마사오 미요시マサオ ミヨシ가 지적한 것처럼, 1920년대부터 30년대에 걸친 다니자키 준이치로의 작품들은 "밝고, 말이 많고, 거리낌 없고, 관능적인 서양"과 "그늘지고, 분명하게 말하지 않고, 억눌리고, 쾌락이 부족한 일본"으로 세계를 이분하고 있다. 그렇듯 "어두운 일본"을 지루하고 단조로운 것으로 부정하고 "밝은 서양"에 저항하기 어려운 유혹을 당하던 1920년대의 다니자키 준이치로의 태도가, 1930년대로 넘어가면서 '서양이 가진 광채를 거부하고 '일본'의 그늘을 받아들이는 자세로 전환된다. 마사오 미요시는 다니자키 준이치로의 이러한 옥시덴탈리즘으로부터의 전환, 즉 "미래 / 서양과의 결합에서 과거 / 교토와의 결합"으로의 전환이 실상 "같은 뿌리"라고 말한다.21) 유사한 관점에서 프레드릭 뷰엘Frederick Buell도 글로벌화가 내셔널리즘의 기반으로 작용함을 강조한다. 뷰엘은 『여뀌풀 먹는 벌레蓼喰う蟲』 이래 다니자키 준이치로의 일본회귀가 1920년대의 옥시덴탈리즘을 바탕에 두고 안쪽을 향해 선회한 것에 다름 아니라고 지적했다.22) 그렇게 보면 맥아더의 오리엔탈리즘적인 시선에 정확히 대응하는, 일본의 자기에 대한 오리엔탈리즘적인 시선이 이미 전쟁기에 존재했음을 알 수 있다. 즉, 1920년대의 급속한 미국화는 뒤집힌 내셔널리즘 즉 서양적인 시선을 내면화한 '일본회귀'를 이미 내포하고 있었던 것이다. 아메리카니즘은 서양이 일본에 끼친 일방적인 문화적 영향이 아니라, 그 반작용으로서 일본이 스스로 '타자'로서의 자기인식을 길러간 과정이기도 했다. 이러한 작용 = 반작용의 양상은 사카이 나오키酒井直樹가 "대對-형상화configuration 도식"이라 부른 주체 구성 메커니즘의 하나이다. 사카이 나오키가 논한, 불평등한 번역관계를 통해서 순화된 주체가 성립되는 과정은 에도 후기에 '중국'과의 관계에서도, 막부 말기와 메이지기에 '서양'과의 관계에서도 존재했다. 그러나 그와는 또 다

른 방식으로 그 과정이 다이쇼기 이래 '미국'과의 관계에서 진행되었던 것이다. 사카이 나오키가 일본사상사에 대해 이야기했던 것과 거의 같은 맥락에서, 일본 '문화'의 자기 언급적 성격은 "모방을 향한 욕망을 매개로 비로소 가능"해졌다. 전간기부터 전후에 이르기까지 문학과 영화를 비롯한 대중음악, 연극, 상업미술 등에서 가상의 '미국'이라는 '비非일본'적 입장에 서있던 관객의 기대에 부응하여 혹은 그것에 반발해서 스스로 문화적 동일성을 연기하는 구도를 피해갈 수 없었다.23)

여러 가지 문화적 표상이나 의식의 차원에서 드러난 아메리카니즘과 내셔널리즘의 상보적 관계는 1930년대부터 40년대에 걸친 전쟁기가 되어서도 사라지지 않았다. 미국과 전쟁을 치르는 동안, 일본의 대중은 미국을 적국으로 비난하면서도 동시에 미국을 끊임없이 욕망했다. 실제로 미일전쟁 초기에 많은 잡지들이 미국문제를 특집으로 다뤘는데, 미일의 군사적 긴장뿐만이 아니라 아메리카니즘의 평가가 문제시되었다. 어떤 논자는 "우리들 주변을 반성의 눈으로 돌아보면, 국민의 실생활 가운데 놀랄 만큼 광범위하게 미국적 양식이 침투해 있다. 근대적 생활양식 가운데 기술적으로 편리한 것들은 거의 모두 미국풍"이라고 했다. 그러면서도 "실생활의 외면적 양식에서는 미국의 문명주의적인 것에 그다지 익숙하지 않기" 때문에 일본의 미국이해는 국가로서 미국에 대한 것이라기보다 이미지로서 미국에 대한 것, 즉 영화에 묘사된 표상 차원에서 이루어진 것에 불과하다고 비판했다.24) 또 다른 논자는 "우리 국민 대다수가 미국적 물질문명에 현혹되어 공포스럽다. 그것을 고도의 선진문화처럼 여기고 과하게 평가한다"라고 논했다.25) 더불어 몇몇 논자는 일본에서 아메리카니즘의 범람을 쓸어버리고 일본의 문화적 전통을 회복하기 위해서라도 미국과의 전쟁이 필연적이라고 말했다. 1942년『문학계文學界』지면에서 개최된 '근대의 초극' 좌담회에서도 아메리카니즘이 후반부의 주제였다. 이 가운데 쓰무라 히데오津村秀夫는 필리핀, 말레이시아, 자바, 버마와 같은 여러 지역에서 미국영화 수입이 전체의 75% 전후임을 밝히고, 영국보다도 오히려 아메리카니즘이 제1차 세계대전 이래 아시아를 휩쓸고 있음을 강조했다.26) 사실상 미일 개전 직전까지 할리우드 최신작들이 일본 국내에서 계속 개봉되었다. 일본인은 전전, 전쟁기, 전후 내내 미국에 대한 굴절된 감정을 품고 있었고, 이는 전쟁 중에도 사라지지 않았다. 그러나 대부분의 미국인들에게 '일본'은 "야만스러운 적국"(황색 원숭이) 이상의 문화적 의미가 없었다. 일본의 상황과 미국의 상황은 극히 불균형한 관계였던 것이다.

미국에서 적국 일본은 오히려 냉철한 관찰의 대상이자 여러 가지 사회과학적 분석이나 조사, 실험의 소재였다. 그래서 인류학이나 사회학, 사회심리학은 물론 문학연구, 영화연구, 역사학 등 온갖 근대 지식 체제를 동원해 일본을 분석했다. 특히 미국 국무성에서는 전쟁이 끝나지도 않은 1942년부터 일본전문가들을 동원하여 전후 예상되는 일본 점령 정책에 관한 광범위한 조사연구를 시작했다. 예를 들어 다카시 후지타니タカシ フジタニ가 밝혔듯이, 젊은 시절의 에드윈 라이샤우어Edwin O. Reischauer는 전후에 천황을 미국의 '꼭두각시'로 이용할 가치 혹은 일본계 미국인을 프로파간다로 활용할 가치에 대해 연구했다.27) 마찬가지로 전후에 이름을 날린 많은 일본연구자들이 일본인의 특성이나 사회구조에 대한 연구를 진행했다. 프랭크 캐프라Frank Capra가 만든 육군성의 프로파간다 영화 〈너의 적, 일본을 알라汝の敵日本を知れ〉(1944)도 좋은 사례이다. 이 영화는 비록 편견에 가득 찬 것이었지만, 다수의 일본영화 장면을 활용해서 '일본'이 어떠한 사회인지 혹은 일본민족의

41

의식이나 태도가 어떻게 형성되었는지를 영상이라는 '실증적' 자료로 검증하고 거기에 '이론적' 설명을 덧붙이려는 자세가 잘 드러나 있는 예이다. 더불어 미국 육군성은 일본문화나 일본인의 심리를 이해하기 위해 일본영화를 철저히 연구하는 일에 착수했다.[28] 그러나 비슷한 시기에 이 같은 관찰자적 시선이 일본에서 미국으로 향한 경우는 매우 드물었다. 일본에서 '미국'은 욕망이나 증오의 대상이었지, 전략적인 분석이나 관찰 혹은 이해의 대상이 아니었다. 오히려 '귀축미영鬼畜米英'(마귀와 짐승 같은 미국과 영국)이라는 환상적 표어가 보여주듯, 일본은 실제의 미국을 외면하고 타자로서 직시하는 것조차 회피한 채 틀어박혀 있었다. 미일 간에는 군사적, 경제적인 불균형뿐만 아니라 이와 같은 문화적 시선의 불균형도 존재했던 것이다.

3. 금지하는 미국 – 점령군과 검열 제도

그런데 문제는 1945년 일본의 패전과 미군의 극동 지배를 거치면서 전전戰前에 시작된 아메리카니즘이 어떻게 변화했느냐는 것이다. 미국의 일본 점령과 민간정보교육국(CIE)을 중심으로 한 문화 정책은, 우선 전쟁 전 주로 도시 중산계층에 침투해 있던 아메리카니즘을 한꺼번에 국토 전역으로 확산시켰다. 실제로 일본의 무조건 항복이 발표된 8월 15일 후 불과 한 달여 동안 『미일영어회화수첩日米英會話手帖』이라는 소책자는 눈 깜짝할 사이에 400만 부나 팔려 베스트셀러가 되었다. 또한 1948년부터 NHK 라디오에서 시작된 '미국통신アメリカ便リ'이라는 방송은 워싱턴에서 보내온 최신 미국소식을 전하는 내용으로 대단한 인기를 끌었다. 그리고 1949년 1월 1일부터 미국 생활양식의 풍요로움을 코믹하게 그린 만화 〈블론디〉가 『아사히신문』 조간에 등장하여, 1951년에 〈사자에상サザエさん〉으로 대체될 때까지 폭넓은 인기를 누렸다. 이와모토 시게키岩本茂樹가 살펴보았듯이 〈블론디〉의 장면에 가전제품이나 자동차가 늘 분명하게 등장한 것이 아니었음에도, 이미 '미국적 풍요로움'에 대한 욕망을 체화한 일본인들은 분명치 않은 그림 속에서 그러한 풍요로움의 상징을 스스로 발견해냈다.29)

1950년 오사카 부근의 니시노미야西宮에서 아사히신문사 주최의 미국 박람회가 개최되었는데, 이 역시 예상을 뛰어넘는 대인기였다. 메이플라워호부터 루즈벨트 대통령에 이르는 미국의 역사를 소개하는 화이트하우스관, 미국의 압도적인 풍요로움을 보여주는 본관, 텔레비전관, 뉴욕의 마천루와 자유의 여신상, 서부 개척지와 금문교가 늘어서 있는 미국 풍경의 거대한 파노라마에 사람들이 구름처럼 몰려들었다. 박람회장에 PX(미군전용매점) 전시실을 차리고 현대 미국의 생활필수품 4천 점을 전시했다는 사실을 통해 이 박람회가 아사히신문사뿐 아니라 CIE의 지도하에 기획된 것임을 쉽게 추측할 수 있다.30) 하지만 전체적으로 볼 때, '미국'을 향한 이러한 욕망을 단순히 점령군의 강제 혹은 정책의 결과로만 이해할 수는 없다.

그렇다고 해서 전후 일본에서 '미국'이라는 존재가 가진 복잡함을 전쟁 전에 시작된 미국화의 확대만으로 파악할 수도 없다. 말할 것도 없이 점령기는 일본사회가 '미국 점령군'이라는 압도적으로 우월한 타자와 교섭을 하지 않고서는 정치·경제에서부터 생활·문화에까지 모든 영역에서 자신의 장래를 결정하는 것이 불가능한 시기였다. 실제로 미국의 지배가 그 정도로 일방적이고 또 효과적으로 진행된 것은 아니었지만, 적어도 개개 당사자의 경험에서 '미국'은 저항하기 어려운 압도적인 힘으로 다가왔다. '미국'은 바다 저편에서 몰려온 새로운 생활이나 문화 이미지를 넘어서 일상에 끊임없이 개입하는 형체 없는 권력이었고, 항상 눈앞에 존재하여 사람들이 매일 무언가 교섭을 해야만 하는 직접적인 타자였다. '미국 = 주둔군'에 의한 직접적인 지배는, 미국 점령 정책의 일부로서 의식적으로 추구된 것과 '점령한 미국'과 '점령당한 일본'의 상호 교섭 가운데 무의식적 차원에서 침전된 것으로 나눠 생각해볼 수 있다. 전자인 의식적 차원에서 중심을 이룬 것은 말할 것도 없이 점령군에 의한 검열제도, 그리고 그와 함께 추진된 여러 가지 문화 정책이었다. 이는 영화, 방송, 신문, 출판 등 미국 본국에서 강력하게 작용하고 있던 매스 미디어에 초점을 맞춘 문화 정책이었다.

점령기의 검열에 관해서는 저널리즘 역사, 영화사, 문학사의 영역에 다수의 연구가 축적되어 있다. 마쓰우라 소조松浦總三의 선구적 연구를 비롯하여 에토 준江藤淳의 문제제기, 원폭 보도에 관한 모니카 브로Monica Braw 등의 검증, 아리야마 테루오有山輝雄나 야마모토 타케토시山本武利의 미디어 정책에 관한 최근의 역작, 그리고 히라노 교우코平野共余子나 다니카와 타케시谷川建司의 점령 정책과 영화에 대한 연구에 이르기까지 이미 축적된 연구만 해도 엄청난 양에 이른다. 이 연구들이 공통적으로 초점을 맞추고 있는 것은, 일본 점령 초기부터 미국의 태평양 육군 대적첩보부(CIS) 안에 있었던 민간검열부대(CCD Civil Censorship Detachment)에 의한 검열 실태였다. 아리야마 테루오가 지적했듯이 이 부대의 검열은 원래 필리핀 등 일본군으로부터 탈환한 지역의 군사 첩보 활동 일환으로 기획된 것이었기 때문에, 국무성 중심의 일본 점령 정책과는 성격이 달랐다. 필리핀, 오키나와, 일본 본토를 하나로 연결해 생각한 연합군의 일본상륙작전에서 CCD에게 기대했던 바 역시 점령군에 대한 반항적 활동의 정보 수집 등, 군사적인 성격이 강했다. 따라서 초기 CCD는 전신·전화를 비롯한 통신 미디어의 '검열'에 주력했을 뿐, 신문, 방송, 잡지 등의 매스 미디어까지 검열하지 않았다. 그런데 그들이 일본 본토에서 작전을 개시하기 전 이미 대일對日 점령이 시작되었고, 점령 초기 점령군 내부에 검열을 담당할 적당한 부서가 없었기 때문에 결과적으로 CCD가 미디어 검열 전반에 주도적 역할을 하게 되었다. 그러면서 CCD는 조직상의 지위를 훨씬 능가하는 큰 영향력을 가지게 되었다. 점령 초기 CCD에 의한 검열은 영화, 라디오, 신문, 잡지 등의 매스 미디어에서부터 일반 서적이나 교과서, 연극, 편지, 전보, 전화에까지 매우 광범위하게 시행되었다.[31]

　　CCD의 조직 확대에서 주목해야 할 점은 이 조직이 엄청난 수의 일본인을 고용했다는 사실이다. 매우 광범위한 미디어를 검열 대상으로 삼았음에도 불구하고 CCD 내부에 일본어를 아는 미국인은 극소수였기 때문에 다수의 일본인을 고용해야만 검열업무를 수행할 수 있었다. 야마모토 타케토시에 따르면 창구에서 미디어 담당자와 접하는 하급의 검열관이나 조사 대상에 관한 기사를 영어로 번역해서 미국인 감독자에게 전달하는 역할은 기본적으로 일본인 직원의 일이었다. 또한 검열 받는 미디어가 많아지면서 일본인 직원 수도 급격히 늘어났다고 한다. 당초 긴급 조치로서 시작된 검열은 결국 1947년까지 8천 명이 넘는 일본인 직원이 CCD 밑에서 검열 작업에 종사하는 결과를 낳았다.[32] 이처럼 많은 일본인을 채용한 것은 점령군 부서들 가운데서도 매우 예외적인 일이었다. 마쓰우라 소조는 CCD의 일본인 직원 중에 구 내무성에서 검열에 종사했던 자가 적지 않게 포함되어 있었을 것이라고 조심스럽게 추측한다.[33] 마쓰우라 소조가 참조했던 것은, 마크 게인Mark Gayn이 『일본 일기Japan diary』에서 사카타酒田에 체류했을 때 남긴 일화이다. 게인에 따르면 사카타에서는 해직 당한 많은 특별고등경찰이 "일본인과 미군 사이의 연락책"으로 재고용되었다. 전시에 이 지역 특별고등경찰이었던 여섯 명 중 세 명이 그러한 종류의 "연락책"으로 재고용되었다고 한다.[34]

전쟁 중에 내각정보부나 내무성 경호국에서 검열 업무에 관여했던 사람들이 조직이 해체된 후 어떤 직업에 종사했는지에 대한 확실한 자료는 없다. 그러나 적어도 점령군이 점령지에서 검열 작업을 시작했을 때, 일본어를 구사할 줄 아는 이가 압도적으로 부족한 것에 아연실색해 가능한 한 많은 일본인 검열 요원을 모았을 것이다. 모니카 브로는 1946년의 시점에 8,743명으로 늘어난 CCD 직원 가운데 일본인과 조선인이 8,084명으로 90% 이상을 차지했고, 거의 대부분이 일본 국내에서 채용된 사람들이었다고 한다. 이들 새로운 직원에게는 검열의 기초에 대한 훈련이 간단하게 시행되었으나 "훈련 과정은 그다지 철저하지 않았고 6일간 하루 한 시간씩으로 축소 시행되었다." 결국 각 검열관은 "각종 교본, 검열 사항 목록, 중요 사항 지시서"에 따라서 작업을 진행했는데 "중요 사항 지시서는 빈번하게 변경되거나 추가되었기" 때문에 기사 검열에 꽤 많은 자의성이 적용될 수밖에 없었다.[35] CCD의 상위 기구인 대적첩보부(CIS)의 소프Elliott R. Thorpe 준장이 말했듯이, 검열의 명목은 일본국민의 재교육이었으나 실제로는 이전에 내각정보국이 담당했던 일을 CCD나 CIS가 계승한 것이었다.

또한 내각정보국 폐지 후 그 내부 조직이 완전히 사라진 것도 아니었다. 예를 들어 가와시마 타카네川島高峰에 따르면, 내각정보국은 해체가 임박한 1945년 11월 여론조사과를 신설하고, 내각정보국 폐지가 확실해진 12월에 여론조사과를 내무성 지방국으로 이전했다가 1946

년 1월에 다시 내각심의실 여론조사반으로 제도상의 위치를 변경했다고 한다. 여론조사반이 설립되었을 때 전체 인원의 2/3는 내각정보국 출신자였고 그 나머지는 동맹통신 출신자였다. 그리고 소속이 내각정보국에서 내무성으로 그리고 내각심의실로 바뀌는 동안, 여론조사반 조직은 팽창하여 총 32명의 직원을 가진 부서가 되었다. 여론조사반은 집회 의견 청취, 신문과 출판물 분석, 여론조사, 투서 분석 등 예전에 내각정보국이 하던 업무의 일부를 이어받았다. 한편 내무성 경호국도 공식적으로는 특별고등경찰을 해체했지만, 관계자가 공직에서 추방되는 가운데에서도 치안정보조사기관 설립이 계속 시도되었다. 결국 1945년 12월 도도부현청都道府縣廳에 경비과 그리고 내무성 경호국 내 공안과가 신설되었다. 그리고 이들이 곧 전국 경찰서의 공안경찰로 발전했다. 요컨대 내각정보국이나 내무성 경호국은 "'질서 있는 항복'을 지향했던 일본정부의 민주화 거부와 '질서 있는 점령'을 지향했던 GHQ와의 간극을 메우는 역할을 하면서 패전 후에도 교묘히 살아남는 길을 모색"했던 것이다.36)

결국 점령군이 행한 대규모의 광범위한 검열은, '민주주의'를 강제하기 위해 전시의 사상 탄압 수법을 사용한 것으로 점령 체제의 근본적인 모순을 드러내었다. 맥아더는 모든 미디어에 언론의 자유와 표현의 자유가 있다고 강조하면서, 한편으로 문화나 표현의 구석구석까지 철저한 검열을 수행했던 것이다. 더구나 이 검열 체제의 금지조항 중에는 검열이 행해진 것을 공식적으로 절대 인정하면 안 된다는 항목이 포함되어 있었다. 예를 들어 출판업자들은 출판물에 "검열의 구체적 증거를 드러내서는 안 된다"는 명령을 받았고, 또한 "검열 담당관의 일이나 집무상황에 관한 기사를 공표하는 일"도 허용되지 않았다. 그뿐일까. 검열관들은 미디어에 '점령군'의 모습 자체가 드러나지 않

게 조치하여, 마치 일본에 점령군이 없는 것처럼 보이도록 만들었다. 히라노 교우코가 소개한 흥미로운 일화에 따르면, 부친의 업무 때문에 점령기 일본에서 청년시절을 보낸 영화사가 조셉 L. 앤더슨Joseph L. Anderson 은 시미즈 히로시淸水宏 감독의 〈벌집의 아이들蜂の巢の子供達〉(1948)을 보면서 "점령군의 존재 사실을 감추려는" 노력이 필사적으로 이루어진 것에 놀랐다고 한다. "당시 큰 철도역에 점령군 병사가 넘쳐났음에도 불구하고 그 영화의 철도역 장면에서는 그러한 기미가 전혀 없고, 당시 모든 곳에서 볼 수 있었던 'RTO(military Railroad Transportation Office)' 표시조차 전혀 찾아 볼 수 없었다."[37] 이렇게 검열 사실 그 자체를 검열하여 점령자 자신의 모습을 볼 수 없게 만듦으로써 전후 일본의 미디어 속에는 "오웰적"(다우어) 언설 공간이 구축되었다.

검열 사실 자체를 숨겨 자족적 언설 공간을 구축하려는 점령군의 전략은 이 시기 검열이 가진 가장 심각한 문제점이었으며, 그래서 오늘날까지 많은 논자들의 비판을 받고 있다. 예를 들어 에토 준은 점령군에 의한 교활한 검열 전략의 직접적인 효과로, 전후 일본인의 상상력이 "닫힌 언어 공간" 속에서 감시당했다고 고발한다. 그에 따르면, 점령군은 검열에 의한 배제를 통해 역설적으로 "패전과 함께 일본에 많은 자유가 부여되고 열린 언어 공간이 출현"했다는 착각을 일본인들에게 침투시켰다. 점령군의 검열은 "실제의 감각 대신에 만들어진 '감각'을, 혹은 진짜 상식을 덮어씌운 겉보기 '상식'을 일본인들에게 보급시키는 것"을 목표로 성과를 올렸던 것이다. 에토 준에게 전후의 '자유'나 '민주주의'에 대한 언설은 모두, 이 최초의 배제를 통해 만들어진 조작된 언어 공간 속에서 꾸며낸 픽션에 지나지 않았다.[38] 에토 준은 이 픽션의 밖으로 나오기 위해 "점령한 미국"의 "강요"를 거부하고, 그들에 의해 설정된 '전후' 언설 공간에서 배제된 "민족으로서의 일본"과 연결선을 회복하고자 했다.

야마모토 타케토시가 지적했듯이, 에토 준의 다소 과장된 검열 비판이 가진 가장 큰 문제점은 "검열을 패전 이전과의 관계 속에서 파악하지 않았다"는 것이다. 점령기 검열의 주요 특징인 검열하는 주체의 모습을 검열에 의해 보이지 않게 만드는 방식이 점령군에 의해 처음 사용된 것일까? 마쓰우라 소조는 이미 전쟁기에 실행된 내무성 경호국의 검열도 같은 방식이었음을 보여준다. 전쟁 중 언론 통제가 점점 더 엄격해짐에 따라, 복자伏字[8]로 처리해야 하는 양이 너무 늘어나자 검열자 측은 복자 자체를 없애버리는 방향을 모색했다. 내무성은 "내용 삭제가 독자들에게 알려지지 않도록 문장의 전후를 연결하라"고 편집자들에게 명령했다고 한다.[39)] 따라서 총력전 체제로부터 전후에 이르는 기간 동안, 검열은 텍스트에 검열의 흔적을 확실하게 남겨 검열자의 권력을 그대로 드러내는 방식에서, 가능한 검열의 흔적이 보이지 않게 만드는 방식으로 줄곧 이행했다고 할 수 있다. 미국은 이러한 새로운 검열 방식을 수행하는 능력이 일본보다 훨씬 더 발달했을 것이다. 그러므로 만약 점령군의 검열이 전후의 언설 공간을 감시했던 것이라면, 총력전 체제 자체가 이미 그러한 '감시'를 준비했던 것이라고 할 수 있다. 그러므로 점령기의 검열을 미국에 의한 '강요'로 보기보다는 오히려 총력전 체제에서 비롯된 국가의 문화 통제 구조의 연속선상에서 파악해야 한다.

더욱이 점령군에 의한 검열은 그 방침이 일관되지 않고 매우 자의적이었다. 1949년 CCD가 해산한 후에도 점령기 내내 계속된 언론 통제는 상황에 따라 기준이 계속 바뀌어서, 초기에는 군국주의적 언설

49

---

[8] 문장 가운데 직접 쓰기가 곤란한 부분의 문자를 대신하는 ○, × 등의 부호.

을 배제했다면 후기에는 좌익적 언설을 배제하는 방향으로 우회전했다. 그때그때 정세에 따라 무엇이 단속의 대상이 되고 무엇을 허락 받아야 하는지가 완전히 달라졌다. 단속의 내용적 일관성이 부족했기 때문에 검열은 사람들에게 일관된 이데올로기적 효과를 내지 못했을 것이다. 그러나 일관성이 없는 만큼 어떠한 표현이든 검열에 '걸릴' 가능성이 있기 때문에, 미디어 종사자들에게 '눈치 보기'나 '자기 검열'이 서서히 내면화되는 효과가 생겨났다. 다우어가 지적했듯이 "지붕 꼭대기에서 '표현의 자유'라는 깃발을 흔들면서, 한편으로는 맥아더 원수에 대한 비판이나 SCAP 당국에 대한 비판은 물론 점령군 전체에 대한, 점령 정책에 대한, 미국을 비롯한 승전 연합국에 대한, 전범 재판의 판결은 물론 검찰 측 변론에 대한, 승자의 실리적 이유 때문에 '없다'고 결정 내린 천황의 전쟁 책임에 대한, 그 모든 것들에 대한 비판을 철저하게 억압"했던 탓에, 결과적으로 '자유의 나라' 미국은 '해방'되었어야 하는 '일본인'에게 "압도적인 권력에 묵묵히 복종하는 것 그리고 허용되는 행동에 대한 강압적 합의에 순응하는 것"의 유용성을 재인식시켰다.[40]

그렇다면 점령군의 검열이 점령하의 일본인에게 전전戰前과는 다른 '자유'의 관념 혹은 새로운 사고나 표현 양식을 길러준 것인지 의심스럽다. 모니카 브로는 "가령 납득할 수 없는 경우나 미국의 처사에 이의를 제기하고 싶은 경우라 해도, 일본인은 권력자와의 관계에서 신중하게 행동하고 언쟁을 피하는 것에 익숙해 있었다. 검열에 익숙했던 것이다. 일본인은 미국의 검열에 놀라울 정도로 당황하지 않았다. 왜냐하면 일본인들은 미국에 의한 검열을 이상적 민주주의와 비교하지 않고, 점령 전 그들이 생활했던 사회와 비교했기 때문"이라고 말했다.[41] 이데올로기적인 입장은 정반대인데, 검열의 구조나 효과

50

라는 점에서 점령기의 검열은 내무성이나 내각정보국에 의한 검열의 연장선상에 있었고, 그에 대한 사람들의 반응도 전쟁기 이래 연속적인 것으로 파악할 수 있다. 그러므로 점령 체제는 지배 시스템으로서 이전의 천황제를 존속시키고 관료제를 강화했을 뿐만 아니라, 미디어 언설 질서에도 총력전 체제에서 구조화된 방법을 존속시키고 강화하는 방향으로 작용했다.

4. 유혹하는 미국 – 점령군과 도쿄의 도시공간

그러나 전후 일본을 '점령한 미국'이 일본문화 밖에서 일방적으로 그것을 금지하고 통제하는 타자로만 존재했던 것은 아니다. 검열자가 그 모습을 영화나 문서에 드러내지 않기 위해 안달했음에도 불구하고 점령군은 그 자체로 전후 일본 대중문화 풍경의 일부가 되었다. 즉, 또 다른 무의식적 차원에서 보면 미국은 '금지하는' 존재라기보다 '유혹하는' 존재로서 당시의 일상의식 가운데 드러났던 것이다. 예를 들어 미군기지와 전후 대중음악의 관계를 떠올려 볼 수 있다. 점령기 미군기지나 미군 병사용 위안 시설에서 활동한 연예인들은 당시 일본인들의 일반 봉급 수준보다 훨씬 높은 대우를 받았다. 그래서 갑자기 생겨난 이 직장에 젊은 가수들이 많이 몰려들었다. 그 중 미소라 히바리美空ひばり의 사례는 이미 널리 알려져 있고, 이토 유카리伊東ゆか り도 여섯살 때부터 아버지 등에 업혀다니며 미군기지에서 노래를 했으며, 에리 치에미江利チエミ도 초등학교 4학년 때부터 미군을 상대로

가수생활을 시작했다. 또한 마쓰오 카즈코松尾和子는 열다섯 살에 기타후지北富士 기지의 무대에 섰고, 모리 미쓰코森光子 역시 재즈를 배워 기지 순회공연을 하며 살아갔다. 당시 도쿄역 마루노우치丸の内 북쪽 입구에는 수백 명의 뮤지션들이 매일같이 모여 미군트럭 앞에서 밴드band '인력시장'을 벌였다고 한다. 이러한 가운데 연예인을 알선하는 브로커가 생겨나 '전문 연예인'을 키웠고, 결국 그들이 TV 시대의 대중오락을 지배하게 된다.42) 재즈든 패션이든 성적인 문화든 여러 가지의 강력한 문화적 침투가 패전 직후에 미군기지로부터 전후 일본 문화 속으로 흘러들었다.

　전후 미군기지문화의 침투현상은 결코 일본만의 일이 아니었다. 일본을 비롯하여 오키나와, 한국, 타이완, 필리핀 등 냉전기에 미군기지가 있었던 아시아 각지에서 발생한 일이었다. 강신자는 한국전쟁 후 미군기지문화와 결합하여 한국 록 문화가 형성된 과정을 생생하게 묘사한 바 있다. 그에 따르면, 한국전쟁에서 부모형제를 잃은 어느 한 청년이 "남대문 시장에서 미군의 통신용 무전기를 사서 AFKN(주한 미군방송)을 듣고, 미도파 백화점 근처에서 산 기타 교본을 보며 혼자서 기타 연습"을 한다. 기타를 메고 서울 거리를 방황하다가 기타 학원의 교사 노릇을 거쳐 미8군 쇼의 뮤지션이 된다. 이것이 한국 록계의 대부로 불리는 신중현의 탄생 과정이다. 1950년대 한국에서 "음악인들이 음악으로 먹고 살 수 있는 유일한 곳이 미8군 쇼였다. 전성기에는 264개의 쇼 무대가 있었고, 한국의 연간 총 수출액이 100만 달러 전후였던 시기에 미8군 쇼 출연자들이 받은 연간 출연료 총액이 약 120만 달러에 달했다고 한다."43) 이러한 한국의 상황은, 점령기 일본에서 미군기지를 기반으로 가수나 연주가가 생겨난 과정 그리고 베트남전쟁기인 1960년대에 오키나와 미군기지와 뮤지션들의 관계를 기반으로 오키나와 록이 창출된 과정과 매우 유사하다.

　그러나 전후 일본에서 벌어진 미군기지와 대중문화의 결합을 결코 단순한 영향관계로만 환원할 수 없다. 전후에 많은 대중문화가 '점령한 미국'과의 직접적인 결합을 기반으로 만들어졌음에도 불구하고, 대중문화 쪽에서는 이를 부인하면서 미군기지와의 결합이 가진 폭력성을 끊어버리는 듯한 태도를 보여 왔다. 다시 말해, 1950년대를 거치며 일본의 대중문화는 '암시장'이나 '양공주' 등과 같은 '점령한 미국'과의 직접적인 결합 사례들을 언더그라운드 이미지로 주변화시키거나 아예 망각해버리려고 노력했다. 미국의 노골적인 폭력성이 잘 드러나지 않게 되자, 그 자리에 '미국'과 뒤틀린 방식으로 결합한 소비주의적 아메리카니즘이 증식했다. 이 역설적인 전환에 TV를 비롯한 매스 미디어가 결정적인 역할을 수행했다. 이에 관해서는 점령기 재즈와 부기우기의 유행에서 일본가요로 이어지는 전개 과정을 통해서 혹은 광고, 패션, 만화를 통해서 잘 살펴볼 수 있다. 그러나 여기에서는 이 문제를 도시 공간의 차원에서 생각해보고자 한다. 한편에는 오키나와, 다치가와立川, 요코스카橫須賀와 같이 미군기지의 폭력과 직접적으로 대면한 경우가 있었고, 다른 한편에는 도쿄의 롯폰기六本木, 하라주쿠原宿, 긴자銀座와 같은 거리가 가진 또 다른 '미국'과의 관계가 있었다. 후자의 문화가 미군기지와 필연적인 관계를 맺고 있다고 대개는 생각하지 않지만, 실상 예전에 그곳에 존재했던 미군시설과의 관계를 염두에 두지 않고서는 왜 그 거리들이 전후의 도쿄 젊은이들에게 특별한 장소가 되었는지를 이해하기 어렵다.

　예를 들어 제2차 세계대전 전까지 롯폰기 일대는 아자부麻布 보병3연대, 보병1연대, 아자부 연대 지구 사령부, 제1사단 사령부, 아카사카赤坂 헌병대 본부, 근위보병3연대, 육군대학교 등이 집중되어 있던

53

'군대의 거리'였다. 거리에는 군용 물건을 파는 상점이 많았고, 아침 저녁으로 병영에서 나팔 소리가 울려 퍼졌다. 그러다 도쿄 대공습으로 극심한 타격을 받고 전후를 맞았다. 이후 구 일본군 시설 대부분이 미군에게 인수되어 그 일대에 미군 사령부, 하디바라크,[9] 군관계자의 주택들이 있었고, 장교들이 '온리only'라고 부르던 여성들도 살기 시작했다. 1960년 무렵까지 이러한 미군시설들이 존속했기 때문에, 1950년대까지 롯폰기에는 미군의 그림자가 분명하게 남아있었다. 그러나 롯폰기에는 많은 병사를 수용할 수 있는 병영이나 비행장이 없어서, 요코타橫田, 다치가와, 요코스카 등지와 달리 '폭력으로서의 미국'이 깊이 파고들지 않았다. 그러한 장소에 1950년대부터 60년대에 걸쳐 '롯폰기족'이라 불린 젊은이들이 모여들었다. 롯폰기에 TV 관계자, 로커빌리Rockabilly[10] 가수와 그 추종자들이 모여들면서, 점차 현재로 이어지는 패셔너블하고 콜로니얼한 밤의 거리로서 롯폰기 이미지가 생겨났다.

하라주쿠의 경우에도 전후에 '젊은이의 거리'가 된 배경으로 미군 장교용 주택 시설인 워싱턴하이츠를 빼놓고 생각할 수 없다. 워싱턴하이츠의 건설이 시작된 것은 종전 직후였다. 아직 주변에 불탄 벌판과 판잣집, 암시장이 널린 가운데, 신기루처럼 홀연히 하사관 가족용 주택 단지와 병원, 학교, 소방서, 교회, 백화점, 극장, 테니스코트, 골프장 등이 완비된 '풍요로운 미국'이 출현한 것이다. 부지 면적 27만 7천 평에 달하는 광대한 워싱턴하이츠의 존재는 이 일대가 가지고 있던 '요요기代代木 연병장'의 거리라는 이미지를 크게 일신했다. 1950년대가 되자 키디 랜드Kiddy Land(1950)나 오리엔탈 바자(1954) 등의 장교 가

---

9 롯폰기에 있던 군사 병영의 이름.
10 초기 록큰롤의 한 가지. 컨트리 음악의 요소가 강함.

족용 상점이 들어섰고, 이러한 분위기를 상징하는 건물로 센트럴 아파트가 건설되었다. 고바야시 노부히코小林信彦는 1960년대 초 하라주쿠에 살았던 경험을 돌이키며, "맨션이라는 일본식 영어가 일반적으로 보급되기 전, 센트럴 아파트는 도쿄에서 가장 호화로운 아파트였다"고 한다. 아파트 주민의 대다수였던 "무역상이나 미군 관계업자는 '일반 잽Jap'[11]에게 구름 위의 사람들이었다."[44] 당시 하라주쿠는 어딘지 모르게 '출입금지구역'의 느낌을 주는 기지의 거리였다. 그러나 얼마 지나지 않아 주둔군이 축소되면서 아파트 거주민은 미군 관계자에서 카메라맨, 디자이너, 카피라이터 등 유행의 선두를 달리는 '가타카나 업종'의 사람들로 바뀌게 된다.

다른 한편, 점령기의 긴자는 "주요 빌딩이 주둔군 시설로 접수되어, 한큐阪急 빌딩, 와코和光, 구로사와黒澤 빌딩, 마쓰야松屋 등이 PX, 주보,[12] 군 숙소가 되었다. 그 일대는 곳곳에 성조기가 펄럭여 마치 미국의 거리와 같은 인상을 주었다. 긴자 마쓰야의 PX에는 육해군, 공군, 해군, '마린'이라고 불리던 해병대, 그 외 연합군 장병들이 드나들어서 흥청거림이 대단했다. PX 입구에는 전쟁고아들이 떼 지어 몰려들어 물건을 팔았고, 구두닦이인 슈샤인 보이가 호객 행위를 했다."[45] 긴자는 분명 전쟁 전부터 "오늘날 긴자에 군림하고 있는 것은 아메리카니즘이다. 우선 그곳의 페이브먼트(거리)를 걷는 남녀를 보라. 그들의 분장, 그들의 자태는 죄다 미국영화에서 모방한 것이 아닌가"라고 할 만한 상태였다.[46] 그러나 점령기에 벌어진 '미국화'로 인해 긴자는 훨씬 더 직접적인 미국의 조차지가 되었다. 실제로 긴자의 거리에는 '뉴 브로드웨이', 'X 애비뉴', '앰버시 스트리트', '세인트피터스 애비뉴', '포커

55

---

11 미국인이 일본인을 얕잡아 이르던 말.
12 병영 안의 매점. PX와 같은 기능의 시설.

스트리트', '홀드 업 애비뉴' 등의 이름이 붙어서, 전 지역이 식민지적인 풍경으로 변모되었다. 거리에 미국식 명칭이 붙었던 것은 긴자만의 일이 아니었다. 점령군은 도쿄의 주요 도로 전체에 이를 적용했는데, 천황의 처소를 중심으로 방사형의 길은 '애비뉴', 환상環狀형의 길은 '스트리트'라고 불렀다. 애비뉴는 시계 방향으로 A부터 Z, 스트리트는 약 60개의 이름을 붙여 구분했다.47) 공식 명칭의 대부분은 기능적인 것이었지만, 총사령부가 있던 긴자 주변의 몇몇 거리에는 특별한 애칭이 붙어 있었다.

　이 시기 긴자는, 종전 직후 내무성이 조직한 특수위안시설협회(RAA)가 설치한 '위안'을 위한 여러 시설이 있었다는 점에서 특별하다. 종전 처리를 담당했던 히가시쿠니東久邇[13] 내각은 서둘러 항복 3일만인 8월 18일에, 내각 의결에 따라 "우리 부녀자에 대한 점령군 병사의 범죄 예방 대책"으로 주둔군 병사를 위한 정부 보증의 위안부 모집을 전국에 전보로 지시했다. 일본지배층은 전쟁 중 일본군 병사가 비일본여성들에게 범해온 조직적인 성폭력을 이제 점령군 병사가 일본여성에게 범할 것이라고 생각해서 "몸서리쳐지는 공포감"(다우어)에 사로잡혔던 것이다. 그래서 전시에 자신들을 위해 그랬던 것처럼, 이번에는 미군병사들을 위해서 정부 스스로가 위안부를 조직했다. 이와 관련하여 덧붙이자면, RAA의 활동자금 융자를 은행에 지시했던 사람은 당시 대장성 주세국主稅局장이자 후에 수상이 된 이케다 하야토池田勇人[14]였다. 정부는 각종 위안 시설을 8월 28일까지 개설하기 위해 "전후 처리를 위한 국가 긴급 시설의 일환인 주둔군 위안의 대사업에 신

---

13 히가시쿠니 나루히코東久邇稔彦는 구 황족으로 1945년 수상으로서 종전 처리를 담당했다. 그러나 1947년 황적을 버렸다.
14 원문에는 '勇'자 대신 '隼'자로 적혀있으나 오타로 판단된다.

일본여성의 솔선 협조를 구한다 / 연령 18세 이상 25세까지 / 숙소, 의복, 식량 전부 지급"이라는 광고를 냈다. 먹으로 써 붙인 정부의 위안부 모집광고를 보고 괴멸 상태의 도시에서 궁핍한 생활을 하고 있던 많은 여성들이 응모했는데, 대부분 매춘 경험이 없었다고 한다. 8월 15일에서 불과 2주일도 지나지 않은 사이에 도쿄만 해도 1,360명의 전후 위안부가 정부나 경찰의 손에 의해 탄생되었고, 곧이어 도내 33개의 '영업소'에서 약 2천 명의 '댄서'가 활동하게 되었다.

점령군의 중추 시설이 늘어선 긴자는 다양한 유형의 위안 시설이 집중적으로 개설된 장소였다. 예를 들어 "이토야伊東屋, 센비키야千疋屋 등 10여 개소에 비어홀, 캬바레, 바 등이 만들어졌다. 7초메丁目 모퉁이의 긴자 에비스 비어홀은 9월 12일에 개점했다. 긴자 마쓰자카야松坂屋의 지하 세 층을 급조한 시설은 댄서라는 이름으로 위안부 400명을 고용한 정부 출자의 점령군 공창시설이었다. 경시청은 영업에 필요해서 공모한 여성들을 '특별 정신대원'이라 부르고, 점령군은 '조직된 매춘부'라고 불렀다."[48] 이 마쓰자카야 지하의 댄스홀 '오아시스 오브 긴자'는 미군병사를 상대로 하는 위안 시설로 유명했다. 원칙적으로 댄스홀에서는 매춘을 하지 않았지만 "그 원칙이 지켜진 것은 극히 짧은 기간뿐이었다"고 한다.[49] 긴자에는 그 외에도 7초메의 도호東寶 비어홀, 8초메의 센비키야, 3초메의 댄스홀 이토야 등 많은 위안 시설이 몰려 있었다.

당시 '긴자'를 노래한 유행가에서도 도시의 성적 이미지와 그에 얽혀있는 '점령군의 모습'을 찾아볼 수 있다. 예를 들어 패전 직후인 1946년에 크게 히트한 〈도쿄의 꽃 파는 아가씨東京の花賣娘〉는 "재즈가 흐르는 홀의 불빛 / 꽃사세요 사세요 꽃을 / 멋진 잠바 미군의 / 모습을 따르는구나 달콤한 분위기"라며 당시의 긴자 풍경을 노래했다. 앞서 설명한 CCD의 엄한 검열을 감안하면, 이렇게 직설적으로 긴자와 미군의 관계를 언급한 노래가 나올 수 있었다는 사실이 불가사의하다. 그러나 1949년 히트곡인 〈긴자 캉캉 아가씨銀座カンカン娘〉에서는 "귀여운 저 아가씨 캉캉 아가씨 / 빨간 브라우스에 샌달을 신고 / 누구를 기다리나 긴자의 길모퉁이 / 시계를 물끄러미 안절부절 생글생글 / 이것이 긴자의 캉캉 아가씨", 1950년의 〈츄잉껌은 사랑의 맛〉에서는 "껌 껌 츄잉껌 / 껌을 씹는다 입 안에 / 사랑의 미풍이 불고 있다 / 저 아가씨는 어디를 가나 빨간 구두 / 꽃의 긴자 아라베스크", 1951년의 〈도쿄 슈샤인 보이〉에서는 "빨간 구두의 저 아가씨 / 오늘도 또 긴자를 어슬렁 / 틀림없이 선물은 쵸코렛 / 츄잉껌에 코카콜라"라고 했듯이 차츰차츰 '미국'의 폭력성이 간접적으로 드러나게 된다.

1940년대 후반 미군의 여러 시설들은 도쿄에서 어떤 문화적 지형도를 형성했던 것일까. 이 무렵 도쿄나 가나가와神奈川, 사이타마埼玉, 지바千葉의 수도권만 해도 15만에 가까운 미군병사가 있었고, 기지수도 60개를 넘었다. 게다가 갖가지 장교 클럽, 하사관 클럽, 병사 클럽, 가족 클럽 등의 계급별 위안 시설이 있었다. 1948년에 GHQ가 간행한 〈GHQ도쿄점령지도City Map Central Tokyo〉를 보면, 당시 도쿄의 미군시설 배치를 대략 파악할 수 있다. 이미 언급했듯이 GHQ 중추부의 주요 시설이 집중되었던 곳은 마루노우치부터 긴자와 히비야日比谷 일대였다. 그 주변인 쓰키지아키시초築地明石町 일대, 가미야초神谷町, 롯폰기 부근에도 미군시설이 있었고, 하마마쓰초浜松町에도 창고나 PX 관계 시설이 있었다. 또한 미군용 주택은 하라주쿠의 워싱턴하이츠 부근에 많이 몰려 있었고, 그 외에 아자부麻布, 시로카네다이白金台, 가미오사키上大崎 그리고 교외로는 덴엔초후田園調布, 그랜드하이츠가 있었던 네리마타가라練馬田柄町 일대에 분포해 있었다. 분명한 것은 미군시설이 도쿄 전역에 균등하게 분산되어 있었던 것이 아니라 긴자와 히비야를 중심으로 카미야초에서 롯폰기와 히로오廣尾에 이르는 일대 그리고 하라주쿠, 요요기 주변에 한정되어 있었다는 사실이다.50) 미군주택 분포가 도쿄의 고급 주택지 분포와 거의 겹치는 것은 당연했다. 그 중에서도 특히 미나토구港區와 시부야구澁谷區에 미군주택이 몰려 있었던 것은 그곳이 대부분 전쟁 때 불탄 지역이었기 때문이다. 그리고 그런 지역이 결국 첨단 유행을 따르는 젊은이들이 모여드는 소비문화의 거점이 되었다.

　이러한 과정 가운데 주목해야 할 점은, 이전에 미군시설이었던 지역이 젊은이들의 소비문화 중심지로 변모하면서 어떠한 기억의 단층이 끼어들었느냐는 것이다. 1950년대 말 이후 롯폰기의 '롯폰기족' 등장이나 '긴자'를 소재로 한 유행가 가사의 미묘한 변화에 대해서는 이미 언급한 바 있다. 긴자에서는 1958년 니혼극장日劇에서 웨스턴 카니발이 열려 야마시타 케이지로山下敬二郎, 히라오 마사아키平尾昌章, 미키 카치즈 등이 출연했다. 이 행사가 열광적인 인기를 얻으면서, 엘비스 프레슬리 유행과 결합하여 로커빌리 붐에 불을 붙였다. 그러나 로커빌리 붐과 점령군의 관계는 이제 그다지 분명하지 않았다. 1940년대 말의 뮤지션들이 미군을 청중으로 실력을 쌓았던 것에 비해, 로커빌리 이후 1960년대 그룹사운드의 청중은 일본인 젊은이들이었다. 이는 1950년대 초 미군이 일본 본토에서 철수하면서 그때까지 기지 순회를 하던 일본인 재즈 밴드 대부분이 기지에서 방출되어 일본인을 상대로 하는 가수가 되어가는 과정이었다. 당시 도쿄에만 약 150개의 재즈 밴드가 있었고, 밴드 연주가는 3천 명이 넘었다고 한다.51) 이를 배경으로 1960년대의 나베프로15나 '세 명의 아가씨'로 상징되는 TV 브

15　와타나베渡邊 프로덕션의 줄임말로, 이 회사에서 만든 예능 프로를 말하기도 한다.

라운관 속 예능 세계가 형성되었으며, 거기서 '미국'이라는 매개항은 이미 간접적인 것이 되었다.

5. 재구축된 '일본' – 미디어가 된 '미국'

이러한 간접화의 매개로서 TV를 비롯한 매스 미디어가 수행한 역할을 무시할 수 없다. 1960년대 초까지 일반 가정에 폭발적으로 보급된 TV는 가요에서부터 드라마, 스포츠, 연예에 이르기까지 모든 대중 문화 장르의 헤게모니를 장악한 광범위한 장치가 되었다. 그러나 이 경우에도 상황이 일직선으로 진행된 것은 아니었다. 초기 TV문화는 고도 성장기와 완전히 다른 방식으로 사람들의 굴절된 심정과 '미국'을 연결시켰다. 초기 TV문화 가운데 '미국'이 모습을 드러내는 방식을 상징적으로 보여준 것은 길거리 TV의 프로레슬링 중계였다. 길거리 TV는 NHK와 거의 동시에 시작된 민영방송 니혼테레비日本テレビ의 시장 전략으로 탄생한 것이었다. 당시 TV는 일반 가정에서 장만하기 어려운 고급 제품이었다. 그래서 니혼테레비는 TV가 없지만 TV 방송에 열렬한 관심을 가진 대중에게 TV를 체험시켜 구매 의욕을 높이고 동시에 광고 수입도 올리기 위한 전략으로, 주로 수도권의 역 앞과 같은 번화한 장소 55개소에 220대의 대형 TV를 설치했다. 이것이 큰 인기를 끌어서 매일같이 사람들이 구름처럼 몰려들었다. 특히 역도산이 활약한 프로레슬링이 중계될 때에는 TV 한 대에 수천 명의 사람들이 모여들어 마치 야외 집회장 같았다고 한다.

길거리 TV가 중요한 이유는, 그것이 양적인 면에서 전후 일본 TV 보급의 기폭제가 되었기 때문만은 아니다. 전후 특정 시기에 길거리 TV와 대중적 상상력이 고유의 결합 방식을 보여주었기 때문이기도 하다. 길거리 TV의 인기 프로그램은 드라마나 다큐멘터리가 아니라 스포츠 중계였다. 그 중에서도 역도산이 활약한 프로레슬링이 길거리 TV의 최대 간판 상연물이었다. 당시에는 촬영 기술이 발달하지 못해 야구 중계도 제대로 하기 어려웠다. 카메라가 넓은 야구장 전체를 포착할 수도 없었을 뿐만 아니라 작은 야구공을 놓치기도 일쑤였다. 반면 좁은 링에서 속도감 있게 싸우는 프로레슬링은 TV 화면으로 잡기에 최적의 장르였다. 게다가 역도산은, TV 카메라를 과도하게 의식하는 미국식 쇼맨십에다가 반칙 기술까지 사용하는 거구의 미국 프로레슬러를, 주무기인 '당수치기'로 반격하는 용감한 일본인 레슬러라는 구도로 자신을 TV 화면 가운데 연출시켰다. 그는 전후 일본인의 굴절된 의사疑似 반미 내셔널리즘을 TV라는 미디어 속에 교묘하게 정착시켰던 것이다. 오사카나 규슈九州를 기반으로 한 전후의 다른 프로레슬러들이 프로레슬링을 격투기 이상으로 보지 않았던 데에 반해, 역도산은 프로레슬링을 단순한 스포츠나 구경거리가 아닌 TV 앞에 모인 수백만의 관객을 향해 연기하는 국가적 상징극으로 인식하고 있었다. 그는 미국적인 것에 반발하는 사람들의 굴절된 기분과 스스로의 멋진 연기를 조화시킴으로써 대성공을 거둘 수 있었다.

1950년대 프로레슬링의 인기가 어느 정도였는지는 당시 아이들 사이에 '프로레슬링 놀이'가 대유행 하다못해 다치거나 죽는 사고까지 일어나 사회 문제가 되었다는 사실로 짐작할 수 있다. 일례로 1955년 11월 군마群馬현 마에바시前橋시의 초등학교에서 6학년 학생이 프로레슬링 놀이를 하다가 발길질을 당해 사망하는 사건이 일어났다. 유사

한 사건이 이어지자 프로레슬링에 대한 사회적 비난이 들끓었고, 역도산은 프로레슬링이 "스포츠맨십을 존중하는 프로 스포츠"이고, 단련이 중요하기 때문에 아이들의 놀이가 아니라고 여러 차례 호소해야 했다. 그러나 그러한 사건이 일어났음에도 불구하고 1950년대 말까지 프로레슬링의 인기는 조금도 식지 않았다. 대중목욕탕에서 프로레슬링 중계를 보던 사람들이 자리싸움을 벌여 여러 사람이 다쳤다는 이야기, TV가 있는 집에 프로레슬링 중계를 보려고 수십 명이 몰려들어 마루가 무너져 사람들이 부상당했다는 이야기 등, 당시 신문에는 프로레슬링 중계를 둘러싼 소동이 자주 실렸다. 점차 가정에 TV가 보급되면서 프로레슬링은 다른 방송을 압도하는 시청률을 올렸다. 1960년 10월 프로레슬링 중계 시청률은 50.3%였으며, 36.7%로 2위를 차지한 〈달려라 래시名犬ラッシー〉와 큰 차이가 났다.

그러다 1950년대 말 이후 길거리 TV와 가정 TV의 비중이 역전을 이루었다. 길거리 TV의 성공으로 TV의 효과를 알아차린 음식점 주인이나 상점 주인이 곧 TV를 가게 안이나 진열장에 두기 시작했고, 그러면서 TV는 점차 길거리에서 상점이나 가정으로 침투해갔다. 'TV를 보는 장소'의 변화는 TV라는 미디어의 사회적 의미 전체가 달라지게 만들었다. 이미 1955년 10월 9일 『아사히신문』은 길거리 TV의 대인기가 절정을 지나고, TV의 장소가 "길거리에서 가정으로" 이동하기 시작했다고 보도했다. 물론 "서민에게 '길거리 TV'의 시대는 아직 끝나지 않았지만 전성기는 이미 지난 것"이었다. 이와 함께 초기 TV문화를 이끌었던 관객층에도 변화가 생겼다. 같은 기사에 따르면, "민영방송국이 길거리 TV를 대량으로 설치했을 무렵에는 광고주들이 길거리 TV 앞에 모인 사람들을 유망 구매층으로 보지 않았지만, 새로운 관객층은 충분히 상품 판매 대상이 될 수 있다"고 생각했다. 그리고 이 흐름 속에서 TV 방송의 주류가 프로레슬링을 비롯한 스포츠 중계에서 드라마나 스튜디오 방송과 같은 "가정에서 차분하게 보는" 방송으로 옮겨갔다.

실제로 가정오락 미디어인 TV에 프로레슬링 중계는 이질적 존재였다. 1960년대 초 TV시청자를 대상으로 민영방송국에서 실시한 몇몇 설문조사에서 "가정에서 시청하기에 적합하지 않은", "시시한" 방송의 상위권에 꼽힌 것이 프로레슬링이었다. 시청률로는 변함없는 인기를 누렸지만, 동시에 가정의 TV에는 어울리지 않는 일탈적인 것으로 프로레슬링은 비난 받기 시작했다. 그 무렵이 되자 중계를 둘러싸고 발생한 사건 보도도 분위기가 달라졌다. 이전처럼 아이들의 프로레슬링 놀이나 집단적 열광에 의한 즉 사람들의 능동적 참여에 의해 발생한 사건보도보다, 프로레슬링 중계가 사람들에게 나쁜 영향을 준다는 측면을 강조하는 보도가 늘었다. 전형적 사례로, 1962년 4월 TV로 역도산 경기를 보던 두 명의 노인이 "잔혹함 때문에 쇼크사"한 이야기가 확산된 것을 들 수 있다. 실은 당사자들이 지병으로 심장병을 앓고 있었고 역도산이 나오는 방송의 시청률이 압도적으로 높았던 것을 감안하면, 방송 내용과 발작 사이에 분명한 인과관계가 있다고 보기 어렵다. 그러나 신문 지면에서는 프로레슬링의 '잔혹함'을 유난히 강조하는 식으로 사건을 다루었다. 이 사건이 일어난 다음 달에 오사카부 경찰은 프로레슬링 TV 중계를 중지하라고 방송국에 권고했다. 프로레슬러들의 폭력 사건도 자주 보도되었다. 이제 프로레슬링에는 어둡고 일탈적인 이미지가 따라다녔다. 1963년 12월 역도산이 조직폭력배에게 칼에 찔려 살해당했을 때 신문 매체들은 이 전후 '영웅'의 죽음을 매우 냉담하게 다루었는데, 이는 예전의 국민적 인기를 생각하면 부자연스러울 정도였다. 사람들은 이미 '전후'와 결별하고 있었던 것이다.

프로레슬링 중계와 역도산의 활약을 대신하여 1950년대 말 이래 TV의 방향성을 상징적으로 보여준 것은 1959년의 황태자 결혼 퍼레이드와 그 가운데 등장한 황태자비의 '미소 띤 얼굴'이었다. 1958년 말에 확정된 황태자 아키히토明仁와 쇼다 미치코正田美智子의 결혼은 소위 '미치 붐'을 일으켰고, TV의 폭발적인 보급을 가속시켰다. 일본의 TV 등록대수는 1958년 4월 100만 대를 돌파했는데, 황태자의 약혼이 발표된 같은 해 말부터 다음 해에 걸쳐 폭증하여 1959년 4월에는 200만 대, 10월에는 300만 대를 넘어섰다. 같은 시기에 전국 각지에서 새로운 민영방송국이 설립되었고, 민영방송국의 전국 네트워크도 정비되었다. 다른 글에서 상세히 논하였듯이, 이 같은 송출사와 수신자 양측의 대폭발을 배경으로 1959년 4월의 결혼 퍼레이드는 TV에 의한 전후 최대의 미디어 이벤트가 되었다.52)

길거리 TV의 프로레슬링 중계와 역도산의 '당수치기'에 환호하던 군중에서, 거실의 TV로 황태자비의 '미소 띤 얼굴'을 주시하는 국민으로 전환된 것은, 곧이어 1960년대에 일반화된 다양한 TV 방송 장르와 그 시청자로서의 관계를 앞서 경험한 것이기도 했다. 그러한 전환의 연장선상에서 1960년대 TV의 '황금시간대' 프로그램이 탄생한다. TV 방송 초기에는 점심 후 휴식 시간과 밤에만 방송을 내보냈다. TV가 하루 종일 방송되기 시작한 것은 1960년대 들어서였다. 전일제 방송과 병행하여 방송 편성 틀이 정비되고, 대중적인 성격을 띤 방송이 황금시간대에 편성되었다. 황금시간대를 명확하게 의식한 초기의 방송으로 1956년 TBS의 〈도시바 일요극장東芝日曜劇場〉이 시작되었다. 1961년에는 버라이어티 방송으로 인기를 모은 〈비누방울 홀리데이シャボン玉ホリデー〉와 〈꿈속에서 만나요夢で逢いましょう〉가 시작했다. 에리 치에미가 서민적인 며느리 역으로 나온 홈드라마 〈잠깐만요 사키코상笑子

さんちょっと〉의 방송도 1961년에 시작되었으며, 이 계보는 대가족에 초점을 둔 1964년의 〈일곱 명의 손자七人の孫〉나 〈곧 열한 명ただいま11人〉부터 1968년의 〈간 큰 엄마肝っ玉母さん〉, 1970년의 〈시간 됐어요時間ですよ〉 등의 TBS 홈드라마 노선으로 이어졌다. 다른 한편, 1963년 〈꽃의 생애花の生涯〉를 시작으로 NHK는 대하드라마 제작에 돌입했고, 비슷한 무렵 민영방송에서도 대형 시대극을 제작하여 1960년대 말 〈미토 코몬水戸黄門〉이나 〈오오카 에치젠大岡越前〉 같은 시대극이 등장했다.

이러한 새로운 방송 편성에서 미국의 영향을 직접적으로 받는 방송은 점차 축소되었다. 1960년대 초까지만 해도 일본의 TV 방송을 지배한 것은 미국에서 직수입된 방송 프로그램들이었다. TV 방송이 상승 기류를 타기 시작한 1957년경부터 〈버팔로 빌의 모험バッファロビルの冒険〉이나 〈형, 총을 들어アニーよ銃を取れ〉와 같은 30분짜리 서부극 시리즈가 차례로 일본에 소개되었고, 다음 해인 1958년에는 〈아빠는 척척박사パパは何でも知っている〉와 같은 홈드라마나 〈달려라 래시〉와 같은 명견 소재의 드라마가 인기를 얻었다. 이러한 미국산 방송의 방영은 1961년 무렵 정점에 달해 밤 시간대에 방영된 방송의 약 1/3을 차지했다. 〈로하이드rawhide〉나 〈라라미 목장〉에서부터 〈컴배트〉, 〈벤 케시〉에 이르는 인기 방송들도 이 시기에 등장했다. 그러나 미국산 방송들이 곧 쇠퇴하면서 일본에서 만든 홈드라마나 시대극으로 대치되었다. TV 인기 드라마의 국산화는 1962년경부터 1960년대 중반 사이에 한꺼번에 이루어졌다.

이와 같이 1950년대 후반에 시작된 미디어문화의 전환에 몇몇 연예인들은 적응하지 못하고 사라졌다. 야스다 쓰네오安田常雄는, 성공과 실패의 전형적인 사례로 미소라 히바리와 토니 타니トニ谷를 비교한다. "흉내 내기 아메리카니즘으로 시작한 히바리의 노래는 점령기 서민의 슬픈 감정을 세심하게 표현해서 일약 스타 자리에 올랐다." 그렇지만 미일강화조약이 발효된 1952년, 다케나카 쓰토무竹中勞가 "모든 일본인의 정서에 공명하는 목소리"라고 절찬한 〈사과나무 갈림길リンゴ追分〉을 전환점으로 히바리는 '일본적인 것'으로 선회했다. 다른 한편, 토니 타니는 패전 직후 보드빌 버라이어티쇼 진행자vaudevillian로서 점령군 클럽에서 인기를 얻었다. "새빨간 상의에 하얀 바지, 폭스 트롯 댄스 스타일 안경에 아니꼬운 콧수염을 달고 (…중략…) '토니 잉글리시'라는 미덥지 않은 괴상한 영어를 구사하고, '사이잔스さいざんす',[16] '오곤방와オコンバンワ' 등의 많은 유행어를 만들고, 일본을 '파칭코 컨츄리'라고 비평"하면서 1950년대 중반 인기 절정에 달했지만, 그 후 박력을 잃고 사람들의 관심에서 멀어져 갔다. 야스다 쓰네오는 토니 타니를 "점령기의 음란함과 무정부주의의 상징이자, 서민의 '피점령심리'가 굴절된 자학성에 의해 인기를 얻은 연예인, 그러다 고도 경제성장과 함께 버림받은 연예인"으로 파악했다.[53] 이에 반해 미소라 히바리는 똑같이 점령기의 굴절된 피점령의식을 기반으로 출발했음에도 그 후 아메리카니즘의 전환, 즉 내셔널인 것으로 재구축된 흐름에 자신의 노래를 교묘하게 적응시켜 스타로서의 지위를 확고히 유지했다. 요시다 쓰카사吉田司가 명석하게 지적했듯이, 보다 정확하게 말하면 원래 미소라 히바리의 본질은 점령기의 식민지적 자기인식에 있었던 것이 아니라 전전戰前에 시작된 아사쿠사의 대중예능문화에 있었기 때문에, 그녀의 이행은 '전향'이 아니라 어디까지나 '회귀'였다.[54] 결국 역도산의 굴절된 반아메리카니즘에서 황태자비의 미소 띤 얼굴로 전환한 것과 동질적인 변화가 여기서는 연예인의 신체성

---

16 'さいざんす'는 토니 타니가 유행시킨 말로, '그럼요', '그렇군요'를 뜻하는 '左様でございます'를 농담조로 만든 말.

차원에서 아메리카니즘 전환의 성공과 실패로 표상된 것이다.

　이제 '전환'의 의미를 섹슈얼리티 측면에서 살펴보고자 한다. 이미 논했듯이 패전 직후 일본에서 '미국'은, 위대한 맥아더가 멋지게 연기했던 것처럼 철저하게 남성적인 가부장의 역할을 했다. 맥아더는 동시대 할리우드영화에서 게리 쿠퍼가 연기했던 것과 비슷한 가부장적 남성성을, 전쟁기까지 대원수였던 '천황'의 환영과 중첩시켜 연기했다. 아이덴티티 상실의 허탈감으로 멍한 일본인들이 문화적 상상력으로 만든 극장에서 이를 연기했던 것이다. 그리고 이 절대적인 가부장 앞에서 '일본'은 순식간에 거세당하고, 이를테면 '여성'화되었다. 이 거세의 과정을 만인 앞에 내보인 것이 1945년 9월 27일 맥아더와 천황 히로히토의 회견 사진이었음은 두말할 필요도 없다. 이미 많은 연구자들이 언급했듯이, 연장자로서 편안한 자세를 취하고 있는 맥아더 원수 옆에 예복 차림으로 긴장하고 서있는 천황 히로히토를 포착한 이 한 장의 사진은 점령 체제하 '미국'과 '일본'의 관계를 집약적으로 표상한다. 전후 '미국'과 '일본'의 성적인 관계는 이 상징적 사진뿐 아니라, 일본정부가 나서서 미군병사를 위한 위안부를 모집한 일에서부터 긴자를 노래한 유행가 가사, 알로하셔츠의 유행 그리고 역도산이 연기한 상징극까지 다양한 일상 풍경에 드러나 있었다.55)

　그런데 이러한 표상들 위에 놓인 성적인 관계에는 일종의 뒤틀림이 잠재해 있다. 왜냐하면 전전戰前의 영화나 소설, 광고 등의 문화적 표상 세계에서 아메리카니즘은 '여성'적인 것과 결부되어 있었기 때문이다. 앞서 언급한 다니자키 준이치로의 『치인의 사랑』은 그러한 성적 관계를 섬세하게 묘사한 소설이었다. 광고나 영화에서도 '미국'은 모던보이보다 모던걸의 표상과 훨씬 더 깊이 결부되어 있었다. 대중의 일상의식에서도 남성적인 주체성은 내셔널리즘과 연결된 것이었다. 그 주체성은 '현인신現人神 = 대원수'로서 '천황폐하'의 남성성에 연결된 것이었기 때문이다. 당연히 1920년대부터 대도시에 범람한 미국적 대중문화는 '남성'적이라기보다 '여성'적인 것이어야 했다. 이러한 '미국 = 여성'의 표상은 전후에도 미국적 라이프스타일이나 상품문화의 침투와 표리를 이루며 계속되었다. 그런데 다른 한편으로 점령자 '미국'은 분명 남성적 주체였기 때문에, 점령기의 '미국'은 기묘하게도 양성을 가진 양의적 존재가 되었다. 또한 일본은 점령자의 남성적 주체성에 반하여 스스로를 '여성'화함으로써 패전 후의 섹슈얼리티 극장에서 완전히 철퇴 당하지 않을 수 있었다.

결국 1945년부터 1950년대 중반까지 '미국'은 압도적인 가부장적 남성성을 체현한 동시에, 상품 소비의 측면에서는 '여성' 이미지와 결합하면서 전후 일본인의 일상의식에 깊이 침투한 것이다. 그 속에서 '천황'이나 '일본'의 국가주의적인 남성성은 부정된 채 빈 자리로 남아있었다. 그런데 1950년대 후반에 시작된 변화를 통해, '천황' 자신은 비록 그대로 거세당한 상태였지만 '일본'은 다시 남성적인 주체로서 자기상을 세워가는 상상력의 지평을 열었다. 그와 같은 성적인 표상 시스템의 구조 전환이 명료해진 것은 1962년부터 1964년, 즉 도쿄 올림픽 개최를 향한 일본인들의 고조된 분위기 가운데 스스로 '자신감'을 회복해간 시기였다. 예를 들어 광고의 경우에 이 무렵부터 '일본의 기술력'이 새로운 내셔널 아이덴티티로서 활발하게 거론되었다. 전후 민족적이고 가부장적인 남성성이 재건되어가는 과정에서 '천황'은 이데올로기 밖으로 밀려난 상태였다. 1960년대 이후 미디어는 '세계에 통용되는' 기술이나 경제의 이미지를 전면에 내세웠다. 가부장적 남성성과 결부된 내셔널 아이덴티티가 맥아더 원수의 손에서 '경제 동물'인 일본남성들의 손으로 반환되었던 것이다.

6. 분열하는 미국 – '욕망'과 '망각'의 사이

그러나 태양족을 비롯한 롯폰기족, 하라주쿠족 등이 탄생하고, 젊은이들은 로커빌리 붐으로 끓어오르고, 거실에서는 국민의식을 자극하는 TV라는 미디어 속에서 결혼 퍼레이드, 가요, 홈드라마, 대하드라마와 같은 내셔널한 언설 공간이 구성되었던, 1950년대 후반에서 60년대를 거치는 기간이 동시에 기지 투쟁이 격심하게 일어난 시기였음을 기억해야 한다. 1953년 이시가와石川현 우치나다内灘촌에서 미군 포격시험장에 반대하는 투쟁이 급속하게 퍼졌고, 그에 호응하여 도쿄에서는 도都내 최초의 기지 반대운동으로 세타가야世田谷 기지 반대 구민대회가 일어났다. 그리고 1955년 다치카와立川 기지 비행장 확장을 반대하는 도쿄와 스나가와초砂川町 주민들의 소위 '스나가와 투쟁'이 일어나고, 다음해 10월에는 강제 토지측량을 저지하려던 농민, 지원 노조원, 학생들과 경찰이 충돌하여 약 천 명의 부상자를 내는 사건에까지 이르렀다. 비슷한 무렵, 오키나와에서는 주민 여성에 대한 미군병사의 거듭되는 폭력과 살인, 주민 의사를 무시한 점령 방침에 사람들의 분노가 폭발하여 '섬 전체 투쟁'이 대규모로 전개되었다.

요컨대 1950년대 후반 일본에서는 두 개의 '미국'이 출현하기 시작했다. 한편에는 미군기지나 위안 시설 안에서 길러진 것으로 폭력적인 관계를 후경화하고 상품이나 미디어를 매개로 하여 이미지로서 소비되는 '미국'이 있고, 다른 한편에는 문자 그대로의 '폭력'으로서 반미투쟁의 대상이 된 기지의 '미국'이 있었다. 그러나 이 둘은 실상 하나의 '미국'이 가진 다른 측면이었다. 왜냐하면 RAA 위안 시설이 들어서면서 일시에 '미국 조차지'로 변한 긴자는 물론 롯폰기족이 배회

한 롯폰기도 워싱턴하이츠를 배경에 둔 하라주쿠도 모두 전후 패셔너블한 거리라는 이미지 형성의 근저에 미군기지와의 관계가 잠재하고 있었기 때문이다. 그러한 측면에서 긴자·롯폰기·하라주쿠와 홋사福生·요코스카·코자コザ 사이에 연속적인 문화지정학적 지평을 발견할 수 있다. 그러나 일본이 고도성장을 해가던 1950년대 중반을 기점으로 전자의 '미국'과 후자의 '미국' 사이에 단층이 넓어지면서, 두 개의 '미국'이 원래 별개의 것이라는 현실인식이 생겨났다. 전자의 '미국'을 애초에 문화 소비의 차원에서 완결된 것으로 이해하고, 후자의 '미국'은 항상 기지 공해나 미군병사의 폭력성, 매춘의 문제가 문화적 차원을 제거하는 방식으로 부각되었다. 말하자면 '쇼난湘南[17] 보이'와 '요코스카 여자'의 내밀한 관계를 역사적 중층성으로 이해하려고 하지 않는 망각의 쐐기가 박혀버린 것이다.

두 가지 '미국'의 분명한 분리는, 미일 안보 체제 아래에서 이루어진 '본토'와 '오키나와'의 분리 정책에 정확히 대응한다. 이는 본토와 오키나와의 환율 설정에 뚜렷이 나타나 있다. 본토에서는 도지 라인 Dodge line[18]에 기반하여 1949년 '1달러 = 360엔'으로 '엔' 가치를 의도적으로 낮춰 설정했다. 이 환율은 일본 '전체 수출의 80%가 채산 가능'하도록 설정된 것으로, 일본경제를 빠르게 부흥시키려는 미일의 합의 정책에 의한 것이었다. 그런데 오키나와에 대한 미국의 주목적은 경제 부흥이 아닌 기지 건설과 기지의 안정적 유지였다. 기지 건설에 노동자, 건설업자, 서비스 업자를 동원하여 돈을 벌게 하고, 그 돈으로 물자를 수입하여 지역 경제에 환원하는 정책이 오키나와에 적용되었

---

17 가나가와현의 해안지대로 휴양지 고급 주택지로 유명함.
18 미국의 은행가 J. 도지가 1949년에 내건 일련의 일본경제 재건책으로 당시 요시다吉田 내각 경제 정책의 주요 골자가 되었음.

다. 수입 촉진에 의한 생활 물자의 공급이라는 관점에서 1950년 4월 본토와는 반대로 '1달러 = 120B엔'이라는 극단적으로 높은 환율이 설정되었다. 이렇듯 1950년대 이후 본토에서는 수출 중심의 경제 구조가, 오키나와에서는 기지 의존의 경제 구조가 표리를 이루며 확립되었다. 즉, 오키나와는 "제조업은 취약하고 반대로 수입 판매를 주로 하는 3차 산업 구성비가 비정상적으로 높은" 종속적인 산업 구조로 유도되고, 반대로 본토는 기술적 지식을 바탕으로 한 수출 산업이 순조롭게 육성되어 대중소비사회를 향해갔다. 그러나 이 둘은 한 동전의 양면이었다.[56]

이와 같은 '본토'와 '오키나와'의 분할은 미국의 대 아시아 전략이 커다란 전환을 이룬 것과 정확히 일치했다. 즉, 냉전 체제가 뚜렷해진 1947년 무렵부터 미국은 민주화나 권력의 분산에 역점을 두어온 대일 점령 정책을 근본적으로 변경하여, 일본을 아시아에서 서방측 진영의 중심으로 삼는 정책을 추진했다. 미국의 방침 전환을 이끈 최대의 요인은 말할 것도 없이 중국 혁명이었다. 소비에트의 남하를 저지할 수 있는 친미 정권이 중국에 있었다면, 동아시아에서 일본의 중요성은 그다지 결정적이지 않았을 것이다. 그러나 공산주의 중국이 탄생함으로써 미국의 아시아 정책에서 일본이 핵심적 위치에 놓이게 되었다. 당시 미국은 공산주의 침공을 저지할 군사적 방파제를 동아시아에 구축하는 것, 그리고 전후 일본의 경제를 안정시켜 아시아 경제 발전의 중핵으로 삼는 것, 이 두 가지의 노선을 충족시킬 필요가 있었다. 미국의 트루먼Truman 정권은 조지 케넌George Kennan의 제언을 받아들인 시점에 이미 중일 간의 경제관계 확대는 당분간 전망이 없으니 오히려 일본경제를 동남아시아의 자원이나 시장과 결합해 부흥시킨다는 방침을 선택했다.[57] 이는 미국의 군사적 비호를 받는 경제판 '대동아공영권'이었다. 그러나 일본을 아시아 반공 경제의 중핵으로 만들기에는 그것만으로 충분치 않았다. 일본에 군사 부담을 무겁게 지우면 부흥 속도가 늦어질 위험성이 있었다. 트루먼과 아이젠하워 모두이 딜레마를 피하고 싶어 했다. 이를 해결하기 위해 군사적인 역할은오키나와에 집중시키고, 본토는 경제 부흥에 전념시키는 분할이 이루어졌던 것이다. 맥아더는 이러한 전략에 적극 호응하여 일본 본토를 비무장화해도 오키나와를 요새화하면 동아시아의 군사적 안정을충분히 확보할 수 있다고 주장했다.

　냉전기 미국정책의 일환으로 이루어진 일본 본토와 오키나와의 분할이 가진 의미는 동시대 한국의 상황을 통해 더욱 분명하게 드러난다. 이종원은 아이젠하워 정권기의 한미일 군사 정책과 경제 정책의국제적 왜곡을 포착한 연구에서, 1950년대 한국과 일본이 미국의 아시아 정책 안에서 일종의 분업 체제로 조직되었던 것을 설득력 있게밝힌 바 있다. 즉, 재정 적자의 대폭 소멸과 세계적 군사 패권 유지라는 두 개의 요건을 동시에 충족시키려고 했던 아이젠하워 정권은 아시아에서 경제 중시와 군사 우선이라는 두 가지 역할을 일본(본토)과한국, 타이완, 필리핀 등의 국가에 분할함으로써 양립시켰다. 이렇게1950년대 "미국의 아시아 정책은 전반적으로 군사 우선의 경향을 강하게 띤 가운데 대일 정책만 경제를 중시하는 방향으로 선회했다. 이와 병행하여 혹은 부분적으로 그에 영향을 받아 한국 등 다른 아시아의 '전초 국가'에 대해서는 군사 우선 정책이 한층 더 강화되었고, 이것이 경제 발전의 제약 요인으로 작용했다."[58]

　경제와 군사의 분업 체제가 냉전 초기부터 일관된 방식으로 진행되었던 것은 아니다. 초기 아이젠하워 정권은 경제뿐 아니라 군사적으로도 일본이 극동 지역에서 중심국 역할을 하기를 기대했다. 이종원이 밝혔듯이 1954년 통합참모본부의 각서에는 일본이 아시아의 지역적 안전보장에 중심적 역할을 수행해야 하고, 일본의 군사력 부활이 "극동의 반공 진영 구축에 근본적 중요성을 가진다"라고 쓰여 있다. 이에 앞서 1953년 통합참모본부를 중심으로 한 미군부 주류 세력은 극동 정세의 악화를 이유로 대규모의 일본재군비를 요구했다. 그러나 이러한 일본의 군사 센터화 구상은 한편으로 일본 국내의 반기지 평화운동의 활발한 전개 때문에, 다른 한편으로 '제국 일본'의 부활을 우려하는 아시아 여러 나라의 반발 때문에 저지되었다. 결과적으로 일본에서는 군사적인 요소가 주변으로 밀려나고 경제적 중추화가 추진되었던 것이다. 그리고 중국이나 북한에 대항하는 군사력을 주축으로 독재 권력을 유지하고자 그러한 분할 정책을 받아들인 장제스蔣介石나 이승만의 개발 독재 정치 전략과 결부되어, 한국이나 타이완은 자국의 경제력을 훨씬 뛰어넘는 병력을 부담하게 되었다.59)

대략 1950년대 중반을 기점으로 극동아시아에서는 사회주의권에 대한 군사 기지 역할을 한국과 타이완 그리고 오키나와가 담당하게 되었고, 일본 본토는 오로지 경제 발전의 중추 역할을 담당하게 되었다. 알다시피 1955년은 소위 55년 체제와 고도 경제성장이 시작된 해로, 본토의 일본인은 황태자 결혼과 가전 붐, 진무神武 경기19와 이자나기 경기,20 도쿄 올림픽에서 오사카 만국박람회로 이어지는 고도성장의 꿈에 끓어오르던 시기였다. 이러한 문맥에서 보면, 1950년대 후반 이후 일본 안에서 '미국'은 구조적 변질과 함께 은폐의 구조를 내포하게 되었다. 즉, 직접적인 타자로서 '미국'과 매일 직면하고 영향을 받던 아메리카니즘에서, 내셔널한 소비생활의 이미지를 전면에 내세

73

---

19 일본의 고도경제성장이 시작된 1954년 12월부터 1957년 6월까지의 폭발적인 호경기.
20 伊奘諾경기. 1965년 11월부터 1970년 7월에 걸쳐 5년 가까이 계속된 호경기.

우며 보다 간접적인 방법으로 일상의식에 깊이 침투해가는 아메리카니즘으로 전환되었던 것이다.

또한 1950년대 말부터 인도차이나 정세가 악화되어 미군기지의 비중이 점점 더 커져간 오키나와와 대조적으로, 일본 본토의 도시에서는 미군기지를 찾아보기 어렵게 되었다. 1953년 일본 국내에는 비행장 44개, 훈련장 79개, 항만 시설 30개, 병영 220개, 집단 주택 시설 51개 등 시설 총수 733개, 총면적 3억 371만 평에 달하는 엄청난 미군시설이 설치되어 있었다. 총면적이 대략 오사카부와 비슷할 정도였다. 그러므로 미군기지는 모든 이의 눈에 보이는 일상적인 현실이었다. 그러나 1950년대 후반부터 60년대를 거치며 미군기지가 양적으로 크게 감소해서 1968년에는 비행장 7개, 훈련장 16개, 항만 시설 9개, 병영 4개, 주택 시설 17개로 줄어들었다. 병사의 수는 1952년 26만 명에서 1955년에는 15만 명, 1957년에는 7만 7천 명, 1960년에는 4만 6천 명으로 감소했다. 남아있는 미군 주력 부대는 공·해군이었고 육군의 비중은 대폭 줄어들었다. 1960년대 말에도 요코타, 다치가와, 요코스카, 자마座間, 아사카朝霞 등의 수도권에 기지가 남아 있었지만, 이제는 더 이상 미군시설이 곳곳에 있다거나 거리를 활보하는 미군병사의 모습이 일상적이라고 할 만한 상태가 아니었다. 그리고 요코다, 아쓰기厚木, 다치가와의 3개 주요 비행장과 아사카와 자마의 캠프, 요코스카의 해군 기지 등 주요 시설에 한정된 '기지문화'는 철망 안에 갇힌 상태가 되었다.

이렇듯 1950년대 말 이래 일본 본토에서 '미국'은 기지나 폭력과의 직접적인 조우나 기억으로부터 분리되어, 다른 아시아 국가에서 '미국'이 가진 리얼리티와 매우 다른 길을 걷게 된다. 일본 본토의 '미국'은 미디어를 통해 소비되는 이미지로 순화되고 그럼으로써 모든 사람들에게 동일한 유혹의 힘을 발휘했다. 1940년대 후반에서 50년대 초까지 '미국'은 각각의 일본인들에게 매우 다른 의미를 띠고 있었다. 어떤 사람에게는 해방자이고, 어떤 이에게는 정복자이고, 욕망의 대상이자 두려움의 대상이고, 풍요로움이고 퇴폐였다. 각기 다른 계급, 세대, 젠더, 지역, 개인적인 우연에 따라 무수하게 다른 미국이 존재했다. 왜냐하면 이 시대 미국은 단순한 이미지가 아니라 사람들이 일상적으로 만나던 현실이었고 미군병사나 제도 등의 변화가 직접적인 경험으로 존재했기 때문이다. 그러므로 사람들은 사회적인 위상이나 경력, 지역, 젠더 등에 따라 '미국'에 대해 매우 다른 감정과 태도를 보일 수밖에 없었다.

그러나 1950년대 중반 이후 '점령한 미국'은 일본 본토에서 많은 사람들의 직접적인 일상 풍경에서 조금씩 멀어져 극히 '일부 지역'의 문제가 된 한편, '미국'은 거꾸로 단일한 이미지로 순화되어 사람들 마음을 강렬하게 사로잡기 시작했다. 1950년대 초까지의 광고에서는 '미국'이라는 말이 직접적으로 사용되었으나, 1950년대 중반을 기점으로 광고 속에 묘사된 '미국'은 미국적인 라이프스타일 가운데 있는 일본인 가족, 특히 '주부'가 연기해야 하는 역할로 드러나거나 혹은 '젊은이'와 팝 문화의 이미지로 중첩·표현되었다. '미국'이 군사에서 생활까지 직접적인 타자로 존재하는 한, 거기에 사람들이 부여하는 의미는 매우 다양하다. 그러나 1950년대 중반 이래 '미국'과의 직접적인 조우가 줄어 일상적 구체성을 잃게 되자, 그와 반비례하여 보다 일반적인 것으로서 '미국' 이미지에 일본인 자신의 역할이나 아이덴티티를 적어 넣었다. 전후 일본 안에서 '미국'은 간접화, 미디어화, 이미지화함으로써 거꾸로 일상의식과 아이덴티티를 내면에서부터 강력하게 재편하는 초월적 심급이 되었다.

75

이러한 격리가 도달한 목적지는 1970년대 말에 이르러 분명해졌다. 가토 노리히로加藤典洋는 『미국의 그림자アメリカの影』에서, 무라카미 류村上龍가 1975년에 쓴 「한없이 투명에 가까운 블루限りなく透明に近いブルー」와 다나카 야스오田中康夫가 1980년에 쓴 「어딘지 모르게 크리스탈なんとなく、クリスタル」이라는 두 개의 화제작에 대해 에토 준이 완전히 다른 평가를 내린 점에 주목했다. 가토 노리히로에 따르면 대부분의 비평가가 전자보다 후자에 반발하는 편인데, 에토 준만이 오히려 전자를 전면 부정하고 후자를 호평한 것은 이 양자의 '미국'에 대한 미묘한 태도 차이에서 유래한다. 즉, 무라카미 류의 소설에 에토 준이 안달했던 것은 무라카미 류가 미국과 일본의 관계를 점령자와 피점령자의 관계로 제시하면서 반미의식을 노출하고 있다고 보기 때문이었다. 그와 반대로 에토 준이 다나카 야스오의 소설을 높이 평가한 것은 미국이라는 분명치 않은 존재를 받아들여 "마치 공기처럼 우리를 둘러싸고 있는 압도적인 희미함, 그 가운데 매일 호흡하며 살아가는 생활 감각"을 그렸기 때문이다. 전후 일본에서 '미국'은 모든 언설의 가능성의 틀을 만들어, 내셔널리즘조차 미국이라는 존재를 통해서만 존재한다는 것이 에토 준의 인식이었다.[60] 그러나 이제까지 논한 두 '미국'의 지정학적 분단이라는 구도에서 보면 무라카미 류와 다나카 야스오의 소설은 같은 구도의 표리관계에 있다고 할 수 있다. 그리고 「어딘지 모르게 크리스탈」의 종잡을 수 없는 소비세계가 보여준 것과 같이 '미국'으로부터 단절된 동시에 '미국'을 매개로 재구축된 '일본'은, '미국'의 존재조차 한없이 희박하게 만든 후 다양한 차이의 정치를 집어넣어 더 넓은 소비의 세계를 구축해왔다.

그러나 이 무렵 오키나와, 한국, 타이완 등의 인근 지역은 일본 본토가 시야 밖으로 밀어 둔 또 하나의 미국과 일상적으로 계속 조우했다.

본토의 미군병력이나 기지가 1950년대 중반을 기점으로 정리·축소된 데에 반해, 오키나와의 경우에는 오히려 미국의 아시아 전략 전체를 유지하는 '태평양 주요 군사 요충지'로 자리매김되고, 해병대를 비롯한 많은 재일 미군이 이동하면서 군용지가 강압적으로 확장되었다. 당연히 1956년 '섬 전체 투쟁'을 비롯하여 미군기지 반대운동이 활발히 벌어졌고, 토지 수용과 미군병사의 폭력, 출입금지구역 등이 일상적인 분쟁의 현장이 되었다. 이러한 상황을 배경으로 오키나와의 도시문화와 음악문화도 동시대 본토와는 매우 다른 길을 걷게 되었다.

예를 들어 1960년대 중반 이후 베트남전쟁 확대에 따라 극동 최대 기지인 가데나嘉手納 기지의 병력이 급속하게 증강되었고, 기지 앞 코자 거리는 살기 띤 활황을 누렸다. "미군병사의 돈다발을 어떻게 빼낼까에 모든 A사인[21] 바가 필사적이었기 때문에 앞 다투어 미군에게 술을 권하고, 매춘을 하고, 플로어 쇼를 하고, 록밴드를 채용"했다. 이 붐에 편승해 그때까지 "공민관에서 일렉트릭 기타 대회가 열리면 즐거워하는 정도였던 아마추어 밴드까지 포함하여 많은 록밴드가 별안간 각광을 받게" 되었다.[61] 이윽고 1970년대에 무라사키紫, 컨디션 그린 등의 그룹이 화려하게 활약하게 되는데, 그 배경에는 기지에서 흘러나온 달러를 노리고 북쪽으로는 아마미奄美에서 남으로는 필리핀에 이르는 지역으로부터 잡다한 사람들이 모여든 코자라는 거리가 있었다. 히라이 겐平井玄은 그들 대다수가 "점령 직후 오키나와에서 태어난 혼혈로 크레올이나 무라토들이었고, 더욱이 주변 여러 섬이나 아마미에서 코자로 이주한 사람들의 제2세대"였다며, 이들은 "본토의 밴

---

21 A sign이란 1953년 오키나와에서 시작된 제도로 미군이 공인한 점포임을 알리는 허가증이다. 미군의 출입 허가를 받은 상점은 'approved'를 줄여 'A'로 표시한 허가증을 상점 앞에 붙이고 영업해야 했다.

드 음악은 신경 쓰지 않았다"라고 말한다. "본토의 록 음악이 '여러 가지 치장'에도 불구하고 일본사회의 내면적인 표상 체계를 향해간 것에 반해, 그들의 음악은 터프한 외부를 향한 벡터"로 가득 차 있었다. 그들의 청중은 기지의 미군들이었기 때문에 오히려 미국 본국의 음악이나 필리핀 밴드 음악에 더 영향을 받았다. 그들은 일본 본토의 음악상황이나 미디어의 구심력에서 벗어난 문화적 지평을 영위했던 것이다.62)

7. 마치며

　　앞에서 언급했듯이 전후 일본의 대중문화 가운데서 '미국'의 작용을 적절하게 포착하기 위해서는 표면적인 문화 소비의 차원에만 관심을 집중해서는 안 된다. 동시대의 아시아 속에서 또한 전전戰前에서부터의 역사적 연속성 속에서 중층적으로 소비된 '미국'을 분명하게 이해해야 한다. 전후 많은 일본인들이 이야기해온 '미국'에 대한 욕망이 이미 무의식의 단층과 망각을 포함하고 있다면, 더욱이 그 같은 무의식을 가능하게 만든 문화지정학이 역사적 문맥 안에서 질문되어야 한다. 큰 틀에서 보면 이 지정학은 세계적인 권력 배치와 지역적인 일상의식이라는 두 개의 중심을 가진 타원 속에서 작동해 왔다. 전자인 군사·경제적인 차원에서는 1947년부터 1950년까지 조지 케넌 등의 국무성 그룹이 입안한 미국의 아시아 전략이 냉전기를 통해 결정적인 의미를 지니게 되었다. 그들이 노린 것은 미국의 헤게모니하에서 일본을 아시아의 경제대국으로 부활시켜 대륙의 공산권에 대항하는 자유주의 경제권의 중핵으로 앉히는 것이었다. 이미 말했듯이 이 구상은 군사적 측면을 미국이 떠맡는 '대동아공영권'의 부활을 꾀한 것과 다름없었다. 중국 혁명과 한국전쟁으로 동북아시아를 일본경제의 배후지로 삼는 구상이 좌절된 후 동남아시아에 배후지 역할이 할당되었다. 브루스 커밍스Bruce Cumings가 강조했듯이, 1940년대 말에 설정된 이러한 미국 주도의 대 아시아 전략은 1980년대 말에 이르기까지 장기간에 걸쳐 일본이나 한국, 타이완에서 벌어진 여러 가지 사건들의 전제 조건이 되었다.[63]

이러한 인식을 바탕으로 차머스 존슨Chalmers A. Johnson은 미국이 제2차 세계대전 후 일본, 한국, 타이완, 필리핀, 남베트남, 타이 등을 위성국가로 삼음으로써 제국적 구조를 갖게 되었다고 분석했다. 존슨은 이러한 미국의 동아시아 '제국'이 동유럽에 대한 소비에트의 제국적 패권에 정확히 대응하는 것으로, 냉전이 계속되는 가운데 양쪽 모두 "이데올로기, 경제 교류, 기술 이전, 교통 편익, 군사 협력 등을 기초로 하는 매우 포괄적인 연합을 이루었다"고 말한다.[64] 냉전기를 지난 이 시점에도 동아시아에 대한 미국의 강력한 패권을 '제국'이라고 불러야 할지와는 별개로 여기서 잊지 말아야 할 것은, 이러한 위성국가 시스템이 전간기 일본이 동아시아와 남방을 침략함으로써 구축한 제국을 미국이 이어받아 재편한 것이라는 사실이다. 앤드류 고든Andrew Gordon이 지적했듯이, 이미 1930년대 "아시아에 펼쳐진 식민지 제국에 대해서 일본이 가공공장으로서 군림하는 경제 체제가 형성"되었다. 이 경제 구조는 제2차 세계대전 후 미국의 대 아시아 정책과 일본의 전후 부흥에 중요한 영향을 끼쳤다. 뿐만 아니라 정치 경제에서 문화에 이르기까지 여러 가지 영역에서 전후에 일어난 일은 제1차 세계대전 후에

79

서 1930년대에 걸친 시기에 발단이 된 몇 개의 움직임이 상호작용하여 중층적으로 전개된 결과라고 할 수 있다.

그러나 그렇다고 해서 전후 일본의 여러 가지 대중의식이나 문화적 실천이 전간기에 구축된 국제 질서라는 일방적인 조건하에서 진행되었다는 이야기가 아니다. 오히려 통치의 형식이나 국제 질서, 언설 시스템 등이 '전전', '전쟁기', '전후'에 걸쳐 연속된 것이라면, 그러한 연속된 구조에 균열이 생겨 내파할 가능성 또한 제1차 세계대전후 전간기에 부상한 연속적인 변용의 과정 속에서 찾아낼 수 있다는 말이다. 구리하라 아키라栗原彬가 지적했듯이, 전후의식은 "전쟁기의식의 연장선상에 있고, 전쟁기의식의 연속과 변용으로 나타나기" 때문에 한 사람이 '전쟁기'를 어떻게 살았는가를 아는 것이 '전후'를 어떻게 살았는가를 이해하는 관건이 된다.65) 패전 후에 현재화한 여러 가지 경향이나 1950년대 이래 일본사회의 심리적 경향들을 전쟁기나 그 이전의 경험과 감정 구조의 굴절로 다시 파악할 필요가 있다. 예를 들어 이미 언급한 '미국'에 대한 굴절된 욕망과 반감의 시선에는 미일 간 시선의 불균형이 내포된 것으로, 거기에는 1920년대부터 이어진 분명한 연속성이 존재한다. 또한 그와는 반대 방향의 연속성이 아시아와의 관계에서 마찬가지로 존재한다. 젠더나 섹슈얼리티, 테크놀로지, 오락에서부터 일상적인 상식에 이르기까지 '전후'라는 공간에는 다양한 양상의 연속과 굴절의 연쇄가 잠재하고 있다.

또한 이러한 연속성 가운데 전후 일본에 끼어든 '단절'은 독특한 아메리카니즘의 소비를 침투시켰다. 이 '단절'이란 일본의 '전쟁기'와 '전후'의 단절에 공간적으로 조금 어긋나게 끼어든 것으로, 일본 본토와 오키나와, 한국, 타이완 등과의 단절이다. 후자에게는 '전쟁기'와 달라진 바 없는 군사 독재 정권의 성립과 한국전쟁, 베트남전쟁 등이 연속되면서 일본 본토에서 곧 자명해진 '전후'라는 공간이 오히려 끊임없이 문제시되었다. 거꾸로 일본 본토에서는 1950년대 이래 전후의 공간이 거의 일방적으로 '미국' 쪽에 열려감에 따라 세계적으로 다른 예를 찾아보기 어려울 정도로 열심히 아메리카니즘을 소비했다. 전후 일본에서 '미국'의 소비는, 본국을 능가하는 충실함으로 미국의 대중음악을 노래하는 필리핀과도, 종종 폭력적으로 개입하는 횡포한 이웃 미국에 당하는 처지에 있던 중남미와도 달랐다. 제2차 세계대전 후 미국은 이전의 준제국 일본에 스스로를 종속시키는 거울이 준비된 것을 발견했고, 일본은 사회 전체가 '미국'을 우월한 거울로 삼아 자기 아이덴티티를 재구축할 수 있다는 가능성을 발견했던 것이다. 그러나 자본주의는 그 자체가 거울로서 타자를 무한히 증식시키는 자기언급적인 회로를 내포하고 있었다. 1950년대 이래 일본에 널리 퍼진 '미국'을 소비하는 시스템은 애니메이션, TV 드라마, 가요에서부터 디즈니랜드에 이르기까지 무수히 많은 '미국 = 일본적인 것'을 탄생시켰고, 그것들은 1980년대 이래 경제 성장을 달성하여 '전후적' 공간을 증식시키기 시작한 아시아 여러 나라의 도시문화 속에서 폭발적으로 확산되었다. 이러한 일련의 과정의 전환점으로서, 1940년대 말부터 50년대의 일본 내 '미국'의 위상을 지금 다시 주목할 필요가 있다.

제1부 '전후'라는 담론 공간

전후 일본사상사에 나타난 '민중'과 '대중'
전후 '일본'의 재구축

전후 일본사상사에 나타난 '민중'과 '대중'[1]

야스마루 요시오 安丸良夫[2]

1. 시작하며

'민중', '대중'이라는 용어를 명확하게 정의하거나 현실적인 존재로 규정하기란 매우 어렵다. 국민, 시민, 평민, 서민, 인민, 상민 등도 마찬가지다. 대부분의 사람들은 이 말들로부터 실재하는 어떤 존재를 떠올리는데, 어떤 용어를 선택하는가에 따라서 서술하는 사람의 입장과 전략이 드러난다. 인구센서스나 각종 의식조사와 같은 통계 자

---

1 이 글은 김연숙이 번역했다.
2 1923년생. 역사학자, 히토쓰바시一橋대학 명예교수. 일본사상사 전공. 주요 저서로는『일본의 근대화와 민중사상日本の近代化と民衆思想』(1974),『데구치 나오出口なお』(1977),『일본내셔널리즘의 전야日本ナショナリズムの前夜』(1977),『신들의 메이지유신神々の明治維新』(1981),『근대 천황상의 형성近代天皇像の形成』(1991),『잇키・감옥・코스멀러지一揆・監獄・コスモロジー』(1999) 등이 있다.

료를 이용하는 것도 특정한 '사실'의 추세를 아는 데에는 유익하지만, 이러한 자료가 '민중', '대중' 등으로 불리는 존재에 대하여 무엇을 기술하고 무엇을 기술하지 않는지에 대해서는 주의해야 한다. 예를 들면 고이즈미 내각의 지지율이 상당기간 동안 80% 내외로 높았다는 것은 흥미로운 '사실'이기는 하지만, 그것이 무엇을 의미하는지는 알기 어렵다.

이런 모호함에도 불구하고 우리가 '민중', '대중' 등으로 불리는 존재를 생각해야만 하는 것은 아마도 우리가 하나의 사회를 어떤 집합체로 파악하려는 경향이 있기 때문일 것이다. 지식인이 '민중'이나 '대중'이라고 할 때 그것은 하나의 추상적 개념이며, 구체적인 누군가라기보다는, 어떤 매개를 통해 대상을 파악하려는 용어이다. 이러한 개념 용어를 명확하게 하기 위해서는 계층 구분, 시대상황에 따른 변동, 지역성, 성性이나 연령에 따른 차이 등을 이용해 더 자세하게 나누어서 파악해야 한다고 생각할 수도 있다. 하지만 이런 시도가 '민중'이나 '대중'이라는 개념내용을 더 풍부하게 만드는 것은 아니다. 또 철저한 실증주의자라면 이런 모호한 용어를 피하고 실증적으로 증명할 수 있는 '사실'의 기술에 전념해야한다고 생각할 수도 있다. 한층 번거로운 것은 이러한 개념에는 실체적인 면과 가치적인 면이 있으며, 연구자가 그 두 가지 측면을 엄밀하게 구별해서 사용하기 어렵다는 사실이다. 그 중에서 가치적인 면을 배제하면 좀 더 확실한 파악이 가능해지는 것처럼 보일 수도 있다. 하지만 그 두 가지 측면은 서로 대립하면서도 상호 참조하는 기능이 있기 때문에 그렇게 하면 실제로는 단조로운 일반론에 빠질 가능성이 크다.

이처럼 '민중'이나 '대중'은 실체라기보다는 방법적인 개념이며, 연구자가 대상으로 하는 사회나 역사에 관해 어떤 정리된 이미지를 그리는데 필요한 구상력과 관계되는 개념이다. 그것은 애매해서 때로는 수수께끼같이 느껴지기도 하지만, 사회나 역사의 표면적 층위에서는 찾기 어려운 요소들도 포함해서 구상해야하는, 전체성을 검증하는데 반드시 필요한 개념이다. 사회 전체 관점에서 검토 대상이 극히 한정된 소수라 할지라도, 예외자나 소수자야말로 역사나 사회의 특징을 그 절단면에서 명확하게 보여줌으로써 전체 모습을 예리하게 비추어낸다. 그렇기 때문에 '민중'이나 '대중'이 실제로 반드시 그 사회의 다수일 필요는 없다. '민중'이나 '대중'이라는 개념의 이런 성격 때문에 우리들은 이 개념의 궤적을 추적함으로써, 전후 일본의 연구자나 사상가가 사회와 역사에 대응한 사색의 흔적을 관찰해 볼 수 있을 것이다.

또한 이 글에서는 전후 계몽주의를 출발점으로 삼아, 일본경제의 급속한 발전을 고려하면서 어떠한 질적 변화와 전환이 진행되었는지를 주제로 삼았다. 실제 대상이 되는 시기는 패전 직전에서 1980년대 초까지이다. 페미니즘, 문화연구, 국민국가론, 네오 내셔널리즘 등을 언급하지 않는 것은 필자의 능력 부족 때문이기도 하지만, 연구 대상 시기와 주제 때문이기도 하다. 또 이 글에서는 기존 연구자들이 사용한 용어는 각기 '민중', '대중', '시민', '인민'처럼 작은따옴표를 붙여 사용하고, 일반적인 용어일 경우에는 문장부호를 생략할 것이다.

2. 전후 계몽과 '민중'상

1947년 2·1 총파업[3]이 일어나기 얼마 전이었다. 오쓰카 히사오大塚久雄는 자신의 연구실에서 이시모타 쇼石母田正와 '두 사람 모두 흥분해서' 일본 노동자계급의 의식과 행동을 주제로 긴 논쟁을 벌였다. 이시모타 쇼는 친동생을 통해서 어느 정도 노동운동을 접하고 있었기 때문에, 일본 노동자계급의 당시 상황과 장래에 대해 자신의 경험과 견문을 바탕으로 한 '낙관적 견해'를 펼쳤다. 이에 반해 오쓰카 히사오는 "그것은 노동자 중에서도 소수의 전위적인 요소에만 해당한다. 거시적으로 일본 노동자계급은 러시아혁명 당시의 노동자보다 뒤처진 측면이 있다. 그리고 그것은 농촌에서 전개된 자본주의 발전의 성질과 관련이 있다"고 반박했다.[1] 일본 노동자계급의 후진성을 강조하는 점에서는 마루야마 마사오丸山眞男와 오쓰카 히사오가 아주 비슷했고, 이시모타 쇼는 그 둘의 견해에 대해 반론하고자 했다. 그는 마루야마 마사오와 오쓰카 히사오의 견해가 일반적으로는 맞는 말이지만 그것은 상아탑 안에 있는 학자들의 추상론에 불과할 뿐, 패전 후 노동자계급의 새로운 자각에 주목하는 방법은 아니라고 비판했다. 이시모타 쇼는 실천적인 면에서 좀 더 다른 방향에서 문제를 다루어야 한다고 생각한 것이다.

---

3 1947년 2월 1일 '전 일본 산업별 노동조합회의'가 계획했던 노동자 총파업투쟁. GHQ(연합군 총사령부)의 맥아더는 2·1 총파업을 '점령목적 위반'이라며 대대적으로 봉쇄하겠다고 역설하였으며, 공산당계인 산별회의는 결국 1946년 2월의 강령에 따라 총파업 전날 파업투쟁을 전면 철회했다(1·31 파업중지지령). 1950년 6월 18일에는 노동자 10만여 명이 부당해고되고, 뒤이어 공산당 서기장도 어선을 타고 중국으로 망명하는 등 이후 일본 노동운동의 범위는 급속히 좁아지면서 전후 일본 노동운동에 큰 영향을 미쳤다.

오쓰카 히사오의 전공은 근대 유럽경제사인데, 이는 원래 일본현실에 대한 깊은 관심 때문에 선택한 것이다. 패전 직후, 그는 민주주의 혁명의 전제가 되는 '근대적 인간유형'에 대해서 가장 명쾌한 이미지를 제시했다. 오쓰카 히사오에 따르면 민주주의 혁명을 위해서는 새로운 "인간적 주체의 민중적 기반이 광범위하게" 성립되어야 한다. 그런데 "우리나라 민중에게서 나타나는 인간유형은 단순하게 봉건적이라고 단정할 수 없는 복잡함이 있는데, 이는 소위 아시아적인 것"이라서, "거기에는 근대인 특유의 내면적 자발성"이 결여되어 있다고 말한다. 그렇다면 "어떻게 하면 우리나라 민중이 전근대적인 에토스를 버리고 근대적이고 민주적 인간유형으로 바뀔 수 있을까." 오쓰카 히사오는 그것은 결국 교육의 문제라고 주장한다. 이를 위해서는 다음과 같은 객관적인 조건이 필요하다. 즉 근로 민중의 사회적 경제적 지위 향상, 특히 농민층의 사회적 해방과 함께 '본격적이고 전형적인 국내 시장의 창출'이라는 두 가지 조건이 중요하다고 말한다.[2] 이는 위로부터의 제도개혁에 의해서는 결코 달성되지 않는, 사회와 인간의 내면까지 미치는 변혁에 대한 호소이다. 또한 그것은 비교경제사학과 에토스론을 바탕으로 한 명석한 이론적 틀에 기반한 것이다. 오늘날 지식인의 관점에서 보자면 아카데믹한 고답성과 이론에 대한 지나친 몰입에 주눅이 들 정도이지만, 그것이 변혁에 대한 뜨거운 열정과 사회과학적 담론이 긴밀하게 결합되어 있다는 점에서 중요하다. 이러한 담론이 당시 지식인층에게 설득력이 컸을 거라는 사실을 상상하지 못한다면, 그것은 아마도 지금의 우리들이 부족하기 때문이리라.

훨씬 나중에 오쓰카 히사오는 도이 다케오土居健郎의 『'아마에'의 구조甘え'の構造』에 나오는 '아마에'[4]의 개념을 막스 베버의 '피에테트pietat'

(공순恭順)라는 개념과 결부시켜 설명한다. 막스 베버는 '피에테트'가 가산제家産制의 에토스라고 하는데 그것을 마르크스식으로 바꾸면 아시아적 생산양식, 공동체의 아시아적 원리이다.3) 베버의 역사사회학적 조감도에서 살펴보면, 이런 '아마에', '피에테트'를 억압해서 점차 무의식의 영역으로 밀어 넣는 것이 카리스마적 권위인데, 근대 유럽과 미국에서 발전한 자본주의문화에서는 이런 요소가 철저하게 억압되어서 무의식의 세계로 밀려나버렸다. 도이 다케오의 이론은 서구의 정신의학계에서는 완전히 간과되고 있던 '아마에'를 발견해서 이것을 정신의학의 핵심에 갖다 놓은 것이다. 오쓰카 히사오는 이 이론이 일본풍토에서 전통으로 내려오는 '피에테트'의 원리를 재발견한 것이라고 보았다. 『'아마에'와 사회과학甘えと社會科學』의 말미에서 오쓰카 히사오는 "앞으로의 세계, 그 세계의 문화에 대해서", "'아마에'의 구조가 훨씬 더 승화된 형태로 다시 한 번 나타날 것이고, 또 나타날 수밖에 없다"4)라고 말한다. 이 지점에서 오쓰카 히사오의 이론이 의외의 방향전환을 예비하고 있다고 생각할 수도 있다. 그러나 이 좌담회에 참가한 오쓰카 히사오, 도이 다케오, 가와시마 다케요시川島武宜는 당시 상황에서는 "역사적으로 낮은 수준에서 승화되지 않은 형태로 '아마에'의 구조가 부활할 위험"이 더 크다고 인식했다. 오쓰카 히사오는 전후 개혁들에서도 자신이 말한 '근대적 인간유형'이 '민중적 기반' 위에서 만들어지지 않고, 아시아적 공동체라고도 부를 수 있는

---

4 '아마에甘え'는 어리광이나 응석으로 번역될 수 있지만, '정情'이 한국인의 독특한 정서를 드러내는 것처럼 '아마에'는 일본인의 심리적 특성을 담고 있는 말이다. 도이 다케오土居健郎는 『아마에의 구조甘えの構造』에서 아이가 어머니에 대해 가지는 의존욕구와 같은 것이 일본적인 사고의 특성이라고 지적한다. 양육과정에서 아이는 어머니에게 감정적으로 의존하면서 사랑받으려고, 어머니는 그런 아이의 응석을 허용하고 조장하는데, 이때 수직적인 상호의존관계가 '아마에'의 구조적 특성이다. 나아가 그는 이러한 수직적 상호의존이 일본식 '아마에' 관계인 '오야봉'과 '고붕'의 관계로까지 확장되었다고 본다.

전통이 일본사회를 그 기저에서부터 규정하고 있다고 당시 상황을 인식한 것이다. 이러한 그의 견해는 죽을 때까지 변하지 않았다.

오쓰카 히사오가 말하는 '피에테트'를 일본 가족제도 이론의 측면에서 전면적으로 전개한 것이 가와시마 다케요시의 「이데올로기로서의 '효'イデオロギーとしての'孝'」와 그 외 몇몇 논문들이다. 가와시마 다케요시는 일본 가족제도의 법사회학적 분석을 위해 가족제도 이데올로기인 '효'를 분석했다. 그에 따르면 '효'는 "자식이 부모에게 은혜를 입었다는 사실"에 근거하고 있기 때문이며, '은혜'의 수여로 인해 신체적 지배와 복종이 형성되는 특수한 봉건적 사회관계이다. 그는 또한 '효'의 관념은 근세·근대 일본을 특징짓는 것이며, 이에 비해 중국의 고전적인 유교에서 말하는 '효'에는 은혜와 보은의 관념이 결여되어 있다고 한다. 원리적으로는 가부장제와 봉건제는 각기 다른 지배 체제로 '공순(피에테트)'은 전자에, 독립적인 주체 간의 계약과 충성은 후자에 해당한다. 일본의 경우, 근세 봉건 권력 아래에서 가족의 가부장제적인 권력관계도 또한 '은혜'를 매개로 한 봉건적 성격이 있다. 그러나 여기에는 '공순'이라는 원리가 압도적인 우위를 차지하여 "특수하고 봉건적인 주체성은 극히 희박"해졌다.[5]

법사회학자인 가와시마 다케요시는 가부장의 권력이 일반민중의 가족생활에서는 절대적이지 않다는 사실을 잘 알고 있었으며, 위와 같은 가부장제 원리는 이데올로기적인 성격이 강하다고 생각했다. 그러나 메이지 민법을 통해 종래 사무라이 계층의 가족 질서는 국가가 공인하는 가족상이 되었고, 공교육 등의 국가 교화정책을 통해서 앞에서 설명한 가족제도 이데올로기가 일반 민중에게도 침투되었다. 그에 따르면 새로운 헌법과 가족법은 이러한 '가족제도'를 전면적으로 부정하고 "모든 가족구성원의 **평등**"(강조는 원저자, 이하 인용문의 강조

91

도 원저자에 의함)을 추구하고 **"권력관계"**를 "가능한 한 **배제**"하도록 규정하고 있다.6) 그의 이런 가족론은(가족론으로서는 매우 이상하지만) 막스 베버의 가산제와 '공순' 원리를 빌려 세계사적 시각에서 다루어야 할 대논의로 제시되었기 때문에, 전후 일본을 특징짓는 계몽적 보편성을 획득했다. 그리고 지식인의 이러한 대논의가 일본현실에 대해 제시된 보편성에 의해 설득되었다는 것이 계몽기의 특징이었다.

3. '상민常民'과 생활세계

야나기타 쿠니오柳田國男는 1944년 6월부터 이듬해 6월까지 『주간아사히週刊朝日』에 「마을의 모습村のすがた」을 연재했다. "전시 분위기로가득 차 있던" 그 잡지에서 첫 면에 실린 「마을의 모습」만은 전쟁과전혀 상관없는 주제를 그림과 함께 간단하게 싣고 있었다. 야나기타쿠니오는 "방방곡곡에서 모인" 사람들이 고향의 추억을 이야기할 때"이야깃거리"가 될 만한 것을 쓰는 것이 집필 취지라고 설명한다.7) 또한 그는 1945년 1월부터 3월에 걸쳐 『마을과 학동村と學童』을 썼는데,이것은 소개疏開된 아동, 특히 소학교 5, 6학년 소녀들을 위한 책이었다. 야나기타 쿠니오는 소녀들에게 "마을마다 옛날부터 내려오는 생활상을 잘 기억해서, 친절하게 이야기해주는 사람이 있기 마련이니"그런 사람들의 이야기를 주의깊게 듣고, 집으로 돌아가서는 노인이나형제자매들에게 다시 전해주라고 당부한다.8) 또 그는 1943년 6월 신지원神祇院5의 요청으로 메이지 신궁 사무소에서 '제사와 사제祭り司祭者'

라는 제목으로, 1944년 10월에도 같은 곳에서 '경신과 기원敬神と祈願'이라는 제목으로 강연을 했다. 이 두 차례의 강연은 전시 체제가 강화되던 시기에 신사의 신관神職과 그 관계자들 앞에서 한 것인데, 여기에서 야나기타 쿠니오는 조상숭배를 바탕으로 하는 우지가미氏神신앙[6]과 이와는 이질적인 '간죠신사勸請神社'[7]라는 두 가지 계보의 신사를 구별하며 자기 나름의 고유한 신앙론을 되풀이했다. 『탄소일기炭燒日記』에 '경신과 기원'에 대해 강연이 "아주 잘 된 것에 비해 감동이 없었던 듯하다. 두세 가지 중요하지 않은 질문이 있었다"[9]라고 쓴 것을 보면, 야나기타 쿠니오와 시대상황 사이에 어긋남이 있었음을 알 수 있다.

이런 사례를 통해, 야나기타 쿠니오가 전쟁 말기에도 전시 체제와 일정한 거리를 두고 민속학적인 지식 추구만을 고집하였음을 알 수 있다. 소개疏開와 같은 체험에 대해 "생경한 지역에 들어갔기 때문에 급작스럽게 일어나는 생생한 주의력과 지식욕"이 발휘되는 기회[10]로 파악하고 있는 것도, 소개생활의 실상을 모르는 목가적인 것이기는 하지만, 전시 체제와는 거리를 둔 민속학자의 입장이었기 때문에 그러했다.

그는 『조상 이야기先祖の話』의 「서문」에서 "소화 20년(1945)인 올해의

93

5　시작은 메이지유신 직후 신도 국교화 정책의 일환으로 설치되었던 신지관神祇官이다. 이후 교부성教部省으로 축소, 1887년에 폐지되었다가 쇼와 초기에 신지원 부흥운동이 일어났다. 신도와 종교를 구별하는 '신도 비종교론'에 의해 종교국은 문부성으로 이관되고, 신사국神社局은 내무성 산하의 국가기관인 신지원으로 승격했다.

6　조상신을 비롯한 씨족신을 모시는 신앙. 그러나 이것이 개인의 사적인 신앙이라기보다는 공동체의 측면에서, 촌락의 우지가미, 총씨신総氏神으로서의 다이묘가의 우지가미까지 관련되는 동족관계를 기반으로 하는 신앙이다. 이후 천황가의 우지가미인 아마테라스가 국민의 총씨신이라는 신앙으로 발전했다고 볼 수 있다.

7　우지가미에 비해 신의 영험을 강조하고, 현세이익적인 개인의 기원을 중심으로 하는 신사. 원래 간죠勸請는 불교용어로 부처의 왕림을 청하여 교화를 기원한다는 의미이다. 이것이 일본에 들어와서 멀리 떨어져 있는 곳의 신령神靈을 불러들여 받들어 모신다는 의미로 바뀌었다.

4월 상순에 붓을 들어 5월 말까지 이 정도를 써보았다 (…중략…) 물론 처음부터 전쟁이 끝난 후에 읽힐 것을 기대하고 평화로워지면 이용할 생각이었지만"11)이라고 썼지만, 실은 그 전해인 1944년 11월에 쓰기 시작했으며 도쿄 대공습이 있던 3월 10일에도 하루 종일 집필해서 5월 23일에 완성했다. 이 책의 내용은 이에家제도의 문제를 영혼관의 관점에서 전개한 것으로, 그 핵심은 일본국민의 '생과 사를 초월한 순국의 지성'을 영혼관의 특징을 통해 설명하는 것이다. 그 영혼관의 특징은 ① 죽더라도 영혼은 이 나라에 머물러 멀리 가지 않는다고 믿어온 점 ② 유현幽顯의 두 세계 왕래가 빈번하여 죽은 자의 영혼이 종종 이승으로 불려온다는 점 ③ 죽음에 이르러 죽은 자는 사후에 달성해야할 목표가 있어서 몇 번이라도 다시 태어나서 그 사업을 실현하려고 노력한다는 점 등이다. 이 가운데 특히 ③은 '칠생보국七生報國'[8] 관념으로 『조상 이야기』의 마지막을 장식하고 있다. 일본을 '신국神國'이라고 부르는 이유도 영혼이 국토에 머물면서 다시 태어나 "바로 그 나라에 다시 봉사할 수 있다고 믿었기 때문이다"라고 한다.12) 「서문」에서 "평화로워지면 이용할 생각이었다"라고 한 것도 전후의 입장에서 꾸며댄 말에 지나지 않는다. 이 책은 야나기타 민속학의 입장에서 죽음을 눈앞에 둔 청년들을 격려하기 위한 개입에 다름 아니다. 「서문」에서 이번 전쟁 경험으로 "아직도 우리 미래에 대한 판단을 정확하게 내리기가 어렵다는 사실"이 명백해졌다며, "이번에야말로 아주 확실한, 두 번 다시 반동의 희생이 되어 버리지 않도록 하기 위해서 민족의 자연과 가장 잘 조화를 이루는 새로운 사회조직을 생각해내

---

8 칠생보국七生報国은 글자 그대로 일곱 번 다시 태어나도 국가(천황)에 충성을 다하겠다는 다짐이다. 특히 1970년 11월 25일, 일본문학계를 대표하는 미시마 유키오三島由紀夫가 '칠생보국七生保国'이라 쓴 띠를 머리에 매고, 자위대 총감부 건물에서 할복자살을 한 사건이 유명하다.

야 한다"13)고 말한다. 하지만『조상 이야기』를 읽고 "새로운 사회조직"을 구상하기는 아무래도 힘들어 보인다.

패전 직후부터 야나기타 쿠니오는『대신궁 총서大神宮叢書』등을 읽고 초록하기 시작해서, 그 해 후반『제일고祭日考』,『산궁고山宮考』를 저술했다. 여기에 전쟁 중의 강연을 포함한『우지가미와 우지코氏神と氏子』를 합치면『신국학담神國學談』세 권이 된다. 이 작품은『조상 이야기』의 뒤를 잇는 것으로, 야나기타 쿠니오의 고유신앙론이 전시 체제 말기부터 패전 직후에 걸쳐서 급히 서둘러서 체계화되었다는 인상을 준다. 또한『혼인 이야기婚姻の話』(1948)에 실린 논문은「서입(사위를 양자로 삼는 일)고찰婿入考」를 제외하면 모두 1946년과 1947년의 작업이며『이에 한담家閑談』(1946)의 논문들은 대부분 전시 체제하에서 썼다.「서문」을 보면 당시에는 "이런 식의 이야기밖에" 할 수 없었다라고 밝히고 있다. 1947년 야나기타 쿠니오는 민속학연구의 초창기에는 세상 사람들이 잊고 있거나 깜박하고 있는 문제를 다루어 "세상 사람들에게 경종을 울리려는 시도"였지만 "오늘날은 눈앞에 급한 일"이 있어 "그렇게 제멋대로 선택하는 것이 허용"되지 않는다고 설명한다. 이때 "눈앞에 급한 일"이란 고유 신앙과 이에 제도로 집약되어 있는 문제들을 가리킨다.14) 바로 이 문제들에 대해 야나기타 쿠니오는 전쟁 말기부터 패전 직후에 걸쳐서 활발하게 저작활동을 펼쳤다. 그의 민속학이 일본의 현실과 미래에 대한 강한 위기의식에 사로잡혀 체계화되었다는 점, 그리고 그의 위기의식이 '이에'의 지속과 영혼 문제에 집중되어 있었음을 알 수 있다.

가미시마 지로神島二郎는 일본 '민족'의 의식에 관한 문제를 총체적으로 다루려고 시도했던 선각자로 야나기타 쿠니오와 마루야마 마사오를 든다. 그리고 야나기타 쿠니오에게는 '정보의 조직화' 측면에서,

마루야마 마사오는 '문제의 조직화' 측면에서 탁월했다고 평가한다. 그러나 야나기타 쿠니오는 정보의 조직화에서 한 발 더 나아가 자신의 문제의식을 보편화시켜서 "민속의 변천을 당시의 맥락과 연결시켜 현실을 파악하지 못한 아쉬움"이 있고, 마루야마 마사오에게는 "사회적 현실의 저변까지 파헤쳐 정확한 분석을 하려는 배려가 부족해서 자칫하면 형태적으로만 명쾌하게 파악하는데 그치기 쉬워 역사적인 현실에 다가가지 못했다는 아쉬움이 있다"[15]고 말한다. 가미시마 지로는 두 선각자의 "접근 방법을 연결하는 것"이 자신이 할 일이라고 밝히면서 『근대 일본의 정신 구조近代日本の精神構造』를 저술했다. 그러나 야나기타 쿠니오의 '정보의 조직화'는, 야나기타라는 탁월한 조직자가 개입한 지식정보를 말하는 것이며, 거기에는 선별·편중이 뚜렷하게 보인다. 야나기타 쿠니오가 전시 체제나 전후 민주주의로부터 어느 정도 거리를 둔 것은 분명하지만, 그렇다고 해서 그의 자의적인 구성을 고려하지 않은 채 편하게 이용할 수 있는 객관적인 지식의 보고라고 생각할 수는 없다. 야나기타 쿠니오는 분명히 보통 사람이 가지기 힘든 풍부한 식견을 우리에게 주었다. 그러나 그것은 그의 고유한 입장이 가지고 있는 특성을 통해 정리된 것에 불과하다.

　1909년에 태어난 아카마쓰 케이스케赤松啓介는 고등소학교를 졸업한 후 증권회사의 사환, 작은 상점의 견습생, 노점상의 잔심부름꾼, 영세 공장 노동자 등 다양한 직업을 경험했다. 그는 기타 사다키치喜田貞吉의 『민족과 역사民族と歷史』, 『사회사연구社會史研究』에 영향을 받았다고 한다. 그는 1925년에서 1928년에 걸쳐서 처음으로 민속조사를 행했는데, 1925년부터 종종 오사카大阪의 싸구려 여인숙에 머물면서 대도시 하층 사회의 생태에도 관심을 가졌다. 그는 1933년에 검거되었다가 기소유예로 풀려나서 귀향한 후, 효고兵庫현 히가시하리마東播

^磨지방을 중심으로 민속조사를 했다. 1933년은 야나기타가 '민간전승론'을 강의하기 시작한 해이기도 하다. 그 강의가 이듬해 목요회로 조직되고, 전후에는 일본민속학회의 월례회로 이어졌다. 이어서 『민간전승론民間傳承論』(1934), 『향토생활의 연구법鄕土生活の硏究法』(1935)이 출판되었으며, 이 무렵부터 야나기타 민속학의 '정보의 조직화'라는 체계가 잡히기 시작했다. 그러나 아카마쓰 케이스케의 민속학은 야나기타 쿠니오와는 대조적이었다. 아카마쓰는 "야나기타 민속학이 말하는 '상민'에 대해 끝없는 증오심을 품었다"¹⁶⁾고 말한다. 그는 강좌파 마르크스주의의 계급사관의 시각에서 민속을 파악하였기 때문에, 야나기타가 '상민' 개념을 초계급적으로 사용하며, 성과 차별과 범죄라는 주제는 그의 민속학적인 대상이 되지 못한다고 비판했다. 아카마쓰 케이스케가 특히 중시하는 것은 성性풍속인데, 성에 대해서 자유롭게 이야기할 수 있을 때 비로소 마을생활의 깊은 이해가 가능하다고 말한다. 따라서 그러한 세계를 다루지 않는 야나기타 민속학은 민중생활의 표면만 캐묻고 들었을 뿐이라고 보았다.

고향으로 돌아온 아카마쓰 케이스케는 민속 탐방과 생계를 겸해서 자전거를 타고 물건을 팔러 다녔다. 그 당시 시골에서 자전거는 주된 교통수단이었다. 고갯길 언덕의 입구나 그 정상에는 잠깐 쉴 수 있는 찻집이 있어 온갖 사람들이 다 모였다. 그곳에는 한 사람이 겨우 잘 수 있을 정도의 좁은 방도 있어서 여주인과 친해지기만 하면 하룻밤 묵는 것도 가능했다. 그런 찻집, 특히 여주인이 아카마쓰 케이스케에게 민속채집의 정보를 제공해주는 사람이었다. 그 여주인들 중에는 지역 사회의 속내에 훤한 인생의 달인이 많았다. 또 대부분의 찻집들은 주변 마을의 과부나 아낙들이 운영하는데, 그 가운데는 마을사람들과 교류가 없는 도둑들의 숙소나 도박장 같은 곳도 있었다. 이런 곳

에 말솜씨 좋고 '산전수전 다 겪은 여자'가 있으면, 이야기꽃이 피게 되고, 또 여자들만 모여 있는 곳에 젊은 남자가 하나 끼어들면 이야기가 바로 활기를 띤다. 그 중심은 단연 성에 관한 음란한 이야기이며, 당연히 이런 이야기는 보통의 민속탐방에서는 들을 수 없는 내용이다. 이런 세계를 함께 한 아카마쓰 케이스케의 입장에서 보자면, 야나기타 민속학의 '요바이론'[9]은 그냥 웃어넘기고 말, 지어낸 이야기에 지나지 않는다.[17]

아카마쓰 케이스케가 말년에 쓴 세 권의 책, 『비상민의 민속문화非常民の民俗文化』(1986), 『비상민의 민속경계非常民の民俗境界』(1988), 『비상민의 성 민속非常民の性民俗』(1991)은 제목에 모두 '비상민'이라는 말을 사용하고 있다. 이는 그가 야나기타 민속학의 '상민'보다 훨씬 주변에 있는 민중 세계를 대상으로 했음을 명시한 것이다. 이 책들을 보면 가난한 행상인이나 찻집 여주인의 숨결을 느낄 수 있으며, 그가 그런 사람들과 술잔을 주고받으며 같은 눈높이로 이야기를 나누었다는 것을 알 수 있다. 이 밖에도 아카마쓰 케이스케는 오사카 싸구려 여인숙 거리의 습속에 대한 보고도 남겼는데, 이 모든 것이 지금은 사라져버린 세계에 대한 중요한 기록이다. 아카마쓰 케이스케의 책은 반복되는 내용이 많고, 제대로 정리되지 않은 부분도 있지만, 야나기타 쿠니오의 민속학과는 전혀 다른 차원의 세계를 보여준다. 미야모토 쓰네이치宮本常一는 아카마쓰 케이스케가 가장 신뢰하는 야나기타 민속학 계통의

---

9 요바이夜這い란 婚, 嫁, 結婚 등의 글자를 요바우よばふ, 요바이よばひ라고 불렀던 것으로부터 비롯되며, 밤중에 성교를 목적으로 남자가 모르는 여자의 침소에 들어가는 행위를 의미한다. 근대 이전의 농촌에서는 마을의 젊은 남성들이 마을 내에 특정한 규칙을 정해 요바이를 했고, 그를 무시하고 다른 마을의 남자가 요바이를 하러 오면 이들이 격퇴하기도 했다고 하며, 때로 반죽음을 당하기도 하였다. 일부 지방에서는 여자가 남자의 처소에 드는 풍습도 있었다. 일반적으로 서민의 풍습이었으나, 무사계급에서 행해지기도 했다고 한다.

연구자인데, 그 이유는 미야모토가 전국을 직접 돌아다니며 자기가 납득할 수 있을 때까지 조사하는 연구방법을 사용했기 때문이다. 아카마쓰의 주요한 조사 대상은 그가 행상을 다닌 히가시하리마의 가코가와加古川 유역으로 한정되어 있지만, 행상생활 속에서 사회 저변에서 살아가는 주변부 사람들에 대해 중요한 기록을 남긴 것이다.

기다 미노루는 태평양전쟁기부터 전후에 걸쳐, 지금은 도쿄도 하치오지八王子시에 속하는 온카다恩方촌 헨나邊名마을의 무너진 사찰의 창고 뒤에서 혼자, 때로는 자식과 둘이서 생활했다. 헨나는 간토關東평야가 끝나고 산자락이 시작되는 지점에 있으며, 계곡을 따라서 이어진 14가옥으로 이루어진 작은 마을이다. 기다 미노루가 살던 절 창고는 그 마을에서 산 쪽으로 조금 올라간 곳에 있었다. 이 마을의 경작지는 불과 9천 3백 평 정도였는데, 한 집에서 3천 평을 경작하는 집도 있었기 때문에 대부분의 마을 사람들은 다른 일도 겸하고 있었다. 기다 미노루가 그 작은 마을에서 마을사람들과 오랫동안 사귀면서 채집한 '실제 사실을 모아서 발표'한 것이 『미친 마을 주유 기행氣違い部落周遊紀行』(1946년 『세계世界』에 처음 연재) 이후에 나온 저작들이다. 도시에서 생활한 기다 미노루에게 마을사람들의 말과 행동은 종종 "신선한 충격을 주었으며", "그것을 정신병리의 사례 비슷하게 생각하면서" 점차 하나로 정리된 '정신구조'처럼 여기기 시작했다.[18] 기다 미노루는 파리대학의 마르셀 모스Marcel Mauss 아래에서 공부했다. 마르셀 모스는 후진들에게 외부 영향이 적은, 상대적으로 고립되어 있는 소집단에서 집중 조사를 하도록 권했기 때문에 기다 미노루가 그런 가르침을 따랐다고 해석할 수도 있다. 또 '미친 마을氣違い部落'이란 오해받기 쉬운 말이지만, 기다 미노루는 이 표현을 일부러 선택해서 전후 지식인의 기존 관념으로는 생각지도 못할, 일본사회 기층에 있는 이문화성을 강조해 보여준 것이다. 그러나 마을 사람들 사이에서 '절에 사는 선생'이 자신들의 이야기를 '미친 마을'이라는 책으로 써서 돈을 벌었다고 소문이 나자, 기다 미노루는 마을에서 살기 힘들어지고 이방인이라고 경원시되었다.[19]

『미친 마을 주유 기행』에 등장하는 마을사람들은 제각기 개성이 뚜렷하고, 빈틈없이 자기 이익을 챙긴다. 세금 조사나 경지면적 조사를 속여 넘기는 것은 물론, 마을의 공동작업도 하루 3시간 만에 끝내 버린다. 식량위기에도 서로 돕지 않고 혈연적인 유대도 약하며 "정의란 자기 이익을 옹호하기 위한 깃털 장식같은 것이다."[20] 그러나 그들은 때때로 친절하고 세심하게 마음을 쓰기도 한다. 『미친 마을 주유 기행』은 마을 사람들의 그런 행동과 정신을 생생하고도 풍부한 필치로 그려낸 것이고, 『일본 마을にっぽん部落』은 마을 조직체의 특징을 주제로 하고 있어서 이 책이 좀 더 사회학적이라고 말할 수 있다. 마을은 10채에서 16채 정도를 단위로 하는 조직체로, 세와야쿠(간사)·오야가타(십장)·히라(일반 회원)로 이루어져 있다. 세와야쿠는 능수능란한 말솜씨와 신용이 있는 사람이지만, 반드시 집안이나 재산에 따라 정해지는 것은 아니다. 마을에는 독특한 균형감각과 평등하고 공정하다는 느낌이 발달해 있고, 마을사람들은 세와야쿠를 따른다기보다는 전통을 따르는 것이다. 마을에서 쓰는 용어에 계급성은 없고, 남편보다 아내가 주도권을 잡고 있기 때문에 여성언어도 없다. 마을 집회는 각 집에서 세대주나 그 대리자가 반드시 참석하고, 만장일치로 일을 결정한다. 기다 미노루는 "이것은 의회 가운데 가장 민주적이다. 이보다 더 민주적이고 이상적인 의회는 만들지 못할 것"이라고 썼다.[21]

오쓰카 히사오는 『미친 마을 주유 기행』을 비롯한 기다 미노루의 저작이 "일본문화의 밑바닥에 잠재되어 있는 것"에 **"피할 수도 물러날**

수도 없는 표현"을 부여했다고 평가한다. 오쓰카 히사오에 따르면 그것은 이제까지 이론적으로 또 실증적으로도 그 중요성이 지적되어오긴 했지만, 학계에서는 아직 충분한 설득력을 갖지 못했다. 그런데 기다 미노루의 저작 덕분에 "거의 오해하기 힘든 형태로, 좋든 싫든 보지 않을 수 없게 되었다"[22]는 것이다. 이는 극찬에 가까운 높은 평가다. 또한 오쓰카 히사오는, 마을 안에서는 전통적인 관습에 대해 '공순'하게 따름으로써 사람들의 가공되지 않은 인간적인 욕구가 제약되고 있는데 비해서, 마을 밖에서는 "그들의 **가공되지 않은 그대로의 인간적 욕구**가 고삐 풀린 망아지처럼 **방자하게** 머리를 쳐든다"[23]고 하는, 마을안팎에서 보이는 윤리의식의 이중성 문제를 주목한다. 그의 입장에서 보자면, 기다 미노루는 대내윤리와 대외윤리의 이중성이라는 일본의 전통적 공동체의 아시아적 성격이라고도 할 수 있는 것을 생생하게 그려냈으며, 바로 이러한 이중성을 타파해야만 근대시민사회와 자본주의경제가 실현된다는 것이다. 그러나 기다 미노루가 마을의 고유한 사실fact이라고 힘을 기울여 그려낸 것은 오히려 마을 사람들의 행동과 정신의 복잡한 동태이다. 그렇기 때문에 오쓰카 히사오는 기다 미노루의 저술 전체에서 실로 그 일면만을 떼어내 자신의 논리대로 꿰맞춘 것에 지나지 않는다는 인상을 준다. 기다 미노루도 농촌의 낮은 생산력을 군데군데에서 탄식하고 있지만, 마을의 전통적 '민주주의'에 대해서는 높이 평가하고 있다. 오쓰카 히사오·가와시마 다케요시·마루야마 마사오 등이 거창한 세계상을 내걸고 일본사회에 대해 비판적인 전략을 전개할 때, 연배가 약간 위인 기다 미노루는 일본사회에 관한 어떤 리얼리티를 집어내, 전후 계몽에 대해 신랄한 안티테제를 냉소적인 필치로 제시했다.

4. 사상의 원점을 찾아서

전후 역사학은 계급투쟁사와 인민투쟁사 영역에서 많은 사료와 사실史實들을 발견해 왔으며, 이러한 연구동향은 오늘날까지도 이어지고 있다. 그러나 사회적 영향력이나 다른 분야와 교류라는 관점에서 다시 생각해보면, 지금은 민중사, 사회사, 문화연구 등의 동향 쪽이 더 주목받고 있다. 이 글에서는 전후 사상사의 커다란 흐름 속에서 '민중', '대중'을 다루기 때문에, 전후 역사학의 구체적인 동향은 생략하고, 이로카와 다이키치色川大吉의 민중사연구에 대해서만 살펴보고자 한다.

전후 역사학에서 계급투쟁사나 인민투쟁사 영역에 새로운 분석방법이 등장한 것은 이로카와 다이키치의 「곤민당과 자유당困民黨と自由黨」(1960)과 「자유민권운동의 지하수의 계보自由民權運動の地下水を汲むもの」(1961)라는 획기적인 두 논문이다. 전후 역사학의 틀 안에서 곤민당[10]의 운동은 자유민권운동[11]과 지도·동맹관계에 있었다고 파악되어 왔는데, 이로카와는 「곤민당과 자유당」에서 두 운동이 "이질적인 활동이 공존 혹은 병렬하는 형태가 대부분"이었다고 지적한다. 그리고

---

[10] 자유민권운동 말기에 부채 반환을 요구하며 일어났던 농민운동의 조직. 1881년 이후 메이지 정부가 강행한 지폐 정리로 인해 불황을 겪으며, 간토関東, 주부中部 지방의 각지에서 1만여 명의 농민들이 채무와 공과금의 반감, 징병령의 개정, 소작료 면제 등을 요구하며, 금융업자, 대지주, 관공서를 습격하기도 했다.

[11] 1870년대 후반부터 1880년대에 걸쳐 국회개설과 헌법 개정 등의 민주주의 정책을 요구했던 메이지 초기의 정치운동. 후쿠자와 유키치 등의 메이로쿠사明六社 계열의 계몽가들이 소개한 유럽의 자유민권사상에 영향을 받아 재야의 구 사족士族, 농민, 호농, 지식인들이 자유와 평등을 요구하며 참가했다. 1874년 '정한론' 분열로 하야한 이타가키 다이스케 등이 '민선의원 설립 건백'을 제출하면서 전국적인 규모로 발전하여, 1881년에는 정부로부터 국회 개설과 헌법 제정의 약속까지 받아냈지만, 이후 운동은 침체되고 만다.

그러한 역사적 과정의 무게를 온몸으로 받아들이며 고투하다가 패배한, 이 운동의 지도자 스나가 렌조須長弼造를 발굴하고, 그동안의 침묵의 의미를 질문하면서 글을 끝맺고 있다. 「자유민권운동의 지하수의 계보」는 약간 시각을 달리 하여 민권운동에 관여하긴 했지만 제대로 된 활동가라고 말할 수 없는 이시자카 마사쓰구石坂公歷와 기타무라 도코쿠北村透谷를 세밀하게 추적하여 그들의 인생과 사상형성에 자유 민권운동이 어떤 영향을 미쳤는지를 파헤친다.[24]

　그 후 이로카와 다이키치는 세미나의 학생들과 함께 타마多摩지방을 중심으로 하는 지역의 민권운동과 부채 농민 소요에 대해서 열정적으로 사료를 조사하면서, 지바 다쿠사부로千葉卓三郎와 이쓰카이五日 시 헌법 초안 등, 묻혀있던 사실과 인물들을 다수 발굴하여 소개했다. 이러한 연구성과는 『메이지문화明治の文化』(1970)와 『신편 메이지정신사新編明治精神史』(1973)로 정리되었으며, 이어서 「천황제의 사상天皇制の思想」(1974), 「근대 일본의 공동체近代日本の共同體」(1974), 「일본내셔널리즘론日本ナショナリズム論」(1977) 등의 저술로 이어졌다. 이런 저작들을 통해서 이로카와 다이키치는 마루야마 마사오의 『일본의 사상日本の思想』에 대항하는 '일본근대사상의 전체상'을 목표로 하고 있는 듯하다. 그러나 이런 계획은 실현되지 못했고, 1975년을 경계로 이로카와 다이키치의 관심은 쇼와昭和 시대 역사로 옮겨가고 「쇼와사 세상편昭和史世相篇」과 「자신의 역사自分史」의 구상을 시작했다.[25] 1970년대의 이로카와 다이키치는 자유민권기에 관한 자신의 연구성과에 야나기타 쿠니오의 민속학을 보충하면 새로운 전체상에 도달할 수 있다고 생각한 모양이다. 그러나 그것은 아마도 야나기타 민속학에 대한 과대평가이거나 선입관에서 비롯된 오해였다. 이로카와가 말한 투쟁하는 기층 민중과 야나기타가 탐구한 민속사상事象은 전혀 다른 차원의 세계이고, 검

103

증하기 위한 소재 자체도 아예 다른 관심을 바탕으로 수집한 것이기 때문이다.

그런데 이로카와 다이키치는 1980년대에 집필한 「시라누이카이 민중사不知火海民衆史」에서 구술과 전승을 다양하게 사용해서 민속적 민중사를 새롭게 만들어냈다. 미나마타水俁[12] 근대사에는 역사의 격동이 있고, 그와 관련된 구술록은 이로카와 다이키치 등의 조사에 앞서서 이미 축적되어 있었다. 이로카와는 이런 선행연구의 성과에 자기가 구술 조사한 것을 겹쳐서, 새로운 유형의 근대 미나마타 민중사를 만들어냈다. 그는 근대사 전문가로서, 근대 미나마타에 대한 경제사와 정치사에도 당연히 주목하고 있었다. 그런 구술과 민중 이야기에는 사람들이 경험한 이야기 형태의 기억인 근대 미나마타의 역사가 각인되어 있으며, 그를 통해 경제사나 정치사가 다르게 읽혀진다. 예를 들어, 이로카와 다이키치는 이 글의 서두에서 아미노 요시히코網野善彦가 말한, 중세 미나마타의 '무연無緣'과 '성스러움聖'을 언급하고 있는데, 그것은 미나마타병[13] 피해자의 마음속에 "이러한 '무연'과 '성스러움'에 대한 뿌리 깊은 심정이 감추어져 있다"고 생각했기 때문이다. 또한 그는 미나마타 투쟁에서 한 획을 그었던, 1959년 11월에 어민들이 공장에 돌입한 사건을 높이 평가한다. 그때 어협이라는 전통고수형의 기존조직이 투쟁조직으로 바뀌면서, 전쟁 시기의 군대 편성을

---

12 일본 구마모토현 남쪽에 있는 인구 3만 명가량의 도시. 1908년 일본질소비료주식회사日本窒素肥料株式会社가 설립된 후 인구도 증가하고 공업도시로 발전했다. 1956년에 일본의 4대 공해병 중 하나인 메틸수은 중독의 미나마타병水俁病이 공식적으로 인정되면서 세계적으로 알려지게 되었다.

13 수은중독으로 인해 발생하는 신경질환. 1956년 일본의 구마모토현 미나마타시에서 메틸수은이 포함된 조개 및 어류를 먹은 주민들에게서 집단적으로 발생하면서 사회적으로 큰 문제가 되었다. 문제가 되었던 메틸수은은 인근의 화학 공장에서 바다에 방류한 것으로 밝혀졌고, 2001년까지 공식적으로 2265명의 환자가 확인되었다. 미나마타 병은 사지의 감각장애, 운동실조, 언어장애, 경련 등을 일으키며 중증의 경우에는 사망에 이른다.

상기시키는데 그것이 중요한 역할을 했다고 한다. 이 점에 관해서 "2차 대전 시기 민중의 전쟁체험이 결코 부정적 유산만은 아니었다"[26]고 한 것은 이로카와다운 평가이다. 일본질소비료 주식회사 미나마타 공장이 생겨 지역 사회에 커다란 변동이 일어나고, 또한 그 지역 사회에 미나마타병이라는 가혹한 체험이 직격탄을 날리자, 사람들의 생활에 갖가지 의미 변화가 일어나고, 일상성의 바닥에 가라앉아있던 관행과 전승에도 새로운 의미가 부여되어 버렸던 것이다.

이로카와 다이키치보다 한 살 많은 요시모토 다카아키吉本隆明의 경우, 전쟁체험을 뚫고 나가는 방식이 이로카와와는 달리, 계몽적 근대주의와 마르크스주의에 대해서 훨씬 단호하게 거부하는 입장을 취하면서 전후를 살았다. 요시모토 다카아키가 안보투쟁[14]에서 급진파 학생들과 행동을 같이 하는 길을 선택한 이유는 그들의 정세 분석과 정치 전략에 동의했다기보다는 기존의 정치사상과 정치세력에 대한 거부라는 제한된 공통점이 있었기 때문이다. 요시모토 다카아키가 전후 계몽주의와 마르크스주의를 완강하게 반대하며 내세운 핵심어는 '대중'인데, 그 '대중'상은 철저하게 원리적이었다.

요시모토의 '대중'론은 우선 전향론(「전향론轉向論」, 1958)으로 전개되었다. 그에 의하면 전향이란 "일본 근대 사회의 구조를 총체적인 전망으로 파악하지 못했기 때문에 지식인계급 사이에서 일어났던 사고 변환을 말한다." 전향이란 무엇보다도 사상적 패배다. 때문에 그것을 끝까지 파고 들어가면 "대중으로부터의 고립(감)이 최대의 조건"이 되어서 일어난 현상이지, 권력에 의한 강제나 압박이 "가장 큰 원인"인 것은 아니다. 따라서 이른바 '비전향'도 대중의 현실적 동향과 접촉하지

---

14   1960년 일본에서 미국 주도의 냉전에 가담하는 미일상호방위조약 개정에 반대하여 일어난 시민주도의 대규모 평화운동.

않고 그 사상적 원리를 지킨 것에 불과하다면, 그 또한 '전향의 한 행태'일 뿐이다.27) 여기서 요시모토 다카아키는 마르크스주의를 포함해 근대 일본의 여러 사상은 대중과 그 생활사상을 다루지 않은 모더니즘이기 때문에, 전향이 불가피했으며 사상적인 사어死語의 연속일 수밖에 없었다고 신랄하게 비판한다. 요시모토 다카아키는 이런 견해를 다양한 형태로 되풀이해서 주장하는데, 특히 「자립의 사상적 거점自立の思想的 據點」(1965)은 이 점을 더욱 근본적으로 전개한 논문이다.

> 내가 과제로 삼고 싶은 사상적인 언어는, 각 시대의 첨단과 토속 사이에 펼쳐져 있는 언어 공간의 구조를 하강하고, 또한 상승할 수 있는 곳에 있다. 우리나라에서 대중적인 언어를 고집하는 사상은 속세를 떠난 자의 사상이 될 수밖에 없다. 마찬가지로 첨단적인 언어를 고집하는 사상은 모더니즘사상이 되지 않을 수 없다.28)

이러한 방법적 입장은 전후 실용주의pragmatism의 언어사상, 특히 쓰루미 순스케鶴見俊輔와 대립된다고 간주된다. 요시모토 다카아키의 입장에서 보자면 쓰루미 순스케 등은 전시기戰時期 모더니즘의 사상적 패배를 바탕으로 토속적인 언어에 주목했다는 점에서 높게 평가할만하다. 하지만 그 토속적 언어가 어떻게 굴절되고 환상으로 바뀌어, 표현과 현실이 뒤집혀 버렸는지를 파악할 수가 없다. 실용주의 언어사상은 기능주의이기 때문에 '뒤집혀지고 굴절된 구조'를 대상화하는 논리를 가지고 있지 않다는 것이다.29)

그렇다면 대중의 토속적 생활사상은 사회에서 어떤 형태로 존재하는 것일까. 요시모토 다카아키는, 뒤집힘과 굴절을 거쳐서 "그 거울을 지배자의 사상과 지배 양식 속에서 가장 잘 발견할 수 있다"30)고 말

한다. 내셔널리즘, 특히 초국가주의가 바로 그런 것으로 "궁극적으로는 천황을 초월적으로 받드는 자연적인 공동체 관념으로 수렴된다." 국가는 본원적으로 종교를 원천으로 하여, 종교로부터 법·국가로 전개되는 환상과정이며, 초국가주의는 이러한 환상과정을 원리적으로 파고들어 표현한다. 따라서 그것을 '반동의 논리와 심리'라는 문제로 환원한 마루야마 마사오는 잘못되었다.[31] 마르크스주의의 이론적 우위를 인정하면서 그것을 보완하려고 한 사르트르의 『방법의 문제方法の問題』도 토속적 언어를 언급하지 않아도 되는 운 좋은 전통 위에서 자신의 논리를 전개한 데 불과하다. 요시모토 다카아키가 이렇게 말하는 것은 토착 언어와 지식인의 언어가 불가피하게 어긋나 있는 '긴장 구조' 속에서 살아가야만 한다는 점에서 자신의 사상성이 사르트르보다도 훨씬 근원적이라고 자부하기 때문이다.

또한 요시모토 다카아키는 국가와 정치가 대중의 생활사상을 '뒤집어 세운' 환상과정에 속하는 데 비해, '이에' 내지는 가족과 관련된 환상은 성을 매개로 한 '대환상對幻想'으로, "인간 존재의 구체성을 벗어날 수가 없다"고 한다. 두 개의 환상은 원리적으로 대립하며, 국가라는 환상을 의심하는 사람은 '이에' 혹은 가족이라는 형태에서만 "현실적인 사상을 가질 수 있다."[32] 요시모토 다카아키는 이처럼 가족을 축으로 하는 대중의 생활과 생활사상을 옹호하며 "여기에 '자립'주의의 기반이 있다"고 한다. 이것은 전시 체제하에서 옥중의 공산주의자에 대한 쓰루미 슌스케의 설명에 대해서 언급한 것으로, 그는 "일본대중에게 적이라는 것도 조건에 따라 달라진다고 인식하는 쓰루미의 단정에 반대하고 싶다"고 한다.[33] 요시모토 다카아키에게 구체적인 차원에서 생활자로서 훈련된 건전한 사람들을 존중한다는 사고방식은 뿌리 깊다. 훗날 그는 생활하는 대중이 요구한다는 이유로 고도성

107

장하에서의 자본주의 사회 현실에 대해 긍정적인 발언을 한다. 그러면서도 "자신의 사상적 자립은 여전히 '대중의 원모습原像'을 근거로 하고 있으며 그 외의 것을 근거로 한 사상은 모두 무효라는 것이 지금 점점 더 확실해지고 있다"[34]고 단언했고, 이런 입장은 그 이후에도 계속 되었다.

요시모토 다카아키가 '대중'의 생활사상과 지식인의 사상이 거꾸로 뒤집혀 다른 차원에서 연결되어있다고 말했는데, 거기에는 우리들의 사상이 실은 안이한 자만에 불과한 것 아닌가라고 위협하는 힘이 있다. 그의 사상이 1960년대에 급진적인 젊은이들에게 수용되었던 것은 바로 이러한 단절과 단념의 감각 때문이었다. 그러나 요시모토 다카아키는 원래 일본이라는 민족국가를 전제로 해서 그 환상과정을 대상화하려고 생각했고, '대중의 원모습'에서 '대중'은 어디까지나 일본의 '대중'이었다. 따라서 그가 고도 자본주의사회라는 일본의 현실을 사고의 전제로 받아들여서 "국민 대중이 자유롭게 사치할 수 있다면 그렇게 할수록 좋다. 그렇게 할수록 불황에 빠지지 않는다"[35]고 말했을 때, 이제까지 그의 사상을 특징짓던 단절감과 심연을 내다보던 감각을 완전히 상실한 것처럼 보여서 놀라울 따름이다.

쓰루미 순스케는 요시모토 다카아키에 대해 강골·투사형이며, 편집광적이라고 말한다. 여기에는 요시모토가 "편집광적인 성격에 특히 시야가 좁지만, 그 때문에 대부분의 일본인이 가진, 변하기 쉽고 타자지향적인 성격으로부터는 벗어나 있다"는, 엄격하며 일관된 비판성이 담겨 있다.[36] 쓰루미 순스케는 요시모토 다카아키를 전후 일본이 낳은 가장 중요한 사상가 중 한 사람이라고 높이 평가한다. 그러나 위에서 말한 요시모토의 사상적인 특징 때문에 『마태복음 시론』에서 말하는 "관계의 절대성"이 그 후의 사상적 흐름에도 이어져서 "현실의 여러 관계에 대해 변혁하려는 끈질긴 노력"을 불가능하게 했다고 비판한다.37) 앞에서 말했듯이 요시모토 다카아키는 쓰루미 순스케의 실용주의 언어사상에 대한 비판을 자기 입장의 근거로 삼으려고 했다. 그러나 쓰루미의 입장에서 보자면 사람들의 일상 언어야말로 풍부한 가능성을 가지고 있다. 우리들의 일상 사고를 분석하는 '일상 논리학'(『철학론』)을 만들어내는 일은 전후의 쓰루미 순스케가 연구의 출발점으로 삼았던 과제였다. 이러한 입장에서 사상가의 사상을 정밀하게 분석하는 마루야마 마사오와는 거리가 있다. 쓰루미 순스케는 "대중에게 지적전통"이 존재한다고 전제한다. 그에 따르면 '단편성'이나 '몸짓'도 매우 중요하다는 것이다.38) 이때문에 쓰루미의 작업은 다채롭고 내용도 풍부하다. 하지만 이 글에서는 『전후 일본의 대중문화사戦後日本の大衆文化史』 가운데 만화와 만자이漫才를 다룬 방식에 주목하고자 한다.

만화는 1920년대에 미국으로부터 수입된 것이다. 그런데 쓰루미 순스케는 일본의 〈조수희화鳥獣戯画〉[15]나 호쿠사이北斎[16] 만화와 같이 오랜 전통에서 만화가 유래되기도 했다고 지적한다. 그는 특히 시라토 산페이白土三平와 미즈키 시게루水木しげる에게서 비롯된 1960년대 이후의 작품에 주목한다. 시라토 산페이에게는 고도 경제성장에 매진하는 일본사회를 허무주의와 원망의 감정으로 밑바닥에서부터 올려

---

15 제목 그대로 해석하자면, "새와 동물들이 모여서 노는 그림"으로, 12~13세기에 제작된 〈조수희화〉는 두루마리 그림으로 갑, 을, 병, 정 네 권이 남아있다. 회화의 집대성이라 할 수 있을 만큼 세상을 풍자하는 성격이 강한데, 특히 동물과 인물을 희화적으로 그린 갑권이 가장 유명하며, '일본에서 가장 오래된 만화'로 평가받으면서 국보로 지정되어 있다.
16 가츠시카 호쿠사이葛飾北斎(1760~1849) 일본 에도 시대 우키요에의 대표적인 작가이다. 삼라만상 모든 것을 그림에 담는 것이 목표였던 그는 일생동안 3만점이 넘는 작품을 남겼으며, 연작인 〈후가쿠 36경富嶽三十六景〉은 일본 풍경판화 역사에서 정점을 이룬다. 그의 작품은 모네, 반 고흐 등 서양의 인상파 및 후기 인상파 화가들에게 강렬한 인상을 심어주었다.

다보는 시각이 있다. 미즈키 시게루는 남태평양 라바울 섬의 공습에서 왼팔을 잃은 상이군인이었는데, 전후에는 도쿄 거리에서 흰옷을 입고 구걸한 적도 있다. 그의 작품에는 애니미즘과 민간신앙의 색채가 강하다. 소바집에서 숙식하며 점원으로 일하다가 만화가가 된 쓰게 요시하루つげ義春는 음침하고 기괴한 이야기를 그렸다. "돈과 성에 주로 흥미를 보이는" 야마가미 타쓰히코山上たつひこ의 『꼬마 형사がきデカ』도 "엄청나게 뚱뚱한 영양과잉의 초등학생"을 주인공으로 등장시켜, 고도성장하의 일본사회를 기괴한 모습으로 비추어냈다.

만자이는 연회의 여흥에서 유래한, 오래된 예능인데, 1920년대에 라디오 방송을 타면서 새롭게 바뀌었다. 이후, 도쿄 대학생으로 좌익 활동가였던 아키타 미노루秋田實와 나가오키 마코토長沖一의 활약에 힘입어 새로운 예능으로 성장했다. 여기서 쓰루미 순스케는 미야코 초초ミヤコ蝶々와 난토 유지南都雄二, 교 유타코京唄子와 오토리 케이스케鳳啓助라는, 이혼 남녀로 구성된 두 팀을 주목한다. 특히 시청자도 참가하는 형식의 〈부부단팥죽夫婦善哉〉이라는 방송프로그램에서 대중은 평범하고 안락한 가정생활을 꾸리고 있는 사람들보다 복잡한 인생 경험이 있는 미야코 초초와 난토 유지에게 결혼생활의 어려움을 의논하기가 쉽다고 느꼈다. 미야코 초초는 학교에 다닌 적도 없고, 글도 읽지 못했다. 그러나 이에 대해 그런 인물이야말로 "말하지 못하는 사람의 지혜를 대표한다"고 말하는 것은 정말 쓰루미 순스케다운 민중주의다.39)

재미있게도 마루야마 마사오는 쓰루미 순스케의 철학(일상성의 사상)은 크게 신뢰하지만, 실제로 벌어지는 '일상의 감각'은 믿을 수 없다고 야유한 적이 있다. 마루야마는 쓰루미 순스케가 일본 최고의 유력자 집안[17]에서 자란 것을 거론하면서, 내가 "훨씬 녹록한, '전근대적'인 사람입니다"[40]라고 말했다. 쓰루미 순스케는 이러한 발언에 대응이라도 하듯이 다른 책에서, 자신이 "대중으로부터 고립"되어 있음을 인정하고, 그것은 "생각하고 싶지 않기 때문에 생각하지 않는" 것이라고 말한다. 이것은 쓰루미의 전후 발자취에서 보자면 의외의 태도처럼 보이지만, 여기에서는 오히려 만년의 쓰루미가 보인 솔직한 입장 표명으로 받아들이고 싶다. 실체론에 의하든 이론에 의하든 대중을 총체적으로 파악할 수 있다는 입장을 취한 것은 쓰루미가 가장 자부하는 사상이다. 그러한 독단론에서 벗어나야 한다는 것 또한 그의 일관된 입장이었다. 그리고 이러한 발상은 아마도 자신을 '악인'으로 자리매김하는 사상과도 관련이 있을 것이다.[41] 악, 타협, 절충, 교활, 이것들이 인간과 사회에 피할 수 없는 것인 동시에, 지혜이기도 하다는 것을 자각한다면 세계는 훨씬 풍요로운 모습을 보여줄 것이다.

111

5. '시민'과 '대중'

'대중 사회'라는 말은 1956년부터 그 다음해에 걸쳐 근대정치학과 사회학의 새로운 개념으로 사용되기 시작했다. 이 개념을 체계적으로 전개한 마쓰시타 게이이치松下圭一에 의하면 독점 자본주의 단계에 이른 근대 사회에서 노동자계급이 체제 안으로 들어가고, 새로운 '중

---

17 쓰루미 순스케의 할아버지는 메이지·다이쇼 시대의 유명한 정치가 고토 신페이後藤新平이고, 아버지는 쇼와 시대의 정치가 쓰루미 유스케鶴見祐輔이고, 자신의 동생은 사회학자이며 조치대학의 명예교수, 사촌동생은 인류학자, 부인은 영문학자, 아들은 와세다대학 교수다.

산계급'이 형성되었으며, 이런 사회구조의 변화에 소비 사회화와 대중매체의 발달 등의 대중문화가 결합하여 20세기 초 '대중 사회'가 성립되었다. '시민 사회'는 단순히 상품교환관계 아래 자유로운 독립 소생산자들의 사회를 원형으로 하고 있다. 이에 반해 새롭게 성립한 '대중 사회'에서는 사회 과정 전체가 기술화·정서화된다. 보통평등선거권과 복지국가화는 노동운동과 사회주의운동을 체제 내부로 끌어들여 '대중 사회'의 성립을 촉진한다. 대중은 데모크라시의 주체이면서도, 오히려 조작의 대상이 되어 정치적 자유는 공허하게 될 가능성이 크다.42) 이상은 서구의 선진 사회에 대한 마쓰시타 게이이치의 시각이며, 이 이론을 일본사회에 적용한 것이 황태자(현 천황)의 결혼을 둘러싼 현상을 논한 「대중 천황제론大衆天皇制論」(1959)이다. 여기서 마쓰시타 게이이치는, 결혼을 전후해서 일어난 황태자비 인기는 과거의 천황제와는 다른 '대중 천황제'의 성숙이며 "천황의 정통성의 근거가 '황조황종皇朝皇宗'18에서 '대중동의'로 변화"했다거나, "황태자 결혼현상의 피해자는 과거의 천황제사상이라고 할 수 있다"고 하는 등, 오늘날의 시각에서 보자면 상황의 한쪽만을 과장해 논의했다. 마쓰시타 게이이치가 보기에는 바로 이러한 새로운 유형의 "카리스마 혹은 스타를 만들어내기 쉬운 심리상태"가 "대중사회상황"이었다.43)

마쓰시타 게이이치 같은 일본의 대중사회론자들은 대중사회화로 인해 개인이 전통적인 생활공간으로부터 해방되어 행동의 자발성이 가능해졌다는 측면도 강조한다. 이것은 1958년의 경찰관 직무 직행법19 반대투쟁이나 1960년 안보투쟁과도 관련이 있는 견해로 도시의

---

18 황조황종皇祖皇宗이란 황실의 창시자와 기타 선조를 뜻하는 말로, 황조는 일본의 조상신 아마테라스 오미카미天照大神, 황종은 1대 진무천황神武天皇을 가리킨다.
19 1958년 10월에 제출된 경찰관 직무 직행법(약칭은 경직법) 개정 소동을 가리킨다. 당시 폭력·오직汚職(공권력 또는 공직상의 직권을 불법·부당하게 이용해 개인적인 이익을

신중간층을 중심으로 하는 '시민 저항'을 투쟁의 주요한 담당자라고 보는 입장이다. 마쓰시타 게이이치에 따르면 1950년대 말 일본에서는 구 중간층에게 지배되는 '무라상황'의 인구가 70%가 조금 못되었으며, '매스상황'[20]의 주된 담당자인 신중간층은 15%에 지나지 않았지만, 후자의 '사회적 위신'이 급속하게 상승하면서 새로운 상황을 만들어내고 있다고(기대를 담은 표현이겠지만) 한다.[44]

'시민'이라는 말은 1960년 안보투쟁 무렵 널리 사용되기 시작했다. 구노 오사무久野收는 "'시민'이란 '직업'을 통해서 생계를 이어가는 '인간'"이라고 정의한다. 이 정의의 특징은 직업의 장과 생활의 장의 분리를 중요하게 생각하는 것인데, 이 분리에 의해 국가 속에서 생활권과 구별되는 직업인들에게 고유한 사회관계가 만들어지고, 거기에 자율과 자유가 생겨난다. 직업과 생활이 결합해 있는 것이 신분제에 적합한 사회이며, 거기에 직업상으로도 생활상으로도 자율적인 사회라는 것은 존재하지 않는다. "시민운동이란, 직업인으로서의 자각에서 비롯된" 운동이다.[45] 구노 오사무는 적극적으로 주장하지는 않았지만, 직장과 생활의 장이 분리되면 생활자임을 자각한 지역 주민의 운동도 일어나기 마련이고, 이것이 또 하나의 시민운동이 될 것이라고 했다. 마쓰시타 게이이치도 안보투쟁 등의 경험을 바탕으로 1960년대의 일본에서는 "메이지 백 년의 역사에서 비로소 '시민'이 성립할

113

추구하는 공무원 부패)·빈곤 등 '3악 추방'을 내걸고, '데모 같은 집단적 행동으로 법을 무시하는 것'을 제압할 수 있도록 경직법을 개정하려 했다. 그러나 노조·야당·언론이 2차 대전 이전의 '경찰국가' 재현을 노리는 것이라고 강력히 반발했다. 경직법 개정은 공공복지와 사회 질서를 중시하고, 데모를 폭력 행위로 보는 전전파戰前派와 개인의 권리와 행복 추구권을 우선시하는 신헌법-전후파 세대 간 대립이라는 측면이 있었다.

20 마쓰시타 게이이치는 일본 자본주의는 '매스상황'과 '무라상황'이라는 모순된 이중 구조를 가지고 있다고 지적한다. 그에 따르면 '매스상황'은 신중간계급이 증대하고, 일본헌법의 민주적 감각이 있는 도시에서 진행되는 상황이며, 이에 비해 '무라상황'은 농촌에서 전근대적인 행동양식과 사고형태가 뿌리 깊게 남아있는 상황을 가리킨다.

사회적 조건이 성숙했다"고 '진단'했다.[46] 그러나 그 후의 사태 추이를 보면 1960년 안보투쟁 무렵에 말한 이런 발언들의 대부분은 연구자의 기대만 앞섰을 뿐으로 이제 와서는 거의 빈말이나 다름없다. 실제로 구노 오사무가 말한, 직업인이라는 자각에서 비롯한 운동은 거의 미미했고, 공해반대운동 등 지역주민의 이해가 걸린 운동만이 고립과 분단에 처하면서도 끈질기게 계속되어 왔다.

히다카 로쿠로日高六郎도 1960년대 초까지는 '시민주의'를 앞서서 주장했던 사람이었다. 그러나 훨씬 나중에는 1960년을 전후로 "눈에 보이지 않는 산문적 변화"가 일어나기 시작했고, 긴 안목으로 보면 이런 쪽이 "더 중요한 의미"가 있다고 말했다. 그는 사회학자답게 의식조사 자료를 인용하면서 국민의식은 '경제주의'의 시대가 시작되던 1958년을 경계로 '멸사봉공滅私奉公'에서 '멸공봉사滅公奉私'로 전환했다고 말한다. 일본인의 이러한 의식 변화는 사상이나 이데올로기 논쟁보다 "더욱 깊은 곳에서 발생"하였으며 "고도 경제 성장이 만들어낸 현재의 생활양식을 유지 확대하고 싶다"는 것 때문에 생겨났다. 얼핏 보면 자유로운 선택을 한 것처럼 여겨지지만 "생활수준과 생활양식을 유지하고 확대하려는 집착이라는 점에서 가치관의 **획일화**야말로 의식의 심층에서 진행되고 있다." 히다카 로쿠로가 가르치던 여대생들은 연애와 성과 결혼에 대해서 과거보다 훨씬 자유로운 의식을 가진 것처럼 보이지만, 실제로는 "세상의 궤도를 벗어나지 않는다"라는 점에서 결국에는 부모를 안심시키고 있다. 도쿄대학교에서도 1960년을 경계로 해서 졸업 후에 노동조합이나 혁신정당의 활동가가 되는 길을 선택하는 사람은 거의 없어졌다. 히다카 로쿠로는 젊은이들이 친절하고 차분해졌지만 "확신할 수 있는 '올바름'도 '현명함'도 가지고 있지 않은 이상, '친절함' 이외에 무엇이 있는가"라고 말한다.[47]

히다카 로쿠로는 『전후사상을 생각한다戰後思想を考える』에서 1960년대 후반의 학생운동에 대해서는 거론하지 않았고, 1960년대부터 70년대 초에 걸쳐서 도쿄도·오사카부와 여러 많은 도시에서 혁신적인 자치단체장이 탄생한 일도 언급하지 않는다. 1960년대 무렵부터 70년대 초에 걸쳐서는 혁신계의 정치동향에도 여러 가능성이 있었다. 하지만, 히다카 로쿠로가 말하는 변화가 확실하게 나타난 것은 1970년대 중반에 이르러서이다. 1973년의 석유파동을 경계로, 여러 차원에서 일본사회 전체의 보수화가 진행된 것이다. 그리고 그것은 히다카 로쿠로도 지적하듯이 고도경제성장과 그 성과를 향유하고자 하는 사생활주의의 만연이라는 국민의 생활의식·생활양식의 변용이었다. 이런 동향을 배경으로 1970년대부터 80년대에 걸쳐서 전후 계몽주의와는 이질적인 일본사회론·일본문화론이 등장하여 널리 관심을 모았으며 또한 기업 사회의 해명을 꾀하는 일본적 경영론이 힘을 얻었다. 이러한 새로운 동향의 특징을 파악하는 것은 전후 일본사상사론으로도 의미가 있는데, 우선 여기서는 무라카미 야스스케村上泰亮와 야마자키 마사카즈山崎正和의 저작에서 그 일단을 엿보기로 하자.

무라카미 야스스케의 『신중간대중의 시대新中間大衆の時代』(1984)는 '전후 일본의 해부학'을 시도한 의욕적인 책이다. 그는 '신중간대중'이라고 불리는 존재가 "사태를 결정할 것이라는 전망"[48]을 내놓고 있다. 그가 말하는 '신중간대중'이란 '중간계급'과는 엄밀하게 구별된다. '중간계급'은 일정한 소득과 자산이 있으며, 자본주의 사회의 문화적 리더에 해당하는 지적전문가 집단과 관리자층을 낳는 사회층이다. 전쟁 전 일본에서는 이런 사회층이 인구비율로 보자면 3~4%, 최대 10%였으며, 그들과 일반 민중 사이에는 넘기 어려운 계급 장벽이 있었다. 그러나 전후의 경제성장 과정에서 계층 간의 소득 격차가 줄어들고

생활양식도 균질화되어 계층관계를 구조적으로 고정시키는 요인이 적어졌다. 무라카미 야스스케는 총리부에서 행한 '국민생활에 관한 여론조사'에서 '자신의 생활정도'를 묻는 질문에 '중'이라고 대답한 사람이 90%에 달했다는 사실과 SSM조사(사회계층·사회이동조사)에서도 같은 결과가 나왔다는 사실을 근거로, 기존 분석틀로는 파악할 수 없는, 이 압도적인 다수를 차지하는 사회층을 '신중간대중'이라고 부른다. 이런 새로운 사회층은 대번영기 체제의 수익자라는 의미에서 '아류 유산자'이지만, 그렇다고 해서 과거의 중간계급처럼 기득권을 가지고 있는 것은 아니다. 이 계층은 계획성·능률지향·업무지향·사회적 관심 등의 '수단적 가치'를 싫어하고 현재 중심·정서 지향·여가 지향·사생활 지향 등의 "즉자적 가치"로 기울어지기 쉬워서, 그들의 비판이 "산업화를 지탱해온 수단적 합리성 그 자체로 향하기도 한다"는 것이다.[49] 그러나 그들은 또한 경제성장의 성과를 향유하려는 "보신주의"를 가지고 있으며, 이는 1970년대 말 이후에 보수정당 지배의 부활로 나타났다. 그것은 자민당 지지가 증가한 것처럼 보이지만, 이는 이른바 "약한 지지자"의 증가에 따른 것으로 보수정당의 지배가 안정된 것은 결코 아니었다. 여기에 일본경제의 고도 성장을 지탱한 국제적·국내적 조건들이 급속하게 사라지고 있었다는 사실을 생각해본다면 보수회귀처럼 보이는 현상은 결코 안정적이지 않았다. 전통 부활형 내셔널리즘과 이익지향 정치만으로는 새로운 사태에 대처할 수 없다. 따라서 무라카미 야스스케는 "'새로운 보수주의'의 원칙"이 필요하다는 결론을 내리고 있다.[50]

그 외에도 무라카미 야스스케는 구몬 순페이公文俊平·사토 세이자부로佐藤誠三郎와 함께 쓴 『문명으로서의 이에 사회文明としてのイエ社會』(1979), 『반고전의 정치경제학反古典の政治經濟學』(1992~1994), 『반고전의 정치경제

학 요강反古典の政治經濟學要綱』(1994) 등의 역작을 내놓았는데, 이 책들은 일본사회의 특징을 파악하면서 산업 사회의 일반이론을 지향하는 경향이 짙다. 그러나 거기에는 일본사회의 전통과 현 상황에 대한 적극적인 평가와 함께 강한 위기의식이 담겨 있으며, '새로운 보수주의'에 대한 필사적인 모색이 엿보인다. 그러나 무라카미는 이런 진정한 과제를 해내지 못한 채 병마로 쓰러진다.

야마자키 마사카즈의 '유연한 개인주의'는 무라카미 야스스케의 '신중간대중'에 거의 상응하는 개념이다. 야마자키는 소비의 개인주의화 현상을 특히 주목한다. 1970년대에는 "소비의 사회적 가치가 꾸준히 높아지면서" 개인은 더욱 개별적인 기호에 따라 상품을 선택하는 동시에 물질적인 상품보다도 "개인적인 서비스"를 요구하게 되었다고 한다. 무라카미 야스스케가 "즉자적 가치"라고 부른 것으로부터 야마자키는 소비라고 하는 더욱 성숙한 시대의 '개인주의'를 읽어냈다는 점에서 평가의 초점이 다르다. 이때 소비문화는 쾌락주의나 무질서와는 다른 것으로, 일본에는 소비를 함께 하는 '사교문화'의 오랜 전통이 있었다. 야마자키 마사카즈는 "사람이 소비라는 행위와 관련하는 한 그의 자아는 본질적으로 타인을 그 안에서 포함하여 성립하며, 더구나 그것은 타인과 조화로운 관계를 포함하여 성립한다"51)고 말한다.

기묘하게도 낙관적인 소비문화관과 일본의 문화전통에 대한 즉자적 긍정이 놀라운데, 이는 장 보드리야르Jean Baudrillard가 근대 비판의 입장에서 행한 소비문화 비판을 염두에 둔 것이다. 야마자키 마사카즈의 이러한 반근대적인 급진주의에 대한 비판은 이후의 저작『근대의 옹호近代の擁護』(1994)의 주제가 된다. 여가와 '가벼운 아마추어리즘'을 비판하고, 규율의 중요성을 강조하는『근대의 옹호』는 소비문화를

117

긍정한 『유연한 개인주의의 탄생柔らかい個人主義の誕生』과 논리적으로 모순되는 것처럼 보인다. 그러나 이는 질서를 일탈하는 것을 거부하고 건전한 보수주의 이론을 구축하려는 일관된 모색이다.

간담회 '21세기 일본의 구상21世紀日本の構想'[21]에 관한 『일본의 프론티어는 일본 안에 있다日本のフロンティアは日本の中にある』(2000)는 현대 일본 보수주의의 강령적인 문헌이다. 세계화 속에서 "이대로 가면 일본은 쇠퇴해버리지 않을까"라는 위기의식을 바탕으로 전후 일본의 "성공모델"이 오히려 "지금에 와서 일본의 활력을 죽이는 결과"가 되었다고 본다. 집단의 화합을 존중하는 윤리로부터 벗어나 "자신의 책임으로 위험을 감수하고, 자신이 지향하는 것에 선구적으로 도전하는 '견실하면서도 유연한 개인'"의 시대가 도래해야한다는 것이다. 그리고 이를 위해서는 "결과의 평등"에 이별을 고하고, "업적이나 장래성을 평가하는 '공정한 차이'"의 원리가 필요하다고 말한다.[52] 이는 철저한 신자유주의・경쟁원리의 주장이며, 1970년대부터 80년대에 걸쳐서 널리 지지를 받았던 일본사회론・일본문화론과는 대조적인 미래상이다.

그런데 이 책에서 가장 독특한 제언은 야마자키를 좌장으로 하는 제5분과회에서 나온 교육과 관련된 것이다. 여기에서는 교육 부문에서도 국가와 시장이 협력하여 그 역할을 다해야 한다고 주장한다. 즉각각 "통치행위"로서의 교육과 "서비스"로서의 교육을 담당해야한다는 것이다. 낯선 표현인 "통치행위"로서의 교육이란, 이는 국가가 국

---

21 오부치 케이조 일본총리 직속으로 각 분야의 전문가 50여 명이 모여서, 1999년 10개월에 걸쳐 행했던 집중토론을 말한다. 특히 주요논점을 정리하고 토론할 때에는, 총리를 포함한 50여 명 전원이 한솥밥을 먹으며 합숙을 했다고 해서 유명해졌다. 이후 「21세기 일본의 구상」이라는 보고서에서 20세기 말 일본의 도달점을 관찰하면서, 21세기의 일본은 이래야 한다는 '희망과 각오'를 표명했다.

민을 통합하고 사회 질서를 유지하기 위해서 국민에 대해 일정한 정도의 지식과 인식 능력을 갖추도록 요구할 수 있다는 국가의 권능을 말한다. 이런 의미에서의 교육은 "경찰과 사법기관 등에 허용된 권능과 비슷한 것을 갖추고 그것을 보완하는 기능을 가진다"라고 한다. 또한 의무교육의 교과 내용으로, 압축한 의무교육 주3일제를 제안하였는데 "국가는 이를 본래의 통치행위로서 자각하고, 엄정하며 또한 강력하게 시행하여야 한다"고 한다.53) 그리고 이러한 의무교육을 넘어서는 것이 "서비스"로서의 교육으로, 시장이 그 주요한 역할을 담당한다. 아마도 "견실하면서도 유연한 개인"은 시장에 의해서 키워지며 그들은 "공정한 차이"를 누릴 것이다. 그러나 한편으로 그러한 능력이 결여된 사람들(다수파?)은 국가의 엄정한 통치행위의 대상이 되어, 국가가 제시하는 교육질서에 복종해야한다.

『일본의 프런티어는 일본 안에 있다』의 교육 개혁에 대한 제언은 실은 야마자키 마사카즈의 『근대의 옹호』 146면 이하를 그대로 답습한 것이다. 얼핏 일반대중에게도 열려있는 것처럼 보였던 『유연한 개인주의의 탄생』에 나오는 소비문화에 대한 긍정은, 『근대의 옹호』에 나오는 "경박한 급진주의" 배제와 규율의 옹호를 통해 엘리트주의와 국가 역할의 강조로 귀결된다는 것을 알 수 있다. 그리고 신자유주의와 국가 역할의 강조를 접합한 곳에 현대 일본의 체제 이데올로기적인 특징이 있다. 우리는 야마자키 마사카즈 개인을 넘어선 하나의 커다란 시대사조와 마주한 것이다.

119

6. 주변성과 세계상

이시무레 미치코石牟礼道子가 미나마타병 문제를 "직시하고 기록해야한다는 맹목적인 충동에 사로잡혀" 미나마타 시립병원의 미나마타 특별병동을 처음으로 방문한 것이 1959년 5월이었음.[54] 그 후 이시무레 미치코는 이 문제에 관한 훌륭한 '이야기꾼'이 되었다. 우선 그가 미나마타병 문제를 정리한 첫 번째 작품인 『고해정토苦海淨土』를 살펴보자.

『고해정토』의 첫 부분은 '야마나카 규헤이山中九平 소년'의 이야기다. 미나마타병에 걸린 16세의 이 소년은 다리와 허리가 불안정해서 제대로 걸을 수가 없었다. 대대로 내려온 어부였던 아버지는 1960년에 감기로, 누나는 1956년에 미나마타병으로 사망하여 지금은 어머니와 둘이서 살고 있다. 시청 위생과는 미나마타병 환자들을 검진하기 위해서 전용버스에 환자들을 태워 미나마타시립병원 등으로 데리고 가는데, 소년은 한사코 검진을 거부한다. 위생과 직원이나 그 밖의 사람들이 집에 찾아오면, 소년은 완고하게 등을 돌린 채 라디오 다이얼을 돌려 야구방송이나 노래를 듣는다. 위생과 직원은 야구나 노래에 대한 이야기로 말을 걸면서 어떻게든 소년을 데려가려고 한다. 어머니도 옆에서 말을 거든다. 환자번호 16번인 이 소년은 자기가 승낙만 하면 첨단적인 재활치료시설이 있는 시립병원에 들어갈 수 있다. 그러나 소년은 검진 권유에 등을 돌리고 라디오 다이얼을 돌리면서, 마지막으로 "싫어, 죽일려구"라고 답한다. 이것은 미나마타병과 씨름해 온 구마모토대학의 연구진, 시행정, 시립병원의 상황에 대해서 "매우 온당치 못한, 엉뚱한 발언"이다. 그런 만큼, 이 짧은 거절의 말은 우리들을 깜짝 놀라게 만든다.

이시무레 미치코는 환자들과 사귀면서 그들의 표정과 신체의 움직임, 알아듣기 어려운 말 등에 익숙해져갔다. 미나마타병은 "독점 자본의 지칠 줄 모르는 착취의 한 형태"에 다름 아니다. 그러나 그것이 환자들에게 무엇을 의미하는지를 알기 위해서는 대상에 객관적으로 대응하는 근대 지식과는 다른 감응능력을 몸에 익혀야만 한다. 이시무레는 "내 고향에 아직도 맴돌고 있는 죽은 자의 영혼과 산 자의 영혼의 말을 계급의 원어原語라고 믿는 나는, 나의 애니미즘과 프리애니미즘preanimism[22]을 조합해서 근대의 주술사가 되어야만 한다"[55]고 말한다.

사카가미 유키坂上ゆき는 이시무레 미치코가 "한 시민으로서" 처음으로 방문한 미나마타병 환자였다. 사카가미 유키와 그 남편은 둘 다 부부운이 좋지 않아서 각자 전 배우자와 사별한 후에 유키가 40세 가까이, 남편이 50세 가까이 되어서 재혼했다. 결혼 후 두 사람은 작은 어선으로 고기를 잡으며 행복하게 지냈다. 그러나 그런 생활도 3년을 넘기지 못하고 유키가 심한 경련 발작을 수반한 미나마타병에 걸렸다. 남편은 정성껏 간호했지만 나중에는 자신도 지쳐서 "나는 미나마타병을 **더 이상 감당**할 수가 없어요. 회사도 감당 못하는데. 아무쪼록 잘 부탁드립니다"라면서 병원을 나가버리고, 유키는 그 후 착란 상태에 빠져버린다. 1968년 9월 아마쿠사天草출신의 소노다 쓰나오園田直 후생성 장관이 재활치료 병원을 방문했을 때, 사카가미 유키는 격렬한 경련발작을 일으켰다. 세 사람이 달려들어 억제하고 진정제를 놓자, 그때 그녀는 갑자기 "처 처, 천황, 폐, 하, 만세"라고 절규하고 곧이어 "엉망진창으로 음정도 맞지 않는 〈기미가요〉를 부르기 시작했다."

---

22 자연현상에 직접 초자연적인 힘이 깃들어 있다고 믿으며, 비인격적인 신비력, 주술력, 생명력에 대한 신앙의 기반으로 성립한 주술과 종교현상을 말한다.

"알아듣기 힘든" 〈기미가요〉가 그 자리를 압도하고, "오싹함이 퍼져 나가면서, 질려버린 일행은 기가 꺾여 병원을 떠났다."[56]

이것은 『고해정토』에서 가장 잘 알려진 일화이다. "천황폐하 만세"나 〈기미가요〉가 이런 분위기를 만들어낼 수 있으리라고는 우리는 꿈에도 생각하지 못했다. 어떻게든 설명하려 해봐도 설명이 안 된다. 미나마타병에만 안 걸렸다면 어부의 아내로 평범하게 인생을 마감했을 사카가미 유키는 미나마타병의 발작과 광란상태를 통해 우리가 살고 있는 세계의 근원적인 잔학성을 소름끼치게 드러낸다.

이시무레 미치코의 양친은 모두 아마쿠사天草태생으로, 이시무레가 태어났을때 미나마타로 이주해왔다. 이시무레의 조부 시라이시 마쓰타로白石松太郞의 데릴사위로 들어온 부친 가메타로龜太郞는 도로공사의 청부업자였다. 그러나 마쓰타로는 자신이 가진 산을 차례차례 팔아 사업에 쏟아 부어 "가산을 탕진하고", 가메타로는 장인의 뒤치다꺼리를 떠맡으면서 그 울적한 마음을 소주로 달래며 지냈다.[57] 결국 일가는 몰락하고 공동묘지 · 격리병원 · 화장터 부근의 '오두막'으로 옮겨 살아야했다. 집 가까이에는 쓰에히로야末廣屋라는 색주가가 있었는데, 이시무레 미치코는 그곳의 매춘부들에게 귀여움을 받으며 자랐다. 할머니는 머리를 틀어 올린 눈먼 광녀로, 어린 이시무레가 그녀를 지켜야 했다. 할아버지 마쓰타로는 첩과 두 아이를 데리고 따로 살았는데, 온 가족이 오두막으로 이사할 때 그들을 데리고 와서 그 집에 모두 함께 살게 되었다. 이시무레 미치코의 어머니는 그들을 받아들여서 처첩이 동거하는, 가난하고 복잡한 일가가 되어 버렸다. 이시무레에 따르면 미나마타에는 유민이 많은데, 특히 아마쿠사에서 이주해온 사람들이 많다고 한다. 1920년대 후반의 불경기에 약간이나마 자금이 있는 사람은 여자들을 데리고 와서 음식점, 유곽, 카페 등을 열었다. 미나마타병에 걸린 어민들 가운데에는 아마쿠사 출신이 많다.

이처럼 이시무레 미치코가 생활하고 마음을 터놓은 세계는 앞에서 설명했던 '시민'이나 '신중간대중' 등의 생활 세계와는 완전히 이질적인 세계이다. 마을 외곽의 가난하고 차별받는 변두리 지역, 유민, 거지, 매춘부, 광기, 그리고 미나마타병. 이러한 세계를 공공성, 시민권, 시민운동 따위의 말로 설명하기는 어렵다. 따라서 이시무레 미치코는 다음과 같이 말한다.

> 시민이라는 개념에 대해서 계속 생각하는데 이것만큼 표면적이고 서구근대민주주의를 직역한 개념이 그대로 조잡하게 사용되어온 말도 없을 것이다. 이 말은 존재 그 자체와 동떨어진, 그야말로 얼빠진 어감의 대표어다. / 그렇기 때문에 이렇게밖에 생각 못하는 나라는 존재는 아직도 결코 시민 따위는 될 수 없는 그 무엇일 것이다.58)

123

이렇게 말하긴 하지만, 1968년 1월에 발족한 이시무레 등의 조직은 '미나마타병대책 **시민회의**'(강조는 원저자)라는 이름을 내걸었다. 그 규약은 시민운동형 용어로 모임의 목적과 회칙을 규정하고 있다. 회장은 소학교 교감출신의 사회당 시의원 히요시 후미코日吉フミコ다. 히요시 후미코는 "우리는 말이죠, 자기가 옳다고 생각하면 전후좌우도 보지 않고, 앞으로만 갈 수밖에 없어요"라고 말하는 '순정정의주의'의 사람이다.59) 일본질소비료 주식회사 노동조합도 행정 기관이나 지역사회도 공장의 폐쇄나 축소를 우려하여 오히려 환자들을 비난하거나 차별하기도하는 상황에서 이 모임은 처음으로 환자상호부조회와 진지하게 연대를 추구해갔다. 여기에 작동하는 관념은 근대적 '시민'으

로서의 자각에 근거했다고 할 수 있다. 그렇더라도 이시무레 미치코는 피해자들의 내부세계에 깊이 관여하려면 "근대에 대한 주술사"가 되어서 "근대"라는 이름으로 밀려들어오는 세계의 의미를 되묻는 길을 선택할 수밖에 없었을 것이다.

모리사키 가즈에森崎和江는 식민지 조선의 대구에서 태어나 경주에서 소녀시절을 보냈다. 아버지는 경주에 있는 중학교의 초대 교장으로 "조선인, 일본인이 어째서 같은 인간으로서 평등한지를 일상 대화의 중심"으로 삼은 인물이었다.[60] 경주에 항일 조직이 만들어지고, 그 영향은 중학교에도 미쳤지만, 그는 그것을 당국에 알리려고 하지 않았다. 패전 후 일본으로 돌아간 모리사키 가즈에는 주로 광부·하청 노동자·날품팔이 등이 모여 사는 마을에 정착하여 그들을 조직하려고 했다. 그리고 광부와 '가라유키상からゆきさん'[23]등의 생활사를 듣고 시민도 농민도 아닌 주변인들의 의식을 통해서 일본사회를 거꾸로 비추고자 했다.

광부들은 직접 광업소와 고용관계를 맺는 것이 아니라 각자 십장과 계약하고 그 밑에서 일한다. 십장과 광부들은 전통적인 오야붕-고붕이라는 수직적 상하관계에 있으며, 십장 중에는 의협심이 있는 건달들도 적지 않았다. 전후에 노동조합이 만들어질 때는 이러한 건달형의 인물들이 상당수 진출하여 노동운동의 투쟁력 형성에 큰 역할을 했다. 그러나 이런 재능 있는 건달에 비해 스카브라(게으름뱅이)라고 불리는 대다수의 건달들은 가끔 열심히 일하기도 하지만, 죽기 살기로 싸우거나 달아난다. 모리사키 가즈에에게 열심히 이야기해주는 여성

---

23 19세기 후반에 해외에서 원정 성매매를 하던 일본인 여성들을 가리키는 말이다. 규슈의 나가사키 및 구마모토 지역출신이 많았으며 제겐이라는 중개알선업자의 손을 거쳤다. '가라유키상'이란 말의 '가라唐'는 외국이나 외국의 것을 뜻하며 문자적 의미는 "해외로 나간 사람들"이란 뜻이다.

광부 가운데에는 이런 스카브라를 남편으로 둔 여자들이 많았다고 한다.[61] 모리사키는 그들의 삶의 모습과 이야기에 매료되었으나, 한편으로는 "뭔가 결여되어 있다"는 것을 절실하게 느끼기도 했다.

1960년대 말 모리사키 가즈에는 이렇게 물었다.

> 민중의 삶은 힘에 의해서만 지속되고 있는가. 가장 밑바닥 주민의 한사람이었던 여자들은 힘이 없어도 뭔가를 전승·발전시켜오지 않았는가. 그것을 역사의 이면에서 표면의 원리로 바꾸는 방법은 어디에 있는 것일까.[62]

이것은 다니카와 간谷川雁·우에노 에이신上野英信과 함께 창간한 『서클 촌サークル村』의 정신이기도 하다. 다니카와 간은 "서클이란 …… 자본주의에 의해 파괴된, 옛 공동체의 파편이 미래의 새로운 공동조직으로 녹아드는 단계에서, 그 용광로이자 다리역할을 하는 것이다"[63]라고 규정한다. 이러한 입장에서 다니카와 간은 전통적인 오야붕-고붕 관계도 동원하여 다이쇼 행동대를 만들고 탄광 반합리화 투쟁으로 힘차게 나아갔다. 그러나 모리사키 가즈에는 옛 공동체를 그대로 둔 채로 새로운 사회를 만들어 나갈 수 있다고는 생각하지 않았기 때문에, 다니카와 간과의 사이에서 골이 깊어졌다. 모리사키 가즈에는 "저 집단화의 자연발생성은 개체 관념의 결락을 축으로 하기 때문에 자립의식이 생길 수 없다"고 집단의 전통적 체질을 비판한다. 그러면서도 여전히 "나에게는 저 일본 민중의 토착민 체질에 대한 애증이 얽혀있다"라고 쓴다.[64]

그 후 모리사키 가즈에는 전직 광부였던 남녀노인, '가라유키상'과의 인터뷰, 영혼의 고향인 한국 여행과 그곳에서의 체험 등에 대한 기록에 전념한다. 몇몇 인상적인 여성이 등장하는 『가라유키상からゆきさ

125

ん』(1976)과 그 외의 작품에서는『어머니의 나라와 환상결혼ははのくにと幻想婚』에서와 같은 성급한 해결을 하려는 모색은 보이지 않는 대신, 여러 만남을 통해서 내적 대화를 심화시켜 간다. 모리사키 가즈에에게는 전후의 사회과학이나 사상보다 존재로서의 대중과 그 심적 세계쪽이 훨씬 깊다. 학자나 사상가는 그러한 존재에 의해 동요되어도 결국은 그것을 자신의 원래 논리에 맞추어 자신의 입장을 굳히려고 하는 사람들이다. 모리사키는 1966년에 만난 사르트르와 보부아르도 포함해서 전후 계몽주의와 진보주의를 그런 불신의 눈으로 보았다.65)

지쿠호筑豊 지역의 광부들에 관해서 모리사키 가즈에 이외에도 우에노 에이신이『쫓겨가는 광부들追われゆく坑夫たち』(1960),『땅 속 우스운 이야기地の底の笑い話』(1967)를 썼으며, 미나마타민중사에 대해서는 그 얼마 후에 나온 이로카와 다이키치의「시라누이카이 민중사不知火海民衆史」가 있다. 약간 시야를 넓히면, 미야모토 쓰네이치宮本常一의『잊혀진 일본인忘れられた日本人』(1960), 가마타 사토시鎌田慧의『자동차 절망 공장自動車絶望工場』(1973) 등이 곧바로 눈에 들어온다. 더 넓게 내다보면, 오키나와에서 전쟁 기억에 대한 기록과 사실의 발굴, 히로시마·나가사키의 피폭 체험에 대한 기록, 그리고 1990년대의 '종군위안부'에 관한 갖가지 증언과 조사 등 많은 기록과 조사가 축적되어 왔다. 1980년대 이후의 작품은 차치하더라도, 이 작품들의 대부분이 일본경제의 고도성장이 분명해지고 소비 사회·대중 사회라고 부르는 현상이 뚜렷해진 1960년 무렵을 기점으로 하고 있다는 사실에 주목하고 싶다. 경제의 고도성장과 대중소비사회를 그 밑바닥과 주변부에서 바라보면, 그것은 앞 장의 논자들이 그려낸 세계와는 대조적으로 전혀 다른 모습이라는 것을 이들 작품은 선명하게 보여주었다. 그리고 이 작품들에 나타난 방법의식이 전후 사회과학의 그것과는 완전히 다르

다는 점에 유의할 필요가 있다. 이시무레 미치코·모리사키 가즈에·우에노 에이신 등이 모은 기록과 이야기는 대부분 일회성에 그쳤으며, 그렇지 않더라도 대부분은 오늘날 이미 사라졌다. 그러나 역사를 편평한 일반성으로 개괄하지 않기 위해서는 역사를 그 갈라진 단면에서 다시 살펴 볼 필요가 있으며, 이시무레 미치코 등의 작품에는 그러한 방법을 가능하게 만드는 힘이 있다고 생각한다.

7. 마치며

나는 이 글의 첫머리에서 '민중'과 '대중'을 개념적·실체적으로 적절하게 정의하기가 어렵다고 말했다. 그러나 감히 정의하자면 민중이란 생활자, 생활의 전문가라는 말이다. 민중은 주어진 조건 속에서 온갖 조정을 되풀이 하고 궁리와 노력을 거듭하면서 어떻게든 살아나간다. 이를 위한 생활의 지혜가 민중의 사상이다. 따라서 민중의 사상은 생활에 입각한 지극히 구체적인 것인데, 또 한편으로는 자기훈련과 결부된 어떤 통일성을 가져야 한다. 모든 정치사상·사회사상은 이런 의미의 민중사상을 일정정도 포함하고 있지만, 거기에는 커다란 간극과 갈등이 있다. 이데올로기란 민중의 생활사상에 어느 정도 대응하면서도, 그로부터 분리되어 재편성된 것이다. 연구자의 입장에서는 이데올로기와 생활사상의 이런 절합관계를 분절해서 명확히 밝히는 것이 커다란 과제이다.

그런데 생활은 생존유지를 위한 어떤 공동체를 존재단위로 하여 영위되는 것이며, 근대 사회에서 이 단위는 기본적으로 가족이었다. 따라서 민중의 생활과 생활사상을 탐구하기 위해서는 특히 가족에 초점을 맞추어 분석할 필요가 있다. 성과 나이가 다른 사람들과 노인, 병약자, 유아를 포함하는 것이 가족이기 때문에 이러한 가족구성원 전체의 생존유지를 위해 공동성원리가 가족을 관통하는 존재원리이며, 그것은 근대 세계의 시장원리와는 완전히 정반대다. 시장은 일상생활 속에 침투해 가족을 위협하고 있으며, 오늘날 우리는 가족의 내부 붕괴를 통감하고 있다. 사회사연구가 말해주듯이 가족 또한 역사적 존재이다. 특히 근대 세계와 대응해서 본다면 가족의 범주에서 일탈한 다양한 삶의 방식과 의식이 우리 사회를 위협할 수밖에 없다는 것을 이해할 수 있다. 따라서 오늘날 우리들의 입장에서는 이런 차원에 대응하는 주제를 적절하게 설정할 필요가 있다. 여러 가지 대중문화, 젊은이들의 일탈 행위, 나아가 범죄와 병 등도 이러한 문제의 실마리가 될 것이다. 오늘날에도 여러 가지 의식조사 등을 소재로 현대 일본의 일반적인 생활의식과 사회의식에 대해서 논하는 것이 가능하고 필요한 일이기도 하다. 그러나 그것은 반드시 서로 다른 면에서 보완하고 다시 비추어봐야 한다. 그 경우 어떤 소재로 일반적인 동향을 논할 것인지, 그리고 거기에 어떤 측면을 짜 맞추어 생각해 갈 것인지는 상당부분 연구자가 선택할 문제여서, 굳이 말하자면 입장의 차이가 강하게 드러나는 문제라 할 수 있다.

'민중', '대중', '시민', '서민' 등의 용어를 사용할 때 사람들은 이미 어느 정도 전략적으로 이데올로기적인 입장을 취하고 있어서, 이러한 용어의 사용방식은 중립적인 객관성을 가지기 힘들다. 더구나 이데올로기성이 농후한 개념 쪽이 그렇지 않은 쪽보다 종종 발견적이며, 다른 입장에 대해서도 자극을 주어 유익한 경우도 적지 않다. 자신의 이데올로기성을 뿌리치고 관찰하려는 각성된 눈은 중요하다. 하지만, 이제까지 되풀이해서 말했듯이 '민중'과 '대중'은 우리들이 살아가는 세계의 전체성을 전망하기 위한 방법적인 개념이다. 그리고 그러한 방법적인 개념과 거기에 고유한 입장 없이는 유의미한 인식이 가능하지 않다고 생각한다. 솔직히 우리 누구도 민중, 가령 일본의 민중에 관해 잘 알고 있다고 말할 수 없다. 우리가 알고 있다고 믿는 것에 어느 정도의 내실이 있다고 하더라도 그것은 극히 한정된 시각과 소재를 통해 얻은 것에 지나지 않는다. 그러나 그렇다고 해서 자신이 충분하게 이해하지 못한 그런 커다란 문제를 언급하지 않는 것이 지적으로 더 섬세하고 세련되었다든가, 또는 성실하다고 할 수는 없다. 우리가 우리들이 살고 있는 세계와 마주하기 위해서는, 이 세계의 전체성을 민중의 생활을 매개로 표상하는 노력을 멈출 수 없다고 나는 생각한다.

129

전후 '일본'의 재구축[1]

천황제·일본문화론·보수주의

강상중 姜尚中[2]

1. 제국의 천황에서 국민의 천황으로

전후戰後 '일본의 재구축' 논의는, 전전戰前에 '제국 일본'이 있었고 이것이 식민지와 함께 '소실'되었다는 사실을 전제로 하고 있음에 주목해야 한다. 역사가 캐럴 글럭Carol Gluck은 이를 "제국의 망각"이라고 했다. 전후 '일본의 재구축'이 이와 같은 의제적 기억상실을 통해 비로소 국민국가로 재생했다는 사실, 이 '출생의 비밀'을 염두에 둘 필요가 있다. 이것은 전후 천황제라는 문제를 생각할 때 더욱 중요한 의미를 가진다. 왜냐하면 이 '출생의 비밀'이 상징 천황제인 전후 천황제

---

1 이 글은 전미경이 번역했다.
2 1950년생. 세이가쿠인聖学院대학 교수. 국제정치학자. 와세다대학 박사. 일본 구마모토현 출생의 재일 한국인 2세. 저서로는 『고민하는 힘』(2009년), 『재일 강상중』(2004년) 등이 있음.

의 존재를 이미 결정하고 있기 때문이다. 이 글에서는 먼저 근대 일본에서 천황제 또는 천황제 국가가 어떤 의미를 가지고 있는가를 살펴보고자 한다.

지금까지 천황제 국가의 성립은 대개 일본 국내의 문제로 여겨왔다. 따라서 논의의 주요 초점은 메이지 국가 체제의 헌법 구상이나 국가와 국민의 형성과정에 천황제가 어떤 역할을 했는가에 있었다. 그 결과 지금까지의 논의에서는 근대 천황제를 동아시아 국제관계 속에서 다루지 못했다.

동양사학자 니시지마 사다오西嶋定生에 따르면, 글로벌한 근대 세계속에 편입되기 전 동아시아는 "책봉 체제冊封體制"라는 독자적인 정치구조를 매개로 한 자율적 문화권을 형성하고 있었다. 이 자율적인 역사 세계로서의 동아시아를 안쪽에서부터 해체시킨 '하수인' 역할을 수행한 것은 두말할 필요도 없이 일본이다. 그렇다면 이 역사 세계로서의 동아시아는 어떤 과정을 거쳐 해체되었는가. 일본은 만국공법으로서의 국민국가 원리를 체현하고, 그 '문명'을 동아시아 세계의 주변(조선)과 중심(중국)에 강제하는 방식으로 동아시아 세계를 안에서부터 붕괴시켰다. 이것은 화이華夷 질서로 이루어진 구체제와 주권국가라는 새로운 정치원리의 대립이었다. 그러나 중요한 것은 일본이 국민국가의 원리를 체현하는 동시에 다른 한편으로는 동아시아 책봉체제의 의제적 부활을 통해 국민국가를 능가하는 권력을 확장시킬수 있었다는 점이다.

일본과 한반도 관계를 구체적으로 살펴보면, 1910년 한일병합에서 일본 황제가 대한제국 황제를 '책봉'하는 구습의 허구를 통해 제국과 식민지의 관계가 구성되었다는 점을 알 수 있다. 그것은 일본 스스로가 해체하려고 한 동아시아의 중화적 화이질서를 의제적으로 부활시켰다는 것을 뜻한다. 이를 역으로 생각해보면, 근대 천황제 성립이라는 것은 일본뿐만 아니라 동아시아 전체에 군림하는 왕권의 확립이었다는 사실을 의미한다. 메이지 국가 초, 정한론征韓論이 대두하던 당시의 외교문서에는 조선을 일본의 '속국'으로 취급하는 것을 당연시한 문구가 곳곳에 있었다. 조선은 '번국蕃國'으로서 일본 왕권의 지배를 받은 적이 있었으니, 그 '본래'의 모습으로 되돌아오는 것이 일본과 조선의 '정상적인' 관계라 여겼던 것이다. 여기에서 '문명'국 일본을 중심으로 한 동아시아 세계의 화이질서가 성립되고 있음을 알 수 있다. 이런 의미에서 천황은 일본 일국의 영역에만 국한된 왕권이 아니라 동아시아 세계에 군림하는 황제적 권위로 간주되었다.

이처럼 근대 천황제는 국민국가 원리로서의 천황제 국가라는 성격뿐만 아니라 그 출발부터 이미 일본이라는 경계를 넘어 동아시아에 군림하는 왕권이라는 성격을 가지고 있다. 이러한 전제를 바탕으로 보면, 전후의 천황제는 동아시아에 군림하는 왕권으로서의 천황제라는 허구를 부정하는 방식으로 성립되었다고 말할 수 있다. 그것은 물론 패전에 의해 강제된 것으로, 이에 대한 천황제 측의 응답 중 하나가 1946년 소위 천황의 '인간선언'[3]이다.

1946년 '인간선언'의 중요한 목표는 이 선언이 메이지천황의 5개조 서약문五箇條御誓文 정신[4]으로 되돌아가는 형태를 취하면서, 식민지를 제외한 일본 4열도[5](오키나와 등은 제외)에 천황제를 내재화시켜 국민을

---

3 1946년 1월 1일 관보에 발포된 쇼와천황 조서의 통칭. 천황은 자신이 신인 것은 부정하였으나, 천황의 조상신인 아마테라스의 후손임을 부정하지 않았을 뿐 아니라 역대 천황의 신격도 부정하지 않았다. 또 '인간선언'이란 조서에 있는 명칭이 아니라 매스컴에서 붙인 것이다.

4 게이오慶応 4년(1868) 3월 14일, 에도성 총공격을 앞둔 메이지천황이 교토 황거에서 천지신명께 맹세한 신정부의 다섯 가지 기본 방침. 제1조가 "널리 회의를 열어 정치상의 모든 중요 사항은 공론公論으로 결정한다"이다.

133

새롭게 재정의하는 것이었다. '이민족'을 제외시키고, '우리 신민'끼리 우애와 신뢰에 기반을 둔 국민공동체, 그리고 그 상징으로서의 천황. 이로써 동아시아에 군림하는 국제적 왕권으로서의 천황이라는 허구는 완벽하게 '소실'되었다. '인간선언'은 천황제에 내재된 이중성 중에서 단일민족 국민의 천황으로 복귀하는 것이었으며, 이것이 바로 상징 천황제가 의미하는 바였다.

그러나 이는 단지 천황이 천황 주권에서 상징으로 바뀌었다는 것만을 말하는 것이 아니다. 국제적 왕권으로서의 천황제를 오키나와를 제외한 일본 4열도로 수축시켰고, 이러한 가운데 나타난 것이 1946년 1월 1일 쇼와천황의 '인간선언'이었다. 그 후 알다시피 '맥아더 선언'이 발표되었고 연합국 최고사령관 총사령부인 GHQ 주도의 헌법 초안이 공표되어 전후 새로운 헌법(체제)이 정립되었다.

이와 같이 제국의 해체와 함께 천황제가 가진 이중성을 균질화된 단일민족 사회로서의 전후 국민국가로 일원화시키는 과정이 미일합작으로 진행되었고, 이것이 국민들에게 받아들여졌다. 바야흐로 천황은 일본 4열도의 균질화된 단일민족 국가라는 공동체의식에 기초한 상징적 존재가 되었다.

그러나 한편으로는 이러한 과정에서 잘려 나간 부분이 국민의 의식 밑바닥에 제국의식으로 잔존하였다. 일본을 넘어 동아시아에 군림하는 왕권 즉 제국 천황의 핵심이 타율적 힘에 의해 부정되었고, 그로 인해 제국의식은 국민의 사회의식 깊숙이 뿌리를 내렸다. 정치적 의미와는 관계없는, 소위 무장 해제된 제국의식이 정치적 구심력의 상징을 잃은 채 사회 저변으로 흩어지는 현상이 일어났던 것이다.

---

5 홋카이도北海道, 혼슈本州, 시코쿠四国, 규슈九州 4개 섬을 의미.

그 결과 제국이 부정되었으며, 동아시아의 구질서를 근대적으로 재현시킨 천황제라는 측면 역시 부정되었다. 그러나 '부정한다' 해도 이는 결코 스스로가 주도한 자기부정의 '청산'이 아니었다. 오히려 여기서의 '부정'은 삭제한다는 뜻이다. 바로 이 일을 통해 '국가의 역사'로서의 일국 내 왕권, 즉 권력의 실체성을 갖지 못한 왕권으로서의 천황제가 새롭게 태어난 것이다. 이점이 전후 상징 천황제와 전전戰前 천황제의 가장 큰 차이점이다.

그렇다면 전후 보수주의가 초래한 것은 무엇인가. 여기서 주시해야 할 인물은 생성회生成会 동인의 기관지 『고코로心』를 중심으로 한 보수주의 그룹, 그 가운데 특히 쓰다 소우키치津田左右吉[6]이다. 쓰다 소우키치는 전쟁 기간 중 제국대학 동양정치사상사 강좌의 첫 강사였는데, 당시 일본 원리주의 그룹 학생들로부터 격렬한 비난을 받고 있었다.[7] 왜냐하면 그는 천황제를 민족적인 것으로 일본인만의 고유한 왕권이라 한정시키면서, 일본문화를 동양 특히 '지나'와는 완전히 별개의 것으로 다루었기 때문이다. 쓰다 소우키치가 천황제에 부여한

---

[6] 1873~1961. 역사가. 사상가. 도쿄전문대학(현 와세다대학) 졸업. 동 대학에서 교수 역임. 그는 『고지키古事記』와 『니혼쇼키日本書紀』에 대해 '역사인가, 아닌가', '역사라면 어느 시대의 역사이고, 어디까지 믿어야 하는가'라고 하면서 이 자료는 후대에 윤색된 것이라 주장했다. 동시대의 사료를 통해 역사를 재구성해야 한다는 관점으로 고대사를 비판한 이 같은 주장은 황실의 역사에 대한 당시의 금기를 깬 것으로 커다란 파장을 몰고 왔다. 1940년 정부는 일본고대사에 대한 그의 글을 발매 금지했고, 같은 해 문부성의 요구로 와세다대학 교수직도 사직 당했다. 그러나 패전 후 황국皇国 사관을 부정하는 그의 주장은 역사학의 주류가 되었다. 1947년 일본학사원學士院 회원이 되었고, 문화 훈장도 수여 받았다.

[7] 진무神武(일본 초대 천황) 기원 2600년(1940년이 이 해라고 주장됨)을 목전에 둔 1939년 말 쓰다 소우키치는 제국대학 법학부에 신설된 동양정치사상사 강좌에 출강했고, 여기에서 초국가주의 단체에 속한 학생들로부터 격렬한 탄핵 질문을 받았다. 그의 고대사 연구서적들도 우익단체로부터 '신대神代 및 상대上代 말살론'이라는 공격을 받았다. 쓰다는 물론이고 그의 책을 발행한 이와나미岩波서점 사장인 이와나미 시게오岩波茂雄까지 기소되었다.

이미지는, 단일민족적 국민문화에 적합한 천황제가 '본래의' 천황제라는 것이었다. 이런 의미에서 쓰다 소우키치는 일본의 국민문화를 아시아로부터 단절시키려 한 '탈아'적 이데올로기를 주장했다. '동아공동체東亞共同體'나 '일지연휴日支連携'가 열창되던 전쟁 기간 중, 쓰다는 제국대학의 동양정치사상사 강사로 취임한 것을 계기로 아시아주의 우익학생들로부터 혹독한 규탄을 받았던 것이다.

그러나 이러한 쓰다 소우키치가 전후에 가장 빨리 부활할 수 있었던 것은, 천황제와 국민문화를 민족적인 것으로 한정시키려 한 쓰다의 사고방식이 전후 일본 국내의 단일민족적 천황제라는 형식과 잘 맞아 떨어졌기 때문이다.

쓰다 소우키치, 와쓰지 테쓰로和辻哲郎,[8] 혹은 문화주의자들로 대표되는 전시戰時 보수주의는 천황제를 한 나라의 범위를 넘어선 동아시아 왕권이 아니라 전적으로 일본 열도에 한정된 일본민족의 고유한 문화적 기원이나 상징으로 보아야 한다는 사고방식을 역사적·사상적으로 명확히 밝히려 했다. 이것은 전후에 재구축되는 '일본'이 제국과는 거리가 먼 형태로 일국주의 일본론이나 일본문화론에 얼마나 집중하고 있었는가를 우리에게 잘 보여주고 있다.

자세히 살펴보면 와쓰지 테쓰로와 쓰다 소우키치의 사고방식은 분명 다른 측면이 있다. 그러나 두 사람은 공통적으로 천황제를 문화주의의 맥락에서 부활시켰고, 그 경계를 일본 열도에 한정시켰다. 이것은 천황이 민족적 공감공동체共感共同體의 상징으로 자리매김했다는 것을 의미하며, 또 점령국 미국이 구상한 상징 천황제와도 정확히 부합하였다. 즉 천황으로부터 실체적인 권력을 박탈함과 동시에 천황

---

8 1889~1960. 철학가. 일본사상가. 일본적인 사상과 서양 철학의 융합을 목표로 했다.

을 정치와는 동떨어진 단일민족적 일본인 공동체의 상징으로 활용하려는 목표와 완전히 일치했던 것이다.

이러한 관점에서 볼 때 문화 보수주의는 패전을 계기로 비로소 빛을 보았다고 말할 수 있다. 분명 그들은 패전 이전 일본의 초국가주의자나 아시아주의자로부터 박해받던 사람들이었다. 이런 사람들이 전후 소위 리버럴 문화 보수주의자로 부활한 것이다. 상징 천황제와 이를 지탱하는 문화 보수주의 이데올로기는 어떻게 가능했던 것일까. 지금까지 이 부분은 분명히 밝혀지지 않았다.

존 다우어John Dower의 『패배를 껴안고』[9]라는 제목에서 '껴안다embracing'가 분명히 말하고 있듯이, 전후 일본의 천황제는 미국과의 '합작'을 통해 빛을 보았다. 물론 이것이 미국과 일본의 대등한 관계 속에서 이루어진 것은 아니다. 나아가 '신식민주의'적 점령정책에 의한 것이었다고 해도 틀린 말은 아닐 것이다. 어떤 쪽이라 해도 그것은 패전 직후의 정치 공간 혹은 역사적 공간 속에서 만들어졌다. 일본의 재구축 역사는 전전의 천황제가 지닌 이중성을 매우 폭력적인 형태로 일원화하여 새롭게 재구축해 나가는 과정이었다.

전후 보수주의를 논할 때에는 문화 보수주의와 정치 보수주의로 나누어 생각해야만 한다. 지금까지 살펴본 것은 문화 보수주의의 한 측면으로, 정치 보수주의에도 눈을 돌릴 필요가 있다. 이때 가장 중요한 인물로 거론되는 이가 요시다 시게루吉田茂[10]이다. 요시다 시게루

137

---

9   원제는 *Embracing Defeat-Japan in the Wake of World War II*. 존 다우어는 매사추세츠 공대(MIT) 역사학과 교수로 일본근현대사의 대표적인 학자이다. 제2차 세계대전 직후 미군점령하에 일본이 어떻게 재건하였는가를 다양한 사료를 통해 상세히 그린 이 저서는 1999년 미국에서 출간되자마자 퓰리처상을 수상하였다. 우리나라에서는 2009년 최은석의 번역으로 민음사에서 발간되었다.

10 1878~1967. 외교관, 정치가. 외무대신, 귀족원 의원, 내각총리대신, 농림수산부 장관, 중의원 의원, 고각칸皇学館대학 초대 총장 등을 역임. 1946년부터 1953년까지 요시다를 총

의 기본적인 사고방식을 이해하고자 할 때, 패전 당시 그가 이미 70세에 가까운 노정치인이었다는 사실에 주목해야 한다. 60대 후반의 보수적인 구시대 정치인이 어떻게 신생 일본의 최대 권력 브로커가 될 수 있었을까. 이것의 의미를 전후 천황제의 재구축 문제와 함께 생각해 볼 필요가 있다.

요시다 시게루로 대표되는 전후 정치 보수주의의 역사적 의의는 무엇인가. 한마디로 말하면 전전 구미 열강과의 '평화적인' 교섭을 통해 아시아에 대한 권익을 쟁취한다는 것이 요시다를 비롯한 보수 정치가들의 기본적인 사고방식이었다. 이 점에서 그들은 초국가주의적 군부와 다른 '천황의 리버럴한 중신重臣'들이었다.

전시기戰時期인 15년 전쟁 동안 그들이 정치 무대에서 사라진 것은 기본적으로 만주사변 특히 중일전쟁 이후 나설 기회가 없었기 때문이다. 즉 그들은, 아시아에서 일본제국의 권익을 차지하기 위해 구미와 대립한 파국적인 대일본제국의 정치적 지향에 저항하다가 패전이후 마침내 '희생자'의 모습으로 부활한 것이다. 그들 저항의 하나가 요시다 시게루를 중심으로 이루어진, 소위 '요한센' 그룹[11]의 종전終戰 공작이다. 본래 요시다 시게루는 도쿄재판[12]에 전범으로 불려나간다

리대신으로 하는 내각을 다섯 번에 걸쳐 수립하면서 샌프란시스코조약 및 미일 안전보장조약 등을 체결하였다. 1967년 89세로 사망했으며, 그의 장례식은 전후 유일하게 국장国葬으로 치러졌다.

11 제2차 세계대전 말 요시다 시게루를 중심으로 일본에서 활동한 전쟁 종결 공작 그룹을 말한다. '요한센'은 이들을 감시하는 군부 · 헌병대의 암호로, '요시다 반전吉田反戰'의 약어이다('한센'은 反戰의 일본어 발음). 요시다는 1941년 태평양전쟁 개전 이전부터 전쟁반대를 도모하였고, 개전 이후에도 조기 종결을 목표로 활동하였다. 군부는 이러한 그의 움직임을 반군부 공작으로 간주하여 감시했다. 1945년에 들어서자 패색이 짙어진 전세를 우려한 쇼와천황은 중신들을 차례로 만났고, 요시다는 전 수상인 고노에 후미마로近衛文麿를 통해 전쟁종결을 주장하고자 했으나 헌병 당국에 발각되어 체포되었다.

12 정식 명칭은 극동국제군사재판極東国際軍事裁判. 제2차 세계대전 전범재판으로, A급 전범 28명이 기소되어 7명에게 사형, 16명에게 종신형, 2명에게 유기 금고형이 내려졌다.

해도 조금도 이상하지 않은 인물이다. 그런 그가 도쿄재판에 출석하지 않았던 것은 이 같은 배경이 있었기 때문이다.

패전의 기운이 짙어질 무렵 전후 보수주의자는 이미 일본군부에 대항해 천황을 국체로서 옹호하기 위한 다양한 공작을 기획하였다. 그 중심인물이 요시다 시게루와 고노에 후미마로近衛文麿[13]였다. 또 천황 측근으로 기도 코이치木戸幸一[14]를 중심으로 한 궁정宮廷그룹[15]도 있었다. 그 중에서도 요시다 시게루는 전전과 전후를 잇는 '다리' 역할을 했다. 요시다의 목표는 제국의 붕괴로 인한 파국적 반동을 가능한 한 최소화하는데 있었다. 따라서 전전 천황제가 가진 이중적 지위 가운데, 국내로 국한된 천황제 = 국체를 될 수 있는 대로 온존시켜 민주화된 세계에 적합하도록 만들어야 했다. 그럼으로써 미국의 점령 정책의 급진적 측면을 가능한 한 중화시켜 아래로부터의 민주화나 천황제 폐지 움직임을 견제하고자 했다. 이러한 의도 아래 전후 보수 정치가들은 미국의 대일 점령정책 아래에서 활동하면서 지배와 종속, 대립과 공감의 역학을 낳으며 '합작'의 멜로디를 연주하였다.

점령기 일본국민이 맥아더에게 보낸 편지를 보면, 미국의 '서로 끌어안는' 방침이 단지 구체제 엘리트나 지식인뿐 아니라 민중들에게도 커다란 공감을 얻어 널리 수용되었음을 알 수 있다. 이것은 새로운 지배자와 '동침'하려는 광경으로도 받아들여졌다. 이를 조금 단순화 시켜보면, 전후 일본의 재구축은 미일합작의 '서로 끌어안기' 방침 속에

139

---

13 1891~1945. 귀족원 의장, 내각총리대신, 외무대신, 사법대신, 국무대신 등을 역임. 태평양 전쟁 중 전쟁의 조기 종결을 주창했다. 종전 후 국무대신으로 입각했으나, 1945년 12월 A급 전범으로 도쿄재판에 출두 명령을 받자 자살했다.
14 1889~1977. 후작. 정치가. 교토제국대학 졸업. 궁중그룹의 일원.
15 궁중宮中그룹이라고도 한다. 궁정은 원래 천황의 일상과 직무 수행에 필요한 것을 위한 조직이나, 국정에 대한 천황의 영향이 커지면서 쇼와기에 이들 '궁정그룹'은 군부와 관료 등과 결탁하여 국정 동향에 큰 영향을 미쳤다.

서 도모되었고, 그런 가운데 정치적 보수주의가 대두되었다는 도식을 읽어 낼 수 있다. 전후 일본의 미일관계에서, 일본 측 정치세력이 전후의 모습을 소위 '소프트 피스soft peace'로 받아들였고 또 이에 대한 대응으로 미국 측이 은혜적인 대일 점령정책을 펼쳤다는 이야기가 가능했던 간접적인 원인에는 바로 이러한 상황이 있었다.

보수주의를 생각할 때 한 가지 잊지 말아야 할 중요한 지점으로 학계 보수주의를 들 수 있다. 이는 구체적으로 구제국대학을 중심으로 한 그룹을 말한다. 예를 들면 전후 일본의 소위 지적교류에 관계된 인물, 특히 미일 간 지적교류에 큰 역할을 담당했던 다카기 야사카高木八尺[16]와 난바라 시게루南原繁[17] 등이 있다. 학계 보수주의란 국민국가의 새로운 재생을 상징 천황제 아래에서 가능한 한 민주화시켜, 전후 평화국가에 어울리는 상징 천황제와 일종의 일본적 민주주의를 실현하려는 사고방식을 말한다. 실제로 그들이 어느 정도의 영향력을 가졌는가와 관계없이, 적어도 그들은 전후 학계의 흐름 속에서 꽤 커다란 역할을 수행하였다.

보수주의는 결국 패전 이전부터 계속되었던 부분을 유산으로 계승하면서도, 다른 한편에서는 '제국' 일본이 15년 전쟁기 때부터 가졌던 대동아공영권적 아시아 먼로주의[18] 사고방식이나 그것을 태생시킨 초국가주의 혹은 군벌지배와의 절연을 목표로 했다. 그리하여 결국은 천황제가 가진 국내적 측면을 전후 국민국가의 민주 체제 속에서 재생시켰다. 그것이 바로 정치·문화 속에서 보수주의자들이 담당한 역할이었다.

---

16 1889~1984. 정치학자, 도쿄대학 교수. 미국 정치사 전공.
17 1889~1974. 정치학자, 도쿄 제국대학 총장. 도쿄대학 명예 교수.
18 Asia Monroe主義. 동양 먼로주의라고도 함. 서양 간섭을 배제하고 동양의 문제는 동양에서 그 당사국끼리 처리한다는 정치사상.

2. 전후 보수주의와 그 한계

그렇다면 이러한 전후의 보수주의가 초래한 것은 도대체 무엇일까. 먼저 일본 근대사에서 유례를 찾기 어려운 단일민족이라는 국민의식이 만들어졌다. 그리고 또 하나 '아시아'라는 의식이 '소실' 되었다. 바꿔 말하면 일본과 세계의 관계가 일그러졌음을 의미한다. 결국 일본의 극단적인 단일민족 내셔널리즘이 의식의 측면과 제도의 측면 모두에서 하나의 완성을 이루게 됨으로써, 아시아라는 광역의 개념이 의미를 잃게 되었다.

지금까지 서술한 상징 천황제나 보수주의라는 문제의 역사적 조건을 생각하려면 일본이 재구축되는 과정 속에서 냉전이 동아시아 내에 어떠한 여건으로 작용했는가를 살펴봐야한다. 광역 개념으로서의 동아시아는 일본, 한반도, 중국 어느 곳에서도 아무 의미를 갖지 못하는 봉인된 개념이 되었다. 최근 쑨거孫歌가 '아시아를 말하는 것의 딜레마'라고 칭한 문제가 정확히 발생한 것이다.

일본에서 '아시아를 말한다'는 것은 사실 지금까지 일본이 봉인했던 동아시아의 국제적 왕권으로서 천황제라는 부정적 유산에 맞닥뜨려야 한다는, 다시 말해 매우 심각한 모순에 직면해야만 한다는 말이다. 그렇기 때문에 아시아에 대해 말할 수 없었던 것이다. 이것은 단지 일본만의 일이 아니다. 아시아 국가들이 냉전하에서 제각각 국민국가의 원리를 취하고 있었기에 아시아는 분단되었고, 이렇게 분단된 아시아 속에서 비로소 폐쇄적인 국민국가의 원리를 민주화된 형태로 부활시킬 수 있었다. 일본과 미국의 합작관계가 이러한 구조를 만들었다.

141

다시 말해 일본의 재구축이란, 모순적 표현이지만 '미국산 순국산품'을 어떻게 만들어낼 것인가를 의미한다. 그 때문에 상징 천황제는 더 이상 일본 일국 단위로 성립할 수 없게 된다. 상징 천황제는 사실 미국문제를 고려할 때 비로소 이해 가능한 것이다. 실제로 일본이 미국의 '식민지'국이 되었기 때문에, 일본의 내셔널 아이덴티티를 항상 욕망해야 하는 구조가 장전될 수밖에 없었다. 이것이 '일본문화론'이다. 결국 스스로의 정체성을 정치적으로는 가질 수 없어 소위 문화라는 형식으로 끊임없이 욕망하는 장치가 상징 천황제 안에 들어있다. 전후 일본과 미국과의 합작에 의해 일본의 재구축이 이루어졌다는 사실, 여기에 그 커다란 역사적 원인이 있다. 이렇게 생각하면 보수주의와 '일본문화론'이 왜 상징 천황제와 한 쌍이 되었는지, 또 전후 일본의 일관된 주류 담론으로 커다란 힘을 발휘할 수 있었는지를 비로소 이해할 수 있다.

이러한 전후의 상징 천황제 아래에서 일본의 재구축은 샌프란시스코 강화조약 이후 나아가 한국전쟁이 끝나는, 다시 말해 1950년대 초반부터 대략 60년대까지 계속되었다. 보수주의·상징 천황제·보수 정치의 성립은 바로 이 시대에 이루어진 것이다.

그렇다면 '일본의 재구축'이 일어난 '전후'를 어느 정도의 기간으로 생각해야하는가라는 문제가 생긴다. 대략 1970년대 말을 기준으로 '전기 전후'와 '후기 전후late-postwar'로 구분해 생각할 수 있지 않을까. '모더니티'의 경우 '후기 모더니티late modernity' 또는 '후기 근대'라는 표현이 있는데, 일본의 전후도 비슷하게 말할 수 있다. 캐럴 글럭이 "이토록 긴 전후라는 시간"이라고 했듯이, '전후'라는 용어는 반세기 남짓의 시기를 말한다. 그러나 1970년대가 끝나면서 하나의 단락이 만들어진다고 보아도 좋을 듯하다.

이렇게 생각하는 데에는 여러 가지 이유가 있지만 우선 외부 원인부터 생각해보자. 1970년대 말, 소실된 '아시아'가 무대에 등장할 수 있는 조건이 만들어졌다. 역사가 와다 하루키和田春樹가 "1945년부터 1975년까지의 아시아 30년 전쟁"이라 했듯이, 대개 한국전쟁부터 베트남전쟁이 끝날 때까지, 또는 타이완과 한반도에서 발생한 내전상황까지 함께 고려한다 해도 1975년 베트남전쟁이 끝나고 포스트 베트남 시대가 되면서 아시아 내 커다란 변화가 일어날 수 있는 조건이 역사적으로 정비되었다. 지금까지 살펴 본 전후 보수주의와 상징 천황제는 냉전 체제하 아시아와 미국의 관계 속에서 비로소 성립될 수 있었다.

베트남전쟁이 끝날 무렵 아시아는 어떻게 달라졌는가. '전후 30년 전쟁'이 끝나가는 가운데 아시아에서는 일종의 국민국가 형성의 움직임이 빠른 속도로 전개되었다. 30년 전쟁이 종료될 무렵 새삼스럽게 다시 부상한 것은 아시아 전체가 포함된 넓은 의미의 아시아가 아닌 오히려 일국 단위의 민족국가 형성이었다. 베트남은 통일되었다. 또 중국은 1979년 개혁개방 정책에 따라, 덩샤오핑鄧小平의 사회주의 시장경제를 향한 대호령大号令을 발표하고 소위 사회주의적 시장개방 경제를 시작하였다. 더불어 1979년 한국은 박정희 대통령의 피살로 박정희 체제가 붕괴되었다. 타이완도 마찬가지로 커다란 변화가 일어났다. 분단된 아시아 그 내부에서부터 민주적인 방식으로 민족국가를 건설할 수 있는 조건이 뚜렷하게 양성되어 갔다. 그리고 또 하나 1970년대 말부터 냉전이 붕괴되기 시작한 것도 커다란 요인으로 작용했다.

그렇다면 일본 국내에서는 어떤 일이 일어났을까. 전후 보수주의가 점점 약화되는 사회변화가 일어났다. 이후 10년이 지난 1989년 쇼와천황이 사망하였다. 존 다우어는 1920년대부터 1989년까지 70여년의 일본을 하나의 연속된 역사로 취급했는데, 그것은 이 기간의 역사를 어디까지나 일본이라는 일국단위에 국한된 변화로 보았기 때문이다. 사회의 산업화나 경제구조의 변화라는 측면에서 보면 패전에도 불구하고 1920년대부터 쇼와천황이 사망할 때까지의 약 70년간은 하나의 지속성을 가지고 있기도 하다.

이 견해에 대한 시비가 있을 수 있지만, 그러나 분명한 사실은 전후에 주창된 일본의 문화론이나 보수주의에 즉각적으로 응답했던 사회의 실재적 기반이 쇼와가 끝나기 10년 전 즉 1970년대 말부터 빠른 속도로 무너지고 있었다는 점이다. 그것은 말할 것도 없이 일본 경제력에 의한 국제적 영향력이 커지면서 국내용으로 쓰인 보수주의만으로는 설명할 수 없는 국제적인 외부 요인이 일본 국내에 크게 유입되었기 때문이다.

그리고 이 1970년대 말부터 80년대에 걸쳐 '일본문화론'이 우후죽순처럼 생겨났으나, 실제 사회구조 측면에서 보면 일본 국내 담론으로는 이미 수용하기 어려운 변화가 사회적으로 나타나고 있었다. 일본의 대중문화는 더욱 세분화되어, 1970년대 말부터 내셔널 아이덴티티 측면보다는 세대世代나 계층 혹은 여러 양태에 따라 다양한 문화가 나타났다.

본래 일본의 보수주의와 문화론은 내셔널 아이덴티티에 기반을 둔 담론으로, 문화적인 지배 구조를 가지고 있었다. 그러나 사회구조나 사회의식의 관점에서 보면 소위 대중문화론에서 한발 더 나아간 형태로, 보수주의자의 표현을 빌리자면 분중화分衆化, 소중화小衆化라 할 수 있는 현상이 1970년대 말부터 이야기되었다.

한편으로 사회구조 측면에서 보면, 전후 일본의 사회경제 시스템 다시 말해 존 다우어의 표현을 빌렸을 때 스캐파니즈 모델SCAPanese model[19]

('최고사령부 SCAP'과 'Japanese'를 합친 것)은 확실히 파탄의 여정을 밟고 있었다. 이 의미를 가장 잘 알고 있었던 것은 보수주의 정치세력이었다. 구체적으로 1979년에 등장한 오히라人下내각을 거론할 수 있다. 이 내각은 전후 일본의 개혁 중 몇몇 위로부터의 플랜을 하나의 비전으로 제안했다. 그 포괄적 슬로건의 하나가 '근대의 초극超克'이다. 이것은 이제 일본이 '근대 따라잡기'를 졸업했다는 역사의식에서 비롯된 것이었다.

본래 보수주의와 경제적 성장 또는 과도한 풍요로움은 완전히 일치되는 것이 아니다. 1970년대가 끝나갈 무렵, 전후 '일본의 재구축'을 지탱해 온 근대 따라잡기 식의 일본의 성장신화는 사실상 끝나버렸고, 1970년대 말에는 국가적 수준에서 이것을 깨닫게 되었다. 따라서 이제 무엇을 시작할 것인가라는 물음에, 전후 들어 두 번째로 '문화'가 이야기되었다. 오히라 내각은 '후기 전후'를 '문화의 시대'로 그리려 했다. 물론 그들은 이것을 전후의 종결로 여겼다. 와쓰지 테쓰로나 쓰다 소우키치가 그랬던 것처럼 전후 문화 보수주의와는 다른 형태로 '문화의 시대'를 향한 대응이 국가수준에서 부상해갔다.

여기에서 드디어 '신보수주의'가 탄생하였다. 신보수주의는 네오내셔널리즘과 많은 부분에서 상호 침투적인 관계를 가지고 있다. 이것은 이미 국제 사회에서 일본이 가진 국위나 일본의 경제력에 어울리는 경제 내셔널리즘, 그리고 여기에 대응하는 모습으로 일본의 국가 혹은 내셔널 아이덴티티와 그것을 지탱하는 문화를 새롭게 만들어야만 한다는 역사적 요청에 응답한 것이었다. 전전 초기 단계의 상징 천

145

---

19 총사령부와 일본인의 합작에 의한 모델로 패전 직후의 일본 모델을 지칭한다. 스캐파니 즈라는 조어에서도 알 수 있듯이, 이것은 일본과 미국의 교배형 모델이다. 존 다우어에 따르면 이 모델은 전쟁 중에 그 원형이 만들어졌고, 패전과 점령에 의해 강화되어 그 후 수십 년 간 유지되었다. 존 다우어, 최은석 역, 『패배를 껴안고』, 민음사, 2009, 730면 참조.

황제로 대표되는 일종의 '일본문화론'이나 문화 보수주의로는 대응할 수 없는 새로운 역사적 단계가 '후기 전후'에서 발생하였다.

그로부터 '일본문화론'은 국제적인 형태로 순환해 나갔다. 일본의 경제나 사회가 왜 우수한가가 문화와 연계해 담론화되었다. 그리고 그것을 '이상적 독자讀者'인 미국에 수출하였다. 미국과 일본이 담합하여 이를 순환시켰다고도 할 수 있다.

1980년대에 들어서면 '일본문화론'이 미국으로부터 역수입되어, 일본의 재구축은 절정에 달하게 된다. 그러나 절정에 달한 일본의 재구축은 이 무렵 겉으로 드러나지 않는 형태로 파탄이 진행되고 있었다. 단적으로 말하면 이 '스캐퍼니즈 모델'의 전후 일본을 지탱했던 국제적 조건이 붕괴되고 이것과 연동해 일본 국내 요인이 무너져갔다. 이를 일반적으로 일본 내 버블경제의 붕괴라 여긴다. 하지만 붕괴 요인은 일본의 사회경제 시스템 내에 있었을 뿐 아니라, 아시아의 변화와 국제적 범위의 냉전 붕괴와도 밀접한 관련이 있다. 이러한 가운데 1989년 쇼와천황이 사망하고 그럼으로써 일본의 재구축을 구성한 '전후'라는 쇼와가 종료되었다. 이로부터 전후 일본은 소위 '차질'을 빚기 시작했다. '일본의 재구축'이 어떤 의미에서 '일본의 와해'로 변용하기 시작한 것은 1980년대 말이었다.

이러한 현상은 왜 발생한 것일까. 정치, 경제, 사회면에서 다양한 분석이 있었지만, 지극히 국내용인 단일민족의 국민국가라는 허구 속에서 만들어진 보수주의와 쇼와의 상징 천황제가 1980년대 말 이미 '유통기한'을 다했기 때문은 아닐까. 그 같은 보수주의는 1980년대 말에서 1990년대 초에 걸쳐 '해체되어 가는 일본'에 대응할 수 없었다.

아닌 게 아니라 신보수주의는 세계화와 접합할 수 있는 가능성을 모색하려고 했다. 이것은 구체적으로 오부치小渕 내각의 '21세기 일본의 구상' 안에서 잘 드러난다. 문화가 가진 내셔널한 측면과 트랜스내셔널한 측면을 구분하는 가운데, 일본이 대중문화로 만들어 낸 후자 즉 트랜스내셔널한 측면을 세계화한 일본에 어울리게 만들어 대외적으로 선전했다는 사실. 이를 'J 내셔널리즘'이라 불러도 좋을 것이다. 실제로 이 '21세기 일본의 구상'에서 일본문화의 핵심은, 전후 보수주의가 만들어 낸 상징 천황제라는 국내에 국한된 문화가 아니라 세계화한 문화 즉 'J'가 붙은 문화의 대량 생산이었다.

이와 연동하여, 문화론이나 학문 영역에서 일국 단위의 사관을 넘은 '바다의 일본海の日本'이나, 일본의 '내지 사관'을 넘어선 '해상으로부터의 일본' 등 다양한 일본론이 새롭게 소생하였다. 이러한 담론을 모두 보수주의라고 일괄할 수는 없지만, 새로운 모습의 일본이 다양한 뉘앙스를 동반하며 모색되었다.

그러나 이것도 1990년대부터 2000년대에 걸쳐 결국 쇠퇴하였다. 도대체 무슨 일이 일어난 것인가. 보수주의가 뉴라이트 내셔널리즘에 의해 내몰리는 사태가 일어난 것이다. 바야흐로 일본문화 혹은 일본 이데올로기는 다른 한편에서 급진적 신국가주의에 의해 찬탈되어 갔다. 그 결과 최근 들어 보수주의는 세계화에 대응하려는 새로운 모습을 활발히 시도하는 동시에 급진적 신국가주의와의 대립적 관계를 명확히 하고 있다. 그것은 오늘날 일본 내에서 보수주의가 건전한 모습으로 활동할 수 있는 공간이 점차 위축되어 가고 있음을 보여준다. '21세기 일본의 구상' 단계에서 신보수주의를 새로운 21세기에 재구축해야 할 일본과 연계시키려는 계획이 있었지만, 요즘의 일본 내 재구축 동향은 오히려 뉴라이트적 국가주의 성격을 띠고 있다. 보기에 따라 신보수주의가 오히려 적당하다 싶을 정도로 일본 내에서 신국가주의가 강성해지고 있다.

지금까지 전전부터 현재까지를 개관했는데 이제는 가장 금기시된 문제를 이야기해 보자. 그것은 상징 천황제라는 지극히 국내용으로 만들어진 허구적 제도가 일본의 글로벌한 국가의식과 어느 정도의 정합성整合性을 갖는가하는 점이다. 바로 지금 이것이 문제시 되고 있다. 내셔널 아이덴티티의 흡입력으로 단일민족의 국민국가를 건설하여 가능한 한 경제적으로 풍요롭게 만들려고 했던 전후 일본의 목표가 사실상 파탄에 이르게 되었다. 그러자 반항 없이 미국을 '신체화'한 전후 역사와 체제에 대한 회의가 깊어져, '순결한' 일본의 아이덴티티에 대한 욕망이 더욱 강해졌다. 이 때 미일 '합작'에 의한 전후 천황제는 모순을 잉태한 존재로 부상할 수밖에 없었다.

전전 천황제가 동아시아에 군림하는 구체제적 천황제로, 국민국가의 원리를 넘어선 광역 개념의 아시아를 만들었다는 것은 이미 전술하였다. 이 프로젝트가 완전히 붕괴되는 가운데 상징 천황제는 국내용으로 만들어질 수밖에 없었고, 오늘날의 일본은 제3차 국민국가 형성과정에 있다고 말할 수 있다. 제1차는 메이지국가, 제2차는 전후 상징 천황제를 중심으로 한 전후 국가였다고 한다면, 후기 전후인 세계화 시대에 대응하기 위한 국가의 재구성이 매우 진지하게 논의되고 있다.

그렇다면 보수주의는 왜 한계에 부딪쳤을까. 이는 보수주의가 그러한 시대적 과제에 대응하지 못했기 때문이다. 적어도 1970년대까지 보수주의는 이러한 구조에 가장 적합한 일본문화나 이데올로기를 형성했고 정치 메커니즘도 마찬가지였다. 그러나 오늘날 세계화한 천황제는 구체적으로 느껴지지 않는다. 여기에 지금 보수주의의 한계와 전후 천황제 최대의 딜레마가 있는 것이다.

이러한 딜레마 속에서 신국가주의가 부상했는데, 그것은 어김없이 아시아와의 심각한 대립과 모순을 잉태할 수밖에 없다. 이미 신국가주의로는 문제를 풀 수 없다는 것이 명확해졌다. 이 단계에서 전후 보수주의의 융성이 왜 극점에 달했는지 그리고 어떤 한계에 부딪쳤는지를 역사적 시간 속에서 재검토해야만 한다.

'일본의 재구축'을 다시 한 번 '일본의 재재구축'으로 어떻게 세울 것인가라는 과제는 불행히도 신국가주의의 세력에 맡겨졌다. 오늘날 특히 심각한 문제가 바로 여기에 있다. 오늘날의 상황은 전후 보수주의의 생명력 혹은 역사적 역할이 옛날에 끝날 수밖에 없었다는 사실을 보여주고 있다. 정치적으로 볼 때 55년 체제는 벌써 무너졌으며, 이데올로기로서의 보수주의도 이미 그 역할이 끝났다. 그렇다면 무엇이 이를 대신할 수 있을까. 대신할 것으로 신국가주의가 나타난 것이다.

신국가주의에 대한 대안으로 우선 일본 내 자유주의를 들 수 있다. 자유주의에는, 앞서 언급한 천왕의 리버럴한 중신重臣들처럼 리버럴한 보수주의 혹은 보수적 자유주의와, 혁신적 자유주의가 있다. 사실 이러한 구분 방식은 매우 애매하다. 그러나 현시점에서 볼 때 더 큰 문제는 전후 일본에서 자유주의가 건전한 형태로 계승되지 못했다는 점이다. 자유주의를 보수주의와 어떻게 구별할 것인가, 또 이 양자의 관계를 어떻게 생각할 것인가는 특히 어려운 문제이지만, 일본에서 자유주의는 기본적으로 보수주의 속에 포괄된다(물론 이러한 자유주의에 대해서는 다양한 의견이 있다).

또 다른 대안으로 사회주의가 있다. 이것은 오늘날의 사회민주주의로, 당연히 신국가주의에 대한 하나의 대안이 될 수 있다. 그러나 사실 전후 천황제 일본은 기본적으로 복지국가로서 실현되었다. 사회민주주의도 지극히 국내로 국한되는 가운데 비로소 성립할 수 있

149

었다. 그러나 이것도 복지국가로서의 전후 일본의 종언과 함께 마침내 그 역할과 생명력이 완전히 소진되어 가고 있다.

그렇다면 시민주의는 어떨까. 전후 상징 천황제는 어떤 의미에서 대중 천황제이기도 하다. 이 대중 천황제와 시민주의가 관련이 있는지, 있다면 어떤 관련이 있는지의 문제가 있다. 사실 시민주의 안에는 상징 천황제와 화해하는 측면이 분명 있기 때문에 상징 천황제와 시민주의가 어떤 관계를 가지고 있는가에 대한 검토는 반드시 필요하다. 시민주의는 기본적으로 상징 천황제와 복지국가로서의 전후 일본에서 비롯된 측면이 있으며, 따라서 시민주의의 일면이 생활 보수주의적인 내셔널리즘과 어느 정도 연속되어 있음이 분명하다.

페미니즘은 어떠한가. 페미니즘과 보수주의, 페미니즘과 상징 천황제의 문제는 매우 복잡하며 또 아직 해명되지 못한 측면이 많다. 말할 필요도 없이 페미니즘을 어디까지 확장시켜 말하는가에 따라 달라지겠지만, 전후의 남녀평등, 혹은 여성의 인권이나 사회적 권리획득의 운동과 전후 상징 천황제 이데올로기가 전적으로 물과 기름의 관계에 있다고만은 할 수 없다. 전전 여성과 천황제와의 복잡한 관계에 대해서는 이미 다양한 분석과 논의가 있다. 그렇다 해도 페미니즘이 전후 상징 천황제와 보수주의의 강력한 대안이 될 수 있는지의 여부에 대해서는 좀 더 고찰할 필요가 있다.

3. 포스트 전후와 아시아

이렇게 볼 때 전후 보수주의 종언의 의미는 결국 이를 대신할 수 있는 것을 찾지 못했기 때문에, 실은 전후 천황제의 위기라 할 수 있다. 그렇다면 이 전후 천황제와 보수주의의 대안이 무엇인가를 생각해야만 한다. 그 중 하나의 '기투投企'[20]로, 트랜스내셔널한 지역주의regionalism를 들 수 있다. 이것은 특히 동북아시아라는 광역적 공간 안에서, 전후 천황제 국민국가를 새롭게 위치지어 내셔널 아이덴티티가 가진 단일적 구속력을 더욱 중층적이고 복합적인 아이덴티티로 재편성해 가는 프로젝트이다. 물론 이렇게 되면, 일본을 초월한 왕권으로서의 천황제라는 형태로밖에 아시아를 말할 수 없었던 전전의 모순을 어떻게 청산할 수 있는가라는 무거운 역사적 과제가 남게 된다.

이러한 시도의 연장선에서 "동북아시아 공동의 집" 같은 비전이 구상되었다. 이것은 어떤 의미에서 전후 다케우치 요시미竹内好[21]가 계속 고민했던 문제이기도 하다. 이러한 '기투'의 대척점에 전후 보수주의가 성립할 수 있었다. 전후 보수주의는 정치 현실에 기반을 두고 있었다. 이 현실주의가 미일 간 담합관계를 성립시키고 이후 국내에 한정된 형태로 일본의 '역내 평화域內平和'를 만들었던 것이다.

여기에 대한 대안으로 다시 한 번 광역의 아시아와 국민국가 간 관계의 모순을 해결할 수 있는 지역주의적인 아시아를 구상해 볼 필요

---

20 현재를 초월하여 미래에로 자기를 내던지는 실존의 존재방식. 하이데거나 사르트르 실존주의의 기본개념이다.

21 1910~1977. 도쿄대 중국문학과 졸업. 중국문학 연구자·평론가. 도쿄도립東京都立대학 교수 역임. 대표적인 저서로는 『루쉰魯迅』(1944), 『불복종의 유산』(1951), 『일본이데올로기』(1952) 등이 있다.

가 있다. 그것은 단지 전후 일본뿐만 아니라 한반도와 중국에도 부여된 과제였다. 결국 그것은 재구축해야만 하는 일본을 아시아라는 장안에서 어떻게 생각해야 하는가라는 문제였다. 야마무로 신이치山室信一는 이것을 "열린 지역주의"라 부르지만(『사상과제로서의 아시아思想課題としてアジア』, 岩波書店, 2001), 나는 "동북아시아 공동의 집"이라 부르고 싶다. 여기서의 핵심은 일본과 한반도이다. 동아시아 책봉 체제의 세계에서 위성국이었던 이 두 지역은 동아시아의 구체제를 새로운 형태로 재구축하려 할 때 중심 역할을 수행해야만 한다.

이때 가장 힘겨운 족쇄는 무엇인가. 그것은 전후 상징 천황제와 보수주의를 지탱하는, 일본과 조선을 이간시키고 있는 이데올로기이다. 한마디로 말해 조선 멸시관과 과거의 기억에 기반을 둔 '감정구조'의 악화이다. 쓰다 소우키치와 와쓰지 테쓰로 글에 드러난 일본문화 독자성을 뒤집어 보면 정체적인 아시아상이 드러난다. 전후 일본이 재구축되는 과정에서 재편성된 것은 아시아 멸시관이었다. 특히 조선에 대한 멸시의식은 꽤 대중적인 방식으로 공유되었다. 이것은 지금까지 일본과 조선 사이를 이간시키는 한 요인이 되고 있다.

보수주의에 대한 비판 혹은 상징 천황제에 대한 비판이라는 문제를 생각할 때, 일본 내 자민족중심주의적 문화주의와 한반도에 대한 '심상지리'를 어떻게 청산할 수 있을까. 내가 보수주의에 느끼는 가장 큰 위화감은 바로 이러한 측면이며, '일본문화론'도 결국 이 문제를 전후에 계속 끌고 왔던 것이다.

현시점에서 이것은 특히 현실적인 논제이다. 일례로 2002년 월드컵에서 한국 대표팀이 4강에 진출했을 때, 광주민주화운동이 일어난 광주 스타디움에서 관중들은 카드 섹션을 통해 'Pride of Asia(아시아의 자부심)'라는 문구를 만들었다.[22] 나는 'Pride of Asia'라고 말하는 방식에 심한 위화감이 들면서도, 도대체 이것이 가리키는 바가 무엇인지 강한 흥미를 느꼈다.

일본에서 'Pride of Asia'라는 메시지는 어떤 반향도 일으키지 못했다. 그러나 중국에서는 개최국인 한국에 유리한 판정이었다는 여론이 일어나 'Pride of Asia'라는 평판은 산산이 부서졌다. 그렇다 해도 'Pride of Asia'는 도대체 무엇을 의미하는가. '아시아'는 어디를 가리키는가. 그리고 이것은 왜 서양문자로 표현된 것인가. 이것은 여러 겹이 중첩된 대단히 복잡하게 얽힌 메시지이다.

그 문구는 명확하게 한반도의 분단국가가 가진 강한 애국주의를 가리키고 있다. 그러나 이 애국주의가 글로벌한 것과의 관계 속에서 비로소 형성되었기 때문에, 그런 이유로 서양문자인 영어를 사용했다고 여겨진다. 결국 분단된 한반도의 경우, 세계화를 통해 내셔널리즘이 표현되고, 또 내셔널리즘을 통해 세계화가 표현되는 체험을 한국 국민이 비로소 공유할 수 있었던 것이다. 700만의 민중이 거리로 나왔다는 사실은 전후 해방기 역사에 없었던 일로, 3·1운동 때 거리에 나온 사람 수보다 훨씬 많았다.

글로벌리즘을 통해 비로소 애국주의가 달성되었다는 사실을 국민적 규모로 실감하기 시작한 사건이 'Pride of Asia' 속에서 나타났던 것이다. 결국 분단국가가 내셔널리즘과 광의의 아시아를 지향할 수 있는 역사적 조건이 처음으로 갖추어지게 되었다. 지금까지 한국은 분단국가였기에 경계를 초월한 아시아를 지향할 수 없었다. 남북통일의 국민국가 형성이 해방 후 한국의 모든 역사를 형성해 온 알파이자

153

---

22 'Pride of Asia'는 2002년 한일 월드컵 경기에서 한국 축구대표팀 응원단인 붉은 악마가 만든 카드섹션 문구이다. 6월 22일 스페인과의 8강전을 앞두고, 붉은 악마팀은 한국이 아시아팀으로는 유일하게 8강에 올라 아시아 축구의 자존심을 세웠다는 점에서 이 같은 문구를 택했다고 했다.

오메가였기에 아시아를 지향하는 것은 거의 화제가 되지 못했다. 중국이 생각하는 '아시아'는 우리가 생각하는 것과 완전히 다르다. '동양'이라는 개념 자체가 일본을 가리키고 있기 때문에, 쑨거孫歌의 말을 빌리면 중국에서 아시아를 생각하는 것은 언제나 딜레마였다.

이렇게 보면 분단국가인 한국에서 처음 대중적인 모습으로 아시아라는 것이 부상했다고 볼 수 있다. 게다가 그것은 자부심이었다. 그런데 왜 'Pride of Korea'가 아니었을까. 이데올로기이기는 하지만 아시아가 메시지로 더해진 것의 의미는 매우 크다. 전후 재구축된 일본에서 보자면, 'Pride of Asia'는 생각도 하기 싫은 과거의 망령처럼 여겨질 수도 있다. 생각하기에 따라 이것은 일본을 중심으로 'Pride of Asia'를 계속 추구해 온 일본에 대해 특히 냉소적인 메시지일 수도 있다.

그렇다면 이 근대 일본이 모순으로 껴안은 아시아 — 천황제를 통해 일본 국내뿐만 아니라 아시아에 군림하는 왕권이라고밖에 생각할 수 없는 아시아 — 를 어떻게 마주할 것인가. 사실 일본의 보수주의와 상징 천황제 아래에서 전후 일본은 이 점을 조금도 생각하지 않았다. 아니 이보다는 거의 '공백상태'나 마찬가지였다고 할 수 있다. 따라서 분단국가의 한 쪽에서 이러한 주장이 나타났다는 의미는 대단히 크다. 이로써 서로 어떤 관계를 가져야하는가가 비로소 질문되었다고 해도 과언이 아니다. 홋카이도와 오키나와, 아이누, 그리고 타이완을 별개로 한다면, 전전 일본 제국은 결국 한반도와의 관계에서 그 존속과 정통성이 문제시 되었다. 이렇게 생각하면 일본의 새로운 국가 형태를 한반도와의 관계 속에서 다시 한 번 문제시하는 역사적 상황이 이제야 나타난 것은 아닐까.

광역의 아시아 개념을 일본의 내셔널리즘과 어떤 식으로 연결해 설명할 것인가라고 할 때, 그 중심에 일본과 한반도 특히 한국이 위치해야만 하는 이유가 여기에 있다. 그것은 한반도에 있어 분단의 극복과 통일, 나아가 통일된 국가를 극복해야 한다는 '이중의 극복'이 광역의 아시아 개념을 통해 비로소 달성될 수 있기 때문이다.

나는 남북으로 분단된 한반도의 모순이 광역의 동아시아 속에서만 해소될 수 있다는 메시지로 'Pride of Asia'를 받아들였다. 구체적으로 말하면 일본, 중국, 러시아, 미국, 나아가 타이완을 포함한 동북아시아라는 광역의 역사적 세계 속에서 남북분단이 해소된다는 역사의식을 이 'Pride of Asia' 속에서 읽을 수 있다. 결국 국민국가를 달성하기 위해서는 국민국가를 넘어선 광역 개념으로서의 동아시아관계를 만들어야만 모순이 해결된다는 사실을 남북으로 분단된 국가가 깨닫기 시작한 것은 아닐까. 다극적多極的 세력이 서로 대립하는 가운데 만들어진 동아시아 속에서 남북 분단이 청산되는 역사상황이 처음으로 생겨나고 있다. 이것은 한반도의 문제가 폐쇄적인 북한과 남한의 분단 내셔널리즘에 의해 해결 가능하다고 보는 시대가 끝났음을 보여준다.

이러한 상황과 아시아로부터 절연된 전후 일본은 어떤 관계가 있을까. 보수주의로는 이 문제를 더 이상 해결할 수 없다는 것이다. 전후 상징 천황제 아래에서 만들어진 '일본'으로는 이 문제를 수용할 수 없다. 이렇게 말함으로써, 재구축된 일본이라는 것을 새롭고 적극적인 의미에서 다시 한 번 해체하는 활동이 나타날 수 있으며, 그 속에서 '방법으로서의 아시아'라는 것을 다시 새롭게 만들어 나갈 수 있을 것이다.

다케우치 요시미의 주장에서 가장 크게 결여된 것은 '조선'이다. 그의 '방법으로서의 아시아'는 주로 중국을 의식했다. 그러나 나는 한반도에서 남북분단의 해소라는 문제가 광역의 아시아 개념을 다시 한

155

번 생각할 수 있게 하는 중요한 실마리가 될 것이라 생각한다. 그 속에서 일본을 다시 자리매김할 필요가 있다. 그것은 전후 보수주의가 공백 속으로 몰아넣은 과제이며, 일본은 이 문제를 전후 상징 천황제로 해결할 수 없다. 이 점이 전후 상징 천황제 국가의 가장 큰 한계이다.

이것을 해결하지 않은 채 '탈아'를 보다 급진적으로 추진하려 할 때 나타난 것이 더욱 강력한 '종속적인 내셔널리즘' 아래에서의 미일관계 강화가 아닐까. 보수주의는, 전후 미국과의 합작 속에서 비롯된, 일본 국내라는 공간 안에서 독자적인 내셔널 아이덴티티를 전제로 하는 문화를 만들었다. 보수주의가 공백상태가 되어 버리는 상황이 지금 동북아시아에서 전개되고 있다. 그런 의미에서 이제 보수주의는 분명 한계에 달했다고 말할 수 있다.

156

제2부 대중문화 속 일본의 '전후'

'이등병'을 표상하다
애매한 일본의 '흑인'
벌레라는 주제로 본 전후 일본의 하위문화

'이등병'을 표상하다[1]

고도성장기 초기의 대중문화 속 전쟁과 전후

나카무라 히데유키 中村秀之[2]

1. 시작하며

1955년(쇼와30) 11월 13일 자 『아사히신문朝日新聞』 석간 영화광고란에는 자못 대조적인 두 편의 신작 광고가 나란히 게재되어있다. 두 편의 신작이란 〈생존의 기록生きものの記録〉 (도호東宝)과 〈이등병 이야기二等兵物語〉 (쇼치쿠 교토松竹京都)이다. 〈생존의 기록〉은 〈라쇼몽羅生門〉 (다이에이 교토大映京都, 1950)으로 세계에 이름을 떨친 구로사와 아키라黑澤明감독이 원수폭原水爆의 위험을 지적한 "문화청 예술제 영화상 수상작"이고, 〈이등병 이야기〉는 15년 전쟁 말기 육군의 병영을 무대로 한 인정

---

1 이 글은 한윤아가 번역했다.
2 영상사회학, 문화사회학자. 모모야마가쿠인대학桃山学院大学 교수.

희극 장르의 프로그램픽처(동시상영용 끼워 넣기 영화)로, 감독은 무명이었던 후쿠다 세이치福田晴一이다. 광고 문구도 확연히 다르다. 전자가 제목에 육박하는 큰 글자로 "구로사와가 세계에 호소하는 문제작"이라고 거창하게 소개하고 있는데 비해, 후자는 작은 활자로 "두둥! 일억옥쇄,[3] 반준에게 *아자*~ 소집령 떨어지다"라고 익살을 부리고 있다. 반준은 반 준자부로伴淳三郎를 가리킨다. 그는 무성영화 시대부터 활약한 베테랑 배우였는데, 극중에서 외친 "아자, 빠"라는 유행어로 당대 인기 코미디언이 되었다. 광고 속 "반준에게 *아자*~ 소집령 떨어지다"라는 문구는 반준의 유행어에서 유래된 셈이다. 또 희극배우가 군인을 연기한다는 것도 신기한 조합이어서, 그야말로 주의를 끌만 했다. 연달아 개봉했던 두 영화는 흥행성적에서도 뚜렷한 대조를 보였다. 〈생존의 기록〉이 구로사와 아키라의 작품으로서 이례적으로 흥행 참패한 것에 비해, 〈이등병 이야기〉는 어느 누구도 예상치 못했던 대히트를 기록하게 된다.

〈이등병 이야기〉의 성공은 영화에만 국한된 것이 아니었다. 원작이자 동명의 소설(야나토리 미쓰요시梁取三義 저, 彩光社)은 1953년 11월 출판되었는데, 워낙 잘 팔려서 영화화되기까지 채 2년도 되지 않은 기간 동안 후속편이 6권까지 출간되었다. 게다가 이 시리즈의 책들은 모두 신서판[4]으로 재간되기도 했다. 또한 영화도 첫 편이 나온 후 잇달아 속편에 삼 편까지 제작되었고, 특히 속편은 첫 편을 상회할 정도의 대성공을 거두었다.[1] 이러한 흐름은 다른 매스미디어로도 이어져, 1955년 말부터 1956년 여름에 걸쳐 '이등병 붐'이 일었다.

---

3 일본제국이 전 국민을 전쟁에 총동원하기 위해 사용하던 선동문구로, 전 국민은 대의충절을 위해 옥처럼 깨끗하게 부서지는 죽음을 각오하라는 뜻.
4 B6판보다 약간 작은, 가로 103mm, 세로 182mm인 출판 판형의 하나. 가벼운 읽을거리를 수록한 싼값의 총서가 주로 이 판형으로 간행된다.

　이 글은 1955~56년의 '이등병 붐'을 살피고, 특히 대유행 현상의 핵이라 할 수 있는 영화판의 제3편까지 고찰함으로써, 고도경제성장기 초기의 대중문화 속에서 전쟁과 전후의 기억이 어떻게 구축되었는가를 밝히고자 한다.

　본론에 들어가기에 앞서, 전쟁을 둘러싼 공공의 기억이라는 문제에 관해 이 글이 특히 강조하고자 하는 두 가지 논점을 미리 밝혀둔다. 첫째, 대중문화산업의 서사를 통해 구성된 기억이란, 텍스트에 명시적으로 재현되는 과거보다 한층 더 가까운 과거 혹은 완료되지 않은 과거에 의해 규정되곤 한다는 점이다. 요컨대 과거의 표상이 이른바 반半과거가 개입된 채 독특하게 굴절된다는 점을 지적하고자 한다. 이는 과거를 상기하거나 기억을 구축하는 것 자체가 언제나 이미 현재시점의 행위라는 뚜렷한 사실과는 별개의 문제다. 특히 이 글에서 다루는 시기를 논하는 경우 이 점을 간과한다면 치명적이다. 영화 〈이등병 이야기〉가 개봉되던 1955년 11월 15일이 보수대연합에 의해 자민당이 결성된 날이었다는 점은 상징적이다. 이 시기는, 냉전하의 대미종속을 전제로 했던 국내 체제의 재편을 둘러싼 다양한 사회적 갈등이 양당 대립의 구도로 수습되어 가던 때였다. 1954년 여름 방위2법[5]의 시행에 따라 재군비再軍備도 이미 완료되었다. 1955년은 주요 경제 지표가 전쟁 전 수준을 상회한 해로, 『경제백서』(1956)에서는 이 해의 경기상승을 특수特需 의존에서 탈피해 안정성장의 궤도에 올랐다고 평가했다. 그 책에서 "이제는 더 이상 '전후'가 아니다. 이제 우리들은 다른 사태에 직면하려 한다"라고 선언했던 것은 매우 유명하다. 확실히 이러한 시기의 산물인 〈이등병 이야기〉 시리즈는 '전쟁'의 기억

5　자위대법 방위대설치법의 두 가지 법령을 가리킴.

을 구축하는 픽션일 뿐 아니라 '전후'의 기억, 즉 패전과 점령을 거쳐 종속적인 독립으로 이어지는 과거 10년에 대한 내셔널한 기억을 창출하는 영화가 된 셈이다.

이 글의 둘째 논점은, 기억이 현재 시점에서 구성된다는 측면을 고찰할 때, 대중문화산업 속 '이야기들'이 공공의 기억을 창출하는 과정은 과거에 관한 기존의 언설들을 필요에 따라 수정하거나 이미지를 새롭게 제시하면서 이루어진다는 사실이다. 이윤의 최대화를 으뜸으로 치는 프로그램픽처의 제작에서 중요한 것은 말할 것도 없이 올바른 전쟁관·역사관을 제시하여 공론의 세계에 개입하는 것이 아니라, 최대다수 관객의 마음 깊은 곳을 건드리는 과거 이야기를 보여주는 것이다. 따라서 성공했던 작품은 그 시점에서 많은 관객에게 호감을 주는(대상관계이론에서 말하는 '좋은 대상'으로서의) 공공의 기억을 제공한다고 생각할 수 있다. 이는 영화의 이야기 세계가 사회의 상태나 사회구성원의 심리상태를 '반영'하고 있다는 견해와는 전혀 관계가 없다. 통속적인 반영론은 객관적 현실(사회)과 상상적 허구(영화)로부터 나온 이원론을 은유적 모형으로 한다. 그러나 이 경우에 문제의 핵심은 사회를 엮어 나가는 다양한 언설이나 이미지를 영화제작에 재이용한다는 점으로, 이는 매우 현실적인 사회적 실천이다. 프로그램픽처의 제작과 수용을 논하며 그 점에 주목하는 것이 '덧없을ephemeral' 지 모르지만, 그렇기 때문에 오히려 이런 영화가 어떤 역사적인 국면에서 욕망의 구체적인 양태를 생생히 표출하고 있다고 할 수 있다.

한마디로 말해 이 글은 구성된 기억의 내용보다도 기억의 구축 그 자체에 초점을 맞춘다. 때문에 소설과 영화로 이어지는 〈이등병 이야기〉의 대성공이 매스미디어를 통해 '붐'으로 표현된 것은 특히 의미 깊다. 다만, '붐'이라는 표현도 또한 철저하게 역사적인 과정으로 포착해야 한다. 이 글이 다루는 1950년대 중반은 주간지의 급성장으로 '매스컴의 시대'가 도래했다고 일컬어지는 시기이자, 수년 후 쓰루미 순스케鶴見俊輔가 "붐의 붐"이라고 부른 것처럼, 난립하는 주간지에 의해 다양한 '붐'이 만들어진 시기이다. 쓰루미 순스케는 이러한 맥락에서 〈이등병 이야기〉도 간략히 언급하고 있는데, 이를 '복고풍 시대'의 징후라고 했다.[2] 앞으로 살펴볼 테지만, 이러한 해석은 동시대에 있어서 지배적인 시각이었다. 요컨대 "이등병 붐"은 노스탤지어라는 감정 형식에 대다수 대중들이 동조한 것이라는 인식이다.

그러나 〈이등병 이야기〉에 대한 위와 같은 인식이 근거있는 주장이라 하더라도, 이를 전쟁 시기의 군대생활에 대한 향수로만 치부하는 한, 현상을 이중으로 비역사화하는 것밖에 되지 않는다. 나아가 어떤 기억의 창출이 실제적인 행위의 일환임에도 불구하고, 노스탤지어의 개념은 통상 회고라는 행위 속에 포함되어 있는 잠재적인 기투企投의 계기를 없앤다. 게다가 '붐'이라는 개념 자체도 역사적 변화를 은폐하는 작용을 한다. 예를 들어 아래에서 인용할 고우치 사부로香內三郎의 지적은 귀 기울일 만한데, 여기에도 여전히 '붐' 개념에 내재하는 비역사적인 인식이 드러난다. "전전戰前의 천황제 이데올로기의 정통성이 흩어진 후, 이른바 다양한 '붐'을 공존시키는 양식이 통합의 모럴인양, 붐들이 진공지대에서 난무하고 있다."[3] 그러나 설령 그렇다 하더라도 그 '진공지대'를 만들어낸 것은 다름 아닌 자본의 시간이다. 간과할 수 없는 것은 공포스러울 정도의 빠른 시간 속에서도 끊임없이 등장하는 불가역적 변화이다.

163

2. '이등병 붐'을 구축하다 - '노스탤지어'의 메타 담론

'붐'이란, 매스미디어에 의해 고도로 매개된 소비 사회 안에서 형성된 개인의 일시적 열광을 보여주는 이야기이다. 즉 '붐'은 그것을 명명하는 행위에 의해 비로소 '붐'이 된다. 그런 의미에서 '이등병 붐'이 일어난 것은, 앞으로 살펴볼 것처럼 영화 제1편이 개봉된 1955년 말쯤부터라 할 수 있다. 그러나 우선 '붐'의 전사前史로서 원작소설의 성공에 대해 서술해야 한다. 소설판의 출판과 수용의 과정에서 이미 공공의 기억을 둘러싼 사회적 갈등이 노골적으로 드러났기 때문이다.

『이등병 이야기』는 작가 야나토리 미쓰요시 본인의 군대체험에 기반한 소설로, 당초 작가 자신이 편집한 월간잡지 『광채彩光』에 연재되었다. 잡지와 단행본은 모두 사이코샤彩光社에서 출간되었다. 사이코샤는 전전戰前 『대보살 고개大菩薩峠』[6]의 유일한 완결본을 내놓은 출판사로 유명한데, 출판사 창립자가 다름 아닌 야나토리 자신이다.[4] 즉 야나토리 미쓰요시는 저자, 편집자, 실질적인 발행인의 1인 3역을 맡아 자신의 '이등병 이야기'를 세상에 내놓은 셈이다. 이러한 특권적인 위치를 점했기에 소설 제1편이 호평을 얻은 후 재빨리 출판공세를 펼수 있었던 것이다. 이를테면 다음해인 1954년에는 속편 세 권을 잇달아 출판하고, 이어서 1955년에는 독자 공모한 체험기를 편집하여 『이등병 시대二等兵時代』의 첫 편, 속편, 삼 편을 빠르게 간행했다. 이미 서

---

6   나카자토 카이잔中里介山의 시대소설. 1913부터 1941년까지 약 30년 동안 『마이니치신문』,
    『요미우리신문』 등에 연재되었고, 작가의 사망으로 미완으로 끝이 났다. 총 41권 분량으로 출간되었을 정도의 대하소설이다. 막부 말기 천황제복권 시대를 배경으로 허무주의에 빠진 사무라이 검객들의 싸움이 전개되며, 인간의 업보를 다루는 불교적인 세계관을 가졌다.

술한 것처럼 신서판도 발매했는데, 권말에는 신문의 서평은 물론 '독자의 감상'이나 '독자의 말'도 수록하여 『이등병 이야기』 시리즈가 광범위한 지지를 받고 있음을 과시하였다.5)

이 글에서는 『이등병 이야기』의 소설적 특징을 자세히 검토할 여유는 없지만, 당시의 담론 공간 내에서 이 소설의 위치에 관해 다음의 두 가지 점을 지적하고자 한다. 첫째는 그 당시 대량으로 출판된 '전쟁물'들과의 관계이고, 둘째는 『이등병 이야기』보다 조금 앞서 큰 논의를 일으킨 한 권의 소설과의 관계이다.

『이등병 이야기』가 출판된 1953년은 '전쟁물'의 유행이 처음으로 절정을 맞이한 해였다.6) 요시다 유타카吉田裕는 이 시기에 출판된 '전쟁물'의 특징으로 아래의 세 가지 점을 들고 있다. 즉, "패전으로 인한 대미 컴플렉스에서 벗어나려는 잠재적 욕망"이 보인다는 점, "참모로 근무했던 경험을 가진 육해군의 사관급 엘리트 장교"가 등장하여 "작전지도나 전쟁지도를 한다는, 전쟁사의 서술이 시종일관 한정된 좁은 시각을 보인다는 점"이다. 또한 "무명 장병의 전쟁체험기가 1950년대 중반 경부터 눈에 띄게 등장하고" 있다고는 하나, 이 경우 "집필자의 가장 전형적인 유형은 지원병 출신의 하사관"이라는 점이다.7)

『이등병 이야기』는 소설이긴 하지만 저자의 군대경험에 기반하고 있다. 그럼에도 불구하고 위에서 열거한 동시대 '전쟁물'의 특징은 보이지 않는다. 우선 '대미 컴플렉스'도, 그것을 벗어나려는 태도도 거의 문제 삼지 않았다. 오히려 전쟁기의 군대생활을 이야기하는 주인공이자 화자의 목소리는 때때로 적에게 향했던 총부리를 돌려, 전후의 "민주주의병 환자"(『이등병 이야기』, 48면) 내지는 "공산당"(위의 책, 140면)의 군대관을 공격한다. 또한 이 소설은 무릇 전투체험을 그린 것이 아니다. 이 점이 특히 중요한데, 이야기가 병영생활을 중심으로 전개

됨에도 불구하고 주인공은 원작자 자신이 그랬던 것처럼 전쟁터를 경험하지 못한 채 일본 내에서 근무하다가 종전을 맞이한다. 즉, 주인공은 전투에 참여한 적도, 적과 대치한 적도 없다. 마지막으로 무엇보다도 주인공인 화자는 마지못해 소집된 일개 졸병이다. "지원해서 온 거 아냐 이 멍청이"(위의 책, 65면)라는 욕설에서도 나타나듯이, 군대나 전쟁에 대해 철저히 거리를 두고 있다. 이러한 거리 감각에서 생겨난 아이러니가 소설 문체상의 특징을 이룬다. 예를 들어, 입대하는 날 정렬한 신병들이 상관에게 느닷없이 야단맞는 장면에서 다음과 같은 말이 나온다.

> "너희들은 오늘부터 군인이다. 어기적대지 마라. 기우치木內 상병이 인솔한다."
> 설마 누가 군대까지 와서 어기적대겠는가. 노래 가사처럼 모두가 의기충천해 왔다고만은 할 수 없지만, 역시 군대에 온 이상 어기적거리기는커녕, 위대한 군인 정신으로 무장해 훌륭한 사무라이가 되겠노라고 생각했을 것이다.
> 그런데 우리는 아무 것도 안했는데도 어기적대지 말라니, 군대라는 곳은 왠지 논리가 통하지 않는 곳이라는 인상을 받았다.[8]
>
> ― 야나토리 미쓰요시, 『이등병 이야기』, 51면

싸우지 않는 군인, 전투 없는 군대생활이라는 특징은 앞으로 살펴볼 것처럼 영화화될 때 독특한 각색과 연출을 시도하게 만들었다. 그러나 소설의 경우, 동시대 '전쟁물', 특히 내무반을 중심으로 했던 설정을 고려할 때 오히려 군대를 비판하는 책으로 대대적인 논의를 불러일으킨 노마 히로시野間宏의 『진공지대眞空地帶』(1952)와 비교해볼만 하다.[9] 저자 스스로도 누차 『진공지대』를 끌어들여 자신의 집필 의도를 강조했다. 각권의 서문과 수필에서 저자는, 군대에는 좋은 점도 있고 나쁜 점도 있다는 데 자신은 당시 군대의 모습을 있는 그대로 '공정하게' 그렸을 뿐이라고 거듭 강조했다. 『진공지대』를 직접 언급한 부분에서도, "저런 과장투성이"로 쓰면 호전적인 사상을 가진 이들의 반발을 불러올 뿐이라고 경고했을 정도이다.[10]

그러나 저자 스스로 '공정함'을 주장하고, 신문 서평이 "기존의 군대폭로물, 혹은 군대찬미물과는 다르다"고 평했다고 해도,[11] 저자에게 있어 진짜 적이란 옛 군대를 부정하거나 비판하려는 진영의 담론이었다. 이는 저자가 독자의 반응에서 "가장 기뻤던 것"으로 "이바라키茨城 농가의 아가씨"로부터 받은 다음의 편지를 인용하고 있는 것에서도 분명히 알 수 있다.

> 우리 오빠는 전사했습니다. 전쟁영화나 책을 읽으며 오빠가 이렇게 괴로운 일만 겪다가 죽게 된 것일까라는 생각이 들어 쉽사리 체념할 수 없었습니다. 그런데 이등병 이야기를 읽으면서, 역시 군대에도 유머가 있고 인정도 있다는 것을 알게 되었고, 지금은 오빠도 인간으로서 죽었을 것이라는 생각으로 바뀌었습니다. 『이등병 이야기』를 불단에 바치고 합장하면서 비로소 나는 편안한 마음으로, 오빠 편히 쉬어요…… 라고 말했습니다.
>
> ─ 야나토리 미쓰요시, 『자화자찬─수필 이등병 이야기』, 53~54면

이 편지는 소설 『이등병 이야기』가 공공의 기억을 둘러싼 갈등 속에서 어떤 기능을 하고 있는지 여실히 보여주는 것이다. 그것은 갈등으로 가득 찬 가혹한 과거를 친밀하고 호감이 가는 기억으로 바꿔주었다. 그 기억 속에서는 생명과 생활을 파괴하는 힘을 각성하게 만든 정당한 분노나 부정이 억압되어버리고, 공동체에 대한 상상적 동일화가 가져온 조화의 환상에 잠겨, 죽은 자도 산 자도 편안해 질 수 있었다.

167

'이등병'은 서서히 소설의 세계로부터도 원작자나 애독자들의 손에서도 떨어져나가 미디어의 공간을 부유해갔다. 즉 '이등병 붐'이 도래했다. '붐'의 징후는 1955년 가을부터 연말에 걸쳐 나타났다. 9월에 소설의 신서판 제1권이 간행되었고, 저자는 서문에서 영화화가 진행되고 있다는 것을 언급했다. 신서판으로 재간된 것은 1954년도 카파북스[7]의 창간으로 시작된 출판 혁명, 값싼 문고판의 대량 보급이라는 새로운 트렌드를 따른 것이지만, 그것은 동시에 영화화와 연동한 판매 전략이기도 했다. 이미 서술했듯이 영화 제1편의 개봉일은 11월 15일인데, 〈이등병 이야기〉를 '붐'과 관련시킨 가장 빠른 예는 한 달 뒤인 12월 16일 『도쿄타임즈東京タイムズ』의 작은 칼럼에서 찾을 수 있다. 익명의 필자는 탐정소설과 무협소설이라는 두 개의 '붐'을 '염려하는' 동시에 "〈이등병 이야기〉 같은 것이 책이 되고 영화화가 되어 인기를 얻는다"고 언급한다. 신서판 제7권(1956년 1월 1일 발행)의 서문에도 같은 날인 12월 16일의 날짜가 붙어 있다. 여기서도 저자는 영화 제1편이 쇼치쿠 영화로는 〈너의 이름은君の名は〉 이래로 대히트를 쳤고, 그래서 속편도 준비 중이라며, "내일 제작을 논의하기 위해 교토로 내려갈" 예정이라고 썼다. 확실히 영화는 대성공을 거두었고, 이는 영화계 관계자들에게도 놀라운 사건이었다. 『키네마준포キネマ旬報』는 재빨리 사회심리연구소의 미나미 히로시南博 팀에게 의뢰하여, 12월 하순 발매하는 1956년 신년특별호에 분석 글을 게재했다.[12]

소설과 영화의 이러한 히트가 매스미디어에 의해 이름 붙여져 '붐'으로서 창출된 것은 1956년 봄부터 여름에 걸친 것으로, 3월 18일 영화 제2편이 개봉된 후였다. 게다가 이러한 붐에 편승하여 재빠르게

---

7 일본 대형출판사 중 하나인 고분샤光文社가 신서판 판형으로 기획 간행한 대중서시리즈의 명칭으로, 현재까지 가장 많은 베스트셀러가 나온 시리즈이기도 하다.

기획된 〈사장 삼등병社長三等兵〉(신토호新東宝)이라는 영화가 서둘러 개봉되기도 했다. 그래서 결국 '이등병 붐'이라는 단어가 등장하는 것은 4월 7일자 『도서신문図書新聞』의 '뉴스 뒷골목'이라는 컬럼이었다. 이 기사는 영화 제2편에 대한 언급으로 시작해, 제1편이 "〈너의 이름은〉 이래 최대 흥행성적"으로 대히트한 일, 라디오 도쿄에서 드라마화되어 높은 청취율을 올린 일을 소개하며, "과장해서 말하면, 당분간 보는 것도 듣는 것도 이등병 천국이라 할 형국이다"라고 썼다. 나아가 잡지 『웃음의 샘笑の泉』 5월호가 엮은 〈붐의 모든 것〉이라는 좌담회에서, 『주간아사히週刊朝日』의 편집장인 오기야 쇼조扇谷正造는 "나는 오늘날 가장 유행하는 붐은 이등병 붐이 아닐까라고 생각합니다"라고 발언했다. 『요미우리신문』 논설위원인 다카기 타케오高木健夫, 불문학자인 와카모리 요시조河盛好藏, 그리고 오기야 쇼조 세 사람의 좌담회가 "붐이란 도대체 무엇입니까"라는 담당기자의 질문으로 시작하듯이, 이것은 '붐의 붐'을 화제로 한 것이었다. 또한 『문예춘추文芸春秋』 6월호는 「〈너의 이름은〉부터 〈이등병 이야기〉까지」라는 수필을 게재하고 있다. 필자인 노구치 쓰루키치野口鶴吉는 쇼치쿠의 임원이자 '기획홍보의 베테랑'으로써 영화 홍보의 여러 뒷이야기를 밝히고 있다. 쇼치쿠가 영화 제3편의 개봉을 7월로 예정하고 있었음을 감안하면, 이 글은 '붐'을 부채질하려는 언설이었다. 더욱이 영화 개봉과 맞추어 『소설구락부小說俱樂部』 6, 7월호와 여름 대증간호에 작가 야나토리 미쓰요시는 자신이 쓴 『이등병 이야기』 번외 단편을 단기 연재했다. 증간호에 게재된 「이등병 이야기―남방의 외딴 섬 편二等兵物語 南方孤島の券」은 영화 제3편과 같은 제목으로, 내용을 축약하여 소설로 쓴 것이다. 제3편은 1956년 7월 13일에 개봉되었다.[13]

이렇게 '이등병 붐'이라 불린 현상은 실제 전쟁과 전후의 기억과 관

169

계된 불가역적인 변화이자 역사적인 단절이었다. 그러나 그것은 '붐'으로 파악됨으로써 오히려 부인되고 만다. '붐'이라는 기호는 분명 일종의 변화를 가리키지만 동시에 균형 상태로 회귀하는 것도 뜻하기 때문이다. 앞서 언급했던 좌담회에서 오기야 쇼조가 지나가듯 언급한 "붐이라고 하면, 빵이 확 부풀어 오르는 것처럼 느껴진다"라는 말은 그런 의미에서 시사하는 바가 크다.[14] 즉, '붐'이 의미하는 변화는 팽창과 수축이라는 일련의 운동일 뿐만 아니라, 이른바 항상적인 homeostatic 함의를 갖기에 그야말로 불가역적인 역사의 변용을 부인하는 것이었다. '이등병 붐'이라는 전대미문의 현상을 앞에 두고도, 이것이 '붐'인 이상 사람들은 자신이 직면한 새로운 사태에 흔들리지 않는다.

그럼에도 불구하고 '이등병 붐'의 내용은 오로지 '노스탤지어'로 받아들여졌다. 원작 소설에 대해서, 『도서신문』은 "과거를 여유 있게 바라볼 수 있게 된 독자층에게, 현대정치를 쉬운 문장으로 풍자하면서, 특수한 세계인 병영생활을 그려냈다 점이 딱 맞아떨어졌죠"라는 고교 교사의 코멘트를 실었다. 또 "전쟁 시대를 회상하는 회고조인데, 그다지 좋은 경향이라고는 할 수 없다"라는 평론가의 발언도 실렸다. 영화 제1편에 대해서도 사회심리연구소의 야나기 마사코柳眞沙子가 "압도적으로 중년 남성층"이 많았다는 관객조사를 근거로, "전후 10년을 경과하며 괴로웠던 과거지만 그리운 마음으로 돌이켜보며, 남의 일처럼 바라보는 심리기반이 관객들에게 생겨났다"라고, 영화 성공의 주요 원인을 "관객의 노스탤지어"에서 찾고 있다.[15] 야나토리 미쓰요시가 소개한 「독자의 말」에도 이러한 의견을 지지하는 편지가 여럿 소개되었다.

군대생활을 경험한 오기야 쇼조의 영화 제2편에 대한 감상 역시 단순한 '노스탤지어'라고 해석할 수 있다. "나는 눈물이 나서 견딜 수가 없었습니다. 비평가들이 이 영화를 시시하다고 할 만한 부분도 있었지만, 그럼에도 군대의 내무반생활을 매우 리얼하게 그렸더군요."[16] 나아가 오기야 쇼조는 여기에 그치지 않고 이어서 "일본국민의 의식 속에, 할퀴어진 상흔이 있다고 생각합니다. **따라서** 이 영화가 거기에 딱 들어맞았습니다. 비평가들은 묵살했지만"이라고 한 것에 주목해야 한다(강조는 인용자).[17] '상흔'라고 한 이상 그것은 과거에서 유래하는 동시에 현재에 속하는 것이기도 하다. 회고하고 있는 현재에 무엇이 일어나고 있는 것일까. 즉 진짜 문제는, '일본국민의 의식 밑바닥에 할퀴어진 깊은 상흔이 있다'는 인식과 '이 영화가 거기에 딱 들어맞았다'라는 판단을 '따라서'로 결부시켜 인과관계를 만든 것이다. '따라서'는 〈이등병 이야기〉라는 영화가 제시한 이미지와 관객에 미치는 텍스트의 작용이다. 그러나 "눈물이 나서 견딜 수 없다"고 한 오기야 쇼조같은 관객들은 텍스트에 빠져버렸기 때문에 이를 대상화하는 것이 근원적으로 어려웠던 것이다.

171

3. '익살'[8]을 소집하다 – '군대 희극' 영화의 탄생

영화 〈이등병 이야기〉(제1편)의 성공은 "〈너의 이름은〉 이래" 대성공이라는 수식 문구로 이야기되었다. 말할 것도 없이 〈너의 이름은〉 3부작(쇼치쿠 오후나松竹大船, 1953~1954)은 전후 일본영화계 굴지의 대히

---

8 이 글에서는, 익살스런 대사와 동작으로 관객을 웃기는 일본의 저속 오락극 장르인 '아챠라카アチャラか'를 문맥에 따라 '익살', '익살극'으로 번역했다.

트작이다. 그렇다면 〈이등병 이야기〉는 정말 그에 필적할 만큼 대성
공을 거두었을까. 물론 〈이등병 이야기〉 제1편과 이후의 속편들이 모
두 많은 관객을 모은 것은 틀림없다(아래 표 참조). 그러나 〈너의 이름
은〉 이후 쇼치쿠에는 개봉 주간의 성적이 〈이등병 이야기〉를 넘는 작
품이 이미 몇 편이나 있었다. 1955년 7월부터 1956년 6월까지의 총배
급 수입도 쇼치쿠 작품으로는 〈슈젠지 이야기修禪寺物語〉(1955년 7월 개
봉)가 183,682,000엔으로 1위, 〈이등병 이야기〉는 146,518,000엔으로 2
위였다.[18] 관객 동원수나 수입 등 수치로만 보자면, 〈너의 이름은〉을
끌어들인 것은 다소 허풍이라고 말할 수 있다.[19] 차라리 "〈이등병 이
야기〉 시리즈가 예상 밖의 좋은 성적을 거두었다"[20]는 정도의 기술이
적당할 것이다.

표. 아사쿠사淺草극장가 개봉관별 개봉 1주간의 관객 동원수 베스트10
(1955년 하반기부터 1956년 상반기 총 311편 중)

상영작품	관객수(명)	흥행수입액(엔)	개봉일	극장명
〈달밤의 우산月夜の傘〉, 〈푸른 대륙靑い大陸〉	50,211	4,907,695	1955.08.21	아사쿠사 닛카쓰
〈간류지마의 결투決鬪巌流島〉, 〈뒷주머니 사장ヘそくり社長〉	45,580	5,488,620	1956.01.03	아사쿠사 다카라즈카寶草宝塚
〈성난 파도의 남자怒濤の男〉, 〈두목頭役〉	44,918	4,619,623	1955.12.27	아사쿠사 닛카쓰
〈속 이등병 이야기〉, 〈너구리たぬき〉	43,395	4,504,718	1956.03.18	아사쿠사 쇼치쿠
〈아카센지대赤線地帶〉[9], 〈비눗방울 아저씨しゃぼん玉親爺〉	42,531	4,868,103	1956.03.18	덴키칸電氣館
〈소년 사형수少年死刑囚〉	41,326	3,406,285	1955.07.03	아사쿠사 닛카쓰
〈장미의 고도칸薔薇の秘道館〉, 〈꽃의 철새花の渡り鳥〉	36,215	4,142,515	1956.01.03	덴키칸
〈부초일기〉, 〈이등병 이야기〉	36,136	3,748,056	1955.11.15	아사쿠사 쇼치쿠

---

9 1958년 이전까지 존재했던, 공인된 매매춘지역을 아카센赤線이라고 불렀다. 이에 비해
   비공인된 매매춘지역은 아오센青線이라고 했다.

〈아코의 낭인赤穂浪士〉, 〈가장 멋진 나들이 옷晴着一番襴〉	36,105	3,836,337	1956.01.15	도키와자常盤座
〈태양의 계절太陽の季節〉, 〈언니의 결혼姉さんのお嫁入り〉	36,083	3,515,052	1956.05.17	아사쿠사 닛카쓰

* 일본영화, 외국영화 개봉기록 1955년 하반기~1956년 상반기 영화연감 1957년판, 90~95면.
  (일본 5개 영화사 제작자료조사회 조사)
* 〈소년 사형수〉를 제외하고 모두 2편씩 짝을 이루어 상영. 단편이 붙어 상영된 경우도 있었다.
* 극장 중, 아사쿠사 다카라즈카는 도호 계열이고, 덴키칸은 다이에이 계열, 도키와자는 도에이 계열의 영화관이다.

그렇다 하더라도, 〈이등병 이야기〉가 히트한 현상에는 숫자 이상으로 크게 주목해야 할 요인이 있다. 그것은 바로 기획의 참신함이다. 개봉 당시 이미 비평은 "희극의 무대를 병영으로 가져 온 점이 색다른 기획으로서 새롭고 재밌다"라고 지적하였다.21) 또한 「〈이등병 이야기〉가 히트한 이유의 분석」에서 미나미 히로시도 처음 이 점을 강조하고 있다. "전후 군대를 다룬 영화는 많았지만, 처음부터 군대생활을 희극으로 그린 것은 이 작품이 최초이다. 그런 의미에서 획기적인 작품"이다.22)

이 영화는 새로운 기획 덕분에 '군대 희극'이라는 명찰을 달게 되었다.23) 그러나 이 영화의 진짜 새로움, 즉 역사상의 불가역적인 변화를 가져왔다는 점은 당시에도 그 이후에도 간과되었다. 서두에 소개했던 "반준에게 소집령 떨어지다"라는 광고문구가 나타내고 있는 것처럼 희극 배우가 군인으로 분하여 군대생활을 익살스럽게 연기한다는(익살극을 하는) 것이 영화에서는 전대미문의 일이었음에도, 결국 "노스탤지어"에 봉사하는 것으로 해석되는데 그쳤다. 사회심리연구소의 야나기 마사코의 보고가 일례이다. 그렇다하더라도 그 보고에는 매우 많은 것을 시사하는 항목이 하나 있다.24) 야나기는 과거에 실시한 관객설문조사 가운데 두 편의 "전쟁물" 영화 사례를 들며 영화관에 온

동기를 묻는 질문에 대한 대답을 소개했다. 가미카제를 그린 〈구름이 흘러가는 저 멀리雲ながるる果てに〉(시게무네 프로덕션-신세키영화重宗ブロ-新世紀映畵, 1953)의 경우는 "가미카제의 실태를 알기 위해서"가 가장 많았고, 〈전함 야마토戰艦大和〉(신토호, 1953)의 경우는 "전투장면을 보고 싶어서"가 가장 많았다. 이에 비해 〈이등병 이야기〉의 경우는 "대부분이 '재미있을 것 같아서'라고 대답했다. 그리고 영화를 본 사람은 '아주 재밌다'며 다른 사람에게 권유했다"고 한다. 이에 야나기는 "흡입력 있는 '재미'가 어디에서 나온 것일까를 밝힐 필요가 있다"고 하며, 최종적으로 그것에 대한 답을 "이등병이라는 친근한 주인공을 통해 군대의 비인간성을 풍자하는 형태로 관객을 노스탤지어로 이끌었다"고 하였다.

그러나 관객이 느낀 '재미'의 실체를 해석하기 전에 우선, 관객들이 영화관에 오는 동기가 '재미있을 것 같아서'라고 말했다는 그 발화 자체에 주목해야 한다. 여기에서 내가 말하는 '동기'는 통상적인 의미의 동기, 즉 행동의 내적원인이 되는 이러저러한 심리 작용이 아니다. 오히려 사회학에서 말하는 '동기', 즉 어떤 행동의 이유를 타자나 자신에게 설명하고 정당화하기 위한 것을 의미한다. 즉 〈이등병 이야기〉 이전에는 전쟁을 소재로 한 영화를 보는 경우, 관람 동기를 주로 역사나 정치의 '실태', '진실'에 대한 관심, 혹은 전투장면에 집약된 군사나 영웅주의의 발로에 대한 관심을 꼽았기 때문이다.[25] 그러나 야나기가 강한 인상을 받고 기술한 것처럼, 〈이등병 이야기〉의 경우에는 일반적인 관심과 달리 '재미'라는 동기가 이야기되고 있다. 확실히 이 점은 새로운 현상이었다.

실제, 종래의 전쟁영화는 제작 면에서든 수용 면에서든 정치적인 혹은 군사적인 관심에서 나온 동기부여가 필요 했다. 예를 들어 1952

년 말에 개봉한 〈진공지대〉(신세이 영화–호쿠세이新星映畵–北星)와 1953년 1월 개봉한 〈히메유리의 탑ひめゆりの塔〉(도에이 도쿄東映東京)의 연이은 히트로 속속 전쟁영화가 제작 개봉되었을 때, 『키네마준포』는 이 유행을 심각하게 받아들이며 분석했다.[26] 기사의 제목인 「반전反戰인가, 반미反米인가」가 상징하듯 그때까지 전쟁영화는 이른바 관객을 '동원'하는 것이었다. 점령기에는 GHQ의 검열의 대상이 되었고, 샌프란시스코 강화 후에는 검열에서 해방된 내셔널리즘에 영향 받았다는 차이는 있다. 하지만 국가 권력이 적인지 우리 편인지 결정한 뒤 사람들에게 따르도록 한 것처럼, 일본영화의 전쟁이라는 소재가 '반전'인지, '호전적'인지, 혹은 '반미(내셔널리즘)'인지라는 판단을 관객에게 강요해 왔다.

이에 반해 〈이등병 이야기〉는 군대나 전쟁을 중심 소재로 하면서도 종래의 정치적 군사적인 담론과 관계없이 관객이 '재미있게' 볼 수 있는 영화였다. 제작사 입장에서 보면, '익살꾼'에 소집 영장을 낸다는 아이디어로 구현한 이 영화의 진정 '획기적인' 성과는 전쟁이라는 심각한 주제를 기존의 군사적이고 정치적인 맥락에서 분리시켜 오락으로 봉사하게 한 것, 즉 전쟁 기억의 상품화에 성공했다는 점이다. 이것이 일본영화 역사상 결정적인 새로움이다. 역시 영화가 흥행에 기반한 문화인 이상, 전쟁을 소재로 하는 영화는 이미 전쟁을 상품화한 것이라고도 할 수 있다. 그러나 그 때 정치적, 군사적인 정당화에 구속받지 않고 상품화가 가능했다는 점이 중요하다. 다시 말해 '오락'에 의한 정당화만으로 영화가 가능했다는 것이 새롭다. 전쟁 재현에 있어서 "탈정치적, 탈군사적인 동기부여"가 가능해진 것이다.[27] 〈이등병 이야기〉는 그런 의미에서 진정으로 '획기적인 작품'이었다.

다만, 제1편에서는 아직 전쟁이라고 하는 소재의 '동기부여'에 관하

여 제작자의 망설임 혹은 시행착오가 있었는데, 이 점은 다음 장에서 논의하고자 한다. 그 전에 어떻게 이러한 전대미문의 작품이 나올 수 있었을까를 살펴보아야 한다. 당연한 것이지만, 앞 장에서 서술했던 원작소설의 독특한 성격과 대성공은 영화계의 주목을 받았다. 원작자에 의하면, 쇼치쿠 이전에도 도호와 신토호로부터 영화화의 요청이 있었다. 그러나 "두 영화사 모두 희극으로 만들고 싶다고 해서" 그 제안들을 거절하고, 〈24개의 눈동자二十四の瞳〉(쇼치쿠 오후나, 1945)처럼 '예술영화'로 만들고 싶다던 쇼치쿠에 맡겼다고 한다.28) '예술영화'로 만들겠다는 약속의 진위와 관계없이, 쇼치쿠는 실제로 〈이등병 이야기〉 기획을 조금도 중시하지 않았을 뿐 아니라, 거의 기대도 하지 않았다. 〈이등병 이야기〉가 우여곡절 끝에 '빛을 보게 된' 것도, 당시의 일본영화계의 '양산경쟁'과 쇼치쿠 교토촬영소의 '슬럼프' 때문이었다.

이 시기의 일본영화계는 '양산경쟁시대'에 돌입하고 있었다.29) 극영화의 제작편수 추이를 보면 그 점이 뚜렷하다. 1953년 7월부터 1954년 6월까지 1년 동안 332편(장편 274편, 중편 58편)이었는데, 1954년 7월부터 1955년 6월까지 416편(장편 301편, 중편 115편)으로 급증하고, 1955년 7월부터 1956년 6월까지 472편(장편 369편, 중편 103편)으로 증가해갔다.30) 이렇게 제작편수의 증가와 치열한 '양산경쟁'의 가장 큰 원인은 영화사 닛카쓰日活의 제작재개에 있다. 대형 영화사 중 가장 오래된 닛카쓰는 전시하의 영화통제 때문에 제작부문을 신코키네마新興キネマ, 다이토영화大都映畵로 병합시키고(다이에이大映의 설립), 이후 배급과 직영관 운영만 했다. 그러나 1954년 6월에 마침내 염원하던 제작을 재개하고 첫 번째 영화를 개봉했다. 여기에 맞서 싸울 대항책으로 대형 영화사들은 신작 개봉의 회전을 빠르게 하거나, 혹은 두 편 동시상영을 통해 집객력 향상을 노리는 양산 체제로 이행하게 된 것이다.

앞서 '중편'이라는 것은 두 편 동시상영을 충족할 목적으로 제작된 저예산영화로 상영시간이 짧은 부록영화添え物映畵를 가리킨다. 쇼치쿠가 1952년에 제작을 개시했던 '시스터 픽처(SP)'[10]를 효시로 각 영화사가 이를 따랐다. 야마네 사다오山根貞男도, 대형 영화사들에 의한 중편 부록영화의 양산은 "닛카쓰의 제작재개를 염두에 두고 이를 견제하려 단행했던 결과다"라고 지적하고 있다.[31]

〈이등병 이야기〉는 확실히 "처음부터 중편물로 기획되었던" 작품이었다.[32] 그 흔적은 작품 자체에 명료하게 남아 있다. 제1편의 정확한 제목은 〈이등병 이야기―전편·여자와 군인, 후편·벼룩과 군인〉이고, 중간에 자막으로도 명시했듯이 내용도 부제처럼 2부로 구성으로 되어 있다. 영화윤리규정위원회의 각본심사자료에는 〈이등병 이야기〉라는 제목으로 1955년 9월 7일에 접수된 후, 13일에 간단히 종료되었다고 나와있다.[33] 그러나 마지막까지 전편과 후편으로 구분해 놓은 것은 각각을 중편 부록물로 상영할 가능성을 남겨놓은 것이다. 실제로 『키네마준포』의 '일본영화비평'란이 "전후편 모아서 상영해도 좋고, 각각 2편 동시상영으로 병행해도 좋다"라고 평했던 것도 이런 배경 때문이다.[34]

한편 〈이등병 이야기〉의 영화화는 스타 시스템을 배경으로 한 기획이기도 했다. 1953년에 "아자, 빠"라는 유행어로 인기가 급상승했고, 그 후 주로 쇼치쿠 교토촬영소에서 활동했던 희극배우 반준에게 걸맞는 작품이기 때문이다.[35] 1954년 4월 〈덴시치 포물첩[11]―천냥짜리 목숨伝七捕物帖 人肌千両〉에서 반준은 주연 다카다 코키치高田浩吉의 보

---

10 시스터 픽처sister picture는 2개 동시영화를 상영할 때, 본 편 외에 부록영화에 해당하는 60분 정도의 중편영화를 가리킨다.

11 포물첩이란, 에도 시대 형사에 해당하는 포리捕吏가 범인을 추적할 때 그 과정을 기록하는 수첩이면서 에도 시대 포리를 주인공으로 한 추리형사물 장르를 말한다.

조역을 맡아, 이 시리즈에 계속 출연했다. 〈이등병 이야기〉의 메가폰을 잡은 신인감독 후쿠다 세이치의 두 번째와 네 번째 작품이 〈덴시치 포물첩〉 시리즈이고(각각 1954.12, 1955.4에 개봉), 거기에 반준도 출연했다. 결과적으로 〈이등병 이야기〉의 성공 덕에 양대 시리즈는 쇼치쿠 교토의 흥행보증물로서 번갈아가며 제작되었다. 이는 1955년 가을 당시에는 누구도 예상하지 못했던 일이다. 처음 쇼치쿠의 간부들은 이 기획에 매우 소극적이었던 것 같다. 반준의 회상에 의하면 영화사 전무인 다카무라 키요시高村潔는 "여보쇼, 여성영화를 주로 만드는 쇼치쿠가 이런 것을 촬영할 리가 없지 않은가"라고 쌀쌀맞게 말했다고 한다. 그러나 이 기획을 '강하게 밀어붙인' 이는 프로듀서인 스기야마 시게키杉山茂樹였다. 그는 "자신이 담당했던 〈청동의 그리스도青銅の基督〉가 대실패했기" 때문에 그 후속작으로 〈이등병 이야기〉가 "빛을 보게 되었다"고 말했다.36) 그러나 〈청동의 그리스도〉가 개봉되었던 10월에 이미 〈이등병 이야기〉가 크랭크인되었기 때문에, "빛을 보게 되었다"라는 표현이 제작결정을 의미한다면 이 이야기는 사실이 아니다. 그러나 이것이 개봉을 가리키는 것이라면 당시 쇼치쿠의 상황으로 비춰볼 때 반준의 이야기는 오히려 대단히 시사적인 것이다.

『영화연감』에 따르면 1955년 하반기에 쇼치쿠는 '슬럼프'였다.37) 이 시기의 쇼치쿠는 대작(대부분 교토촬영소 제작의 시대극)을 잇달아 제작하였고, 한 편당 평균 직접제작비가 1954년 하반기, 1955년 상반기, 1956년 상반기에는 모두 대략 1,850만 엔 정도였지만 1955년 하반기 만은 2,000만 엔을 넘었다. 그러나 기대했던 대작인 〈아라키 마타에몬荒木又右衛門〉(9월 21일 개봉)과 〈청동의 그리스도〉(10월 11일 개봉) 둘 다 흥행에 실패했다.38) 한편, 정확히 같은 시기에 제작되었던 〈이등병 이야기〉의 진행상황은 다소 불안정했다. 크랭크 인 예정일이 8월 25일에서 9

월 중순으로 넘어가고, 개봉일을 정하지 못하는 이례적인 상황이 계속되는 와중, 일단 11월말 완성이라고 예고되었지만 결국 그보다 2주나 빨리 개봉되었다.[39] 개봉까지 변칙적으로 진행되었다는 것은, 대작시대극의 흥행부진 때문에 결국 제작비가 낮은[40] 〈이등병 이야기〉를 독립시켜 장편으로 상영한다는 프로그램 편성상의 응급조치였음을 보여준다. 이 때 쇼치쿠 계열 극장에서 〈이등병 이야기〉와 함께 상영된 〈부초일기浮草日記〉(야마모토 프로덕션-하이유자山本プロ-俳優座)는 독립 프로덕션 작품인데,『키네마준포』10월 하순호에 이미 10월 3일 완성, 11월 셋째 주 개봉으로 예고되어 있었다. 두 편으로 나누어 자사 장편의 부록영화로 상영될 가능성이 있었던 〈이등병 이야기〉를 미리 배급이 결정되어 있던 타사 제작의 〈부초일기〉와 짝을 지은 것에서 미루어 볼 때, 쇼치쿠가 이것을 독립 프로그램으로 편성했다고 생각할 수 있다.

　〈이등병 이야기〉는 당초 양산경쟁하의 프로그램을 채우기 위한 중편 부록물 영화의 한 편으로, 인기는 있었지만 특별히 대스타라고 하기 어려운 희극배우를 위해 기획되어, (내 추측이 틀리지 않다면) 당시의 업적부진 때문에 우연히 결국 장편으로 개봉된 것이다. 요컨대 여기에서 주목할 것은, 이 작품이 상품으로서는 지극히 편의주의적 성격을 띤다는 점이다. 이것이야 말로 〈이등병 이야기〉의 "전쟁의 탈정치적, 탈군사적인 동기부여"를 가능하게 했던 산업적인 조건이었다. 만약 성공하지 못했다면 '양산 시대'의 속빈 강정으로 잊혔을 영화에 불과했다. 그런데 '맞아 떨어'졌던 것이다.

4. 패군 병사를 받아들이다–영화의 엉터리 논리

영화 〈이등병 이야기〉 제1편은 영화가 시작된 지 얼마 되지 않아 엉뚱한 개그로 관객을 아연케 한다. 소집된 반준은 병역을 피하기 위해 심한 신경통을 가장하고, 하필이면 유모차에 올라타 부대본부에 출두한다. 그러나 신체검사장에는 기묘한 의자가 준비되어 있어, 양 손발이 기계에 묶인 채 강제로 몸을 굽혔다 일으켰다하는 고역을 당하게 된다.

〈이등병 이야기〉에서 누차 비판의 표적인 된 것은 리얼리티의 결여이다. "좀 더 리얼하게 군인의 일상생활이 그려졌더라면, 원작과는 훨씬 다른 면모를 지닌 군대비판 희극이 될 수도 있었을 텐데"[41]라는 식의 비판이다. 그러나 표상 행위는 '현실적 동기부여'만으로 행해지는 것이 아니다.[42]

이 장면의 **엉터리**는 다른 종류의 '동기부여'에 의거한 것이다. 이것은 확실히 찰리 채플린의 〈모던 타임즈〉(1936) 속에서, 신발명품인 자동식사기계가 고장 나서 주인공이 기계의 미친 듯한 움직임에 희롱당하는 장면을 전거로 하고 있다. 차용을 통해 강조하고 있는 것은 '풍자'를 하고 있는 몸짓 그 자체이다. 이런 풍자는 관객을 향한 '위장'에 불과할 뿐이라는 지적도 있지

그림 1. 〈이등병 이야기–여자와 군인 · 벼룩과 군인〉 후쿠다 세이치 감독, 1955, 쇼치쿠 주식회사

만,43) 위장이라기보다는 오히려 작자 자신이 '동기부여'의 필요를 의식했던 결과로 봐야한다. 즉, 군대를 희극의 소재거리로 삼으려면 '풍자' 같은 진지한 목적에 의한 정당화가 필요했다는 것이다.

그림 2. 〈이등병 이야기─여자와 군인·벼룩과 군인〉.
왼쪽에서 세 번째가 아차코이다.

영화 제1편에는 또한 이러한 '동기부여'를 둘러싼 시행착오가 보인다. 사토 타다오佐藤忠男는 〈이등병 이야기〉를 진지하게 논했던 유일한 평론가인데, 그 점에 대해서 "웃기려는 부분과 연출의도를 주장하는 부분이 제각각"이라고 비판하고 있다.44) 사토 타다오가 영화의 의도를 강조하며 웃음을 정당화하려는 시도가 불발로 끝나고 있다고 평했던 것은 온당하다. 이는 전적으로 '군대 희극'이 전례 없이 기획되었다는 점에 기인한다. 그러나 희극배우가 군인을 연기하고 있다는 설정자체가 관념적인 정당화를 필요 없게 하는 독특한 이미지를 만들어냈고, 제작진들도 이것을 활용하는 방법을 발견했던 것 같다. 그 이미지란 바로 희극배우들의 신체적인 한심함이다. 이미 앞 장면의 반준에게도 보이지만, 이보다 한층 더 한심한 나신을 드러내고 있는 것은 상대역을 맡고 있는 하나비시 아차코花菱アチャコ이다

그들의 한심함이야말로 이 영화의 시각적 중추를 이루고 있다. 이것은 확실히 '익살꾼'을 소집한다는 새로운 체제의 주요한 효과였다.

익살이란 무엇인가. 사토 타다오는 그것을 서민의 처세술과 통하는 것으로 파악한다. 즉 "반준이든 아차코든 익살극에서 커나간 배우들의 장기"는 남의 밑에서 일하며 출세를 못하는 인물의 괴로움을 느

181

끼게 해준다는 것이다. 고생한 사람들은 "대인관계의 고충을 끊임없이 인정에 기대거나 명랑한 체하며 **슬쩍** 받아넘기는 처세술을 몸에 익히고 있다."(강조는 인용자) 45) 반준의 연기가 우스꽝스러운 것은 "역경을 타개하기 위한 서민의 능숙한 기술이나 지혜를 상징한다"라고 느꼈기 때문이다. 예를 들면 영화 제1편에서 "반준 이등병은 '자전거'라는 벌을 받고 있다. 양팔을 두 개의 책상 끝에 짚고, 몸을 허공에 뜨게 한 채, 자전거 페달을 밟는 것처럼 빙글빙글 돌리는 벌이다. 기진맥진해진 반준은 도중에 '빵!'이라고 외치며 멈춰버린다. '어떻게 된 거야 이 자식!'에 대답하길, '빵구가 났습니다'라고 하자 관객은 와르르 웃었다."46)

사회심리연구소 보고서도 이 장면에 대해 "영화 중에서 가장 크게 관객이 웃었다"47)고 썼다. 사실 이 장면은 마찬가지로 '자전거' 얼차려가 등장하는 영화인 〈진공지대〉에 대한 인유법allusion이고, 또 희극적인 변주이다. 자전거 얼차려는 어떤 원작소설에서도 그려지지 않았기 때문에 순수하게 영화적인 모티프로서 도입되었다는 것을 알수 있다. 이 점에 주목해서 양자를 비교할 때 한층 두드러지게 눈에 띠는 것은 영화 〈이등병 이야기〉가 지닌, 이 장면의 역설적인 잔혹함이다. 즉, 희극배우가 이러한 얼차려의 피해자를 연기한다는 것만으로 개그가 되어버리고 말았다. 물론 이야기의 맥락을 따라가면 관객은 이를 보고 편하게 웃을 수는 없다. 이때 등장하는 반준의 "빵!"은, 이른바 인지적 불협화음을 해소하여 웃어도 된다고 관객에게 지시하는 신호(큐)이다.48) 실제, 반준 이등병에게 있어서 이 대사는 '역경 타개'에 도움이 되기는커녕, "이 놈! 요령부리지마"라며 머리를 세게 맞고 벌받는 시간을 늘리는 결과만 초래한다. 물론 이 대사가 앞서 언급한 신호라는 증거는, 이 직후의 숏에서 허공을 휘젓는 반준의 발이 기묘하게 비비꼬이기 시작한 것에서 알 수 있다. 이 행동은 물론 힘들어서 그런 것이지만 익살스럽게 보이기도 한다.

나카하라 유미히코中原弓彦에 의하면, 익살극은 "명확히 정해져있는 법칙에서 **탈선한다**"는 점에서 "치밀한 계산하에 타이밍을 맞춰 연기하는" 도타바타희극[12]과는 다르고, "'비평정신 없이 '**망가지기**' 때문에 패러디도 아니다.[49](강조는 인용자) '슬쩍 피하는' 몸짓 즉 방어자세를 하면서 상대에 맞춰 움직이는 행위와는 다르게, 혼자서 '탈선'하고 '망가지는' 데 익살의 본령이 있다. 따라서 '익살스러운 군인'이라는 표현은 근본적인 모순어법이 되어버린다. 그래서 하나비시 아차코가 중요해진다. 영화 제1편에서는 한심함이 지나치게 과장되어 있는 경향이 있는데 비해, 제2편 이후 하나비시 아차코는 단지 허둥지둥한 모습만으로도 익살스러운 군인이라는 본질적 자기모순의 우스꽝스러움을 제대로 체현했다.

그런데 원래 일본영화가 그려왔던 병사 특히 육군 군인들은 용감하기는커녕 오히려 신체성에 있어서 한심함을, 혹은 '무력함'을 강조해왔다. 예를 들어 15년 전쟁하에서 가장 높은 평가를 얻었던 전쟁영화는 바로 〈5인의 척후병五人の斥候兵〉(닛카쓰, 1938)인데, 확실히 그 영화의 군인들은 시각적으로 '무력함', '이완된 신체'로 표상되고 있던 것이었다. 물론 '무력함'은 그대로 허용되는 것이 아니라, 반복되는 권력의 '목소리'가 그 가냘픈 신체를 감싸, 이완된 신체를 '바로 잡을' 힘을 주입하는 것이었다.[50]

따라서 〈이등병 이야기〉의 진정한 새로움은 다음과 같이 표현할 수 있다. 일본군인의 한심함을 보며 웃는 것, 익살스러운 군인이라는

---

12 도타바타どたばた는 '우당탕탕'이라는 뜻으로, 우당탕탕 넘어지거나 서로 치고받고 다투는 소동이 주가 되는 희극을 가리킨다.

있을 수 없는 존재를 보고 웃으면서 한심함을 받아들이는 것이다. 또한 한심함의 결과인 패배를 웃음 속에서 받아들인다는 것을 뜻하는 게 아닐까.

〈이등병 이야기〉의 진정한 새로움을 당시 예민하게 느꼈던 유일한 비평가가 사토 타다오였다. 사토 타다오는 제1편을 보고 "충격을 받았다고 하기는 어렵지만, 가슴이 막히는 느낌"51)을 45년 후에 다음과 같은 표현으로 회상하고 있다. 이 영화의 주인공들은 "마치 어떻게 하면 능숙하게 패할 수 있을까만을 생각하고 있는 분위기였다. 전쟁에 찬성하든 반대하든 죽을 **운명을 감수한다**는 것은 분명 아름답다고 생각했던 고정관념이 속된 웃음과 함께 내 머리로부터 떨어져 나가는 것을 느꼈다."52)(강조는 원저자) 이것은 일찍이 〈하와이・말레이 해전〈ワイ・マレ-沖海戰〉(도호, 1942)을 보고 감격하여 소년비행병을 지원했던 사람의 말이다. 〈이등병 이야기〉는 군인들의 한심함을 웃고 받아들임으로써, 전쟁을 둘러싼 기억이 근본적으로 쇄신되어야 한다고 요구하는 영화였다.

그렇다하더라도 영화 〈이등병 이야기〉 시리즈에서 더욱 흥미로운 점은 전쟁의 기억뿐만이 아니라, 이미 10년을 경과한 전후를 둘러싼 반과거적인 기억을 영화적으로 재구축한 점에 있다. 희화화된 남성 신체가 그때까지와는 달리 강력함을 되찾으려는 바로 그 국면에 여성의 눈물을 개입시킴으로써 말이다.

〈이등병 이야기〉 시리즈에서 아연할 수밖에 없는 것 한 가지는, 남자들의 사회인 군인의 공간에 어째서인지 쉽게 여자들이 들어오고 있는가 하는 점이다. "한 번 영내에 들어오면, 이곳은 여자의 흔적이라곤 조금도 찾을 수 없는 살풍경한 충군의 별세계"53)여야 하는데, 영화 제1편에서는 "병영 안에서 유유히 데이트를 하는" 등, "여러 가지 점이 이치에 맞지 않는다."[54] 이것도 엉터리라고 비판받는 이유이다. 제2편에서는 눈 속 훈련을 위해 주둔하고 있던 부대가 본부로 삼은 산간 소학교에, 그 부대의 장교 한사람에게 일찍이 버려져 지금은 이 마을에서 게이샤를 하고 있는 여성과 그 언니가 (어째서인지) 들어온다. 제3편에서는 일본군이 점령하고 있는 남쪽 섬이 무대이지만, 구명선을 타고 위안부들이 (어째서인지) 난파되어 도착하게 된다. 특히 제3편에 등장하는 위안부들이나 섬의 여자들(유창하게 일본어를 구사하는)에 대해서 영화가 행사하고 있는 노골적인 표상의 폭력을 간과할 수 없지만,[55] 이 글에서는 우선 이 여자들이 영화의 클라이맥스에서 맡은 역할을 논의해보고자 한다.

영화 제3편의 클라이맥스는 이전의 영화들과 같은 패턴을 되풀이한다. 이는 제작자측이 제1편의 성공에 반응했다는 반증이다. 클라이맥스의 패턴은, 횡포와 부정의 막장을 보여주던 상관(들)에게 반준 이등병이 참아왔던 분노를 마침내 폭발하며 진행된다. 만약 의협물 장르였다면 주인공이 동반자와 함께 적진에 쳐들어가 때려 부수고, 화려한 피의 비를 내리게 했을 터이지만, 이 영화에서 반준 이등병이 증오에 불타 혼자서 대치하는 상관(들)은 결국 그렇게 진정한 적이 되지는 못한다. 어째서일까.

제1편에서 종전 소식을 들은 장교나 고참병들이 군의 물자를 횡령해 도망치려는 것을 보고 분노한 반준 이등병이 기관총을 들고 막아선다. 그때 반준은 상관들을 타이르며 연설한다. "함께 생활하면서 어떻게 이런 증오가 생겨났을까요." "증오하기보다 서로 믿는다면 군대는 즐겁지 않겠습니까. 나라를 위해 일한다는 마음으로 진심으로 견딘 것이 아니었단 말입니까." 반준은 감정에 북받쳐 울어버린다. 그 중 한 군인이 감동하여 내가 출세하고 싶은 나머지 동료를 팔았으

니 미안하다고 사과하자, 반준은 "군대가 아첨을 강요한 셈"이니 당신 잘못이 아니라며 그 군인을 용서한다.

제2편에서도 제3편에서도 반준이 상관(들)에게 정면으로 맞서는 장면이 클라이맥스를 이루고 있다. 제2편에서는 격하게 맨손 격투를 연기하고, 제3편에서는 다시 기관총을 든다. 그러나 이 두 편에서 여자들이 반준을 제지한다. 제2편에서는 일찍이 여자를 버리고 지금은 군대 내 지위를 이용하여 단물을 빨아먹는 악랄한 장교가 반준에게 얻어맞기 직전에 장교의 전처가 그들 사이를 헤집고 들어온다. "이 사람을 이렇게 만든 것은 전쟁입니다", "정말로 나쁜 사람은 아닙니다. 시대의 흐름을 거스를 순 없잖아요"라고 읍소한다. 제3편에서는 상관들을 공격하려는 반준에게 위안부 한사람이 매달리며, "이 사람들을 용서해주세요. 같은 일본인이 아닙니까. 일본의 군대가 나빴던 거예요"라며 소리 높여 운다. 두 편 모두 여자들이 눈물을 흘리며 호소하면 장교는 간단히 사과하면서 "미안하군, 내가 나빴네. 용서해주게"라고 말한다.

모든 작품에서 진행되던 갈등은 눈물 흘리는 반준의 얼굴 클로즈업으로 흡수되어 버린다. 이 얼굴이야말로 〈이등병 이야기〉의 핵심이 되는 이미지이다. 왜냐하면 남자들의 한심함을 보면서 남자들 본인이 거기에 이입하지 않기 때문에 웃을 수 있었던 것인데, 확실히 반준은 자기 자신의 한심함을 받아들이며 여자들의 눈물에 편안히 몸을 맡기기 때문이다.56) 즉, 영화 초반부의 유모차가 이미 암시하고 있듯이, 〈이등병 이야기〉는 실로 쇼치쿠다운 '여성영화'로서 막을 내리고 있었다.

클라이맥스에서 반복하여 연기하고 있는 몸짓은, '군대'라는 조직이나 '전쟁'이라는 추상적 관념에 전쟁책임을 미룰 뿐만 아니라, 오히

186

려 **책임을 추궁함으로써 생기는 갈등을 완화시키는 것**이다. 남자들의 짧은 무장봉기를 여자들의 눈물로 달래고 무장해제시킨다. 이 영화가 전쟁의 기억이 아닌 전후의 기억과 관계되었다는 것은 그런 의미이다. 소설 『이등병 이야기』 자체가 전후의 대립을 만드는데 일정 역할을 했다면, 영화 〈이등병 이야기〉는 그 대립을 해소하는 방향으로 기억을 수정했다. 패전으로 인해 겉으로 드러난 국내의 대립들을 '같은 일본인'이라는 국민적 동일성 아래 지극히 정서적으로 완화시켰다. 물론 어디까지나 내부로만 향했던 이 세계에서는 적은 고사하고 침략행위에 희생되었던 타국인들은 처음부터 존재할 여지가 없었다.57)

이렇게 〈이등병 이야기〉 시리즈는 한심한 남자들을 웃음 속에서 받아들이고 패전으로 드러난 남자들의 갈등을 여자들의 눈물로 완화시킴으로써, 일본국민의 재통합을 촉구하는 방향으로 전쟁과 전후의 기억을 재구축했다. 구축된 기억의 내용은 지극히 내향적이고 자폐적이며 노골적으로 젠더화된 표상이지만, 이는 냉전 체제하에서 대미종속적인 독립을 획득하고 경제발전을 꾀하려는 일본사회의 지배적 언설을 반복하는 것이기도 했다. 예를 들어 반준은 제1편의 클라이맥스에서 서로 신뢰하며 '나라를 위해' 일해야 한다고 상관들을 타이른다. 그런 반준은 실상 입대 전엔 길거리 발명가였다는 설정인데, 엔딩에서 군모를 버리고 "지금부터 평화를 위해 도움이 되는 발명을 하겠다"며 모래사장을 걸어간다. 또한 제2편의 클라이맥스에서 반준 이등병이 장교와 격하게 싸우고 있을 때, 다른 이등병들이 정연하게 줄지어 앉아 미야자와 켄지宮澤賢治의 시를 낭독하는 이상한 장면이 삽입되어 있다. 여기에서 장병들을 지도하고 있는 사람은 예외적으로 폭력을 싫어하던 젊은 장교이다. 〈이등병 이야기〉 시리즈에는 이러한 비폭력 혹은 비군사화의 모티프가 군데군데 끼워져 있다.58) 당

187

시의 비평 중에는 〈이등병 이야기〉를 구 제국군대에 대한 노스탤지어라고 보며 재군비 혹은 우경화 흐름의 일환으로서 이 작품에 대한 경계심을 표명하는 것도 있었다. 그러나 이 영화가 최종적으로 암시하는 것은, 무기를 버리고 서로 협조하며 비군사적인 활동에 종사하는 일본남자들의 모습이다. 이들의 모습이 이후의 고도경제성장을 가져올 주체의 이미지에 너무나 잘 들어맞았다는 것이 오히려 놀라운 일이다. 그러나 이보다 더 중요한 것은 이 영화의 '탈정치적·탈군사적 동기부여'에 진정한 정치적·군사적 의미가 있었다는 점이다.

5. 전쟁의 기억을 상품화하다

원작자인 야나토리 미쓰요시는 1956년 8월에 '이등병 붐'을 총괄하는 책 『자화자찬—수필 이등병 이야기』를 펴낸다. 이 책에서 저자는 원작의 의도에서 벗어난 영화화를 허락해버린 것에 대한 변명과 그런 영화를 제작한 쇼치쿠에 대한 원망을 계속 이야기한다. "꼬임에 완전히 넘어가, 끝내 매춘부 방에 싸구려로 팔아버린 것 같은 기분"이라는 등의 천박한 비유를 들어가며 자조했을 정도이다.[59] 실제로는 야나토리 미쓰요시 스스로 영화화에 적극적으로 협력했는데,[60] 이 점은 큰 모순이 아니다. 의도와 다른 영화화를 허락했던 자신에 대해서 "대 쇼치쿠에게 항복하고 말았지만, 어쩌면 이등병의 숙명이었는지도 모르겠다"[61]라고 비하했다. 그러나 이러한 자기비하는 자존심과 표리일체를 이룬다. 야나토리는 "나는 이 소설을 통해 이등병이 가진 열등감을 버리고 새로운 이등병의 모럴을 고양했다고 생각하고 있다"라며 자부한다.62) 야나토리 미쓰요시는 히노 아시헤이火野葦平13와 달리, 제목에 '군인'이 아닌 '이등병'을 썼다. 이는 군대 내 계급에 철저하게 구애 받는 저자의 자세를 나타내지만, 여기에는 비굴한 자존감으로 부를 수 있는 태도가 있다. 야나토리에게 있어서 '이등병'은 계급에 그친 것이 아니라 내면화된 가치 혹은 복종의 주체화를 나타내는 기호였다.

그러나 영화나 '이등병 붐'에서 '이등병'은 철저하게 겉에서 보이는 표층의 이미지일 뿐이다. 필시 야나토리가 정말로 거부했던 것은 부유하는 '이등병' 이미지이다. 노구치 쓰루키치는, 〈이등병 이야기〉의 홍보행사로 "사람을 모아 이등병 복장을 하게한 후 나팔을 불며 마을을 행진시켰다"고 이야기하고 있다. "이 행사가 큰 소문이 나자, 지방의 관객들 중엔 전쟁 때 받은 이등병 옷을 입고 와서 영화표 값을 깎아달라는 사람이 있을 정도였다."63) 반준 자신도 "이등병 제복을 입고 홍보행사에 참여했다"고 한다. "긴자金座에서 행사를 할 때는 오해를 받아 거리의 샌드위치맨에게 장사를 방해 하지말라는 불평을 들은 적도 있다."64)

가메이 후미오龜井文夫가 감독했던 〈일본의 비극日本の悲劇〉(일본영화사日本映畫社, 1946)에는 군복 차림의 쇼와천황이 신사복 차림으로 바뀌는 유명한 디졸브가 나온다. 이 장면은 너무나 도식적인 몽타쥬라고 비판받았지만, 그러한 비판 또한 안이하고 도식적이어서 오히려 비판 대상과 잘 어울리기까지 하다. 실제 군인들의 대다수는, 전쟁이 끝났

13　일본의 소설가. 좌파활동 후 전향, 소설『분뇨담糞尿譚』(1937)으로 아쿠타가와상을 받았다. 같은 해 소집당해 중국 대륙을 전전하면서『보리와 군인麥と兵隊』,『흙과 군인土と兵隊』(1938~1939) 등을 썼다.

189

다는 이유로 이렇게 간단하게 군복을 벗어버리고 평복으로 갈아입는 다는 것이, 비유로서는 물론 문자적인 의미에 있어서도 가능하지 않았기 때문이다. 그러나 영화 〈이등병 이야기〉는 군복을 그들의 신체로부터 떼어내 버리고 희극배우에게 그것을 입힘으로써 기능을 전화한다. 이 시기는 부유하는 이미지와 살아있는 신체가 교착하는 전환기였다. 예를 들어 영화 제2편의 개봉은 1956년 3월 18일인데, 일주일 전 오사카의 신바이시心齊橋에서는 소련에 영유된 육친을 둔 한 가족이 "귀환 촉진의 협력"을 외치며 소규모의 데모를 하고 있었다. 그 때 다음의 광경이 펼쳐졌다고 한다. "다리 옆에서 진심어린 표정으로 힘차게 일어선 일동 곁으로 백의의 상처 입은 군인 여러 명이 통행인들로부터 기부금을 모으고 있었다. 지나가던 나이 많은 부인은 '전쟁의 비극을 보는 듯 괴롭다'라고 눈을 내리깔며 걸음을 재촉했다."[65] 확실히 그런 오사카에서 이 무렵 쇼치쿠는 영화 제2편의 선전을 위해 "나팔을 불 수 있는 사람, 군복을 가지고 있는 사람을 모집하여 시내를 돌아다니도록 했다. 이것도 상당히 세간의 화제를 불러 일으켰다."[66]

이렇게 군인 이미지는 영리적 이용exploitation의 대상이 되었다. 다음해인 1957년, 전쟁 기억의 상품화는 천황 이미지를 영리적으로 이용하는 데까지 이르렀다. 예를 들어 오쿠라 미쓰구大藏貢 제작, 와타나베 쿠니오渡辺邦男 감독의 〈메이지천황과 러일대전쟁明治天皇と日露大戰爭〉(신토호, 1957)을 살펴보자. 제작자들이 뚜렷한 반공적 경향을 가졌다해도, 이 영화가 참신한 것은 메이지천황 역에 아라시 칸쥬로嵐寬壽郎를 기용한 점이다. 아라칸嵐寬이라고도 하는 아라시 칸쥬로는 구라마 텐구鞍馬天狗 역으로 유명한 찬바라영화[14]의 대스타인데, 찬바라영화는 문화적인

---

14 칼소리가 챙챙(찬), 피가 뚝뚝(바라바라) 떨어지는 영화라는 뜻으로, 사무라이들이 칼싸움을 하는 B급영화를 가리킨다.

위계로 보면 하급이라고 할 수 있다. 찬바라영화의 스타가 메이지천황으로 분한 것을 두고, 당시 비평계는 "오늘날 '천황'의 흥행가치가 시험되고 있다"며 기막혀했다.[67] 아라칸은 천황 분장에 대해서 다음과 같이 술회했다. "당시 영화가 도호 극장에서 개봉했지. 홍보부가 전하길, 사장이 나한테 천황 의상을 차려입고 인사하러 가라고 했다더군. 말이 되는 소리를 해야지. 어떤 바보가 샌드위치맨 같은 차림을 하겠어(웃음). 누굴 웃음거리로 만들려고!"[68]

내가 특히 주목하고 싶은 것은, 이렇게 상품화된 과정에서 군인의 희극적 표상화가 선행되었다는 점이다. 이것은 단순히 시간이 앞선다는 측면만이 아니라 논리상의 선행이기도 했다. '천황'을 상품으로 소비하기[69] 위해서는 '신민'이 소비의 주체인 '시민'이 되어야만 했다. 이를 위해 먼저 과거 '황군 병사'를 '이등병'이라는 소비의 대상으로 삼았던 것이다. 과거 전쟁 기억의 '풍화'는 고도경제성장의 결과로 나타난 것이라고 여러 차례 이야기되어왔지만, 오히려 '풍화'와 '성장'은 서로를 전제 삼아 함께 진행되었다고 할 수 있다. '이등병 붐'은 이러한 기점과 딱 맞아 떨어지는 현상이었다.

191

● 이 글을 정리할 즈음에, 이시다 미노리石田美紀 씨에게 귀중한 시사점을 얻었다. 이 지면을 통해 감사를 표한다.

애매한[1] 일본의 '흑인'[2]

대중음악과 인종적 복화술

호소카와 슈헤이 | 細川周平[3]

흥내만 내는 건 아무 것도 만들어내지 못하며 그 시점에서는 삶의 방식도 되지 못한다. 타인의 삶을 그대로 따라하는 건 문화라고 부를 수 없다. 타인의 스타일을 흥내만 낼 뿐이라니, 그야말로 HIP HOP문화에 대한 모욕이다.

— 랩 그룹 By Phar the Dopest, 『WOOFIN』 2호

(『뮤직 라이프 증간MUSIC LIFE增刊』, 1997년 8월호, 56면)

블루스는 흑인이 하든 백인이 하든 블루스인 것이며 화이트 블루스라고 이름을 따로 붙일 필요는 없다. 그것은 일본인이 유럽 고전음악을 연주한다고 해서

---

1 이 글의 제목 '애매한 일본의 흑인'은 오에 겐자부로의 1994년 노벨상 수상 기념 연설문 「애매한 일본의 나」를 연상시킨다. 오에 겐자부로는 '애매한'이 'vague'가 아닌 'ambiguous'를 뜻한다고 밝혔는데 호소카와 슈헤이 역시 같은 의미로 이 말을 사용한 듯하다.

2 이 글은 남효진이 번역했다.

3 1955년생. 음악학자. 국제일본문화연구센터 교수. 저서로 『레코드의 미학』(1990), 『삼바의 나라에 엔카가 흐른다—음악으로 보는 일본계 브라질인의 이민사』가 있다.

옐로우 클래식이라고 하지 않는 것과 마찬가지이다. 백인도 흑인도 본질적으로는 인간이므로 같은 음악을 해도 조금도 이상한 일이 아니다.

— 독자투고, 『뮤직 매거진MUSIC MAGAZINE』, 1969년 7월호, 79면

1. 시작하며

아프리카계 미국음악이 문화와 인종의 벽을 넘어 전 세계에 퍼진 것은 20세기에 있었던 음악가, 상품, 정보, 사운드의 놀라운 이동을 가장 잘 보여주는 예 중 하나이다. 흑인 연주가가 빈번하게 순회공연을 오고 무수한 음원이 (재)발매되고 수많은 일본인 흑인(풍) 음악 아티스트들이 인기를 얻고 있는 일본 역시 글로벌화한 흑인음악의 영지에 속한다고 할 수 있다. 이 문화 이동의 의미를 역사적인 시간의 중층성, 정치경제적 효과, 작용의 다중성과 상호성 면에서 폴 길로이Paul Guiloy가 말한 '검은 대서양에 비할 만큼 크다고 할 수는 없겠지만, 그렇다고 해서 일본이 일방적으로 외래 음악을 수입했을 뿐이라고 단정짓는 건 지나치게 경솔하다. 멀리 떨어진 두 나라, 미국과 일본 사이 이러한 문화적 연결을 특징지은 것은 강제로 이루어진 대량의 인적 이동(노예무역)과 그로부터 생겨난 직접적인 사회 계층화와 마찰이 아니라 정보의 왕래, 감정의 커뮤니케이션, 상업 교류, 선택된 소수의 여행이었다. 그리고 일본인은 외부에서 들어온 이 음악을 듣고 즐기는 데 머무르지 않고 (재)창조하고 연주해왔다. 이 점은 일본인의 문화적응, 즉 일본인이 자신들의 환경과는 거리가 먼 이 음악에 어떻

게 익숙해졌는지를 살펴보는 데 매우 중요하다. 원래와 다른 맥락에 던져진다면 어떤 문화 산물도 변용을 피할 수 없다. 그리고 그것은 생겨난 곳보다 받아들인 곳의 조건에 더 큰 영향을 받는다. 상처 없이 성장하는 것은 아무 것도 없다.

이 글은 패전 후 일본에서 진행된 흑인음악과 흑인성의 적응·평가·유용流用을 통해 음악문화의 국경횡단적transnational이며 지역횡단적translocal인 연결을 논의하고자 한다. 흑인의 역사는 어떻게 해석되었으며, 모방은 어떤 식으로 지역성과 애매하게 결부되었을까, 그리고 '외래문화'는 어떻게 일본의 제도, 이데올로기, 언어에 맞춰 변용되고 흡수되었을까. 이것은 문화의 번역에 관한 문제와 밀접하게 연관된다.

문화 형식이 어떤 장소·사람으로부터 다른 장소·사람으로 이동할 때 모방은 그 관건이 되는 중요한 과정이다. 모방은 원본과 복제품, 욕망을 부추기는 객체와 모방하는 주체 사이 경계선을 애매하게 만든다.1) 학습과정의 본질인 모방은 다른 장소, 다른 시기에 다른 이유로 일어난다. '영향'이라는 애매모호한 용어는 항상 흉내와 모방을 어느 정도 포함한다. 인류학자 마이클 타우시그Michael Taussig는 "모방을 빼놓고는 세계사를 생각할 수 없다"고 주장했다.2) 그는 이를 바탕으로 식민지의 파워게임과 그에 내포된 원시주의原始主義, 샤머니즘의 관계를 논했다. 그러면서 사진이나 레코드 같은 복제(모방) 기술이 갖고 있는 근본적인 힘을 강조했다. 그의 이론은 식민지적 맥락 바깥에서 일어난 문화적인 도용의 과정에도 적용될 수 있다.

대중음악은 아프리카계 미국문화가 전 세계에 퍼지는 데 문학, 영화, 무용, 연극보다 훨씬 강력하고 중요한 역할을 담당했다. 사운드는 상품으로 포장해서 간단하게 들고 이동할 수 있고 직접 감각에 호소하는 것이 가능하기 때문이다. 언어 장벽에 부딪칠 일도 별로 없다.

195

또 브롱스나 미시시피에서 발생한 음악이 방송이나 녹음을 통해 먼 거리를 이동하여, 춤을 춘다든지 듣는다든지 수집한다든지 연주한다든지 하는 형태로 바로 소비될 수도 있다. 대중음악은 이런 편재성과 상품성을 가진데다가 패션·이미지·신체와 밀접하게 연결되어 있기 때문에 아프리카계 미국문화가 전 지구로 확산되는 데 큰 역할을 했다. 사운드의 이동성은 '흑인' 범주의 유동성과 관련이 깊다. 이 음악의 인종성에 관한 해석은 흑인이 이동한 역사적 맥락, 청중과 연주가의 속성, 자기인식에 따라 달라진다. '음악에는 색이 없다'는 보편주의와 '이 음악은 흑인성 그 자체'라는 특수주의는 한 사람의 청중이나 연주가 안에도 공존한다. '검은색' 혹은 '검다'를 뜻하는 영어 black과 프랑스어 noir는 the black, le noir의 형태가 되면 흑인을 뜻하게 된다. 이처럼 색의 호칭이 그대로 어떤 부류의 사람들을 뜻하는 집합명사가 되는 유럽언어의 특징은 인종 개념에도 큰 영향을 주었다. 이에 따라 black music은 '흑음악', '검은 음악'이 아닌 '흑인음악'으로 번역된다. 인종 분류는 생물학적 특징 가운데 특히 피부색을 축으로 전개된 타자의 범주화, 딱지붙이기의 과정이다. '흑인음악'이라는 인종적 문화 범주가 흔히 아프리카계 미국 대중음악을 가리키는 국제적인 관용에 대해서도 주목할 필요가 있다. 이렇게 인종으로 분류된 범주에서 브라질, 폴리네시아, 케냐, 스리랑카 등의 음악은 흑인음악으로 간주되지 않는다. 이 음악들은 음악시장에서 대체로 '월드뮤직'으로 분류된다. 아프리카계 미국인 클래식 피아니스트나 오페라 가수도 흑인음악에서 제외된다. 이는 랙타임ragtime[4]이나 재즈가 유통된 이래 미

---

4 19세기말 미국 남부 미주리의 프랑스계 혼혈 연주자들에게서 시작되어 뉴올리언스에서 제1차 세계대전 발발 무렵까지 유행한 피아노 독주 음악. 흑과 백, 아프리카 토속음악과 유럽클래식의 만남을 통해 등장하였으며 미국 최초의 대중음악으로 평가받고 있다.

국의 흑인음악이 세계 각지의 다른 흑인음악과는 비교되지 않을 정도로 상업적으로 큰 성공을 거두었을 뿐만 아니라 이 개념이 신대륙의 이민자를 포함한 유럽인의 시각으로 구축되었음을 보여준다.

일본에 들어온 다양한 외래 음악 가운데 흑인음악은 상업적인 잠재력, 음악적인 특이성, 인종적인 애매함 때문에 매우 특별한 의미를 갖는다. 이 글에서는 1970년대 블루스, 1980년대 두왑doo-wop,[5] 1990년대 랩을 사례로 하여 전후 일본에서 흑인음악이 갖는 의의에 관해 살펴보았다. 음악의 적응適應에는 사운드나 스타일 외에 이데올로기, 외관, 가치관도 포함된다. 애초의 문맥에서 지리적·역사적·인종적으로 멀리 떨어져있기 때문에 더 가까이 다가가고 싶다는 충동은 어디에서 온 것일까. 그 접근 방식은 어떠했을까. 지면관계로 장르별 역사적 전개가 아닌 각 시기의 정치경제와 정보 유통의 맥락에서 지형도를 그렸음을 미리 밝혀둔다.

미쓰이 토루三井徹는 일찍이 일본의 컨트리&웨스턴 음악공동체의 특징을 "전통에 관한 자의식의 결여"[3]라고 말했는데 그것은 흑인음악의 경우에도 마찬가지라 할 수 있다. 일본인 연주가와 청중 모두 자신들이 이 음악의 '전통', 즉 유래한 장소와 역사의 바깥쪽에 있음을 의식하고 있었다. 청중은 이런 '외부적인' 위치를 뛰어넘기 위해 음악 스타일이 각기 갖고 있는 특유의 호소력이 보편적이라는 수사를 즐겨 사용한다. 존경과 열정을 통한 정서적 연결은 사회적·물질적인 바탕 위에서 정치적인 동시에 역사적으로 이루어진다. 존경과 열정, 두 감정 모두 살아온 체험에 의해 구조화되고 또 그 안에 함몰된다. 이 체험은 사회의 조직, 정치, 이데올로기, 담론, 신체, 이미지, 사운드

---

5   고전적인 R&B에 리드미컬한 허밍풍의 코러스가 곁들여지는 음악 장르.

를 매개로 일어난다. 팬fan은 존경과 열정이라는 관념을 통해 타자성을 내면화하고 자신들이 처한 사회 현실을 새롭게 그려낸다. 내면과 외면의 밀고 당기기, 자신과 타자의 애매한 경계선을 드러내는 데 설득력 있는 메타포 중 하나가 **복화술**이다. 복화술은 귀에 들리는 것과 눈에 보이는 것, 살아 움직이는 것과 그렇지 않은 것, 주체와 객체 사이를 잇는 현혹적인 퍼포먼스이다. 독백이 갑자기 '분신'과 자신 사이의 허구적인 대화가 된다. 관객은 복화술사가 도대체 누구의 목소리로 말하고 있는 건지 갈피를 잡을 수 없다. 일본인의 흑인음악 모방에도 이와 유사한 관계가 성립된다. 도대체 누구의 목소리로 노래하고 있는 건가, 누구의 목소리를 듣고 있는 건가.

2. 블루스–블랙은 저항의 색

일본에서 가장 먼저 주목받은 아프리카계 미국음악은 1920년대 재즈였다. 이것은 아프리카계뿐만 아니라 미국의 대중음악과도 분명 첫 번째 접촉이었다. 그 후 일본과 미국 사이 음악 접촉은 대부분 리코딩, 영화, 저널리즘 같은 백인이 지배하는 국제적인 문화 산업을 매개로 이루어졌다. 다시 말해 민족과 인종의 경계를 넘어 이미 백인 사회에서 인정받은 음악이 일본에 들어온 것이다. 2차 세계대전 이후에는 미국음악이 들어오는 통로가 더욱 복잡하고 다양해졌다. 미군기지가 설치된 데다가 해외에 나가는 일본인이 늘어났으며 손에 넣을 수 있는 수입 레코드가 많아지고 대중매체의 네트워크도 충실해졌기 때문이다.

1950년대 비밥Bebop⁶이 들어온 이후 일본의 재즈 팬과 음악가는 재즈 스타일과 '인종' 사이에 존재하는 '관계'를 민감하게 느끼게 되었다. 백인 재즈보다는 흑인 재즈가 진짜 재즈라고 생각하는 사람도 나타났다(전쟁 전에도 그런 사람들이 약간 있긴 했다). 1960년대 후반, 랭스턴 휴즈Langston Hughes, 프란츠 파농Frantz Fanon, 르로이 존스LeRoy Jones, 찰스 카일Charles Keil 등의 글을 읽은 평론가들이 흑인음악의 인종적·정치적 측면과 정치적 메시지 — 예를 들어 맥스 로치Max Roach⁷나 찰스 밍거스Charles Mingus⁸ — 를 진지하게 논의하기 시작했다. 그들에게 흑인 재즈를 지지하는 것은 백인의 미국을 거부하는 것과 같았다.⁴⁾ 재즈평론가인 아이쿠라 히사토相倉久人는 찰스 카일의 『도시의 흑인 블루스都市の黑人ブルース』⁹ 역자 서문에 "도시 게릴라의 폭력과 블루스를 관통하는 것이 무엇인지 반드시 따져보아야 한다. 그것만이 블루스를 통해 현대에 이르는 유일한 길이다"⁵⁾라고 썼다. 블루스는 이처럼 저항과 혁명의 상징으로 간주되었고 그것을 듣는 체험은 정치적 연대를 쌓는 것

---

6 미국에서 1930년대에 유행한 상업적인 스윙재즈에 대항하여 1940년대 중반에 발생한 자유분방한 연주 스타일. '밥' 또는 '비밥'이란 단어의 어원은 재즈를 부를 때 사람들이 흥에 겨워 내는 의성어에서 유래되었다. 역동적이고 거친 즉흥연주가 가미된 비밥은 음계에서 특정한 몇 음을 반음씩 내려 연주하는 '블루 노트Blue note'기법을 사용하는데, 여기에 빠른 악절과 박자가 결합되어 비밥의 독특한 사운드가 탄생되었다. 8분음표 또는 16분음표로 전개되는 빠른 리듬은 그때까지 춤을 출 수 있는 댄스음악이었던 재즈가 감상위주의 음악으로 변해가는 계기가 되었다.

7 1924~2007. 미국 재즈 음악가. 역사상 가장 위대한 드러머 중 하나로 1952년 찰스 밍거스와 재즈 레코드 레이블 '데뷔 레코드Debut Records'를 설립하여 함께 활동하였다.

8 1922~1979. 미국 재즈 베이시스트, 작곡가, 흑인공민권 운동가. 재즈계의 풍운아 또는 이단아로 불렸던 그의 음악은 인종 차별, 사회 부조리, 편견에 대한 분노를 강하게 표현하였다. 1950년대 이후 강렬한 카리스마를 풍기며 자신의 밴드를 이끌었던 그는 독단적이고 과격한 성격으로 종종 문제를 일으키기도 했으나 전위적이고 힘있는 연주로 시대를 앞서갔다는 평가를 받고 있다.

9 Charles Keil, *Urban Blues*, Chicago : University of Chicago Press, 1966.

으로 여겨졌다. 그와 같은 경향은 프란시스 뉴튼Francis Newton(에릭 홉스봄의 필명)의 *The Jazz Scene*을 일본어로 번역하면서 마지막 장의 제목을 따 『저항으로서의 재즈』라고 이름 붙여 출판한 것에서도 나타난다.

이처럼 재즈가 정치적으로 해석되던 시기에 블루스의 의미에도 변화가 나타났다. 이런 흐름은 영미권의 중산층 백인을 중심으로 일어난 블루스 리바이벌 붐에서 비롯되었다. 그때까지 일본에서 블루스는 재즈나 로큰롤을 통해 널리 퍼진 음악의 한 형식을 가리키는 한편(예를 들면 듀크 엘링턴Duke Ellington의 〈C 잼 블루스C Jam Blues〉), 또 다른 한편에선 일본의 느린 유행가(예를 들면 아와야 노리코淡谷のり子의 〈이별의 블루스別れのブルース〉)를 가리켰다. 후자는 영국의 사교댄스계가 슬로우 폭스트롯Slow Fox-trot의 일종을 관습적으로 — 흑인음악사 시각에선 오류지만 — 블루스라고 부른 데서 유래한다. 일본의 흑인 블루스 무대는 공교롭게도 가요계의 블루스 붐(〈항구의 블루스港町のブルース〉, 〈이세자키초 블루스伊勢崎町ブルース〉)과 같은 시기에 활기를 띠었다. 미국의 블루스 리바이벌은 수입 레코드나 서양 서적을 통해 일본으로 유입되었다. 손에서 손으로 전달되며 음音과 이데올로기가 함께 들어온 것이다. 이것을 들은 사람들은 주로 TV나 라디오에서는 쉽게 들을 수 없었던 블루스라는 장르를 접하는 것이 가능했고 영어를 이해할 수 있었던 문화 엘리트였다. 블루스도 재즈와 마찬가지로 주로 대학가문화였던 것이다. 미국의 민속음악학자 제프 T 타이턴Jeff Todd Titon의 회고에 따르면, 미국에서 백인을 중심으로 일어났던 블루스 리바이벌은 "놀랍게도 레코드 혹은 레코드를 듣는 문화 체험에서 비롯되었다."[6] 일본의 경우에는 B. B. 킹King(1971), 슬리피 존 에스테스Sleepy John Estes(1974) 같은 유명 블루스맨이 올 때 외에는 흑인의 연주를 들을 수 있는 곳이 미군기지밖에 없었기 때문에 더욱 그러했다.

르로이 존스(아미리 바라카Amiri Baraka)[10]의 '블루스 충동'이라는 시적인 개념은 많은 좌익 계열 평론가와 독자에게 영향을 주었다. 그들 가운데에는 '일본의 블루스 충동'을 찾는 사람까지 있었다. 『뉴 뮤직 매거진new music magazine』은 일본에서 음악 잡지로는 가장 먼저 사회 비판적 태도를 취했다. 1969년 4월 창간호에서 편집장인 나카무라 토요中村とうよう는 "산야山谷[11]에서 흑인 게토를 보았다"고 한 미국 블랙파워운동[12] 지도자의 말을 인용하면서 "산야의 노동자들은 흑인과 같은 블루스 충동을 가지고 있음이 분명하다"고 말한다. 그러면서 그것이 단지 노래로 승화되지 못하고 소주 한 잔으로 "대충 넘어가버리고 있다", "그러나 그들이 마음속에 블루스를 가지고 있는 건 분명하다"고 덧붙였다. 여기에 구체적 형태를 부여한 것이 오카바야시 노부야스岡林信康의 〈산야 블루스山谷ブルース〉였다. 오카바야시 노부야스는 보통 밥 딜런 스타일로 연주하는데 이 곡은 보컬과 기타 모두 당시의 기존 유행 스타일에 더 가깝다. 소주 한 잔이 삶의 유일한 낙인 일용직 노동자의 심정을 그대로 노래했기 때문에 노동자의 밝고 쾌활한 이미지를 추구하는 요요기 계열(노래패운동 계열)로부터는 비난을 받았다. 하지만

201

---

[10] 1972년생, 미국의 극작가 · 시인 · 소설가. 아프로-아메리카문화의 지도자로 널리 알려져 있다. 본명은 에베레트 르로이 존스Everett LeRoi Johns이나 1967년 이후 아프리카식 이름인 아미리 바라카로 활동하고 있다. 비트, 뉴레프트, 블랙내셔널리즘, 맑스주의 등 입장을 계속 바꾸면서도 일관되게 반백인의 시점에서 흑인의 동일성을 추구하는 이론을 주장하며 실천해나가고 있다. 저서로는 『블루스 사람들-백인 미국의 검둥이음악』, 소설 『단테의 지옥 시스템』, 희곡 『더치맨과 노예』 등이 있다.

[11] 일본 도쿄 다이토구 산야는 새벽 인력시장이 있는 지역으로, 일용직 노동자들이 모여들면서 이들을 대상으로 하는 싸구려 여인숙, 식당, 도박장 등이 생겨나 빈민가를 이루었다. 산야 외에 오사카의 가마가세키, 나고야의 사사시마, 요코하마의 고토부키 등도 이렇게 형성된 지역이다.

[12] Black Power Movement. 블랙파워는 1966년에 나온 미국 흑인의 사회적 정치적 지위 향상을 위한 운동의 슬로건이다. 처음엔 단순한 슬로건에 불과했으나 점차 하나의 사상으로 확대되어 흑인 대중에게 파고들었다. 1965년에 암살된 맬컴 엑스의 영향을 받은 이 운동은 베트남반전운동과 결부되면서 세력을 확장하였다.

미국 뉴포크송의 강한 영향 아래 커버[13] 곡을 부르던 그의 동료들과 달리, 오카바야시 노부야스는 오사카의 가마가사키金力崎에서 자원봉사 활동을 하면서 자신이 노래해야할 대상을 알게 된 듯하다. 나카무라 토요는 블루스를 단순히 멋진 스타일로만 보지 않았다. 그는 블루스를 통해 국제적인 연대를 맺자고 독자들을 부추겼다. "앞으로 〈산야 블루스〉와 폴 버터필드Paul Butterfield, 캔드 히트Canned Heat, 존 메이올John Mayall, 존 리 후커John Lee Hooker가 서로 어떻게 교차해갈 것인가. 우리와 산야와 미국을 잇는 마음의 끈으로 블루스의 **의미**를 새롭게 발견해가지 않겠는가"라며.[7]

'의미를 발견하는 것' 자체가 음악 저널리즘에 새로운 방향을 제시했다. 『뉴 뮤직 매거진』의 기사에서 전개했듯이 나카무라 토요는 '논의'와 '의미'와 '문화'를 중요하게 생각하였다. 이런 그의 태도는 『뉴 뮤직 매거진』이 당시의 상업성 짙은 잡지나 기존 권위에 기대어 유명 음반·유명 연주가를 주로 다루던 잡지들과 달리 1960년대 말 록을 둘러싼 미국의 정치적 지향을 일본 현실에 그대로 적용하면서 시작되었다. 이는 그 창간호가 미국 서해안의 히피 잡지 『크로우대디Crawdaddy!』[14]의 기사를 번역해 실은 것으로도 알 수 있다. 지금 돌이켜 생각해보면 1960년대 말에 있었던 음악에 대한 이런 정치적 해석은 청중의 상상력을 이끌어가는 서사였다. 미국의 현실에서 멀리 떨어져있었기 때문에 일본에서 흑인음악은 인종적 정치적 이데올로기적 상상력을 팬의 마음에 불러일으키는 경향이 있었다. 백인 블루스 팬과 마찬가지로 일본청중도 블루스를 "보수 정치와 중산층계급의 예의바름에 대

---

13 커버란 특정 가수의 노래나 댄스를 따라하는 행위를 말한다. '대신하다, 리메이크하다'는 뜻을 가진 영어 단어 cover에서 나왔다.

14 미국 최초의 로큰롤음악 비평 잡지. 1966년 당시 17살이었던 대학생 폴 윌리엄스가 창간한 이 잡지는 록 저널리즘의 선구적 역할을 담당했다.

해 양식화된 반역의 상징"8)으로 간주했다. 미국의 흑인 시민 대부분에게는 시골(風) 음악에 지나지 않았던 블루스(특히 어쿠스틱기타 블루스)에 이처럼 과잉으로 의미가 부여되었다. 이런 정치적 견해까지 포함한 흑인음악이 백인의 산업과 이데올로기를 매개로 일본에 보급되었던 것이다.

1968년 무렵 미군기지에서 연주하던 일본인 밴드들 가운데 영국의 블루스 록에 경도된 밴드들이 나타났다. 그들의 음악 스타일은 대개 런던을 경유하여 미시시피와 시카고에 이르렀는데, 그들은 주변 언어인 일본어가 아니라 '보편' 언어 즉 영어로 가사를 썼다.9) 초기 블루스 밴드 중 하나인 교토의 부루스 쿠리에션ブルース クリエーション(후에 쿠리에션으로 이름을 바꿈)은 블루스에 관한 열정을 (다소 어색한) 영어로 이렇게 노래했다.

I'd just turned sixteen

When I got into the blues scene

I got a hold of a guitar

No longer could I listen

To the songs playing on the radio

Fell in love a several times

And now I have a home on my own

Pains I had to go through

My guitar saved me

I am yellow-there's blues in this country, too

Today I am not what I used to be

Creating many sounds, I'm into the world at last

People anticipated the East

I'm dreaming of the West

The world is one, people are one

Creation is my life, and blues is my soul

Right on, Buddy Guy, man

You can find Empire State Building even her[e] in Tokyo

— 〈Blues from the Yellow〉 from 《Creation Twin Best》

이 곡의 가사는 반자전적인데, '내'가 블루스로 인해 라디오에서 흘러나오는 곡으로 상징되는 팝 뮤직에서 벗어났으며 '황인종yellow'임에도 불구하고 이제 블루스는 '나의 혼'이 되었음을 진솔하게 노래하고 있다. 블루스는 그의 혼을 '구원'했다. 이 구원을 정당화하기 위해 부루스 쿠리에션은 블루스의 보편성(세계는 하나, 인간은 하나)을 주장한다.10) 이제 연주가는 좌익 평론가의 해석과는 상관없이 블루스의 사운드에 '혼'째 빠져들었다. 1970년 이후 젊은이들의 새로운 음악에 대한 정치적 해석이 조금씩 후퇴하면서 미적인 측면이 담론에서도 부각되었다. 억압받은 자의 음악이라는 이데올로기적인 우회 없이 청중도 블루스의 사운드를 접하게 되었다. 블루스 밴드의 또 다른 개척자인 웨스토 로도 부루스 반도West Road Blues Band(때론 웨스토 로도)는 조 카커Joe Cocker의 〈검은 눈의 블루스Black Eyed Blues〉를 마치 자신의 일인 양 노래한다. "검은 눈의 블루스 주사가 필요해 / 내가 선택한 색에 완전히 빠져버렸다 / (…중략…) 검은 눈의 블루스 선언 / 내가 선택한 색으로 나아간다 (I need a vaccination for the black eyed blues / A total fascination for the colour I choose / (…중략…) A certain declaration to the black eyed blues / A total destination for the colour I choose)."11)

일본인의 생물학적인 특징이 자신들이 '선택한' 음악의 '색'을 정당화한다고 하는 논리가 어설프긴 하지만 적어도 여기서 그들이 인종적인 차이를 인식하고 있었음을 알 수 있다. 록이나 포크 음악을 하는 일본인이 피부(혹은 눈동자) 색에 관해 노래한 경우는 거의 없다. 아마도 록을 '백인' 음악 즉 인종 개념으로 상징되지 않는 사람들의 음악으로 간주했기 때문일 것이다(이에로YELLOW, 이에로 몽키THE YELLOW MONKEY, 이에로 마지쿠 오케스트라Yellow Magic Orchestra 같은 밴드가 있긴 하지만). 블루스의 흑인성은 록이나 포크 이상으로 일본인 블루스맨에게 인종적인 특징을 의식하도록 했다.

3. 샤네루즈 – 흑인 분장과 노동자계급

일본에서 가장 눈에 띄는 흑인음악 그룹은 아마도 흑인으로 분장한 두왑 그룹 샤네루즈CHANELS(지금의 랏츠&스타RATS&STAR)일 것이다. 이 그룹은 보컬리스트 4명과 뮤지션 6명으로 구성되어있다. 그 중 보컬리스트 4명은 얼굴에 검은 칠을 하고 입술을 두껍게 그렸으며 왁스를 발라 머리칼을 쫙 붙이고 흰 장갑을 꼈다. 이렇게 분장한 샤네루즈가 TV에 등장하자 곧바로 인종 모독이라며 그들의 겉모습을 비난하는 사람들이 나타났다. 『아사히신문』의 TV란에는 이런 투고가 실렸다.

샤네루즈라고 하는 음악 그룹이 '영업용'으로 흑인 분장을 한 것은 일종의 인종차별이다. 그들의 검은 얼굴은 씻으면 지워진다. 엘리자베스 샌더즈 홈[15]에는 희게 되고 싶은 마음에 돌로 문질러 피부가 벗겨진 아이마저 있다고 한다. 그들이 어떻게 생각하겠는가. 연극 분장으로 검게 칠한 것이라면 모를까 노래하는 데 그렇게까지 할 필요가 있을까.

— 1980.6.26

이에 대해 바로 다음 주에 샤네루즈를 옹호하는 독자가 나타났다.

차별이고 아니고는 그 사람들의 마음 상태에 달려있다고 생각합니다. 그들(샤네루즈)은 흑인음악에 빠져 노래할 때만이라도 흑인이 되고 싶어 분장했을 뿐, 마음속에 차별의식 따윈 없다고 생각합니다만.

— 1980.7.1

전자는 혼혈아에 대한 인도적인 배려를, 후자는 아티스트의 마음을 중요시한다. 흑인 분장은 인종차별인가 아니면 존경의 뜻인가. 밴드의 리더인 스즈키 마사유키鈴木雅之의 흑인 분장은 흑인에 대한 존경의 뜻으로 '조금이라도 흑인에게 다가가고 싶다'는 마음에서 비롯된 것이었다. 그들의 첫 번째 히트곡 〈런어웨이ランナウェイ〉를 작사한 유카와 레이코湯川れい子는 "그들은 검어지고 싶어 했어요. 검은 칠 때문에 얼굴이 얼룩덜룩해지는데도 계속 검게 칠했어요"라고 말한다.[12] 심야 TV에서 어떤 코미디언의 흑인 분장을 보고 아이디어가 떠올랐다고 하는데, 샤네루즈 역시 그들의 분장이 전형적인 흑인의 모

---

15   일본 패전 후 미군병사와 일본인 여성 사이에 태어나 버려진 혼혈아들을 위해 1948년 가나가와 현에 세워진 아동보육 시설.

습으로 우스꽝스런 효과를 준다는 것을 잘 알고 있었던 것이다. 샤네루즈의 흑인 분장은 눈길을 끄는 동시에 흑인음악에 경의를 표한다는 두 가지 의도를 다 가지고 있었던 것으로 보인다. 햇볕에 피부를 태우는 요즘 R&B 팬 역시 마찬가지다.13) 흑인 분장을 통해 그들은 관객과 인종적인 환상을 공유했다. 그들의 세미프로 시기 무대에 관한 자료를 보면 "걷는 법부터 손짓에 이르기까지 흑인인 양 행동하고 있다."14) 그들이 빈약하나마 영상 자료를 통해 흑인 아티스트의 몸동작을 연구한 것은 분명하지만 그 결과는 이처럼 흑인성에 관해 관객이 이미 갖고 있던 고정된 이미지와 일치했다.

존경과 패러디의 공존은 샤네루즈의 흑인음악에 대한 양가적인 태도를 드러낸다. 샤네루즈는 일본의 다른 기존 재즈맨이나 블루스맨처럼 자신들이 경애하는 대상을 향해 단순히 일직선으로 접근하지 않았다. 그들은 자신들의 연주 테크닉이 그 대상의 수준과 어느 정도 가까이 향상된 단계에서 방향을 약간 틀어 인종적 거리를 의식적으로 연출했다. 이런 퍼포먼스에는 항상 스테레오타입화가 등장해 미국의 인류학자들을 당혹하게 만들었다. 이후 이런 애매함은 바부루가무 부라자스DA BUBBLEGUM BROTHERS, 오사카 모노레이루Osaka Monaurail, 부랏쿠 보토무 부라스 반도BLACK BOTTOM BRASS BAND처럼 흑인음악을 분명하게 표방하는 밴드들로 이어졌다. 존경하기 때문에 패러디한다. 블루스든 랩이든 흑인음악 자체가 이중 삼중으로 모순이 겹쳐져 의식적으로 자신을 감춘 패러디적인 표현signifying을 통해 성립되어왔다. 이 점을 고려한다면 일본에서 나타난 흑인음악 밴드의 패러디를 단순히 '도용'이라고 단정 짓기보다는 '모조품'임을 우스꽝스럽게 과시하는 것이 오히려 더 낫다고 생각한 '도착倒錯'으로 보는 편이 더 타당할 것이다. 이는 모조품의 미학에 가깝다. 거짓스러움에는 진품의 권위를

207

발라내고 가치의 척도를 확 뒤집는 즐거움이 있다. 패러디적인 실천을 향해 열려있다는 것이야말로 그들이 느낀 흑인음악의 마력일지도 모른다. 연주 능력이 향상된 것 즉 원본과 복제품의 차이를 알기 어렵게 된 것이나 주로 경제적인 이유로 일본인 정체성이 안정된 것, 다시 말해 미국에 대한 열등감이 불식되고 문화내셔널리즘이 나타난 것도 1980년대 이후 패러디 밴드가 늘어난 원인일 것이다.

문화사가인 존 스웨드John Szwed에 따르면 "믹 재거 같은 (흑인음악에 경도된) 사람이 오늘날 흑인 분장을 하지 않고 (민스트럴쇼[16]와) 같은 전통 위에서 무대에 서고 있다는 사실은 문화가 인종으로부터 떨어져 나왔으며 흑인전통이 백인문화에 거의 완벽하게 흡수되었음을 보여준다."[15] 다시 말해 생물학적인 또는 연극적인 겉모습(인종)과 자기표현의 내실(문화)이 지금은 사실상 분리되었다. 샤네루즈가 매체에 등장한 일본에서는 문화와 인종이 완전히 분리되지는 않은 것으로 보일 수도 있다. 그렇지만 그들 외에는 흑인 분장 그룹이 없었다. 흑인 분장은 그들의 전매특허나 마찬가지였다. 일본에서 흑인 분장을 하면 흑인의 모방이라기보다는 샤네루즈의 모방으로 받아들여지기 쉽다. 이와는 대조적으로 요즘 '흑인음악에 경도된' 가수들은 대부분 피부를 태운다. 피부 색소를 변색시키는 것은 크림으로 얼굴을 칠하는 것과 '피부를 검게 만드는' 방법이 완전히 다르다. 요즘 컬러 코드로 보면 크림을 사용하는 것은 익살에 지나지 않는다.

흑인 분장은 흑인성을 착취할 뿐만 아니라 백인성을 경계적인 기호로서 두드러지게 만든다. 백인성을 은폐하는 것이 아니다. 바로 오

---

16 minstrel show 또는 minstrelsy. 미국에서 19세기 중엽에 나타난 연예 중 하나로, 흑인으로 분장한 백인이 노래, 춤, 촌극 등을 공연했다. 남북전쟁 이후에는 흑인에 의한 공연도 나타났다.

리엔탈리즘이 도착倒錯적으로 '서양(여기)'을 성립시키고 있다는 것 — '동양(저기)'을 성립시키는 것이 아니라 — 을 폭로하듯이, 미국의 맥락에서 흑인 분장은 "백인의 주체 형성과 주체성"16)이 어떻게 충돌하는 타자에 의해 드러나는지를 애매한 방식으로 가르쳐준다. 이와 마찬가지로 샤네루즈는 일본의 대중문화에서 미묘한 피부색 라인에 위치함으로써 일본인의 주체 형성과 주체성을 그려냈다. 샤네루즈는 어떤 영역과 다른 영역을 분리하는 동시에 이어주고 있는 '접촉지대 contact zone'(메리 루이즈 프랫Mary Louise Pratt), '사이에 긴 공간'(호미 바바Homi Bhabha)을 형성했다. 그들은 열광과 거부, 긍정과 불안이 뒤섞인 반응을 불러일으켰다. 이러한 양가성은 검은 크림 밑에 있는 그들의 지우기 힘든 외모와 결부되어 있다. 다카라즈카宝塚의 관객이 남장한 여배우를 남자로 착각하지 않듯이, 샤네루즈의 관객도 그들의 외모가 겉만 그럴싸하게 꾸민 것이라는 것을 잘 알고 있었다. 실제로『주간 명성週刊明星』은 그들을 '일본제 흑인', '가짜 흑인'이라고 불렀다. W. T. 라몬 주니어Lhamon Jr는 흑인 분장이 기존 정체성을 다른 정체성으로 치환하는 것은 아니라고 말했다. 겉모습과 진실의 이중성, 또 분열을 무대의 약속으로 연출할 뿐이다. 왜냐면 "동화同化는 기존 정체성의 흔적을 언제나 남기면서 변화하는 (새로운 정체성과의) 비율을 절충해가며 이루어지기 때문이다."17)

이런 애매함은 일본의 무대 표현에서 다른 인종·다른 민족으로 분장한다든지, 여성이 남성 혹은 남성이 여성으로 분장하는 전통에 부분적으로 빚지고 있다. 일본신극에서는 등장인물 가운데 백인으로 분장할 때 보통 흰 분을 사용하는데 관객은 이것을 부자연스러워 하기보다는 무대 위의 약속, 허구로 간주한다. 유럽연극에서도 〈오셀로〉나 〈템페스트〉에 나오는 캘리반 역을 맡은 백인 배우가 검은 칠을 하지만 대부분의 관객들은 이를 차별적이라고 받아들이지 않는다. 이성으로 분장하는 퍼포먼스 또한 가부키, 다카라즈카, 연극, 무용, 어디에서도 약속으로 인정되지 여성스러움(남성스러움)의 오용으로 간주되지는 않는다. 비주얼을 중시하는 로커와 그들을 동경하는 소녀들의 코스튬 플레이costume play 역시 이런 특정한 연극적인 맥락에서 허용되는 '변신'이 가진 긴 역사 중 일부에 불과하다. 일본의 무대 표현이나 패션이 생물학적인 성질과 다른 겉모습에 관용을 베푼 예는 이외에도 몇 가지 더 있다. 그러나 어떤 경우에도 기존의 인종이나 민족이나 젠더의 질서를 전복하지 않는다. 왜냐면 거꾸로 뒤집는 것은 일상적인 규제나 가치가 통하지 않는 구경거리로서 허용되기 때문이다. 샤네루즈의 타인종화는 무대 표현으로 코드화되어있다. 즉 익숙한 위반인 것이다.18)

그런데 그들의 흑인 분장에는 계급이라는 측면도 있다. 힙합이 부상하기 시작한 시기에 어째서 샤네루즈가 1950년대를 향수하며 달콤한 하모니를 채택했는지 이상하게 여기는 사람도 있으리라. 샤네루즈의 멤버들은 고교 중퇴 혹은 고졸로 도쿄 가마타蒲田와 오모리大森 변두리의 노동자 가정 출신이었다. 밴드를 결성할 무렵에는 선반공, 주유소 종업원, 트럭 운전수 등으로 일하고 있었다. 그들 중에는 노동자계급의 남성들에게 영웅적·상징적 집단인 폭주족과 연관된 멤버도 있었다. 오야마 마사히코大山昌彦가 논했듯이 1950년대 미국의 팝 클래식은 1970년대 일본 노동자계급의 젊은이들에게 인기가 있었다.19) 그들에게 '시대에 뒤처짐'은 최신 하드록이나 컨트리록, 프로그레시브록, 소울 등을 추구하는 중산층이나 대학 출신 젊은이와 자신들을 구별하는 상징이었다.

도쿄·요코하마 공업지대의 노동자계급 공동체 출신 중 전국 매체에 제일 처음 등장한 밴드는 캬로루CAROL이었다. 척 베리Chuck Berry의 노래 제목에서 유래한 밴드 이름에서도 알 수 있듯이, 그들의 리젠트 머리형과 가죽 자켓은 1950년대의 거친 반항아 이미지와 강하게 결부되어 있다. 그들은 커버 밴드를 하면서 리버풀, 함부르크 시대의 비틀즈를 거쳐 초기 로큰롤에 접근했다. 이것은 세계의 대중음악이 이중 삼중으로 겹쳐진 반사 렌즈와 굴절 렌즈를 통해 사방팔방으로 매개되어 전달된 예 가운데 하나이다. 1972년 캬로루의 TV 데뷔는 그때까지 유행에 민감한 히피풍 그룹이 지배하던 — 대학 졸업자나 중퇴자로 이루어진 — 록계를 그야말로 뒤흔들었다. 캬로루는 세련된 가사나 연주 테크닉에 매몰되지 않고 로큰롤의 원초적인 에너지를 그대로 내뿜었다고 한다. 폭주족과의 연관은 오히려 록이 갖고 있는 '반체제'라는 위치에 걸 맞는 증거라고 여겨졌다.

시대에 뒤처진 음악과 패션은 노동자계급 젊은이가 새로운 의미를 부여하기에 적절했다. 샤네루즈의 두왑과 흑인 분장은 캬로루의 로큰롤과 가죽 자켓에 해당된다. '검게 칠함'으로써 샤네루즈는 알게 모르게 미국 탄생기인 1820~40년대 무렵 민스트럴쇼에서 볼 수 있었던 백인과 흑인 사이 "하층계급의 연대"[20]를 만들어냈다. 스즈키 마사유키는 "우린 '오모리 할렘'이라고 불렀어요. 만일 덴엔초후田園調布 같은 부자 동네에서 태어났다면 흑인음악을 이해하지 못했을 겁니다"[21]라고 말했다. 나카무라 토요가 평론가 입장에서 산야와 미시시피의 정치적 연대를 논했다면, 스즈키 마사유키는 연주자 입장에서 오모리와 할렘의 계급적 연대를 느꼈다고 할 수 있다. 그는 노동자 출신이었기 때문에 흑인음악에 크게 공감할 수 있었다고 주장한다. 일본의 록과 힙합 아티스트들이 출신지와의 연계를 강조하는 일이 가끔 있긴 했지만 계급을 자신들이 하는 음악의 정통성과 결부시켜 말한 건 일찍이 없던 일이었다.

라몬 주니어는 19세기 중반 흑인 분장이 중산층계급의 인종분리주의를 조롱하기 위한 '서로 다른 인종 사이 상호관계'의 실천과 관련 있다고 말한다. 중산층계급은 백인이 흑인 흉내를 내면 품위가 떨어질 뿐만 아니라 지켜야할 인종의 경계선이 흔들린다고 여겼기 때문에 불안감을 느꼈다. 그 이면에 있는, 당시 아일랜드계로 대표되는 새로운 백인 이민자가 흑인 노동시장을 위협하던 현실도 간과할 수 없다. 이런 중산층계급의 사고방식은 결과적으로 흑인 분장에 대한 오늘날의 표준적인 견해, 즉 인종차별적이고 비도덕적인 행위라는 견해로 이어진다. 그런데 흑인 분장은 애매하게 분규를 불러일으키는 표현양식이다. 왜냐면 생물학적인 개인 위에다 그 자신이 선택한 소속을 접목시키지만 결코 전자가 사라지는 것은 아니기 때문이다. 유희성은 사람을 속이는 것처럼 보이는 중간 공간 안에서, 인종의 스펙터클 안에서 작동하고 있다.

샤네루즈와 캬로루가 선택한 시청각적인 상징은 조지 립시츠George Lipsitz가 말한 "허구의 정체성을 향한 우회迂回" 또는 "전략적인 정체성 바꿔치기"와 관련이 있다. 이것은 직접 대놓고 말할 수 없는 이해利害관계를 가짜 목소리로 발언하는 전략으로, 미국의 마이너리티 아티스트들이 때때로 이용해왔다.22) 물론 일본에서는 경제적인 지위(계급)와 문화적 표현이 서구 국가들만큼 밀접하게 대응하지 않는다. 경제력이나 학력의 격차가 일본인의 생활양식에 영향을 주긴 했지만 그것을 전 세계 대중음악의 많은 장르와 다르다고 분명하게 구별할 수 있는 징후나 지표로 환원하기는 힘들다. 그러다보니 '일본은 균질한 국민'이라는 이데올로기까지 생겨났다. 앞서 말한 샤네루즈의 하층계급적 독해는 그런 한 측면을 보여준 것에 불과하다. 그들이 노동자층 이외 계급에도 쉽게 받아들여진 건 계급성을 바로 중화시켜버리는 대중문화의 힘이 그 배경에 있었기 때문일 것이다.

4. 랩-'리스펙트respect'를 둘러싸고

힙합 용어가 글로벌화하면서 1999년 일본에서도 '리스펙트'라는 외래어가 크게 유행했다.23) 그 때문에 『아사히신문』이 초보자를 위해 이 용어의 뜻에 관한 특집기사를 꾸릴 정도였다. 미국에서 공부하고 돌아온 어떤 사회학자의 말에 따르면, 아프리카계 미국인 힙합 세계에서는 '리스펙트'가 주류 사회에 동화하지 않겠다는 강한 의사 표현인데 반해 일본에서는 단순히 '술집에서 나이든 사람이 하는 설교처럼 공허한 도덕'을 나타낼 뿐이다. 이 기사는 겉만 그럴듯하게 흉내낼뿐 정치적으로는 둔감한 일본의 래퍼를 점잖게 타이르는 걸로 끝맺는다.24) 그 직후, 기사에서 인용된 앨범 《리스펙트》를 그 얼마 전에 냈던 그룹 라이무스타RHYMESTER[17]의 사사키 시로佐々木士郎가 그에 대해 게토에서 태어난 메시지 랩은 진짜이고 일본인이 하는 랩은 가짜라는, 구제할 길 없는 편견에 가득 찬 기사라며 분노에 차 반론을 냈다.25)

탱고에서 재즈에 이르기까지 일본의 대중음악은 모방과 진품에 관

---

[17] 1989년에 결성된 일본의 3인조 힙합 그룹. 1998년 세 번째 앨범 《리스펙트》가 크게 성공하면서 일본 힙합씬을 대표하는 존재가 되었다. 2007년 부도칸 공연을 마지막으로 그룹 활동을 중지하고 개별적으로 활동하고 있다. '킹 오브 스테이지'라는 별명을 갖고 있다.

한 논의를 계속 되풀이 해왔다.26) 사사키 시로의 말에서도 알 수 있 듯이 자신들을 흉내쟁이로 여기는 일본인 아티스트는 거의 없다. 외부로부터 강한 '영향'을 받았음은 인정하지만 그들은 일본이라는 맥락 안에서 자신들의 퍼포먼스를 의미있는 것으로 만들기 위해 힘써왔다. 이제는 흑인으로 분장을 할 필요도 피부를 태울 필요도 없다. 래퍼 TWIGY는 이른바 '블랙 컨템퍼러리 세대'(1980년대 흑인 팝)와 달리 "우리 경우엔 흑인이 되고 싶다는 생각까지는 하지 않는다"라고 말한다.27) DJ 가운데에는 태운 피부와 드레드록 머리 등 스타일 잡지에서 말하는 소위 '힙합 패션'을 경멸하는 사람도 있다. 왜냐면 "애당초 힙합 패션이라는 것 자체가 존재하지 않기" 때문에.28)

뉴욕에서 활동했던 DJ 유타카는 '나는 브라더야'라며 폼을 잡거나 일본을 방문한 아티스트 흉내를 내는 일본인들을 보면 화가 난다고 한다. "문화와 스피릿(정신)은 다르다. 힙합문화라는 것이 일본에는 없었기 때문에 모방할 수밖에 없다. 인종차별도 아니고 사람을 죽이는 것도 아니다. 그렇지만 평화를 리듬으로 즐기는 것은 우리도 가능하다. 음악은 세계 공통이니까. 거기서부터 생각을 해가면서 힙합을 하는 것은 가능하다. 단 재패니즈 힙합은 어디까지나 재패니즈 힙합이다." 힙합을 한다는 것은 생각하는 것에서부터 시작한다. 그에게 힙합은 패션이 아니라 생활방식, 정신상태, 깊은 정열을 의미한다. 그리고 음악의 보편주의에 대한 믿음은 여기에도 건재하다. "흑인에게는 없는 게 우리에게는 있으니까. 그것을 밀고 나가면 된다. (…중략…) 일본인은 외형에 너무 몰입해 사물을 깊게 사랑하지 못한다." 베테랑의 이런 충고에도 불구하고 팬과 아티스트 모두 미국의 '스트리트' 패션에 유난히 민감하다. 겉모습은 힙합 철학에선 별거 아닐지 모르나, 부족의 구성원이라는 상징으로는 매우 중요하다.

일본어로 가사를 쓰는 것은 다양한 장르에서 일본화의 중요한 계기가 되었다. 블루스에서는 1973, 1974년 무렵 널리 퍼졌고[29] 힙합에서는 1985, 1986년 무렵 시작되었다.[30] 일본어 사용은 음악을 접하기 쉽게 만들었을 뿐만 아니라 외국의 사운드를 일본토양에 맞추는 의식적인 시도도 만들어냈다. 수입 음악 장르를 배우고 익힐 때 팝이나 록에서는 커버가 중요한 최초 단계이다. 그러나 랩에서는 커버라는 걸 생각할 수도 없으며 실행하기도 어렵다(샘플링으로 뭔가 인용하는 건 가능해도). 다시 말해 스스로 가사를 쓰는 것이 래퍼가 되기 위한 첫 번째 레슨이다.

1980년대 중반에 영어로 랩을 시도한 일본인들이 있었는데 거의 받아들여지지 않았다. 그 가운데 한 사람인 K. 다부 샤인DUB SHINE은 "내가 영어로 미국에서 랩을 해도 그들 — 영어로 말하는 사람들 — 을 대표할 수 없다는 걸 깨닫고" 일본어로 가사를 쓰기 시작했다고 한다.[31] 그러나 흑인에게 구전되던 시 또는 그들의 일상어와 깊이 결부된 비트에 맞는 일본어를 발견하기란, 중고 레코드점에서 흑인 DJ가 사용하던 레어 그루브rare groove[18] 희귀 음반을 발견하기보다 더 어려웠다. 더구나 각운rhyme을 맞추는 것은 일본어 작사에는 일찍이 없던 새로운 작업이었다. 하지만 마침내 그것을 필살기로 하는 일본어 가사를 쓸 수 있게 된다. 일본어의 음성·문법과 랩 스타일의 기술적인 부적합성이 여러 래퍼의 시행착오를 거쳐 극복되면서 1990년대에는 각운과 플로우flow라는 랩의 두 가지 요소를 일본어에 담는 데 성공하기에 이른다. 1995, 1996년 무렵에는 일본어 랩이 일본 전역은 아니지만 꽤 널리 알려지게 되었다.

---

18   1970년대 펑크의 숨겨진 명곡(B급 펑크)을 가리킨다.

일본에서 랩은 크게 하드코어 랩과 대중을 대상으로 하는 랩으로 나뉜다.32) 랩의 저변이 확대되면서 하드코어 랩이 상업적으로 대중을 상대로 전개되어 밀리언셀러 앨범을 가진 래퍼가 등장하기도 했다. 이처럼 이 두 그룹 사이에는 유동적인 관계가 있다. 그 중 하드코어 랩은 노골적으로 아프리카계 미국문화와 이어져있다. 라이무스타는 당연히 이 범주에 속한다. 사사키 시로도 일본이 미국만큼 경제 격차나 인종차별이 두드러지지 않는다는 점은 인정한다. 그러나 눈에 띄지 않는다고 해서 마이너리티나 체제에 순응하지 않는 사람들에 대한 억압이 없는 것은 아니다. 흑인 미국인 아버지와 일본인 어머니 사이에서 태어난 래퍼 A-TWICE[19]는 자신의 불안정한 정체성과 일본 사회의 주변적인 위치를 직접적으로 표현한 것으로 유명하다.33) 사사키 시로는 일본힙합이 울분을 풀 길 없는 정치, 사회, 교육 체제의 억압 속에서 마음 둘 데를 찾는 "정신적인 마이너리티"34)를 위한 소리라고 믿고 있다. 일본어 랩은 북미의 랩이 주로 다루는 흑인차별이나 갱 싸움은 별로 다루지 않는다. 그 대신에 학교 왕따, 미성년자 범죄, 마약, 원조교제 같은 일본현실에서 실제 일어나고 있는 문제점을 많이 이야기한다. 일상생활의 풍경이나 사랑에 관한 랩이 있는 것은 흑인 랩과 별반 다르지 않다.

일본적인 것을 어떻게 표현할 것인가는 모든 힙합 아티스트가 안고 있는 어려운 과제이다. 일본 전통음악을 샘플링하는 이도 있지만 대다수는 그에 반대한다. 왜냐면 '전통음악은 요즘 젊은이에게 더 이상 친숙하지 않을 뿐더러 그들이 하고자 하는 사운드와는 너무나 이질적이기 때문이다. DJ 쿠랏슈KRUSH[20]는 다음과 같이 말한다.

---

19 1975~2000. 일본의 혼혈 래퍼. 본명은 라후라 잭슨. A-TWICE는 "나는 1 / 2Half가 아니라 2배Twice"라는 의미라고 한다. A는 아시아, 아메리카의 첫 자이다.

일본에서 태어났다고 해서 '일본인스러움'이 어떤 건지 전부 다 잘 아는 것은 아니잖아. 일본인이니까 사쿠하치尺八[21]를 내놓으면 된다는 건 말도 안돼. 그러니까 일본인이라기보다 한 개인으로 뭐가 가능한지 생각하는 편이 좋지 않을까? 아무래도 일본인 = 무엇이라는 이미지가 외국인에겐 있잖아. 사쿠하치는 그런 알기 쉬운 부분 가운데 하나일 뿐, 그것을 잘 이용해 저 속 깊숙한 곳에 있는 일본인의 피라고 하는 부분을 끄집어내야겠지, 그것이 무엇인지는 나도 잘 모르겠지만…….

— 『blast』, 2000년 2월호, 61면

DJ의 플레이로는 일본성을 나타내기 어렵기 때문에 일본어로 랩을 하는 것은 일본의 현실에 입각한 퍼포먼스를 하는 데 더 더욱 빠뜨릴 수 없는 요소이다. 이야기를 각운과 플로우에 맞춰 노래하려면 흥겨운 기교와 전략을 구사할 수 있는 빠른 머리 회전이 필요하다. 이는 일본 대중음악에 그때까지는 없었던 새로운 것이었다. 래퍼 역시 DJ 못지않게 언어라는 지역적이지만 결정적인 문화 조건에 구애되었다.

'하드코어'한 힙합 가사는 종종 '우리'와 '놈들'의 대비를 부각시킨다. 이런 이분법은 힙합에서 '대표한다represent'고 하는 실천으로 이어진다. 바로 미국의 흑인 래퍼가 자신들의 '영역'과 공동체를 대표하듯이,[35] 일본의 래퍼도 '일본·일본인', 자기 패거리posse, 장소를 자랑스럽게 외친다. '대표한다'라고 하는 이런 생각 자체가 일본음악계에서

217

---

20 1962년생. 일본의 유명 디제이 출신 힙합 뮤지션. 젊어서는 한때 폭력단의 일원이기도 했으나 우연히 영화를 통해 힙합을 접한 후 독학으로 디제이를 시작했다. 1980년대 일본에서 최초로 턴테이블을 악기로 쓴 디제이로 주목을 받았다. 1990년 초 자신이 이끌던 힙합그룹 KRUSH POSSE의 해산을 계기로 본격적인 솔로 활동을 개시하였다. 이후 일본인의 음악성에 기반을 둔 자신의 음악을 추구하며 활발한 작품 활동을 하고 있다.
21 일본의 전통 악기로 한국의 통소와 비슷하다.

는 새로웠다. 그때까지는 '일본'이나 '일본인'을 직접 언급한 노래가 거의 없었다.36) 그런 까닭에 래퍼는 일본인의식 과잉으로 문화내셔널리즘에 빠지기 쉽다고 간주되어 앞에서 언급한 『아사히신문』 기사에서 보듯이 비판을 받기도 했다. 라이무스타가 낸 문제의 앨범 《리스펙트》에는 다음과 같은 구절이 들어있다. "R, E, S, P, E, C, T 해야 해 / 재패니즈 힙합씬 / 다들 정신을 잃는 촌극 / 다 날려버려 / 우리들의 퓨처펑크futurefunk / 야말로 세계에 자랑해야할 / 메이드 인 저팬 애즈 No.1"(〈킹 오브 스테이지キング オブ ステージ〉)

에즈라 포겔Ezra Vogel의 베스트셀러 『저팬 애즈 넘버원Japan As Number 1』을 비아냥거리면서 라이무스타는 대중 사회 바깥에 위치한 '재패니즈 힙합씬'을 예찬한다. 하드코어 힙합에서는 화이트 컬러 지배층에게 반항하는 가사를 때때로 볼 수 있다("표적은 일본주식회사 / 네 마음을 짓누르는 넥타이와 와이셔츠"〈마이크의 자객マイクの刺客〉). 그때까지 일본의 대중음악에서는 이런 도전적인 자세를 보기 힘들었다. 1980년대 반항적인 펑크 밴드가 이따금씩 중산층계급의 위선에 침을 뱉은 적이 있긴 하다(이누INU의 〈밥 먹지마メシ食うな〉, 스타린THE STALIN의 〈스톱 잽STOP JAP〉). 하지만 이렇게 반체제적인 태도를 취하면서 지역 차원이든 국가 차원이든 동료 집단의 동포의식을 호소한 적은 거의 없었다. 펑크가 그러지 못했던 것은 아마도 그들의 영미권 역할 모델이 힙합에서 말하는 '대표'에 대응하는 자세를 취하지 않았던 것과 관계가 있을지도 모르겠다.

일본의 의식있는 힙하퍼는 '리스펙트'의 개념과 실천을 좋아 자신들을 아프리카계 미국인의 '네이션'과 결부시킨다. '리스펙트'를 통해 지역의 힙합 공동체는 음악에 대한 기호를 바탕으로 한 일본 전역에 있는 작은 팬클럽 이상의 존재가 된다. 왜냐면 그것은 존경의 대상과 이어진 정서적인 이데올로기의 끈을 강하게 하기 때문이다. 다시 말해 단순한 기호를 넘어선 깊고 노골적인 연대가 맺어지기 때문이다. 리스펙트는 일종의 행동을 명령한다. '리스펙트'(샘플링, 패션, 몸짓 등)를 통해 힙합은 미국 흑인 '네이션'의 상상 속 '시민권'을 획득한다. 예를 들면 K. 다부 샤인은 아프리카 밤바타Africa Bambaataa[22]의 줄루네이션ZULU NATION과 철학적인 연대를 표명하고 있다. "나는 스스로 줄루네이션의 일부라고 생각하기 때문에 줄루네이션의 랩을 할 작정이다."[37] 그가 보기에 아프리카 밤바타가 제일 처음에 생각한 것은 "기본적으로 자신, 자신의 공동체, 그리고 마음의 눈"뿐이었다. 세계에 대한 직관을 공유한다면 인종이나 지역을 초월해 이 아프리카를 참조점으로 한 가상 네이션의 구성원으로 참가할 수 있다. 또 다른 래퍼 TWIGY는 첫 번째 솔로 앨범에 《알 하디르AL-KHADIR》[23]라는 이름을 붙임으로써 뉴욕의 힙합서클에서 이슬람사상을 배운 것을 분명하게 드러냈다.

　미국의 흑인 래퍼가 대표하는 최대 공동체가 피부색 라인으로 나뉜다면(백인을 포함한 '미합중국'을 대표한다고 스스로 말하는 흑인 래퍼는 아마도 없을 것이다), 일본에 있는 동조자의 경우엔 '일본'이라는 나라가 대표할 수 있는 최대 범위이다. TWIGY는 "나는 일본대표라고 말하곤 하는데 그 말을 이리저리 잘못 이해하는 사람들이 있더군. (일본인은) 누구나 일본대표인 건데, 일본인 대표"[38]라고 말한다. 대중을 대상으로 하는 랩이나 J팝의 기준에서 보면, 이처럼 의식적으로 일본 안에 자신

219

22　1957년생. 미국힙합의 대부로 불리는 힙합문화의 선구자이며 일렉트로 펑크 사운드의 창시자. 1970년대 뉴욕에서 맹위를 떨친 브롱스의 흑인 갱그룹 '블랙 스페이드'를 이끌었던 그는 영화 '줄루'와 아프리카 여행을 계기로 본명 케빈 도노번을 아프리카 밤바타로 바꾸고 유니버설 줄루네이션을 설립하여 힙합문화를 선도했다. 브롱스의 성난 흑인 소년들을 갱그룹 대신 힙합으로 이끈 줄루네이션은 정치적 사회적 가치를 공유하는 래퍼, B보이, 그래피티 아티스트들이 모인 힙합 집단으로 일본, 프랑스, 영국, 한국, 오스트레일리아, 남아프리카공화국 등 전 세계에 퍼져있다. 공식홈페이지 www.zulunation.com 참조.
23　초록의 성인으로 불리는 이슬람교의 선지자.

을 자리매김하는 방식은 지나치게 도전적이고 일탈적이다. 하지만 하드코어 래퍼가 연대를 호소하는 것은 일본이라는 이름의 국민국가가 아니라 지역을 초월한 '힙합 네이션'이다. 라이무스타가 노래하듯이 "황색 B-BOY"여, "태어나 자란 국적은 달라도 / 이 깃발 아래 충성을 맹세해 / 진흙탕에 뒹굴며 살아갈 기술과 지혜 몸에 익혀 약속의 땅으로"(⟨B-BOY이즘B-BOYイズム⟩). 깃발이나 국가의 비유는 일종의 국민국가 중심주의를 분명하게 풍기지만 그들이 향하는 네이션 ― ⟨약속의 땅約束の土地⟩ ― 은 국경에 구애받지 않는다.

일본의 힙합씬에 '네이션'으로 불릴만한 명확한 윤곽을 가진 실체는 없다. 하지만 무리, 패거리, 클럽, 잡지, 레코드 레이블, 스튜디오, 레코드점 등이 일체가 되어 구성원끼리 공유하는 공간적·감정적 영역을 만들어낸다. 영미권 밖에 있는 그들은 가난한 흑인들이 많이 사는 뉴욕의 브롱스나 LA의 콤프톤[24]에 대해 어처구니없는 환상을 품고 있다. 사이먼 프리스Simon Frith의 말처럼, 음악은 "집단 정체성의 직접적인 **경험**을 분절하여 제공"한다. 그리고 이 경험은 "사회적인 상호 작용의 대안alternative 방식"과 관련이 있다.[39] 사운드의 경험을 공유한다는 것은 현실적으로 같은 감정을 공유하는 것을 의미한다. 특히 아프리카계 미국음악은 재즈가 백인 애호가를 처음 얻었을 무렵부터 '전염성 강한' ― "아무 생각 없이 리듬을 타버리게 되는" ― 비트를 가지고 있었다. 그것은 핫 재즈Hot Jazz든 스윙 재즈든 펑키 재즈든 댄서블 재즈든 기본적으로 마찬가지이다.[40] 이렇게 감정을 자아내는 힘은 인종을 가로지르는 정체성(그리고 타자성)의 경험을 강하게 뒷받침해왔다. 집단 정체성을 경험했다고 해서 곧바로 자신의 사회적·문화적

---

24 두 곳 모두 미국의 대표적인 흑인 빈민 지역.

정체성이 바뀌지는 않는다. 그렇다 해도 앞서 말한 래퍼처럼 거기에 빠진 사람들은 자신과 주위의 현실을 다른 각도에서 보게 된다. 음악의 생산이나 소비는 그 관계자에게 이상화된 사회적, 성적, 인종적, 국민적 경험을 제공한다. 타자성을 보여주는 언어, 몸짓, 패션, 스타일, 사운드에 담겨있는 '메시지'나 '느낌'을 어떤 식으로 해석하든, 힙합씬에 참가하는 사람들에게는 음악을 통해 그런 의미를 갖고 있는 (검은)타자에게 자신을 투사하는 것 자체가 바로 현실이다. 흑인음악은 그 자체가 사회적으로도 인종적으로도 외부에서 들어온 까닭에 청중이나 연주가의 감정 상태에 상상의, 상상력으로 가득 찬 에너지를 쏟아 붇는다.

일본의 흑인문화 수용을 비난하는 일부 논자의 주장처럼 타자성의 경험은 에로틱하고 이국적인 욕망에만 한정되지 않는다.[41] 민스트럴 쇼의 흑인 분장에 관한 에릭 로트Eric Lott의 말처럼, 그것은 모방함으로써 "누군가 타인의 예술형식을 통해서 어떤 문화의 복화술적 자기표현"[42]을 할 수 있는 외부 영역에 열려있다. 복화술사는 도대체 누구의 목소리로 말하고 있는가. 두 신체가 하나의 목소리를 공유하고 있는 건가, 아니면 하나의 신체가 두 목소리를 갖고 있는 건가. 복화술은 복화술사와 '분신' 사이 대화, 허구 상태에서 분열된 자신의 독백을 빌린 목소리로 보여주는 기예이다. 샤네루즈는 타인종으로 분하는 주의 깊은 연출을 통해 복화술과 같은 애매함을 분명하게 보여주었다. 물론 흑인 분장은 이런 애매함의 극단적인 예이다. 하지만 이와 같은 문화적인 불확정성은 요즘처럼 국경횡단적·지역횡단적으로 힙합이나 R&B를 포함한 흑인문화의 접합과 분리가 일어나는 시대에는 더 이상 특별하지 않다.

5. 마치며

　미국에서는 '사회적 무의식'이 인종 개념, 인종을 둘러싼 문화 실천으로 굳어져 사람들을 곤혹스럽게 만들고 있다. 반면 일본에서는 인종 개념보다 민족 개념이 사회적 무의식에 더 큰 영향을 미치고 있다. 일본에서는 19세기 말 독일에서 자연인류학을 공부하고 온 초기 인류학자가 '인종' 개념을 번역하여 보급시켰다.[43] 유럽과 마찬가지로 이 개념은 일본제국의 정치와 결부되어 다양한 정치적(의사擬似)·과학적 맥락에서 사용되어 왔다(특히 메이지기의 사회진화론, 패전 전 쇼와기의 대동아주의). 인종 개념은 특히 일본·'아시아'와 서양을 대치시키거나(황인종 대 백인종 담론), 일본인의 기원을 물을 때(북방인종 대 남방인종 담론) 자주 사용되었다. 인종의 중요성을 부정할 수는 없지만 그것은 자신의 내부가 아닌 어딘가 외부에 있는 것처럼 생각되었다. '황색'이나 '몽골계' 식의 국민 정서와는 아무래도 거리가 먼 호칭으로 분류되기 때문일지도 모르겠다. 이렇게 비인종화된 나 자신이 인종이나 인종차별에 대한 일본인의 "단순 무지"[44]를 초래했으리라.

　'인종'보다는 독일어 Volk를 번역한 '민족'이 근대 일본의 사회적 무의식에 더 설득력을 가졌고 또 지배적이었다. 도식적으로 말하면 민족이 언어, 감정, 몸짓 등 문화를 표상하는 데 반해 인종은 얼굴형과 피부색으로 나타나는 자연을 표상한다. 인종과 마찬가지로 인류학이나 민족학의 요람에서 태어났지만, '민족'은 '인종' 개념의 근저에 있는 계측 가능한 생물학적 특징보다 공통의 기원, 역사적인 연속성, 정서적인 균질성을 전제로 한다. 일본에서는 '일본인의 피'라고 돌려 말하면서 독자적인 유전적 연속성이나 조상의 공유 나아가서는 조상

숭배에 근거한 국가종교 즉 신도의 정통성을 강조한다. 하지만 일본인의 독자성을 생물학적 특징 — 가령 피부색이나 머리색 — 으로 돌리는 논의는 별로 없다. 오히려 요시노 코사쿠吉野耕作가 말하는 "문화의 '인종적' 소유" 즉 '민족' 개념에 기대는 논의가 많다. 요시노 코사쿠의 설명에 따르면 서양의 인종적 사고가 유전결정론과 동일시되는 것은 그들 백인만이 '보편문명'을 만들 수 있다는 인간의 태생적 우열(종적 배치)을 문제 삼기 때문이다. 반면 인종과 문화를 겹쳐버리는 사고방식은 중국이나 서양이라는 보편 가치의 주변에 스스로를 자리매김해온 일본인의 개별주의적인 문화 감정(횡적 자리매김)을 표현하는 데 적합하다.[45] 어찌됐든 "일본어에서 통상 일본인을 가리킬 때 '인종'이라는 어휘를 사용하지 않는"[46] 것은 분명하다.

민족 개념은 대체로 국민 개념과 바꿔 쓸 수 있어서 내셔널리즘은 '민족주의'라고도 '국민주의'라고도 번역된다. 그리고 흥미롭게도 '민족'과 '국민'이 융합해서 민족국가, 단일민족국가라는 이데올로기 개념은 유통되고 있으나 '단일인종국가'라는 식으로는 사용되지 않는다. 많은 일본인이 일본에는 인종차별이 없다고 주장한다. 또 대놓고 인종차별적인 발언을 하는 정치가도 끊이지 않고 있다. 이것은 인종적인 타자를 인식하지 못해서 그렇다기보다는 그들의 국민적인 주체성이, 미국에서는 "일상적으로 부딪히는 복잡한 사회 현실"[47]인 '인종에 관한 사고' 없이 형성되었음을 보여준다. 이런 '인종에 관한 사고'의 부재가 몇 세대에 걸친 흑인음악의 자기회귀적인 — 때로는 패러디적이고 때로는 진지한 — 도용을 방해했다기보다는 자극해왔다.

미국의 역사 교과서에서 노예제를 뺄 수 없듯이 일본사 수업에서는 중국의 한자부터 유럽의 과학에 이르기까지 해외의 '선진'문명과 수없이 접촉하며 적응해온 사실을 무시할 수 없다. '좋은 것을 자진해서 채택해 받아들이는' 태도는 국민의 미덕으로 간주되어왔다. 공식 견해에 따르면 일본사에서 문제가 되는 것은 태고에 있었던 남방 인종과 북방 인종의 혼교가 아니라 외국에서 들어온 문명의 혼교이다. 물론 유적이 발견될 때마다 일본인의 기원을 둘러싼 논쟁은 되풀이된다. 미국이 일찍부터 '인종의 용광로'라는 은유를 자국민에게 사용했다면 일본에게는 '문명의 용광로'라는 은유가 어울릴 것이다. 문자 체계에서 컴퓨터에 이르기까지 일본인은 일본인의 긍지나 민족적인 자부심을 손상시키지 않으며 무엇이든 흡수해왔다. 이런 종류의 이야기는 외부에서 들어온 것을 '소화'하고 '가공'하는 일본국민의 문화적 역량을 예찬한다. 고도로 선택적인 적응, '취사선택'은 '보편적인' 문명의 압력 아래 독자성을 주장할 수밖에 없는 숙명을 갖고 태어난 국민=민족에게서 자주 볼 수 있는 문화 전략으로 그 자체가 일본의 전매특허는 아니다. 만일 이 같은 '차용借用' 자체가 일본국민이 가진 재산 중 일부라면 흑인음악 같은 대안적인 상징체계를 사용한다 하더라도 주류 사회 바깥에 서기는 힘들다.

일본인의 흑인음악에 대한 적응은 상호 커뮤니케이션이라기보다 일방적인 것이었다. 왜냐면 이따금씩 미국에 가서 녹음이나 공연을 할 때 외에는 일본인 연주가 대부분이 일본에서 주로 활동하고 있고, 그들의 관객과 시장이 압도적으로 일본 국내이기 때문이다. 멀리서 흑인성을 경험하는 것은 이미 반세기 이상의 역사를 갖고 있다. 그리고 열정과 존경에 넘쳐 그에 빠져든 사람들은 자신들이 그 유산 밖에 있다는 건 이해하지만 감정이입하고 있는 대상에게 자신들이 거절당하고 있다고는 생각지 않는다. 이질적인 것을 소화하고 그에 적응하는 다양한 방법 가운데 모방은 지역 현실에 뛰어드는 효과적인 방법 중 하나다. 흑인음악은 이종혼합을 통해 일본의 음악생활을 더욱 풍요롭고 다양하게 만들었다. 먼 외부에서 들어왔지만 블루스와 힙합은 일본사회와 일본인들에게 피부색에 관해 생각하고 일상적인 세상을 더 큰 시각에서 포착할 수 있는 중요한 실마리를 주었다. 흑인 분장은 익살 속에서 주류 사회에 대한 의문을 드러냈다. 이 글은 일본의 문화잡식주의를 예찬하거나 문화적 복화술의 공허함을 한탄하기 위한 것이 아니다. 나는 개인적·집단적인 경험을 가능하게 하는 음악의 적응 과정과 그 새로운 의미를 조건부 담론과 역사와 물질의 맥락 속에서 찾는 연구가 필요하다는 점을 강조하고 싶다.

● 이 글은 "Blacking Japanese Experiencing Otherness from Afar", David Hesmondalgh & Keith Negus, eds., *Popular Music Studies*, Arnold, London, 2002, pp.223~237 을 고쳐 쓴 것이다. 글을 쓰면서 데이비드 홉킨스David Hopkins, 기모토 레이이치木本玲一, 이언 컨드리Ian Condry 등으로부터 조언을 받았다. 사카이 나오키酒井直樹 씨의 코멘트에 자극을 받아 글을 바로 잡게 되었다. 깊이 감사드린다.

225

벌레라는 주제로 본 전후 일본의 하위문화[1]

와타나베 모리오 渡辺守雄[2]

1. 시작하며

패전이라는 무거운 현실을 등에 지고 출발한 전후 일본의 하위문화는 지금까지 두 번의 전환기를 거쳤다. 첫 번째 전환기는 1970년대 초이다. 이 시기에는 적군파가 일으킨 일본항공기 '요도호よど뭉' 납치사건(1970.3), 미시마 유키오三島由紀夫의 할복자살(1970.2), 연합적군의 아사마淺間산장사건(1972.2), 오키나와沖繩 반환(1972.5), 변동환율제 이행(1973.2), 오일 쇼크(1973.10) 등의 사건들이 연달아 일어나, 한 시대의

---

1 이 글은 이현희가 번역했다.
2 1954년생. 후쿠오카福岡현 출신으로 현재 규슈국제대학九州国際大学 법학부 교수로 재임하고 있다. 저서로는 『동물원이라는 미디어動物園というメディア』(青弓社, 2000. 공저) 등이 있다.

고비라는 의식이 알 수 없는 불안감과 함께 공존했다. 얼핏 하위문화와는 아무 상관없어 보이지만 이와 같은 시기 자연과학에서도 중대한 성과가 있었다. 1970년 RNA에서 DNA로 거꾸로 정보를 전사傳寫할 수 있는 '역전사효소'를 가진 '레트로 바이러스'가 발견된 것이다. 이 전까지는 유전자 내의 정보 흐름이 DNA를 중심으로 이루어진다고 생각했는데 이 효소의 발견으로 말미암아, 유전 정보가 한 방향으로 흐르는 것이 아니라 실은 36억 년 전부터 쌍방향으로 움직여왔음이 밝혀졌다. 이는 사회과학이나 인문과학의 흐름과 공명한다는 관점에서도 아주 중대한 '사건'이었다.1)

전쟁 시기부터 이어져 온 '어머니라는 존재'에 대한 무조건적 신뢰가 무너지고, 소녀만화계에는 이른바 '24년 그룹24年組' 즉, 하기오 모토萩尾望都, 오시마 유미코大島弓子, 다케미야 케이코竹宮惠子 등 쇼와 24년(1949)을 전후로 태어난 단카이 세대団塊世代3 만화 작가들이 등장하였다. '마징가Z'(나가이 고永井豪)를 비롯해서 거대 로봇 애니메이션이라는 새로운 장르가 등장한 것도 이 시기였다. 연합적군사건은 '정치적 순진무구'라는 환상의 파탄을 상징하는 중요한 사건이었다. 그리고 이 시기에 천황에 대한 '시선'도 바뀌게 된다. 1975년 처음으로 미국을 방문한 쇼와천황이 디즈니랜드에서 미키마우스와 함께 찍은 사진으로 말미암아 '귀여운' 천황이라는 이미지가 생겨난 것이다.

이러한 천황도 죽고(1989) 냉전구조도 무너졌다. 곧이어 버블경제가 무너지면서 새로운 시대가 도래했다는 고양감은 일상 속으로 폐색閉塞되었다. 이런 와중에 맞은 1995년은 하위문화에서 일본의 '전후'

---

3 단카이 세대는 제2차 세계대전 이후 1947~49년 사이, 베이비붐 속에서 태어난 세대를 말한다. 이들은 인구 규모의 급격한 팽창으로 인해 진학·취업·결혼·주택 문제 등에 있어서 심각한 경쟁을 겪었지만, 자기들끼리 잘 뭉치는 특징을 지닌 풍부한 노동력으로 기능, 1970년대 일본의 고도경제 성장에 크게 기여했다.

를 살펴볼 때 주목해야할 해이기도 하다. 그리고 그 때까지 아무 관계 없어 보이던 일본 하위문화의 몇 가지 특징들이 다양한 작품을 통해 그 연관성을 드러냈던 해였다. 이 글에서는 1995년이라는 두 번째 전환기에 중점을 두고 관련 작품을 언급하면서 전후 하위문화의 변모를 다룰 것이다. 이를 통해, 특정한 전환기를 넘어 일본문화사 저변에 공통적으로 흐르는 것이 무엇인지 밝히려 한다.

2. 사건으로 본 1995년

대중매체에서 '전후 50주년'이라는 기호는 종전 후인지 패전 후인지 사실 인식을 애매모호한 상태로 만든 채 유통되었다. 이 기호의 기점이 되는 전쟁의 호칭 역시 뚜렷하게 밝히지 않은 채 사용 할 수 있는 편리한 마법 같은 단어였다.

'전후 50주년'인 1995년 일본에서 바로 이 애매한 '전후'의 시공간을 되묻는 다양한 사건들이 일어났다. 1월 17일에 일어난 진도 7.2의 한신阪神·아와지淡路대지진으로 6,430명이 죽음을 맞이했다. TV에 방영된 불에 탄 한신 지역의 피해상황은 많은 사람들에게 '지난번 전쟁'에서 소이탄으로 불탔던 도시의 모습을 상기시켰다. 물론 '지난번 전쟁'은 자연재해가 아니라 인재였다. 그러나 천재와 인재를 명확하게 구별하지 않은 채 기억의 서랍 안에 넣어버렸던 일본인들은, 다시금 일본문화 속에서 죄의 개념을 생각하게 되었다.[2]

천재와 인재의 혼동이라는 점에서 방향은 다르지만 같은 오류에 빠졌던 인물이 있었다. 바로 옴진리교 교조로 군림했던 아사하라 쇼코麻原彰晃(본명 마쓰모토 치즈오松本智津夫)이다. 그는 한신·아와지 대지진 직후 이를 천재가 아닌 인재라고 주장했다. 그는 지진병기에 의해 한신·아와지 대지진이 일어났으며, '전쟁은 이미 시작되었다'고 외쳤다.

대지진이 일어난 두 달 후인 3월 20일, 지하철로 출근 중이던 도쿄 시민들은 우연히 관청들이 모여 있는 일본권력의 중심인 가스미가세키霞が關를 지나갔다는 이유로 화학병기 사린가스 공격을 받았다. 12명이 죽고, 약 5,500명이 해를 입은 이른바 '지하철 사린가스 사건'이 일어난 것이다. 옴진리교 신도인 실행범 가운데 게이오慶応대학 의학부출신 엘리트가 있었고, 이 종교 집단에 빠진 젊은이들 중에 명문대 이공계 학생이 많았다는 사실에 사람들은 큰 충격을 받았다. 미국정부는 선진국 도심에서 화학병기가 실제로 사용되었다는 사실에 비상한 관심을 보이며 전문가를 파견하기도 했다. 그러나 종교적 정의감에 도취된, 선진국 대도시 테러라는 환상이 뉴욕의 무역센터 쌍둥이 빌딩 붕괴로 이어질 수 있다고는 그 누구도 예상하지 못했다.

독가스에 관한 공포는 나치의 '아우슈비츠'와 함께 이야기되어왔지만 아시아태평양전쟁 말기, 일본군과 미군도 독가스를 공격에 사용했다는 사실이 역사 자료를 통해 점차 드러나고 있다. 아사하라 쇼코를 비롯한 옴진리교 간부들은 '지하철 사린가스 사건' 직후 자신들의 관여를 부정하고, 미군에게 책임을 전가하려고 했다. 그러나 그 당시에는 미군이 아시아태평양전쟁 종결 직전 일본 대도시 500만 명 규모를 대상으로 대량 살상계획을 세웠다는 사실을 알지는 못했을 것이다.[3]

사린가스 사건에 관한 논문들은 옴진리교 신도집단의 감성과 전후 일본의 하위문화가 어떤 상관관계에 있는지에 초점을 맞추었다. 예를 들어 깨끗한 공기에 대한 강박관념을 가진 신도들이 독가스를 뿌

린 행위에는 모순이 있었다. 옴진리교 시설에는 '코스모 클리너'[4]라고 부르는 공기청정기가 여러 대 설치되어 있었는데, 이는 마쓰모토 레이지松本零士감독의 〈우주전함 야마토宇宙戦艦ヤマト〉(1977, 극장판)나 미야자키 하야오宮崎駿감독의 〈바람계곡의 나우시카風の谷のナウシカ〉(1984, 극장판)의 영향으로 여겨졌다. 잡지 『아에라AERA』(1995.4.24)는 「공통어는 SF애니메이션이다─옴진리교식 발상의 열쇠共通語はSFアニメだ─オウム式發想のカギ」라는 제목으로, 옴진리교 교단의 아마겟돈사상[5]과 히라이 카즈마사平井和正의 〈환마대전幻魔大戰〉(1983, 극장판), 오토모 카즈히로大友克洋의 〈아키라AKIRA〉(1988, 극장판)의 관계를 언급했다. 그리고 옴진리교 기관지 『바지라야나 사챠ヴァジラヤーナ・サッチャ』 5호(1994.12)가 앞서 기술한 애니메이션과 SF영화 11편을 소개한 뒤, 이 작품의 만화가나 애니메이션 감독을 '현대의 예언자'라고 추켜세운 기사를 소개하였다.

당시 대표적 논지로는 다음과 같은 분석을 들 수 있다. 우선 "전후 일본이 정리했어야 할 문제를 먼저 현실 정치 차원에서 방기하고 이어서 사상 차원에서도 미뤄둔 결과, 이것이 하위문화 속으로 밀려"들어가 버렸고, '현실과 허구의 반전'이라는 메커니즘을 통해 옴진리교 행동으로 나타났다는 인과관계분석[6]이 있다. 그리고 옴진리교 신자들에게 "'오타쿠'계열의 하위문화"가 점하는 부분이, 1970년대 전공투 운동에 몰두했던 학생들에게 '마르크스주의'사상이 점유했던 부분과 일치한다고 하는 "'오타쿠' 연합적군"[7]이라는 기능분석도 있다. 그 후, 신체성이라는 관점에서 옴진리교에 들어간 동기를 파헤치는 논문도 있고, 오타쿠론이나 연합적군론에 반론하는 형태로 '끊임없는 일상을 살아가는' 기술 습득의 필요성을 주장하는 글도 있다.[8]

이와 더불어, 옴진리교의 '지하철 사린가스 사건'을 해석하려는 다

231

양한 시도 가운데 오사와 마사치大澤眞幸는 전후 일본의 이데올로기 상황을 '이상의 시대'(1945~1970)와 '허구의 시대'(1970~1995)로 나누었다.[9] 오사와 마사치에 따르면 '이상의 시대'란 사람들이 이상을 가짐으로써 당시 상황을 이상의 결여 상태로 인식하고, 나아가 '결여'를 자각했던 시대이다. 반면 '허구의 시대'는 '정보화되고 기호화된 의사疑似현실(허구)을 구성하여, 이를 점점 키우고 유지하는 쪽으로 사람들의 행위가 방향 잡혔던' 시대이다. 예를 들자면 '하이퍼 리얼'이 소용돌이치는 도쿄디즈니랜드(1983년 개장)로 몰려가는 일본인으로 상징된다.

아즈마 히로키東浩紀는 오사와 마사치의 분석을 수용하면서 1995년 이후를 '동물의 시대'라 이름 붙였다. 아즈마 히로키는『헤겔 독해 입문Introduction à la lecture de Hegel』으로 유명한 알렉산드르 코제브Alexandre Kojève의 방법을 채용하여, '동물화'의 개념을 제시했다. 아즈마 히로키는 인간이 욕망을 가진 것에 반해, 동물은 욕구밖에 가지지 못했기 때문에 결핍과 만족이라는 회로가 나타나는 것이 특징이라고 말했다. 인간의 욕망에서 중요한 계기가 되는 제3자 혹은 타자의 욕망이 개입되지 않고, 신체적 욕구의 충족을 즉각 요구하는 경향이 '동물화'이다. 이를 바탕으로 복잡한 인간관계나 사회관계를 회피하는 현대 특히 1995년 이후 오타쿠들의 소비행동을 분석하면서 일본사회 전체가 '동물화' 되고 있다는 인식을 보여주고 있다.[10]

여기서 '동물'이라는 개념이 1995년 전환점을 말하는 키워드로 등장하는데 이 글은 이에 대한 반론에서 출발한다. 일본문화사를 논의할 때 '동물'이라는 개념과 어긋나는 부분이 존재하고 있으며, 그 차이에 주목해야할 것이다. 이러한 관점에서 전후 일본 하위문화가 계속 추구해온 것, 혹은 무의식적으로 피해온 것을 찾아보고자 한다.

3. '동물'에서 '벌레'로

일본에서 '동물'이라는 번역어를 사용하기 시작한 것은 비교적 최근의 일이다. 일본정부는 막부 말기부터 메이지 초에 걸쳐 구미사절단을 파견했다. 그들이 유럽에서 접한 진귀한 문화 시설중 하나가 오늘날 흔히 '동물원'이라고 부르는 공간이다. 그들은 울타리 안에 살아 있는 진귀한 것들을 수용한 장소를 어떻게 표현해야할지 몰라 당황했다. 그들의 일기에 금수원禽獸園, 조축원鳥畜園, 금수관禽獸館, 동물관 등 다양한 표현들이 나타난 것으로 보아 통일된 명칭이 없었음을 알 수 있다. 분큐文久 원년 12월(1862.1) 유럽사절단을 수행했던 후쿠자와 유키치福澤諭吉가 1867년 자신의 유럽체험을 담은 『서양사정西洋事情』을 출간했는데, 여기서 동물원이라는 말을 사용하였다. 당시 그 책이 베스트셀러가 되어 많은 사람들에게 읽혔고, 이를 통해 동물원이라는 단어가 정착되었다고 일반적으로 알려져 있다.

'동물원'이나 '동물' 모두 수입된 개념이므로, 근현대 일본 대중문화의 전개를 표현할 개념으로 사용하고자 할 때 어긋남이 생긴다. 이런 어긋남을 설명하기 위해서 '벌레'라는 가설을 내세우고자 한다.

원래 '동물'이나 '벌레'라는 개념은 거꾸로 '인간'을 규정하기 위한 것이었다. 하이데거나 코제브의 헤겔 독해에서는 '동물' 개념을 채용할 때에 그들의 '인간' 이해가 암묵적으로 전제된다. 서구에서는 구약성서 창세기에 나오는 노아의 방주나 에덴동산 이야기를 통해 알 수 있듯이, 인간을 자연의 지배자나 동물의 명명자로 이해한다. 그런데 벌레의 개념에 비춘 인간이해는, 유대교나 기독교적인 이해와 아주 다른 위상을 보여준다. 이 글의 관점은 그것이 일본 전후 하위문화에

233

도 농후하게 나타나고 있다는 것이다.

'벌레'는 좁은 의미의 곤충보다 훨씬 포괄적인 개념으로서 사용되어 왔다. 이 글에서도 '벌레'라는 단어를 '모든 동물의 총칭'으로 일컫던 오래된 용법을 염두에 두면서 사용하고자 한다. 벌레 충蟲의 약자로 일본어에서 일상적으로 사용되는 한자 충虫조차 원래는 살모사를 의미한다. 본디 살모사가 똬리를 튼 상형자에서 유래했기 때문에 벌레라는 글자는 서양 분류학상의 곤충개념을 넘어선다. 나아가 "우충羽虫은 새, 모충毛虫은 짐승, 갑충甲虫은 거북류, 나충裸虫은 인류"라는 『대대례大戴禮』[4]에 나오는 충虫의 뜻풀이를 보면 인간까지도 충虫자를 붙여 벌레의 한 부류로 다루고 있다.[11] 메이지 이후 일본에서 사용된 넓은 의미의 동물 개념에 가까운 것으로 한자문화권에는 '벌레蟲'가 있었던 셈이다. 그렇다면 메이지 지식인들은 어째서 '충원蟲園'이라는 이름을 사용하지 않고 '동물원'이라는 새로운 단어를 만들었을까. 그것은 아마도 자신들에게 친숙한 벌레라는 관념이 '동물원'으로 부르게 된 문화 상징장치의 이름에 적합하지 않다고 민감하게 느꼈기 때문일 것이다.[12]

1867년 도쿠가와 아키타케德川昭武일행과 함께 꽃의 도시 파리의 땅을 밟은 한 엘리트 관료가 있었다. 그는 에도막부 카이세이쇼開成所[5]에서 고요가카리御用掛[6]를 담당하면서 본초학本草學과 난학蘭學을 수학했던 다나카 요시오田中芳男(1838~1916)다. 그는 유럽으로 떠나기 전인 1866년, 막부의 명령을 받아 5명의 동료와 함께 에도 외각에서부터 히타치常陸, 가즈사上總, 시모우사下總, 무사시武藏, 사가미相模지역 등을 돌

---

4 공자의 72제자의 예에 관한 설을 모은 책.
5 1863년에 설치된 에도막부의 양학교육연구기관.
6 궁내성 등의 명을 받아 업무를 담당하는 직원.

면서 벌레를 채집했다. 당시에는 이를 '충포어용蟲捕御用'이라고 했다. 다나카 요시오는 채집한 벌레 표본을 56개의 오동나무 상자에 담아 파리로 가지고 갔다. 그 '벌레'는 파리에서 개최된 제4회 만국박람회의 일본 공식 출품물이었다. 에도막부는 프랑스 공사 롯슈를 통해 나폴레옹 3세로부터 만국박람회 출품 요청을 받았다. 이에 막부는 도자기, 칠기, 무기, 금세공 등의 공예품과 에도의 명소 그림, 호쿠사이北齋 만화[7] 등의 미술품 그리고 목재, 광물 같은 1차 상품과 함께 '벌레'를 출품하기로 결정하고, 카이세이쇼의 물산소物産所에 소속된 다나카 요시오에게 '벌레'를 채집하도록 시켰다.[13]

귀국 후 다나카 요시오는 파리에서 본 '동물원'을 일본에 만들기 위해 힘쓴 결과, 우에노上野동물원 탄생의 아버지로 기억되고 있다. 일본의 '벌레'를 해외로 들고 가서 서구의 '동물원'을 갖고 돌아왔다는 사실을 통해, 당시 일본 엘리트가 벌레와 동물에 대해 가졌던 관념의 차를 분명하게 알 수 있다.

이렇게 일본이 동물이라는 개념을 받아들인 지 이미 130년 이상 지났지만 일본 하위문화는 아직까지 '동물'보다는 '벌레'라는 관념에 의해서 촉발되고 있다.

전후 일본의 만화와 애니메이션문화의 전성기를 가져온 데즈카 오사무手塚治虫가 곤충 세계에 흠뻑 빠졌던 것은 잘 알려진 사실이다. 그는 벌레가 많은 다카라즈카宝塚와 미노오箕面에서 소년 시절을 보냈고, 히라야마 슈지로平山修次郎의 『원색 1000종 곤충도감原色千種昆蟲図譜』의 영향을 강하게 받았다. 그는 이미 11살 때에 본명인 '手塚治'에 '충虫'

---

7 가쓰시카 호쿠사이葛飾北斎(1760~1849)가 에도 시대 후기인 1814년에 발행한 스케치화집이다.

자를 덧붙인 필명 '手塚治虫'를 만들었다. 14살에는 학교 친구들과 동물동호회를 만들고 회지『동물의 세계動物の世界』를 발행했다. 1년 2개월 만에 모임 명칭을 **비공식**적으로 '6대륙 곤충연구회'로 바꾸고, 회지『곤충의 세계昆虫の世界』를 아시아태평양전쟁 근로동원이 있던 1944년 6월까지 10개월간 발행했다. 『동물의 세계』가 3호까지만 나왔던 것에 비해 『곤충의 세계』는 4개월이라는 짧은 기간 동안 11호까지 발행되었다. 공적인 학교 교육의 장에서는 '동물'이라는 단어를 권장했기에 마지못해 따랐지만, 데즈카 오사무가 진짜 좋아했던 것은 '벌레'였다는 것을 알 수 있다.[14]

어째서 '동물'이 아닌 '벌레'였을까? 이 글에서는 세 가지 관점에서 그 의문에 답하고자 한다. 첫째로 소년·소녀론의 기초가 되는 유형성숙neoteny[8]이라는 사고방식과 관련된다. 둘째로 일본 애니메이션에서 독특한 장르로 발전한 로봇 애니메이션과 벌레에 관한 가설이다. 셋째로 벌레의 변태나 의태 관찰에서 영향을 받은 문화정치학적 전략을 들고자 한다. 그리고 최종적으로 지금까지 각각 따로 논의되었던 두 가지 개념, 즉, 소년·소녀론이 다루는 순진무구와 벌레문화론이 분석한 '징그러움'을 서로 투시해 볼 필요가 있다.

---

[8] 유형성숙幼形成熟은 유아기의 특징이 성년까지 남아 있는 현상을 말한다. 즉 생물학적 성장이 끝났는데도 의식 안에서 호기심, 상상력, 장난치기 등 새로운 것에 대한 배움의 욕구 같은 초기성장단계를 여전히 밟아 나가며 어린 시절의 감성과 환상을 그대로 간직한 어른을 일컫는 말이다.

4. 벌레와 소녀–또 하나의 '소년 · 소녀론'

벌레와 소녀라는 소재는 전후 뿐 아니라 전쟁 중에 나온 애니메이션에서도 볼 수 있다. 우선 이 주제에 대한 일본문화사의 공통점을 중심으로 전쟁 중에 나온 애니메이션을 분석해보자.

1) 〈거미와 튤립くもとちゅうりっぷ〉의 양의성

일본 애니메이션계의 아버지라고 불리는 마사오카 켄조政岡憲三 (1898~1988)가 제작한 〈거미와 튤립〉은 1943년 극장에서 개봉되었다. 이 영화는 뮤지컬형식의 작품으로, 주요 등장인물은 무당벌레 소녀, 그 소녀를 은색 해먹(거미 집)으로 끌어들여 잡아먹으려는 흑거미, 무당벌레 소녀를 꽃받침 속에 숨겨주는 튤립 그리고 폭풍우를 일으키는 검은 구름이다. 서정적이고 예술성이 풍부한 작품이지만 그렇다고해서 "전쟁 분위기를 전혀 느끼게 하지 않는다"[15]라고 할 수는 없다. 이 작품은 군부의 지적으로 문부성 추천을 받지 못했는데, 이는 군과 문부성 관료의 무능함을 보여주는 것일 뿐, 전쟁 분위기가 드러나지 않았다는 평가는 잘못된 것이다.

"무, 무, 무, 당 벌레 태양의 (…중략…)"라고 노래하는 작고 귀여운 소녀는 일본을 은유한 것이다. 무당벌레를 한자로 천도충天道虫이라고 하는 것에도 알 수 있듯이 등에 동그란 히노마루日の丸 무늬가 있는 무당벌레는 천황의 자식인 일본신민臣民이다. 번쩍이는 딕시랜드 모자를 쓰고 두툼한 입술을 한 민스트럴 쇼[9] 댄서 풍의 흑거미는 미국

237

을 은유한다. 시가를 물고 카우보이처럼 거미줄을 던지기도 한다. 튤립은 ABCD포위망[10]의 한 축을 담당한 네덜란드를 상기시킬 위험성이 있긴 하지만 '거미'와 함께 히라가나로 쓰인 제목으로 봤을 때 외국 기원의 냄새는 나지 않는다. 여기서는 단순히 어머니와 같은 일반적인 보호자를 은유한 것으로 보는 것이 타당하지만 적이 보호자가 될 수 있다는 애매한 해석의 여지도 남아 있다. 히라가나로 표기된 'くも'는 동음이의의 두 단어를 연상시키며 이중 의미를 띤다.[11] 즉, 흑'거미蜘蛛'는 위험한 유혹자이지만, 검은 '구름'은 '가미가제神風'를 일으키는 뇌신雷神이다.

위험한 유혹자인 거미는 소녀를 먹이로 삼는 과정에서 폭풍우 때문에 바닥으로 떨어져 버린다. 어떠한 어려움이 있어도 참고 희망을 잃지 않는다면 결국에는 '가미가제'가 불어 살아날 수 있다는 메시지를 당시 관객에게 주고 있다고 볼 수 있다. 그러나 제목(〈거미와 튤립〉)에는 주인공인 무당벌레가 표기되어있지 않은데다가 조연들을 살펴봐도 적과 아군의 범주마저 분명치 않다.

존 다우어John W. Dower는 아시아태평양전쟁 중 일본 민속지에서 도깨비 표상이 양의적으로 나타났다는 점에 주목하여, 적이었던 도깨비가 패전을 계기로 수호자 도깨비로 전환되는 메커니즘을 간파했다.[16] 마찬가지로 〈거미와 튤립〉에서도 비판적인 양의성이 확보됨으로써 깊이 있는 해석이 가능했고 애니메이션 역사상 길이 남을 걸작

---

9 19세기 중·후반 미국에서 유행했던 코미디 풍의 쇼이다. 백인이 얼굴을 검게 분장하고 흑인 풍의 노래와 춤을 선보이며, 흑인노예의 삶을 희화화했다.
10 태평양전쟁 직전 미국, 영국, 중국, 네덜란드 4개국이 남진하는 일본에 대하여 형성한 대일 경제제재 봉쇄망으로 일본정부가 대외 위기를 부추기기 위해 선전했던 말이다. ABCD는 America, Britain, China, Dutch의 알파벳 첫 글자를 뜻한다.
11 일본어에서 くも는 거미와 구름을 가리키는 동음이의어이다.

이 될 수 있었다. 이 작품에서 일본인의 자기 표상이 '벌레', '소녀'라는 점에 주목하고 싶다.

전쟁기간 중 영미 프로파간다에 적의 표상을 동물과 중첩시키는 것은 차별의 의미를 지닌다. 게다가 동물 이하라고 여겨지는 적을 벌레로 빗대는 것은 더욱 강한 멸시적 의미를 갖는다. 그런데 일본 애니메이션이 스스로를 벌레＝소녀와 동일화하고 또한 여기에 '귀여움'을 강조하는 연출을 더한 것은 특히 주목할 만하다.

2) '소녀'로 표상되는 천황

전후 일본과 미국의 관계를 모든 일본인이 직감하게 만든 한 장의 사진이 있다. 그것은 1945년 9월 27일 쇼와천황과 맥아더 원수가 처음으로 만났을 때 찍은 3장의 사진 중 하나다. GHQ가 일본 내무성의 반대를 무시하고 9월 29일자 전국 신문 일면 톱에 싣도록 지시한 이 사진은 일본인의 마음 깊숙이 각인되었다.

사진에는 모닝 코트를 입고 부동자세로 긴장한 천황 옆에 윗 단추를 푼 셔츠차림으로 양손을 여유롭게 허리에 올리고 있는 맥아더의 모습이 찍혀있었다. 많은 사람들은 맥아더의 모습에서 전쟁 승리자의 여유와 느긋함을 보았으리라. 그러나 사진으로 표상된 맥아더와 천황의 관계에 대해서는 다양한 논평이 나왔다.

주일대사였던 에드윈 라이샤워Edwin Reischauer는 미일관계를 '성적性的인 관계'로 보았다. 더글러스 러미스Douglas Lummis는 이 사진이 에드윈 라이샤워에게는 '결혼기념사진'처럼 보였을 것이라고 파악했다.[17] 문예평론가 가토 노리히로加藤典洋는 러미스의 의견에 주목하면서 일본이 미국에 의존하는 것 자체를 '터부'시 하게 된 일본문학계를 문제 삼았다.[18] 또한 해리 하루투니언Harry D. Harootunian은 미국과 일본의 결혼이라는 표상의 '실제 의도는 신부를 신랑의 집으로 끌어들임으로써 신부를 변화시키는 것'이라고 해석했다.[19]

그러나 이 글에서는 이들과 다르게 해석한다. 미국과 일본 사이에 성적 흡인력이 작동해서 '결혼'에 도달했다는 해석은 일부 친일적 남성에게는 통용되어도 일반적으로는 성립되지 않는다. 이 사진에서 표상되는 천황은 자신의 나약함을 자각한 나머지 경직된 '소녀'의 모습이었다. 더 과감하게 말하자면 숙주를 앞에 두고 긴장한 기생'충'의 모습이었다.[20] 따라서 많은 사람들이 정체를 알 수 없는 혐오감을 느꼈던 것이다. 가토 노리히로가 민감하게 느꼈던 '터부'란, 그의 말을 인용하자면 "일본은 미국 없이는 아무 것도 할 수 없다는 마음을 깊이 감추고 있으며, 이를 미국이 없어도 잘할 수 있다는 몸짓으로 은폐하고 있는" 데에서 발생한 것이다. 다시 말해 은폐된 것은 '기생충'인 자신 즉, 일본의 모습이다.

천황을 '소녀 = 벌레'로 직관적으로 포착하는 것과 '어머니라는 존재의 상실'은 연관성이 있으며 전후 하위문화 작품에 영향을 미쳤다.

3) 〈바람계곡의 나우시카〉에 나타난 소녀상의 전환

소녀만화 잡지가 잇따라 창간되고(『주간 마가레트週刊マ―ガレット』, 『주간 소녀 프렌드週刊少女フレンド』, 둘 다 1963년에 창간됨) 소녀만화의 주요 테마가 '모성'에서 '학교'로 전환되는[21] 수년 동안, 문학계에서도 '모성 상실'이 커다란 주제로 부상했다. 에토 준江藤淳의 『성숙과 상실―'모성'의 붕괴成熟と喪失―'母'の崩壊』(1967)는 당시 대표작 중 하나이다. 에토 준

은 어머니＝자연의 상실과 부성의 성숙을 한 쌍으로 보았다. 그런데 미야자키 하야오의 〈바람계곡의 나우시카〉는 어머니＝자연의 상실을 전제로 하면서도 에토 준과는 전혀 다른 방향으로 나아갔다.

애니메이션 〈바람계곡의 나우시카〉와 만화 『바람계곡의 나우시카』에서 작가가 그리는 소녀상은 크게 다르지만 그 밑바탕에는 둘 다 유형성숙이라는 사고방식이 깔려있다.

유형성숙이란 생물학적으로 인간의 특이성을 드러내는 개념이다. 유아나 태아의 특징이 성인까지 이어져서 개체의 발달이 지연retardation되는데, 이것이 역설적으로 인간이라는 생물종의 진화를 불러일으켰다는 설이다. 실제로 이는 인간뿐만 아니라 암모나이트나 곤충 등 가장 성공한 동물군의 진화 양식이라 할 수 있다. 성충이 유태를 보존한 채 성적性的으로 성숙하는 곤충의 유형성숙과 인간의 유형성숙은 이와 같은 공통점이 있다. 가모노 마부치賀茂眞淵가 말했듯이 "인간도 짐승도 새도 벌레도 똑같이 성장한다"라고 하지 않을 수 없다.[22]

독립in-dependent＝'의존하지 않는 것'과 개인in-dividual＝'나눠지지 않는 것'에 기초를 둔 세계관은 일찍 독립한 개인인 '어른'이 되는 것에 가치를 둔다. 그 때문에 유형성숙이라는 창발적創發的 개념을 '유아퇴행증'이라는 병리 개념으로 치환시켜 버린다. 예를 들면 1950년 영국 BBC에서 방영된 '피터팬과 진화'라는 제목의 일반인 대상 강연에서 "어른이 되지 않는 피터팬은 생물학적으로 중요한 진화의 비밀을 쥐고 있다"라는 대목이 나온다. 이것은 '피터팬 신드롬'이라는 왜곡된 형태로 사람들 입에 오르내렸고 일본도 그렇게 받아들였다.[23]

그런데 일본 하위문화에서는 이러한 유형성숙이라는 테마가 일관되게 이어졌다. 이번 장에서는 미야자키 하야오의 〈바람계곡의 나우시카〉에 나타나는 유형성숙을 간단히 살펴보고자 한다. 일본 하위문

241

화에는 유형성숙이라는 테마가 넘쳐흐른다고 해도 과언은 아니다.24)
이 글에서는 살펴볼 여유가 없지만 일본에서 유형성숙이 소녀성숙이
라는 테마로 변용되었다는 논의도 가능할 것이다.

아시아태평양전쟁 이후 일본에서 다시금 '전쟁 그 이후'라는 문제
를(이 경우에는 '최종전쟁' 이후라는 설정이 되겠지만)들고 나온 작품이 미야
자키 하야오의 〈바람계곡의 나우시카〉이다. 여기서도 〈거미와 튤립〉
에서 보였던 소녀와 벌레라는 설정이 새로운 환경에서 되풀이되고
있다. 만화판이 월간지 『아니메주ｱﾆﾒｰｼﾞｭ』에 연재되던 도중에 애니
메이션이 제작되었다. 1984년에 극장 개봉된 애니메이션은 미야자키
하야오가 원작, 각본, 작화, 연출 전부를 담당한 첫 작품이다. 그 후
만화판은 세계 정세가 크게 변화하는 상황 속에서 계속 나왔고, 만화
단행본의 마지막 권은 1995년 한신·아와지 대지진 직전에 간행되었
다. 만화판 결말은 애니메이션과 크게 달라 많은 평론들이 쏟아져 나
왔다.25) 애니메이션은 극장 상영 이후에도 텔레비전을 통해 몇 번이
나 방송되어 국민 애니메이션 중 하나가 되었다.
　　미야자키 하야오는 〈바람계곡의 나우시카〉에서 하이브리드한 배
경을 가진 나우시카라는 캐릭터를 만들어냈다. 미야자키 하야오가
단행본 제1권 후기에서 기술했듯이 나우시카라는 이름은 고대 그리
스 시인 호메로스의 서사시 『오딧세이아Odysseia』에 등장하는 왕녀에서
따온 것이다. 그리고 또 다른 하나의 기원은 미야자키 하야오가 어린
시절 읽은 「벌레를 사랑한 아가씨虫愛ずる姫君」라는 이야기에서 유래했
다. 서양의 고전과 일본의 고전이 겹쳐진 히로인으로 나우시카라는
인물이 구상되었던 것이다. 이것은 1988년에 개봉된 미야자키 하야오
의 〈이웃집 토토로となりのﾄﾄﾛ〉의 주인공 자매 '사쓰키(일본어 5월)'와

'메이(영어 5월)'의 이름이 어떤 상상적 캐릭터의 두 가지 번역 형태인 것과 정반대의 형식으로 대응하고 있다.

「벌레를 사랑한 아가씨」는 헤이안平安 시대의 『쓰쓰미추나곤 이야기堤中納言物語』에 나오는 독특한 곤충애호가 이야기다. 주인공인 '벌레를 사랑한 아가씨'는 나비와 꽃을 좋아하는 보통의 아가씨(이웃에 사는 '나비를 사랑한 아가씨'가 대표적)와는 달리 송충이, 징그러운 벌레 등 다양한 벌레를 좋아하며 벌레가 탈바꿈되는 모습을 관찰하는 것을 즐긴다. 부모와 하인들은 화장이나 옷차림에 전혀 무관심한 아가씨 때문에 곤혹스러워 한다. 체면을 중시하는 부모는 딸을 꾸중하지만 아가씨는 이에 아랑곳하지 않고 "모든 만물은 그 기원을 찾고 그로부터 끝까지 봐야만 의미가 있는 것이지요. 송충이 때문에 저를 어리석다고 하신다면 그거야말로 유치한 것이에요. 송충이는 결국 아름다운 나비가 될 테니까요"라고 답했다. 미야자키 하야오는 대재앙 이후 세계에서 바람계곡의 족장 딸인 나우시카를 「벌레를 사랑한 아가씨」처럼 강한 의지와 통찰력을 가진 인물로 그린다.

소녀가 영웅으로 등장하여 세상을 구한다는 이야기에 많은 시청자들은 신선한 감동을 맛보았다. 생명윤리를 연구하는 모리오카 마사히로森岡正博는 모성이 세계를 구하는 시대에서 소녀가 세계를 구하는 시대로 이동했다고 흥분해서 말했다.26)

워낙 유명한 작품이므로 줄거리 소개는 생략하고 몇 가지 문제점을 지적하고자 한다.

주요 배경인 '부해腐海-썩은 바다'라고 불리는 숲은 독가스에 둘러싸여 있지만 고도공업화 사회의 오염물을 여과하는 정화기능을 감추고 있고, 이곳을 많은 벌레들이 지키고 있다. 그 중 왕격 존재인 오무王蟲는 거대한 체구에 14개의 눈동자를 가진 지적생명체이다. 오무王蟲

의 이름에는 약자 충虫이 아닌 정자正字 충蟲을 쓰고 있는데, 이 한자를 여기서 처음 본 일본인도 많았다. 거대한 오무와 소녀가 함께 있는 장면은 징그러움과 상냥함을 동시에 드러낸다. 이는 〈거미와 튤립〉처럼 (귀여운) 소녀와 (귀여운) 벌레라는 조합과는 반대되는 (용감한) 소녀와 (징그러운) 벌레라는 측면을 시각화시킴으로써 동일개념에 내재하는 모순되면서도 분리될 수 없는 양의성을 부각시키고 있다.

소녀와 오무가 접촉을 통해 커뮤니케이션하는 것을 살펴보자. 영화에는 오무의 유충에서 촉수가 뻗어 나와 나우시카와 '접촉'하자 그녀의 상처가 낫는 장면, 나우시카가 부는 곤충피리의 진동에 '접촉'함으로써 오무가 그녀의 마음을 이해하는 장면 등이 등장한다. 여기서 커뮤니케이션, 즉 정보의 교환을 '접촉'이라는 이해하기 쉬운 구체적인 형태로 시각화하고 있다는 점이 중요하다.

애니메이션 〈바람계곡의 나우시카〉는 소녀 나우시카의 자기 희생과 '순진무구'가 세계를 구원한다는 점에서 일시적 감동을 주기는 하지만 가벼운 휴머니즘적 영웅주의로 귀결되고 만다. 이러한 결말에 대해 작가가 자문자답하며 고뇌하는 과정이 만화 『바람계곡의 나우시카』에는 다소 혼란스럽긴 하지만 분명하게 드러나고 있다. 그 결과 만화 『바람계곡의 나우시카』의 결말은 멋지게 바뀌었다. 나우시카는 결국 자신의 두려움을 자각하면서 귀향(홈커밍)을 단념하고, '망명자'의 길을 택한다.27) 그것은 유형성숙적 삶이 갖는 하나의 궁극적 선택지를 나타낸다고도 볼 수 있다. 만화 『바람계곡의 나우시카』와 애니메이션 판의 차이는 애니메이션과 달리 만화 『바람계곡의 나우시카』는 같은 작가가 같은 이야기를 쓰면서 스스로의 변태 양상을 '소녀'에게 투사하여 기록하였다는 점이다.

만화 『바람계곡의 나우시카』에서 유형성숙의 지점을 하나만 짚어

보자면 모성이 소녀에게로 전수되는 부분이라고 할 수 있다. 『바람계곡의 나우시카』에는 유전공학과 기계공학의 융합으로 탄생한 로봇도 생물도 아닌 '최종병기' 거신병巨神兵이 등장한다. 애니메이션에서는 거신병이 제국주의 세력의 패권 다툼을 위한 '최종병기'로 그려지고 있다. 그런데 만화『바람계곡의 나우시카』에서는 우연히 자아가 생겨난 거신병이 소녀 나우시카를 '엄마'라고 부르는 장면이 나온다. 병기의 파괴성을 잘 알고 있던 나우시카는 속으로는 거신병이 죽기를 원했다. 그러나 본심을 드러내지 않고 "나는 네 엄마야"라고 대답하고, "착한 일을 하라"고 타이르며 최신 복제기술에 의해 재생된 거신병을 에프탈어[12]로 '순진무구'를 뜻하는 오마라고 부른다.

전후에 형성된 소녀와 순진문구라는 신화는 일단 애니메이션 〈바람계곡의 나우시카〉로 강화된 듯 보이지만 같은 작가에 의해 끝을 맺게 된다. 만화『바람계곡의 나우시카』에서는 해골 모습을 한 허무가 나우시카에게 다음과 같이 말을 건넨다. "너는 정말 말도 안되는 내숭쟁이야, 언제까지 순진무구한 아이인 양 굴 거야? 그래봐야 금방 들키지 ……. 너는 인간 어른이야. 저주받은 종족의 피를 받은 여자란 말이야."(제5권, 142면)

인간이 자연과 공존하는 길을 선택하기만 하면 깨끗하고 밝은 미래가 열린다는 낙관적 세계관이 만화『바람계곡의 나우시카』에서는 180°로 변화한다. 나우시카는 "산다는 것은 변한다는 것이다. 오무도 점균도 초목도 인간도 변해가겠지 ……. 그렇지만 너는 변할 수 없어. 계획된 운명이 있을 뿐이야. 죽음을 부정하고 있으니까 ……"라고 말한다. 이 부분에서도 두려움을 동반한 유형성숙 개념을 엿볼 수 있다.

---

12 에프탈Ephthalites은 5세기 중엽부터 약 1세기 동안 투하리스탄을 중심으로 투르키스탄과 서북 인도에 세력을 떨친 이란계 유목 민족이다.

5. 로봇과 벌레

전후 일본 하위문화의 중요한 흐름 중 하나는 로봇이 등장하는 만화나 애니메이션이다. 로봇이라는 단어의 기원은 체코의 극작가 카렐 차페크Karel Čapek의 희곡에 등장하는 노동을 의미하는 체코어 로보타robota에서 유래한다. 동물은 가축이 되어야 비로소 인간에게 노동력을 제공하지만 곤충의 경우에는 존재 자체가 노동과 뗄 수 없는 듯한 인상을 준다. 개미나 벌이 묵묵히 일하는 모습은 공장의 로봇 노동을 연상시킨다. 그러나 로봇애니메이션의 테마와 벌레의 연관성은 다른 지점에 있다. 이는 간단히 말하자면 어떻게 '대리'가 가능한가, 기계에 '마음'이 있을까라는 풀기 힘든 문제와 씨름하는 것이다. 여기에도 유형성숙의 문제가 등장한다.

1) 〈철완 아톰鐵腕アトム〉[13]과 벌레

데즈카 오사무는 전후 일본인에게 큰 영향을 미친 '철완 아톰'이라는 캐릭터를 만들었다. 〈철완 아톰〉은 일본 로봇애니메이션과 로봇 연구에 커다란 영향을 미쳤다. 여기에는 '소년·소녀물'이라는 일본 특유의 장르를 가로지르는 중요한 주제가 나타나 있다. 오즈카 에이

---

13   데즈카 오사무의 『철완 아톰』은 마이니치방송毎日放送이 제작하고 후지테레비フジテレビ 계열에서 1959년부터 1960년까지 방송되었다. 한국에서는 〈우주소년 아톰〉이라는 제목으로 1970년 TBC TV를 통해 1963년작 흑백판이 처음 선보였으며 1983년 KBS 1TV를 통해 〈돌아온 아톰〉이란 제목으로, 1982년작 컬러비전 더빙판이 반영되었으며, 1994년에는 SBS를 통해 〈우주소년 아톰〉이란 제목으로 컬러버전이 재방영되었다.

지大塚英志는 이것을 '아톰 명제'라고 부르며, '어른이 될 수 없는 신체를 가진 아이가 어떻게 하면 어른이 될 수 있을까'라는 '성숙의 어려움'에 관한 문제를 제기했다.28) 〈철완 아톰〉의 전신인 〈아톰 대사アトム大使〉에는 아톰 탄생의 배경으로 저명한 과학자 텐바天馬박사가 교통사고로 죽은 아들을 대신하여 로봇을 만드는 이야기가 나온다. 그런데 텐바 박사는 로봇은 성장하지 않는다는 '무서운 결점'에 상심한 나머지 로봇을 서커스단에 팔아버리고, 그 로봇은 아톰이라고 불리게 된다. 그런데 잡지 『소년少年』에 연재(첫 출판)될 당시에는 아톰이 어른이 될 가능성을 시사하는 다음과 같은 일화가 있었다.

자신의 의지를 보여주기 위해 스스로 목(머리)을 떼어 내밀며 우주인과 인류 사이를 조정하는 역할을 무사히 마친 아톰은 그에 대한 보답으로 우주인으로부터 또 하나의 머리를 선물 받는다. 선물 안에 들어있던 편지에는 "아톰, 너의 얼굴을 참고해서 어른 얼굴을 만들었어. 너도 언제까지 소년일 순 없잖아. 다음에 만날 때는 어른으로 만나자. 안녕"이라고 쓰여 있었다. 그리고 어른 아톰의 로봇머리가 상자 안에 들어있었다.29) 그러나 그 후 〈철완 아톰〉시리즈가 본격적으로 시작되면서 아톰이 '성장'해서 어른 얼굴로 바뀌는 일은 결코 일어나지 않았다. 이후 다른 작품 속에서도 예를 들어 〈블랙잭ブラック・ジャック〉에 나오는 피노코ピノコ와 같이 어른이면서도 어린 소녀의 모습을 한 인공신체를 가진 여성이나 〈도로로どろろ〉의 핫키마루百鬼丸라는 성장하는 신체를 요괴에게 빼앗긴 인물이 그려지는 등 '성장하지 않는 신체'라는 주제가 자주 등장한다. 성장하지 않는 신체를 가진 자는 어떻게 하면 어른이 될 수 있을까라는 '아톰 명제'는 '피터팬 신드롬'이나 '어덜트 칠드런' 문제와도 교차하면서 전후 일본 사회를 바라볼 때 각 시대별로 변주되어 사회문제로 취급되어 왔다.

247

〈아톰대사〉에서 우주인한테 받은 '편지'나 이러한 '사회문제'에서 공통되는 전제는, 아이와 어른이라는 이항대립의 구조 속에서 어른의 시각으로 아이의 '성장'을 촉진하는 것이 건전한 사회화로 이어진다는 것이다. 정치적으로 번역하면 '보통국가'론 식의 논의로 이어진다.

그런데 데즈카 오사무가 결국은 철완 아톰을 평생 성장시키지 않았듯이, 소년·소녀성은 '순진무구'와 결부되어 오염된 어른 세계에 대한 안티테제의 아이콘이 되는 경우도 있다. 작은 몸집의 호시 휴마星飛雄馬가 자이언트 팀에서 쫓겨난 아버지를 대신하여 '야구로봇'이 될 정도로 야구에 몰두하는 모습을 그린 『거인의 별巨人の星』, 그리고 주인공 야부키 죠矢吹ジョー의 라이벌인 리키이시 토루力石徹가 가혹한 체중 감량을 견디면서 밴텀급으로 등급을 내려 자신의 신체 성장을 거스르면서까지 복싱을 '순진무구'하게 지켜내고 링에서 모든 것을 불사른 『내일의 죠あしたのジョー』[14] 등은 오즈카 에이지가 분석했듯이 '아톰 명제' 범위 내에 있는 이야기였다.[30] 아톰 명제는 뒤집어보면 '성장하지 않고 아이인 채로 있기 때문에' 아톰의 매력은 사라지지 않고 계속될 수 있다. 아톰은 사랑, 우정, 호기심, 정직, 관용, 착한 마음, 따뜻한 지성 등 어린아이가 가진 유형성숙적 충동으로 거론되는 성향을 모두 갖춘 명랑한 로봇으로 인기를 모았다. 유형성숙에 관한 서구의 이론도 이러한 명랑하고 낙천적인 측면만을 강조하는 경향이 있다는 점을 부정할 수 없다.[31]

일본의 전후 하위문화가 두 차례 전환기에 이룬 성과 가운데 하나는 유형성숙의 어두운 면, 즉 '징그러움'을 드러낸 것이다. 그리고 그

---

14 1968~73년에 고단샤講談社의 『주간 소년 매거진』에서 연재되었다. 1970년 애니메이션으로 시리즈가 나왔고 1980년 후속편 애니메이션 시리즈가 만들어졌다. 원제는 '내일의 죠'이지만 한국에서는 서울문화사에서 『허리케인 죠』로 간행했다.

사상적 원류를 따라가 보면 그곳에서도 '벌레'사상과 교차하게 된다.

2) 마음의 근원인 세 마리 벌레三虫

인간의 신체 속에 욕동欲動을 유발하는 벌레가 있다는 개념은 고대 중국에서 탄생하였고, 이는 동아시아문화권에서 유대교나 기독교와는 근본적으로 다른 인간 이해를 이끌어왔다. 『논형論衡』의 상충商虫편이나 『후한서後漢書』의 방술전方術伝 등에서 도교적으로 인간을 이해한 바에 따르면, 인간의 신체 속에는 세 마리(?)의 벌레와 같은 체내신體內神이 있다고 한다.

삼시三尸(三虫)[15]라는 이름으로 알려진 이 벌레들은 인체의 머리·등·배 세 곳에 살면서 물욕·식욕·색욕을 일으키는 체내신으로 간주되었다. "인간 욕망의 근원인 동시에 그 욕망을 감시하는 역할을 한다는 삼시의 모순된 성격은 인간 '마음'의 존재양식과 중첩된다"는 이시다 히데미石田秀實의 고찰은 시사하는 바가 크다.[32]

일본어에는 '무시(벌레)'를 포함한 관용구가 놀랄 정도로 많다. 다음과 같은 예들은 '벌레'를 주격으로 하는 감정 표현의 다양성을 보여준다. 예를 들면 벌레가 잠잠해진다(화가 가라앉는다), 벌레가 좋아하지 않는다(왠지 마음에 들지 않는다), 벌레가 조용해진다(짜증이 가라앉는다), 벌

249

---

15 도교에서는 사람의 몸속에 있으면서 해악을 끼치거나 경신일庚申日 밤에 몸에서 빠져나가 상제上帝에게 죄를 보고하여 사람의 수명을 단축시킨다고 하는 3마리의 벌레. 삼시 가운데 상시上尸는 머리를 번잡하게 하고 욕심을 많게 하며 중시中尸는 음식을 탐하고 원기부족·건망증에 걸리게 한다. 하시下尸는 색욕에 빠지게 한다. 이와 같이 여러 가지로 사람에게 해롭기 때문에 장생불사를 위해서는 삼시를 반드시 없애버려야 한다고 말한다.

레가 움직인다(깜짝 놀라다), 벌레가 있기에 나쁘다(기분이 나쁘다) 등의 관용구가 있다. 이는 사람의 감정을 벌레를 주어로 대리 표현하거나 사람의 감정 표출 원인을 벌레의 움직임에서 찾거나 하는, 사람과 벌레의 위계적 차이를 거의 무시한 표현이다. 이런 관용구들에서 특히 긍정적 감정에서는 벌레가 사용되지 않는다. 벌레가 일어나다(배가 아프다), 벌레가 나오다(병에 걸린다), 벌레가 꿈틀댄다(기생충 때문에 배가 아프다) 등에 이르러서는 벌레가 인간 병의 원인으로 규정되기도 한다. 그러나 반대로 벌레가 있다(인간으로서 고집이 있다. 자존심이나 명예심을 가지고 있다)라는 표현처럼 벌레를 인간성의 고등한 부분의 담당자로 파악하는 관용구도 존재한다. 이렇게 좋든 나쁘든 벌레와 동화된 일본어의 관용구 속에서 벌레는 인간 욕동을 담당한다고도 볼 수 있다. 실제로 물욕·식욕·색욕을 환기시키면서 그것들을 컨트롤하는 삼시(세 벌레)는 프로이트Sigmund Freud의 대상 리비도, 자아 리비도, 성 리비도를 떠올리게 한다. 게다가 초자아까지 내재시킨 점이 흥미롭다. '벌레가 전하는 소식'이라는 관용구는 예언자를 내재화하고 있다.

3) 거대 로봇과 벌레

로봇애니메이션 역사를 보면, 주제는 데즈카 오사무의 〈철완 아톰〉에 나오는 성장하지 않는 로봇이라는 명제를 참조하며, 로봇의 외양은 거대화 일변도로 변화했다. 원격 조정하는 〈철인 28호鐵人二八号〉[16] 계열로부터 일본은 모빌 슈트mobile suit[17] 계열 거대 로봇 장르라는

---

16 만화가 요코야마 미쓰테루橫山光輝(1934~2004)의 대표작으로 무적 로봇 철인 28호가 활약하는 SF로봇 만화이다. 1956~66년에 월간지 『소년少年』(光文社)에 연재되었다.

독자적인 로봇 디자인을 발달시켰다. 이 모빌 슈트 계열 로봇은 내부에 조종자인 파일럿(대부분 소년·소녀)이 들어가서 그들의 의식·무의식과 공동 작업하는 형태로 작동된다.

이는 인간 체내에 벌레(삼시)가 욕동을 발동시키고 조정하는 것과 반대로, 로봇에 탄 소년·소녀 파일럿이 삼시의 역할을 하는 것이다. 아주 작은 벌레와 인간 신체의 관계를 역전시켰기 때문에 모빌 슈트 로봇은 거대한 인간의 모습이 되지 않으면 안되었다. 서구의 '동물' 관념으로는 원격조작 로봇은 생겨날 수 있어도 모빌 슈트 계열의 로봇 애니메이션은 탄생할 수 없다.

우에노 토시야上野俊哉가 정확하게 지적했듯이 1970년대 이후 로봇 애니메이션의 특징인 모빌 슈트는 일본의 하코니와箱庭[18]식의 인공 도시라는 피막 안에 있는 '자기라는 껍질', 혹은 '식민지화된 신체'이며 '자기 식민지화'라는 문제를 안으로 우리를 유혹하는 장치이기도 했다.[33] 다시 말하자면 자기 = 가정 = 국가라는 '도무스DOMUS', 즉 자기 가축화self-domestication에 어떻게 저항할 것인가가 문제다.[34] 거대 로봇이라는 구속 장치에 '곤충 = 태아'로 탑승하는 파일럿은 DNA 중심 도그마에 역전사를 노리는 RNA 바이러스의 움직임을 모방하는 '레트로바이러스'인 셈이다.

사실 〈철완 아톰〉에서도 삼시(세 마리 벌레)를 연상시키는 설정이 나온다. 철완 아톰의 에너지원은 원자력이다. (그러나 아톰이 엉덩이에 '에너지'를 모을 때 관장灌腸하는 것처럼 에로틱한 표정을 짓는 것은 왜일까) 제어장치는 머리가 아닌 '가슴'에 있는 전자두뇌가 담당한다. 그리고 전자두뇌

---

17 모빌 슈트MOBILE SUIT란 애니메이션 〈기동전사 건담機動戦士ガンダム〉을 시작으로 하는 「건담 시리즈ガンダムシリーズ」에 등장하는 가공 병기 중 하나이다. 일종의 로봇으로 대부분의 경우 인간의 모습을 한 유인기동병기를 가리킨다.
18 얕은 상자에 모형으로 꾸민 정원이나 산수의 풍경을 말한다.

의 이미지는 초기 작품을 보면 가슴에 넣은 세 개의 '진공관 형태'였다 (「화성탐험 편火星探險の卷」). 이것은 바로 근대적인 모습으로 응축된 '삼 시'가 아닐까. 철완 아톰이 로봇이면서 '마음'의 문제에 집착하는 것도 그 가슴에 들어있는 '삼시' 때문이 아닐까 상상해본다. 철완 아톰이 '아니마를 가진 기계'라고 불리는 것도 이러한 구조상 장치가 숨겨져 있기 때문일지도 모른다. 이와 같은 '마음의 문제'와 더불어 진공관 형태의 제어장치가 로봇 애니메이션으로 회귀한 문제작으로 빼놓을 수 없는 작품이 〈신세기 에반게리온新世紀エヴァゲリオン〉(1995)이다. 이 애 니메이션은 엔트리 플러그라는 조종석에 14살 소년·소녀를 탑승시 켜 시대와 공명한 작품이다.

   〈신세기 에반게리온〉(이하 〈에반게리온〉)은 전후 일본 애니메이션 작 품 중 시청자로부터 가장 많은 양가적 논평을 끌어내는데 성공한 작 품이다. 일본 애니메이션이 '재패니메이션'이라 불리기 시작하며 유 행하던 시기의 정점인 1995년 10월부터 〈에반게리온〉은 테레비도쿄 계열 방송에서 어린이 시청 시간대에 방영되었다. 이후 점차 높은 연 령대의 시청자들 사이에서 인터넷을 통해 의견 교환이 활발히 이루 어졌다. 최종 2회분은 일반적인 애니메이션 이야기 종결과 달랐고, 방송이 끝난 후에 오타쿠(잠재적 오타쿠, 갑자기 등장한 오타쿠 포함)는 물론 대중매체나 학계에까지 큰 반향을 불러일으켰다. 〈에반게리온〉은 전 후 일본 하위문화의 표상을 이야기할 때 빼놓을 수 없는 작품이 되었 다. 이 글에서는 벌레라는 주제와 관련해서 두세 가지만 언급하기로 하겠다.

4) 〈에반게리온〉과 유형성숙

에반게리온이라는 거대 로봇을 조종할 수 있는 사람은 선택받은 14살 아이들('칠드런'이라 불림)로 한정된다. 그들은 L.C.L. 용액이 가득 담긴 '엔트리 플러그'라는 캡슐 안에서 액체 호흡을 하며 자신들의 신경 흐름을 에반게리온 로봇과 동기화syncronization하여 로봇을 조종한다.

'피 냄새'가 나는 L.C.L. 용액은 자궁 내 양수를 연상시키고, 파일럿들은 에반게리온이라는 '어머니'로 모태 회귀하여 '태아화'된다. 유형성숙을 태아화fetalization라고 해석하는 루이스 볼크Louis Bolk(1866~1930)가 말하는 상황과 완벽하게 일치한다. 파일럿과 로봇이 동기화하여 움직인다는 설정은 삼시를 연상시키며 원통형의 엔트리 플러그는 벌레로 간주될 수 있다.

거대 로봇 애니메이션으로 나가는 전환점이 된 나가이 고永井豪의 〈마징가 ZマジンガーZ〉에서는 인간이 로봇의 머리에 탑승해서 조종하는 설정이었다. 그러나 〈에반게리온〉에서는 인간이 로봇의 척수에 삽입된다. 마치 이는 도교의 체내신을 상기시키는 '사람과 아주 닮은 형태'의 벌레가 '심장부의 뒷부분'에 있다는 중시中尸의 개념과 호응하는 듯하다.35) 중시는 삼시 중에서도 식욕을 담당한다. 19화에는 에반게리온이 '폭주'하여 동물(곤충) 같이 '사도'를 아귀처럼 잡아먹는 참혹한 장면이 클라이맥스로 나온다. 19화 영문 타이틀은 바로 'INTROJECTION(섭취)'인데 이 단어는 (안으로 던져 넣는다는 원래 의미에서) 포식행위의 의미를 보여주고 있다. '에바의 각성'을 불러일으킨 이 행위는 태아화된 소년 신지와 어머니의 영혼이 담긴 에반게리온 초호기의 '싱크로율 400%'이라는 공진 상태가 일으킨 '무시무시함의 표출' 상황이었다.

거대 로봇 에반게리온도 평소에는 엄빌리컬 케이블umbilical cable(탯줄)

이라 불리는 동력 케이블을 통해 에너지를 공급받는 구조로 되어 있다. 작전 본부와 연결되어 있는 '태아화'된 거대 로봇인 셈이다. 그리고 본부에서 로봇 컨트롤을 지원하는 것은 세 파트로 구성된 유기 컴퓨터시스템이다. 각각의 파트에는 주임 과학자 아카키 리쓰코赤木リツコ 모친의 세 가지 인격 즉, '과학자', '어머니', '여자'의 측면이 겹쳐진 구조로 되어 있다. 그런데 마기시스템이라 불리는 유기有機컴퓨터의 세 파트에는 발타자르, 멜키오르, 캐스퍼라고 하는 서양 남성성을 상징하는 명칭이 붙어있다.36) 다음 장에서 언급하겠지만 여기서 서양적, 남성적인 것에 '기생'하면서 동양적, 여성적인 것을 동시에 발현시키는 전략을 볼 수 있다.

6. 변태와 기생의 문화정치학

변태는 벌레에 관한 주제에 속한다. 누구나 유충에서 번데기로 다시 아름다운 나비로 변태를 거듭하는 벌레에 감탄하지 않을 수 없다. 외형이 크게 달라져도 내적으로는 동일성을 유지하는 벌레의 변태는 사물을 주의 깊게 관찰하는 인간에게 마르지 않는 이야기의 원천이다. 겉으로 보기에 흉하다고 여겨지는 자신이나 자신의 연장으로서의 국가가 실은 아름다운 속내를 감추고 있으며 이윽고 그것이 현실로 드러난다고 생각하는 것은 잠재적 나르시시즘을 자극하기에 충분한 요소이다. 메이지 이후 아시아태평양전쟁의 패전에 이르기까지 서구인과 절충해오면서 안으로 누적된 콤플렉스의 해소를 꿈꾸는 이야기를 감추고 있다.

일본의 전후 하위문화에 등장한 '변신'을 다룬 작품들의 배경에는 확실히 이러한 내셔널한 욕망이 자리 잡고 있다. '울트라맨'이나 '가면라이더'처럼 한 시대를 풍미한 캐릭터 디자인은 곤충을 모델로 하고 있다. 그 이야기에서 '변신'이 핵심요소로 등장하는 것은 곤충의 변태에 대한 은밀한 경탄에서 비롯되었다고 생각한다.

데즈카 오사무도 스스로 '변신'을 다룬 작품에 대한 편애를 이야기했고, 형태가 변하는 것을 살아있다는 증거로 삼았다. 그러나 데즈카 오사무 만화에 자주 등장하는 '변신'을 다룬 작품에는 반드시 변신에 대한 동경만이 아니라 변신에 대한 공포도 내포하고 있다는 점에 주목해야한다. 오노 아키라大野晃는 데즈카 오사무의 변신 모티브를 '변용'이라는 개념을 사용해 울트라맨이나 가면라이더의 '변신'과 구별했다. 공포의 대상이 되거나 비극의 계기가 되는 변용의 주제에 주목한 것이다. 37)

데즈카 오사무의 변신에 대한 양의적인 이해의 배경에는 곤충의 '징그러움'까지 잘 알고 있는 곤충 소년의 섬세한 관찰이 있었으리라. 여기서 강조하고 싶은 바는 세계 각국에서 채집된 민화에서 '변신'을 다룬 작품과 벌레의 변태는 논리적 위상이 다르다는 점이다.

'동물'이 '인간'으로 변신하거나 '인간'이 '동물'로 변신하는, '변신'을 다룬 작품에는 이미 이항대립적인 개념이 전제되어 있다. 이는 두 개의 항 중 어느 한 쪽이 비약적으로 '변신'하기 때문에 '인간'이나 '동물' 각각의 항은 훼손되지 않고 개념적 동일성을 유지할 수 있다. 그러나 벌레의 변태는 동일한 범주 내에서의 '변신'이기 때문에, 오히려 동일한 범주 내에 잠재하는 다양성 혹은 다형성을 드러내게 된다. 유형성숙이라는 테마가 흥미로운 것도 '인간' 개념 안에 잠들어 있는 잠재적

255

다형성을 드러내게 하기 때문이다.38)

여기서 질 들뢰즈Gilles Deleuze와 펠릭스 가타리Felix Guattari에 따라 마크 드리스콜Mark Driscoll이 말하는 '변태기계'라는 매개항을 접목하는 것도 가능하다.39) 변태는 '이항대립관계에서 사전에 그 경계를 침범하는 것이며, 또한 사후적으로 과잉성을 불러일으킨 것'이다. 이런 점에서 '변태'는 '일탈'하여 그 말의 본뜻인 '전환점으로 향한다per-version'는 의미로 파악될 수 있다. 이러한 '변태성'은 이 글에서 다루고 있는 유형성숙 혹은 유형진화pedomorphosis의 기초이다. 또한 이것은 분자생물학이 밝힌 바와 같이 어마어마하게 남아도는 유전정보를 가지고 있으면서도 언제든지 성질을 바꿀 준비가 되어있는 우리의 유전자 차원에서의 존재양태와 놀라울 정도로 겹친다.

1) 〈에반게리온〉에 나타난 '변태'

〈에반게리온〉은 경계선 위에서 벌어지는 이야기이다. 에반게리온과 동기화 가능한 주인공 파일럿들이 14살로 제한된 것은 이러한 경계선과 관련이 있다. 14살은 '어린이를 벗어나는' 경계에 위치하고 있다. 14살은 마오쩌둥 시절 중국이라면 '홍소병紅小兵'19에서 '홍위병紅衛兵'20이 되는 나이이고, 히틀러의 '제3제국'에서는 히틀러유겐트에 참가할 수 있는 나이이다. 일본 형법에서 규정된 형사상 미성년은 14세 미만이다. 문학작품을 예로 들어보면, 무로 사이세이室生犀星의 『유년 시

---

19 중국의 문화대혁명(1966~1976) 때 13세 미만의 초등학교 학생들까지 동원되었으며 이들을 홍소병紅小兵이라고 부른다.
20 중국의 문화대혁명의 일환으로 준군사적인 조직을 이루어 투쟁한 대학생 및 고교생 집단.

대幼年時代』의 마지막은 13세의 겨울이었다. 그리고 미시마 유키오三島由起夫의 『오후의 예항午後の曳航』에서 소년들은 어머니의 애인을 살해하기 위한 계획을 세울 때 '육법전서'의 형법 제41조 "14세에 이르지 않는 자의 행위는 벌하지 않는다"라는 부분을 소리 내어 읽으면서 확인한다.[40] 이러한 경계선에 위치한 소년·소녀는 어른 세계에서 남성과 여성, 적과 아군, 인간과 로봇, 인간과 동물, 인간과 인형, 오리지널과 복제 등 이항대립을 가르는 경계선의 자의성을 폭로하는 자격을 부여받는다.

〈에반게리온〉은 이러한 경계선에 걸쳐있는 '변태'이야기이기도 하다. 물리적인 경계선을 담은 장면도 많이 등장하며 카메라워크를 통해 경계 이야기의 중요성을 강조한다. 더욱 중요한 것은 개념상의 경계선을 넘는 행위를 '변태과정'으로 점차 영상화한 점이다.

'에바의 각성'이란 '로봇'과 '인간'으로 이항대립되어 각각에 내재된 '동물성'이 각성된 사태를 가리킨다. 작품 속에서 남성성의 상징으로 여겨지던 아담이 사실은 릴리스라는 여성성의 위장이었다는 것도 처음으로 사람의 형태를 빌려 등장한 사도使徒인 나기사 카오루渚カヲル를 통해서 밝혀진다. 호모 섹슈얼한 분위기를 풍기는 나기사 카오루는 '인간'으로 가장한 새로운 파일럿 예비군으로서, 주인공 신지의 섹슈얼리티를 유발시켰다. 그러나 릴리스의 위장을 간파하고 신지의 손에 소멸되는 길을 선택한다. 나기사 카오루의 성인 '渚'라는 한자는 'ï'와 '者'의 결합으로, 발음은 '시샤' 즉 사자使者와 사자死者[21]의 뜻을 가진 동음이의어이다. 그것을 따로따로 읽으면 양의적 의미를 갖는

---

21 '渚'라는 한자를 나누어보면 'シ'와 '者'로 나뉘며 'シ'는 일본 가타카나로 '시'로 읽을 수 있으며 '者'는 일본한자읽기로 '샤'로 읽히므로 '시샤'라는 조합으로 읽는다고 한다면, 사자使者나 사자死者와 발음이 같다.

다. 또한 일본어로 물가, 둔치라는 뜻의 나기사는 의미상 바다와 육지의 경계에 위치하기 때문에 나기사의 이미지는 은유적인 경계의 장소로서도 중요시되어 여러 번 사용된다.

TV 시리즈를 보완하여 제작한 극장판 〈신세기 에반게리온−에어−참된 마음을 그대에게新世紀エヴァゲリオン劇場版Air / まごころを、君に〉의 마지막 장면은 바로 나기사 즉 둔치가 무대이다. 주인공 신지가 바다와 육지 사이 둔치에서 쓰러진 아스카(마찬가지로 14살의 여성 파일럿)의 "─기분이 좋지 않아─"라는 마지막 대사를 들으며 이야기는 막을 내린다. 이 마지막 장면이 선명하게 인상에 남은 이유는 '징그러움'과 '변태성' 때문이다.

2) 〈에반게리온〉의 '기생寄生' 전략

〈에반게리온〉의 주된 공간은 제3 신도쿄시 지하에 설치된 네르프 본부로 돔이 뒤집어진 형태를 하고 있다. 그런데 가장 중심부에 위치한 것이 '터미널 도그마'라고 부르는 시설이다. '터미널 도그마'에 억류되어 있는 '아담'에게 '사도'라는 정체를 알 수 없는 '타자'가 집요하게 접촉을 시도한다. 아담의 얼굴은 가면으로 가려져 있고 그의 팔과 몸은 인공 피부 같은 것으로 감싸여 있다. 그리고 팔은 십자가 형태로 묶여있고 허리부터 잘라진 하반신에서 무수히 많은 작은 다리 모양의 촉수가 생겨나고 있다. 아담이라 여겨지던 이 자의 정체가 사실은 릴리스였다는 것이 이야기의 마지막 부분에서 나기사 카오루에 의해 밝혀진다. 릴리스는 일반적으로 알려진 아담의 부인 이브 즉 에바 이전에 아담의 첫 번째 부인으로 여겨지는 여성이다. 메소포타미아 민간전승을 거쳐서 유대교 외전에 그 이름이 기록되어 있다. 아담(남성)이라고 여겨지던 자가 여성이었을 뿐만 아니라 성경(센트럴 도그마)에서 편집되어 빠져버린 외전에 등장하는 여성의 이름이라는 점은 상당히 흥미롭다. 그것은 이중적인 의미로 이 애니메이션이 채택하고 있는 문화 전략을 부상시킨다. 그것은 기독교라는 '외래 = 비토착적' 종교 정전(센트럴 도그마)의 의장과 기호에 '기생'하면서 기독교 성경에서 제외된 문서에 나온 릴리스라는 기호를 전사시키고 있다. 이를 통해 '센트럴 도그마'가 어디까지나(정치적으로) 편집된 것임을 부각시키고, 또 외래의 이야기에 기생하면서도 자신도 '변태'로 향한다는 지극히 '벌레'적인 전략을 취했다.[41]

7. 마치며

'벌레'라는 주제는 '징그러움'을 빼고는 설명할 수는 없다. 우리들은 일반 '동물'에게 '징그러움'을 느끼지 못한다. 그러나 벌레는 '징그러움'을 항상 동반한다. 앞서 나온 릴리스도 하반신에서 수많은 미세한 하지를 복제하는 '징그러운' 존재이다. 릴리스는 〈아담-에바〉의 이중 나선 DNA 센트럴 도그마에 대항하는 RNA 레트로바이러스와 동일한 '징그러움'을 가지고 있는 존재라 할 수 있다. 전설에 따르면 그녀는 천사로부터 매일 100명 상당의 자식을 죽이라는 협박을 받을 정도로 아이를 많이 낳았으며, 날개가 있어 한밤중에 날면서 돌아다닌다고 한다. 이러한 묘사는 상당히 '벌레'적이다.

진짜 벌레인 살모사^蝮[22]가 독을 가지며 생물의 사체에 구더기가 우글거리는 것처럼 벌레는 '징그러운' 감정을 환기시키는 동시에 '죽음'의 이면에 항상 따라다닌다. 벌레는 '징그러운' 존재이면서 동시에 '작고 귀여운' 존재로 동일 존재의 양면을 나타내고 있다. 이것을 '전후 50년'이 되어서야 일본인은 겨우 느끼기 시작한 것이다.

전후 일본의 '순진무구'는 두 차례 실패를 경험했다. 연합적군 사건에서는 '정치적 순진무구'의 파탄을 경험했고, 지하철사린가스 사건에서는 '종교적 순진무구'의 파탄을 경험했다. 그러나 '전후 50주년'(뤼미에르 형제의 영화가 공개된 지 100주년을 기념하는 해이기도 하다)의 1995년에 봉인이 풀린 2개의 '반전영화'를 볼 때, '순진무구'의 신화가 아직 건재하다는 것을 알 수 있다.

히메유리 부대 소녀들의 헌신적인 희생을 그린 〈히메유리의 탑^{ひめゆりの塔}〉(이마이 타다시^{今井正} 감독)은 1953년에 개봉되어, 당시 600만 명을 넘는 관객을 동원했다. 이 영화는 전쟁이 끝나고 얼마 되지 않아 처음으로 일본인들에게 전쟁의 비극을 알게 한 대중영화라고 할 수 있다. 또한 동시에 내셔널한 평화에 대한 염원을 표출시키는데 성공한 영화라고도 볼 수 있다. 사람들은 희생된 '소녀'에게 자신을 중첩시키며 일본국의 평화를 기원했다. 비참한 오키나와전이 일어났을 때 일본이라는 나라의 경계는 대 일본제국이었으며, 오키나와는 물론 한국이나 타이완까지 포함되어 있었다. 오키나와 '소녀'들의 헌신적인 간호와 함께 '종군위안부'들의 헌신도 있었다는 것을 당시의 영화 관객은 알지 못했다. 한쪽의 '소녀'는 '순진무구'의 화신으로 국민적 기억 속에 각인되었고, 다른 한쪽의 '소녀'는 오랫동안 망각 속에 잊혀 있었

---

[22] 일본어에서 살모사를 마무시^{真虫}라고 부르기도 하는데 이 마무시는 진정한 벌레^虫라는 뜻을 포함하고 있다.

다. 종전 당시에 국경선이 다시 그려지면서 국민적 기억은 선택적으로 각인되었기 때문이다.

네 번째 리메이크인 1995년 판 〈히메유리의 탑〉(고야마 세이지로神山征二郎)은 '국민 미소녀'라 불리던 고토 쿠미코後藤久美子를 주인공으로 하여 전쟁의 비참함을 그리고, 나아가 흥미로운 엔딩을 가미했다. 카메라는 죽음의 참호를 탈출하고 살아남아 패전 후 병상에 누워있는 고토 쿠미코가 연기하는 '소녀'를 포착한 것이다. 간호한 보람도 없이 고독하게 병원 침대에서 죽음을 맞이한 쇠약한 '소녀'를 카메라 앵글이 잡으면서 영화는 끝난다. 불특정다수 국민의 시선 속에 보호받으며 침대 위에서 노환으로 죽은 쇼와천황과 전후 50주년을 기념해서 제작된 〈히메유리의 탑〉의 '소녀상'이 겹쳐지는 것은 단지 상상력의 비약일까. 또한 오랫동안 침묵을 지키다가 이제야 목소리를 낸 '소녀'인 '종군위안부'의 얼굴과 '소녀상'이 좀처럼 겹치지 않는 것은 빈곤한 상상력 탓일까.

전사한 학도병들의 남긴 글을 모은 『들어라 해신의 목소리きけ わだつみのこえ』도 전후를 대표하는 반전문학으로 200만이 넘는 독자들이 읽었고, 1950년 최초로 영화화되었다. 1995년도 리메이크 판 〈들어라 해신의 목소리〉(데메 마사노부出目昌伸)도 주인공들의 '순진무구'가 사람들의 마음에 호소하는 구조로 되어있다. 학도병뿐만 아니라 징용으로 연행된 한국인과 그 외 아시아인을 스크린에 등장시킨 것에서는 제작자의 '양심'적인 의도가 느껴진다. 그러나 영화에 등장하는 필리핀인 '희생자'나 한국인 '종군위안부'로 보이는 여성들은 학생인 주인공과는 특별한 관계를 맺지 않는 역할로, '부패한' 일부 군인에게 책임을 전가시켰고 학도병들의 '순진무구'는 상처입지 않고 보호되었다.

순진무구와 징그러움을 중첩시키는 것. 그것이야말로 오늘날 요구되는, 자신을 향한 투철한 시선은 아닐까. 주체성을 확립시키는 전략이 기만적인 것은, 주체sub-ject라는 장치에는 자신의 신체를 통째로 '왕' 아래 '내던지는jectare' 행위를 통해 사후적으로 주체성을 부여받음에도 불구하고, 스스로 독립된 힘에 의해 주체성을 쟁취한 듯한 착각이 들어 있기 때문이다. 단순하게 비유하자면 일본이 미국에 기생하면서 독립했다고 착각하고 있는 것과 같다. 그러나 실제로는 미국도 일본에 기생하고 있다. 이러한 사태를 공생이라는 단어로 말하는 것도 마찬가지로 기만적인 것이다. 주저하지 말고 정확하게 공기생共寄生이라고 표현해야 한다. '기생'을 배제한 순진무구한 사고는 연합적군의 참사를 불러일으켰고, 옴진리교의 테러를 발생시켰다. 그런 까닭에 우리는 우리가 이미 '기생충'적인 존재라는 자연과학적, 사회적 사실을 받아들여야한다(그들의 응석을 받아준다는 의미는 결코 아니다). 우리들(의 유전자)은 기생하면서 계속 진화하는 생물 = 벌레라는 사실은 징그러운 자신이라는 자기인식으로 이어진다. 그러나 그 징그러운 자신은 소년소녀의 순진무구를 동경하는 자신이기도 하다. 이러한 두 가지 자기상을 중첩시키면서 그 어긋남에 놀라 당황하는 데에서 포스트 '전후 50년'은 시작된다.

제3부 냉전, 기지, 경계를 넘는 문화

경계를 넘는 오키나와

경계를 넘는 오키나와[1]

아메리카니즘과 문화 변용

야카비 오사무 屋嘉比收[2]

1. 시작하며

전후 오키나와에서 '미국'은 어떤 모습으로 존재했고 어떤 영향을 미쳤는가. 또 오키나와는 '미국'을 어떻게 경험하고, 저항하고, 수용했는가. 그리고 그때 '일본'은 어떤 역할을 했는가. 이 글은 '경계를 넘는 오키나와'라는 주제로 전후 오키나와의 아메리카니즘에 대해 고찰한다.

---

[1] 이 글은 강현정이 번역했다.

[2] 1957~2010. 오키나와 출생. 1998년 규슈九州대학 대학원 비교문화사 연구 박사, 오키나와대학 법경학부 준교수. 대표 저서로는 『근대 오키나와의 지식인―시마부쿠로 젠파쓰의 궤적'近代沖縄'の知識人―島袋全発の軌跡』, 『오키나와전, 미군점령사를 다시 배운다―기억을 어떻게 계승할 것인가沖縄戦, 米軍占領史を学びなおす―記憶をいかに継承するか』가 있다.

논의에 앞서 우선 '미국'이 무엇을 의미하는지 질문할 필요가 있다. 요시미 슌야吉見俊哉는 20세기 아메리카니즘의 실상으로 "군사적·정치경제적 헤게모니"로서의 미국과, 자본주의의 대량생산 방식과 결부된 "대중소비문화로서의 미국적 생활양식"이라는 두 개의 '미국'을 지적한 바 있다. 이 두 개의 '미국'을 전후 일본의 아메리카니즘에도 적용할 수 있다. 이는 미군기지에 따른 '폭력'으로서의 미국과, 대중소비문화로서의 미국적 생활양식으로 크게 나뉜다. 요시미 슌야는 이를 하나의 동일한 신체인 '미국'에 대한 두 개의 다른 측면이라고 한다. 이 두 개의 '미국'은, 일본 본토가 고도경제성장을 향하던 1950년대 중반을 기점으로 둘 사이에 균열이 발생하여 간격이 벌어졌다고 한다.1) 그리고 그 배경에 1940년대 후반 이후 미국이 구상한 아시아 정책 즉, 동아시아 및 동남아시아 지역 전체에 대해 구상한 '지역통합' 정책이 있었다. 이는 아시아에서 일본을 하나의 축으로 하여 지역적 정치 질서와 경제 질서를 형성한다는 구상이었다. 다시 말해, 정치 질서에서는 미일 안보 체제를 중심으로 한국과 오키나와를 공산주의 방위를 위한 전선기지로 삼고, 경제 질서에서는 공업국 일본을 중심으로 한국과 대만, 그리고 동남아시아의 여러 나라를 원재료 공급지 및 시장으로 자리 매김하는 수직적 국제 분업을 구축하는 것이다.2)

이렇게 미국이 구상한 전후 아시아의 지역통합 구도는 전후 일본의 아메리카니즘을 고찰하는 데에도 중요한 틀을 제공하며, 마찬가지로 전후 오키나와의 아메리카니즘을 검토할 때도 주목할 만한 논점을 제기한다. 예를 들어 점령연구를 살펴보면 일본 본토와 오키나와는 통합 형태나 점령 정책에 큰 차이가 있었다. 일본 본토는 간접 점령 형태로 비군사화와 민주화가 추진되었고 '역逆 코스'3 이후에는 민주화보다 경제부흥책에 비중이 실렸다. 이에 반해 오키나와는 미군의 직접 점령에 따라 미군기지 확보와 기지의 안정적 사용이 정책적으로 가장 중요한 과제였다. 또 미국의 대일對日 점령 정책에서 일본의 경제부흥은 오키나와의 미군기지 보유와 '표리일체'를 이루며 추진되었다.

　주지하듯이 일본에서는 경제부흥을 위한 경제안정 9원칙[4]이 발표되었는데, 특히 수출산업 육성을 위한 재정금융 긴축 정책이 채택되면서 '엔저円低'[5]로 단일환율이 설정되었다. 이에 반해 오키나와에서는 미군기지 확보와 안정적 사용을 제1원칙으로 삼고 이를 수행하기 위한 경제적 제조건들을 정비하는 데 중점을 두었다. 구체적으로는 기지건설에 투하되는 막대한 자금의 파급효과를 최대한으로 활용하기 위한 경제 정책이 채택되었다. 또 빠른 기지건설을 위해, 시간이 걸리는 생활 물자는 지역 내에서 자급하지 않고 수입에 의존하는 정책이 우선시되었다. 금융 정책에 따라 'B엔고B円高'[6]의 환율이 설정되고, 오키나와 경제는 '기지 의존형 수입경제'로 유도되었다. 그리고 미국정부는 일본과 오키나와의 전후 부흥책을 효율적으로 연결시키기 위해 '달러의 이중사용' 정책을 실시했다. 이는 오키나와가 필요로 하는 생활 물자를 가능한 한 일본 본토에서 수입하도록 하는 것이

267

3　전후 일본에서 '일본의 민주화, 비군사화'에 역행하는 것으로 여겨지는 정치, 경제, 사회의 움직임으로 좌파에서 붙인 명칭이다. 이 명칭은 『요미우리読売신문』이 1951년 11월 2일부터 연재했던 특집기사에서 유래했다.

4　①균형 예산 ②증세 촉진 ③신용 확장의 엄격한 제한 ④임금 안정 계획의 입안 ⑤물가 통제 ⑥무역과 외환 통제의 강화 ⑦수출용 자재 배급의 효율화 ⑧주요 국산 원자재와 제품의 증산 ⑨식량 공출의 효율화.

5　엔화가치가 떨어지는 엔저현상은 일본제품의 달러 표시가격이 낮아지는 효과가 있으므로 일본상품 수출확대에 큰 도움이 된다. 반면 일본 내의 수입물가의 상승을 불러 서민생활을 압박, 소비심리를 떨어뜨린다.

6　B엔은 1945년부터 1958년 9월까지 미군점령하의 오키나와에서 유통된 미군이 발행한 통화이다. 1948년부터 1958년까지는 오키나와에서 유일한 정식 통화였다.

다.3) 더욱이 오키나와에서 실시되었던 미국의 정책은 대일관계뿐 아니라, 앞서 언급한 미국이 구상한 아시아 경제 질서와 관련된 것이기도 했다. 즉, 일본을 축으로 한국이나 대만 등 다른 동남아시아의 여러 나라에 할당한 수직적 국제 분업의 일환이었던 것이다. 이때 미일 간에는 오키나와에 대한 일본의 '잠재주권'이 인정되었고, 오키나와는 미국이 구상하는 아시아 정치질서에서 공산주의에 대한 방위 전선기지로 위치 지어졌다. 따라서 오키나와는 일본이 아닌 오히려 한국과 닮은 상황이었다고 할 수 있다.

한편 존 다우어John Dower는 오키나와가 군부의 지배하에 있었던 기간을 전후부터 미군점령이 끝나는 1972년까지로 고찰하는데, 여기에 1930년대 초부터 1945년까지 일본의 군국주의 시대를 포함하면 군부의 지배는 실로 40년이 넘는다고 보고 있다. 더구나 오늘날까지도 오키나와에서 '미국' 군사기지는 압도적인 면적을 차지하고 있으며, 그 구조적 폭력이 오키나와에 미치는 피해 역시 거의 변함이 없다. 따라서 전후 오키나와에서 '미국'의 존재는 미군기지의 폭력을 빼놓고 논할 수 없다. 이 글에서는 우선 그 실태를 확인하고, 압도적인 미군기지의 존재 속에서 오키나와 사람들이 어떤 경험을 했고, 미군과 어떤 교섭을 진행했는가에 관해 고찰하고자 한다. '미국'의 존재에 대한 오키나와 사람들의 경험이나 교섭에는 저항 혹은 투쟁 그리고 유용流用 혹은 수용, 또는 분리공존 등 여러 가지 상태가 포함되어 있다. 이 글은 앞서의 여러 연구들이 채택한 1956년 '섬 전체 투쟁'부터 1960년대 '복귀운동'까지라는, 말하자면 오키나와 전후사의 주된 흐름을 따르지 않는다. 대신 '섬 전체 투쟁'을 분기점으로 삼아 그 전후를 살필 것이다. 즉 '섬 전체 투쟁' 전인 1940년대 후반부터 50년대 전반 그리고 '섬 전체 투쟁' 후인 60년대로 고찰 시기를 나눈다. 그리고 복귀운동으로 이어지는 것과는 다른 문맥에서 두 시대에 초점을 맞춰 그 경험이나 교섭의 특징에 관해 서술하고자 한다. 그 특징을 미리 말하면, 폭력으로서의 미군기지가 압도적으로 존재하는 상황 속에서 전후 오키나와 사람들의 미국경험이나 교섭은 그에 대한 저항 혹은 수용을 통해 생존생활에서 소비문화생활로 이행했다고 할 수 있다.

1940년대 후반에서 50년대 전반에 오키나와 사람들이 경험한 미국은, 미군기지에서 흘러나온 '미군문화'와 교섭한 것이라고 바꿔 말할 수 있다. 1940년대 후반 오키나와 사람들에게는 의식주를 중심으로 하는 생존생활이 무엇보다도 중요한 과제였다. 1950년대 전반에는 '총칼과 불도저'에 의한 토지 강제수용이라는 혹독한 현실이 있었다. 이런 가운데 미군기지에서 흘러나오는 군수 물자를 매개로 미군과의 교섭이 다양한 형태로 모색되었다. 구체적으로는 1950년대 중반까지 오키나와 사람들이 행한 '전과戰果'나 그 후의 고철 붐,[7] 그리고 밀무역 등 다양한 활동을 들 수 있다. 1960년대에 들어서면 미군기지의 존재와는 별개로 또 다른 '미국'의 영향을 확인할 수 있다. 그것은 크게 둘로 나뉘는데, 하나는 오키나와 중간소득층 가정에 미국적 생활양식이나 대중소비문화가 서서히 침투한 것이다. 1960년대 중반쯤이 되면 경제성장에 따른 개인소득 상승으로 오키나와 일반 가정에도 텔레비전, 세탁기, 냉장고 등의 가전제품이 점차 침투하여 미국적 생활양식이나 대중소비문화에 대한 욕망과 수용이 이루어진다. 다른 하나는 기지에 인접한 지역에서 생활하는 사람들과 음악관계자들이 미군기지로부터 받은 미군문화의 영향이다. 베트남전쟁이 심화되면서 기지

269

---

7 1950년에 발발한 한국전쟁의 영향으로 일본은 특수 경기를 맞는다. 이때 오키나와전에서 남은 대량의 고철이 1953년부터 일본 본토로 수출되었고 1956년에 절정에 달했다. 이때는 철쪼가리가 금이 되는 시대라 하여 아이들도 고철을 주우러 돌아다녔다.

경계를 넘는 오키나와

와 인접한 거리에서 장사하는 사람들이나, 록 뮤지션들은 미군기지로부터 많은 문화적 영향을 받았다. 이 두 가지 '미국'의 영향은, 친미파를 제외한 많은 사람들이 하나로 단결하여 미군기지를 반대하던 1950년대 후반, 오키나와 사람들 안에서 생활수준의 격차나 미국에 대한 인식의 변화로 이어지는 어떤 균열을 배태시킨 계기가 되었다.

2. 생존생활

전후, 가데나嘉手納 기지에 인접한 코자コザ 마을에서 복지사업에 진력했던 시마 마스島マス[8]는 패전일을 떠올리며 다음과 같은 일화를 소개한다. 전쟁이 끝나고 수용소에서 사람들을 가르치고 있는데 어느 날 미군장교가 학교에 나타나 학생들을 정렬시킨 후 "당신들은 더 이상 일본인이 아니라 미국인이다"라고 말하고, 미군의 야전식량인 레이션ration을 배급했다고 한다.[4] 이 일화는 전후 오키나와 사람들과 미국문화의 첫 만남을 상징적으로 잘 보여준다. 그 첫 만남은 미군 군수물자로 방출되는 음식이었다. 패전 직후, 오키나와 주민은 모든 식료품을 미군에 기댈 수밖에 없었다. 식료품을 비롯해 생활 물자의 무상배급은 1946년 5월까지 이어졌다. 그 이후에 유상으로 배급된 식료품 약 150종도 거의 미군 군수 물자의 잉여 식료품이었다. 또 다음 해에

270

---

8   1900~1988. 쇼와 시대 교육자, 사회사업가. 오키나와현 초등학교 교사로 근무했다. 쇼와 26년 아동복지사가 되었고 쇼와27년에 코자 아동보호소를 설립하고 그 다음해에 '코자 여자 홈'을 설립, 청소년의 후생보호에 전념한다. 오키나와 사회복지사업의 선구적 존재로 '오키나와 복지의 어머니'라고 불린다.

는 미국의 점령 지역 구제를 목적으로 가리오아GARIOA 원조자금[9]이 교부되어 식료품이나 생활 물자의 대량 수입이 이루어졌다. 그 후 원조의 목적은 구제에서 부흥으로 바뀌었지만, 자급 작물을 제외한 오키나와의 식생활은 미군이 방출하는 식료품이나 수입 외래 식료품에 의존하는 구조로 형성된다. 이에 따라 미군수 식품이나 미국의 식문화가 수용, 정착된다. 그 중 대표적인 예가 레이션에서 비롯된 런천미트, 콘비프 등의 통조림 식품이다. 런천미트는 제2차 세계대전 전에 미군당국이 군수식품으로 개발한 통조림이며, 다른 나라에서도 런천미트를 먹는 식습관은 제2차 세계대전 중에 배급식품을 통해 정착되었다고 한다. 그 군수식품을 맛 본 체험은 오키나와 사람들에게 문화적 충격을 안겼고, 전통적으로 돼지고기를 주로 먹는 오키나와의 식습관과 합쳐져 현재에 이르는 오키나와 특유의 '런천미트 기호'가 완성되었다고 한다.[5] 이와 같이 1940년대 후반부터 50년대 오키나와의 식생활은 주로 미군의 군수 물자 식품인 통조림류에서 영향을 받았으며, 그것은 미국문화라기보다 '**미군**문화'였다. 미군과 압도적으로 물량의 차이가 났던 오키나와 주민들은 스스로 살아남기 위해 그 '미군문화'를 어떻게 활용할 것인가에 골몰했다. 오키나와 주민들은 식료품 등 다양한 군수 물자로 대변되는 미군문화를 단지 일방적으로 수용하기만 한 것이 아니었다. 살기 위해서 '미군문화'를 유용하여 자신들의 생활에 맞도록 다양하게 궁리하고 활용하기도 했다.

배급물자나 암거래 물품을 제외하고, 당시 오키나와 주민이 미군에서 방출되는 통조림류나 식료품 혹은 일상생활에 도움이 될 법한

271

---

9 Government Appropriation for Relief in Occupied Areas Fund. 제2차 세계대전 후 미국이 점령지역 내의 사회불안·질병·기아를 없애기 위하여 군사비 중에서 한국·일본·독일 등지에 지출한 원조자금이다.

물품이나 재료를 얻을 수 있는 것은 미군이 버리는 쓰레기나 기지의 식당에서 폐기된 잔반이었다. 기지 안의 식당에서 일하는 군작업원은 잔반을 챙겨서 여기에 물을 희석하여 스프라고 판매했는데 이것이 날개 돋친 듯 팔렸다고 한다. 또 미군 쓰레기장에는 오래된 통조림이나 막사를 부수고 난 뒤의 목재, 함석 등이 버려져 있었다. 사람들은 이 쓰레기장에 버려진 폐재료를 이용했다. 또 당장이라도 터질 듯 팽창한 통조림을 흔들어 보거나 무게로 대강 내용물을 어림짐작하여 주운 뒤 다량의 소금을 넣어 보존 식품으로 활용했다. 어떤 미군 쓰레기장에는 파괴된 자동차나 비행기 잔해 등이 있어서 여기서 생활에 필요한 물자나 부품 등도 주워서 활용했다. 버려진 기체에서 떼어 낸 알루미늄 합금을 녹인 뒤 틀에 부어 냄비나 주전자 등을 만들고 이를 생업으로까지 발전시킨 사람들이 있는가 하면, 마그넷을 뽑아 석유램프에 점화하는 마그넷 램프를 만들어 이웃 농가의 식료품과 교환하는 사람도 있었다. 또, 연료탱크의 두꺼운 고무 덮개를 잘라내어 고무조리(고무샌들)를 만드는 사람도 있었다고 한다. 이처럼 미군물자는 다양하게 활용되었으며, 이러한 사례들은 생활 전반에 퍼져 있었다.6) 오키나와 사람들은 힘든 상황 속에서 외래문화를 자신의 것으로 취하여 생활 속에 녹이고 나아가 아이덴티티의 일부로까지 만들어 갔다.

또한 당시 배급되는 식료품이나 자급 농작물만으로 식량을 충당하기는 부족했기 때문에 주민들 사이에 미군기지의 물품창고에서 물건을 빼돌리는 일이 횡행했다. 소위 '전과戰果'라고 불리던 이 행위들은 당시 오키나와 주민들의 생활 속에 일상적인 풍경이었다. 서민들 사이에 유행한 교카狂歌10 중 "윗것들은 부수입으로, 중간것들은 암거래

---

10 일상의 잡다한 일을 소재로, 해학·익살·풍자 등을 담은 비속한 단가短歌. 에도 시대 중기부터 유행했다고 한다.

로 우리 아랫것들은 전과로"라는 가사가 있다. 이 노래는 미군에게서 떨어지는 국물이라도 얻어먹어 볼까 분주한 상층계급, 암거래로 생활을 풍족히 하려는 중류층, 전과라도 올려 볼까하는 하층계급을 그리며 당시의 세태를 반영하고 있다.

전과를 올리는 것은 언제나 위험이 따르는 일로, 발각되어 헌병에게 체포되는 사람도 많았다.[7] 그러나 생존이 필사적이었던 상황에서 전과는 일반적인 도둑질과 구별되었다. 전과에 대해서는 전반적으로 죄의식이 미미했을 뿐 아니라 오히려 미군기지에서 올린 전과를 자랑하는 분위기였다고 한다. 다만 전과를 올릴 수 있었던 곳은 오키나와 전역이 아니라 미군기지에 인접한 지역에 한정되어 있었다. 따라서 전과로 얻은 많은 군수생활 물자들은 주로 기지에서 일하는 군무원이나 근처 주민들을 통해 암시장으로 흘러들었다.

그 중 일상생활잡화는 오키나와 본도 남부를 중심으로, 군사물자는 중부를 중심으로 암거래상을 통해 밀매가 행해졌다. 이러한 물물교역에 의해 남쪽으로 요나구니与那國[11]나 미야코宮古[12]를 경유한 타이완·홍콩 루트, 북쪽으로 구치노시마口之島[13]·본토 루트로 밀무역의 네트워크가 확장되었다. 밀무역을 통해 타이완이나 홍콩에서는 쌀, 설탕, 그 외의 식료품이나 생활 물자가, 본토에서는 생활 물자나 통조림, 일용품 등이 수입되는 한편 오키나와에서는 주로 미군기지에서 나오는 군수 물자가 밀수출되었다. 특히 요나구니나 미야코를 경유하여 이루어지는 타이완·홍콩 루트의 밀무역을 통해 수출된 것은

273

---

11 일본 최서단의 섬. 남서제도 야에야마 열도의 서단, 일본 최서단의 땅을 포함하는 국경이 되는 섬.
12 일본 본토 최동단.
13 도카라ㅏㅋㅋ 열도에 속한 섬으로, 가고시마현鹿児島県 소속. 도카라 열도의 가장 북쪽에 위치하고 있다.

주로 탄피였다. 밀무역선이 홍콩으로 한 번 항해할 때마다 약 2만근의 탄피가 운반되어 전후 초까지도 풍부했던 탄피가 바닥이 날 정도였다. 이러한 흐름을 타고 놋쇠나 미군 물품창고에 다량 보관되어 있던 구리까지 수출품으로 둔갑했다. 당시 중국 공산당과 타이완이 교전상태에 있었기 때문에 탄피나 놋쇠는 중요한 군수 물자로 밀무역되었다. 이런 밀수출품은 홍콩을 경유하여 중국 본토로 흘러 들어갔다.[8] 탄피는 말하자면 오키나와전[14]의 유산이자 미군과 관련이 깊은 물품이었다.

오키나와에는 '철의 폭풍鐵の暴風'[15]이 남긴 또 다른 유물이 대량으로 잔재하고 있었다. 당시 사용된 포탄이나 기관총의 탄알, 파괴된 전차나 전투기, 그리고 얕은 물에 침몰해 있는 함선의 잔해 등이 그것이다. 1950년부터 미군기지가 본격적으로 건설되기 시작하였고, 전쟁 고철에 대한 국제입찰이 진행된 데다가 한국전쟁의 영향까지 더해져 고철은 높은 가격으로 거래되었다. 1953년에는 미군이 가지고 있던 고철 처분권이 류큐정부로 위임되어 고철 붐이 일었다. 주민들은 온 가족을 동원하여 벌판이나 해안가로 나가 고철을 줍고, 고철 업자에게 팔아 살림살이에 보탰다. 1956년 일본 본토는 진무경기神武景氣[16]를 맞고 있었고, 세계는 수에즈 운하의 이집트 국유화 문제를 둘러싼 수에즈 운하 분쟁이 발발하여 고철 붐은 절정에 달했다. 오키나와의 고

---

[14] 제2차 세계대전 말기인 1945년 3월 말부터 6월 23일까지 약 83일에 걸쳐 오키나와에서 미군을 주축으로 한 연합국 군과 일본군이 벌인 전투이다. 연합군 측의 작전명은 아이스버그 작전. 제2차 세계대전 중 일본에서 벌어진 최대 규모의 전쟁이며, 미일 최후의 대규모 전투가 되었다.

[15] 제2차 대전 말기에 오키나와에서 약 3개월에 걸쳐 미국의 격심한 공습과 함포사격을 받은 일. 무차별로 다량의 탄피가 쏟아져 내린 것을 폭풍으로 비유하여 이렇게 부른다.

[16] 일본의 고도경제성장이 시작되는 1954년 12월부터 1957년 6월까지의 폭발적인 경기 호황을 말한다. 일본 초대 천황이라 여겨지는 진무천황이 즉위한 해(기원전 660년) 이후 유례없는 호경기라는 의미에서 이름 붙여졌다.

철 수출액은 사탕수수 수출액의 약 2배가 되어 액수 면에서 1위를 차지했다. 그러나 고철 붐의 다른 한편에서는 불발탄에 의한 폭발이나 침몰선 해체작업 중의 폭발 등 사고가 잇달았다. 이로 인해 전후 13년 동안 623명이 사망하고, 천명도 넘는 주민이 부상당했다. 그러다 경기 하강에 따른 가격 폭락으로 인해 고철 붐은 물거품처럼 사라졌다. 고철 붐은 1950년대 중반, 미군과 오키나와 주민의 관계를 상징하는 대표적 사례였다.

여기서 좀 더 구체적으로, 1940년대 후반부터 50년대 전반 미군통치하의 밀무역과 관계된 전형적 사례로 여겨지는 두 인물을 살펴보고 이들의 행적을 통해 당시 '경계를 넘는 오키나와'의 함의를 고찰하고자 한다. 그 두 사람은 미야코 출신인 마에시로 토쿠마쓰眞榮城德松와 시모지 쓰네모리下地常盛다. 마에시로 토쿠마쓰는 타이완에서 패전을 맞는다. 그는 타이완에 피난해 있던 가족과 함께 한시라도 빨리 미야코로 돌아가기 위해 혼자 힘으로 소형선을 빌려 귀환한다. 귀환한 후에도 정부에 기대지 않고, 타이완에 피난해 있는 사람들의 귀환 촉진 조직을 만들어 자금을 분담하는 등 그쪽 업무에 종사했다. 그러나 귀환 인구가 점점 늘자 미야코에 식료나 생활 물자가 부족해진다. 그래서 이번에는 물자가 풍부한 타이완에서 생필품을 수입하기 위해 불법으로 밀무역을 한다. 그는 오키나와와 미야코 간에 배급물자를 나르는 미해군의 전차상륙함선의 함장이나 기관장과 교섭하여 미야코에서 가쓰오부시나 해인초를 몰래 반입한다. 반입한 물품을 오키나와 본도 중부에서 미군의 군수 물자와 교환하고 다시 미야코행 상륙함선에 반입하는 식으로 교역을 진행했다. 혼란한 시기에 그는 정부에 기대지 않고 자신의 힘으로 귀환을 추진하고 나아가 미군의 상륙함선을 활용한 밀무역을 통해 험난한 상황을 타개해 갔다.

한편 시모지 쓰네모리는 가리오아 자금으로 만들어진 어선을 구입해 홍콩 밀무역을 했다. 그는 돈이 부족함에도 불구하고 일단 어선을 구입한 후, 밀무역을 하는 지인에게 어선을 빌려 주고 대여료를 받아 구입비를 충당했다. 그리고 그 배로 자신도 밀무역을 했다. 홍콩과의 밀무역에서 흥미로운 것은 탄피 등의 미군물자와 교환한 물품이 생필품은 물론, 미군당국과 교섭할 때 쓰기 위한 옥스퍼드 영어사전과 본토와의 밀무역으로는 구할 수 없는 인쇄기계까지 매입했다는 점이다. 식료품 등의 생활 물자와는 성격이 다른 사전이나 인쇄기까지 교환했다는 점에서 미군통치하를 살아가는 미야코 사람들의 영민한 협상력을 엿볼 수 있다. 그 후 시모지 쓰네모리는, 북쪽으로는 일본 본토에서 남쪽으로는 홍콩까지 밀무역을 하면서 얻은 체험과 지식을 활용하여 류큐정부 물산중개소의 오사카 지점에 근무했다. 근무하던 당시에도 오키나와에 전달되지 않는 본토의 시장 정보나 재료를 공급하며 오카나와의 무역에 힘을 쏟았다.[9]

이 두 사람이 밀무역에서 취한 행동을 살펴보면, 당시 미군통치라는 권력관계를 능숙히 활용하는 한편 자신들의 생활력으로 국경선이나 제도적 구조를 자유자재로 넘나들며 독자적인 세계를 개척했다는 것을 확인할 수 있다.[10] '섬 전체 투쟁' 이전에 오키나와 주민들은 전과나 암시장 그리고 밀무역을 통해 생활을 이어 나갔다. 이는 미군과 오키나와 주민 사이에 존재하는 압도적인 물량 격차 속에서 지배자와 피지배자의 힘의 관계를 역이용하고 피지배자의 위치에서 자신들의 생활을 위해 미군문화를 유용appropriation하여 활용한 것이었다. 이러한 삶의 방식은 1940년대 후반부터 50년대 전반까지 미군통치하에 형성된 오키나와인의 '주체성'을 표상하는 것이기도 하다. 그 '주체성'이란 오키나와 사람들이 살기 위해 힘의 관계에서 압도적 격차가 있는 미군과 협상negotiation하고, 교섭을 통해 자신들의 생활공간을 스스로 만들어 가는 과정에서 구축된 것이다. 미군을 상대로 오키나와 주민이 행한 진정이나 전과라는 행위는 1956년 미군의 군용지 강제수용에 반대하며 일어난 '섬 전체 투쟁'의 전사로서, '투쟁 이전의 투쟁'[11] 혹은 '일상 형태의 저항'[12]으로 볼 수 있다. 이 시대를 살았던 오키나와 사람들 입장에서 보자면 그러한 행동들은 단지 살아남기 위한 행위였지만, 살아남기 위한 행위가 일상생활 속 투쟁이나 저항의 방식과 연결되었다는 점은 주목할 만하다.[13] 당시 오키나와의 가혹한 상황 속에서 살아가는 일은 교섭이자 저항이며, 또 그러한 저항과 교섭이 살아가는 것이기도 했다. 그것이 전과나 밀무역처럼 '물物'을 매개로 이루어졌다는 점이 이 시대의 특징이며, 이는 1940년대 후반부터 50년대 전반의 '경계를 넘는 오키나와'를 잘 보여주고 있다.

3. 미군기지와 대對오키나와 주민 문화 정책의 변경

앞에서 살펴봤듯이 1950년대 전반은 새로운 기지건설을 위한 토지 강제수용이 강행되고 이러한 상황 속에서 오키나와 사람들은 어떻게든 살기 위해 생활을 꾸려나갔다. 그렇다면 오키나와에 주둔하고 있던 미군가족은 미군기지 안에서 어떤 생활을 하고 있었을까.

미국은 1940년대 후반부터 중산층 샐러리맨 가정을 중심으로 '레빗타운levittown'이라 불리는 교외 주택지가 형성되어 미국식 대량소비형 라이프스타일을 확립하고 있었다. 레빗타운이라는 명칭은 그 교외

주택양식을 형성한 인물의 이름인 윌리엄 레빗William Levitt에서 유래했다. 윌리엄 레빗은 헨리 포드Henry Ford, 레이 크록Raymond Kroc(맥도날드 창시자) 등과 함께 미국의 의식주생활에 대량생산소비형 라이프스타일을 성립시킨 대표적 인물로 유명하다. 1950년대 전반 미국에서는 중산층 샐러리맨 가정에 이미 모던한 냉장고나 세탁기, 텔레비전 등의 가전제품이 보급되고, 잔디가 있는 교외의 주택지에서 단란한 가족을 꾸리고 풍요로운 소비생활을 하는 '아메리칸 라이프스타일'이 형성되어 있었다.14)

그러나 1950년대 전반 미국에서 오키나와로 파견되어 미군기지 안에서 살던 미군가족의 생활 실태는 미국의 생활양식과 크게 달랐다. 가령 1950년대 초반에 오키나와 미군기지 내의 생활은 활기가 넘쳤지만, 물질적으로는 미국 본토에 비해 매우 부족한 상황이었다고 한다. 이런 기지의 생활이 '본국과 비슷'한 수준으로 빠르게 개선된 것은 1955년경이었다. 1940년대 말에 연일 불어 닥친 태풍으로 인해 그 피해조사차 오키나와에 온 미군조사단의 권고로 개선 방침이 내려졌기 때문이다. 이에 따라 오키나와의 미군기지는 주택이나 교육, 오락시설 등의 비군사적 시설까지 갖추게 되어 기지를 두르고 있는 펜스 안에 특이한 '기지 커뮤니티'가 형성되었다. 1955년 8월 『타임』지는 당시 나하那覇 우에노야上之屋에 들어선, 뒤뜰에 드넓은 잔디밭이 있는 미군주택지를 '태평양의 레빗타운'이라고 칭하며 다음과 같은 기사를 실었다. "가족 동반 하사관은 군에서 지급된 가구와 최신식 냉장고를 갖춘 전원주택을 지급받는다. 이 주택은 침실이 셋, 샤워실이 두 개나 딸려있고 상하수도 시설도 갖추고 있다. 습도가 높은 오키나와에서 자주 발생하는 곰팡이를 방지하기 위해 벽장에는 제습용 전구도 설치되어 있다. 가정부는 월 15달러. 미군 전용 골프장이 세 곳, 해변이

네 군데. PX도 냉방 걱정이 없다. 클럽에서는 매일 밤 댄스파티가 열린다."

그러나 미야기 에쓰지로宮城悅二郎[17]는 이 '태평양의 레빗타운'도 1950년대에 세계 곳곳에 생겨난 미군기지와 마찬가지로 권위주의적 구조를 가진 특수한 '기지 사회Garrison Community'라고 말한다. 기지 내의 주둔군 사회는 폐쇄적이고 본국의 아메리카니즘이나 인종적 편견을 더욱 강화시키는 경향을 가진 특수한 사회였다. 오키나와 사회와 미군기지는 펜스를 경계로 사회문화적인 구조나 의식에 차이가 있었다. 폐쇄적인 기지커뮤니티 안에서는 인종적인 편견을 포함해, 자신들이 점령자·통치자의 일원이라는 우월감이 더욱 강화되었다. 따라서 기지와 오키나와 사회 사이에 동등한 의미에서의 커뮤니케이션은 이루어질 수 없었다.[15]

이렇게 1950년대 폐쇄적인 미군기지는 생활의 기능이나 편리함에 있어서 그 자체로 완결되어 있었다. 이들과 교류하거나 관계를 맺는 오키나와 사람들은 기지 근처에 살면서 기지 관련 일을 하는 군무원이나 가정부, 정원사 정도여서, 미군기지가 오키나와에 미치는 영향도 한정적이었다. 그러나 미군기지 근처에 사는 사람들에게 홀연히 등장한 풍요로운 미군주택지는 그야말로 '별세계'였다. "철망 건너편엔 리틀 아메리카가 있다. 게이트를 지나 먼저 눈에 들어오는 것은 잘 손질된 푸른 잔디와 보기 좋게 다듬어진 정원수. 광활한 부지에는 단층으로 지어진 하얀 집들이 넉넉한 간격을 두고 띄엄띄엄 서 있다. 넓은 정원에는 그네가 있고, 하이비스커스 꽃도 피어있다. (…중략…) 커다란 미제 차가 포장된 도로를 달려 집 앞에 멈춘다. 신을 신은 채

---

17 전 류큐대학 교수, 전 오키나와현립공문서관 관장.

집으로 들어가고, 집 안에는 두꺼운 양탄자가 깔려 있다. (…중략…) 명랑하고 싹싹한 여주인이 직접 만든 케이크와 쿠키를 내온다. 레이디 퍼스트의 나라답게 남편도 고기를 굽거나 음료를 대접하는 등 바지런히 가사를 돕는다. (…중략…) 오키나와 집의 화장실은 냄새 때문에 당연히 집 밖에 있다. 그런데 이 외국인 주택은 손님용이니 욕실이니 하여 집 안에 화장실이 두세 개씩 있다."16)

교류가 한정된 가운데 오키나와 사람들이 슬쩍 엿본 미군주택지. 그 곳의 생활과 스타일은 근대적이고 청결하며, 눈이 휘둥그레질 정도로 부족한 게 없는 풍족함의 상징이자 꿈같은 동경의 대상이었다. 그러나 오키나와의 현실은 기지 내외를 구분하는 펜스를 경계로 엄청난 물량의 차이가 있었다. 그리고 미군기지가 영향을 미치는 범위는 한정적이었다. 문화적인 영향을 수용할 수 있는 영역도 음식이나 양복 등 일상생활의 극히 좁은 분야에 지나지 않았다.

1940년대 후반이나 1950년대 전반과 비교하면 다수 오키나와 사람들에게 생활의 여유가 생겼다고는 해도 하루하루를 살아가기 위한 생활이었다는 점에는 거의 변함이 없었다. 이런 상황이 1950년대 후반 무렵부터 달라진다. 미국정부가 오키나와에 대한 통치 정책을 전환함에 따라 법제도적 측면을 포함한 경제 사회적 정비가 행해졌기 때문이다. 미국정부는 1950년대에 들어서 미국의 동아시아 군사전략에 따라 군사기지를 확장하고자 했다. 따라서 문자 그대로 '총칼과 불도저'를 앞세워 새로운 군용지를 강제 수용했다. 그러나 미군의 '강경정책'은 주민의 반발을 샀고, 이는 1956년 '섬 전체 투쟁'으로 확대되었다. 어쩔 수 없이 미국정부는 계획을 수정하기로 한다. 그때까지 강경 정책을 펴던 미국정부는 1950년대 후반에 들어서 노선을 바꾸어 오키나와 주민을 유화하기 위한 다양한 조치를 모색한다. 예를 들면

1957년 6월 대통령정부명령으로 고등변무관[18] 설치, 1958년 7월 군용지 문제에 대한 '일괄지불 방식'[19] 포기, 1958년 9월 미달러로 통화변환,[20] 같은 해 9월 일본정부의 기술 원조 승낙, 1960년 7월 프라이스법(류큐열도의 경제적·사회적 개발촉진에 관한 법)[21] 제정 등이다. 특히 1958년 '통화변환'이나 1960년 프라이스 오키나와 원조법의 제정은 그때까지의 강경 정책에 변화를 가져와 미국의 오키나와 통치를 '정상화'하는 전환점이 되었다. 프라이스법이 제정되고 2년 뒤에 개정되면서 오키나와에 대한 미일원조가 대폭 늘어났다.[17]

미국정부의 대오키나와 통치 정책의 변경은 오키나와 주민에 대한 문화 정책에도 중요한 변화를 가져왔다. 반공을 내세워 미국의 이데올로기를 강제로 밀어붙였던 이제까지의 방식에서 벗어나 노골적으로 반공주의를 강제하는 대신 '미국의 정책과 국제적인 역할에 대한 이해와 인식을 얻는' 방향으로 전환했다. 주둔 미국인에게 '류큐인의 문화와 생활'을 이해하는 데 힘쓸 것을 요구하는 한편, 류큐인이 자신의 류큐문화에 지식과 긍지를 가질 수 있도록 '류큐인 아이덴티티'를 육성할 계획을 마련했다. 이를 위해 제도적으로 1951년 미국민 정

281

---

18 1957년 6월 5일부터 종래의 민정장관·부장관제에서 고등변무관 제도로 바뀌었다. 고등변무관은 미합중국 대통령령으로 승인을 받아, 국방장관이 현역 미육군 장관으로 임명했다. 고등변무관의 권한은 막대하여 류큐정부의 시책에도 개입했다. 1972년 5월 15일 오키나와가 일본에 복귀(오키나와 반환)함으로써 폐지되었다.

19 토지의 1년차 지료를 지가의 6%로 결정하고 이것의 16.6년치분, 즉 지가상당액을 한 번에 지불함으로써 한정부토지보유권限定付土地保有權이라는 일종의 영구자치권을 설정하려는 것으로서, 미군에 의한 실질적인 토지매수 정책이었다(아라사키 모리테루 저, 정영신·미야우치 아키오 역, 『오키나와 현대사』, 논형, 2008, 36면).

20 1958년 9월 15일, 부스Donald P. Booth 고등 변무관에 의한 포령 '통화通貨'가 공포되어, 그때까지 쓰던 B엔에서 달러로 교환되었다. 환율은 1달러 = 120B엔. 이 교환으로 무역이나 자본거래가 자유로워져 오키나와 경제가 발전한 반면 물가가 상승하는 결과를 초래하였다.

21 이 법률의 제정으로 미국민 정부가 실시하는 경제원조의 법적 근거가 마련되어 연간 600만 달러(나중에 1,700만 달러로 증액)의 지출이 승인되었다. 또 류큐정부의 수입에 대해서도 이 법에서 명문화되어 '조세법률주의'가 관철되었다.

부[22]의 정보교육부 안에 '계획·정책분실'이 설치되고, 1950년대 후반에는 본격적으로 오키나와 주민에 대한 정보·문화 정책을 통해 유화 정책이 조직적으로 전개되었다. 그러나 인민당이나 오키나와 교직원회 등의 혁신 그룹에 대해서는 여전히 억압적인 방법을 사용했다. 미국 민정부 방침에 따른 유화 정책의 구체적인 내용은 다음과 같다. 오키나와 주민의 지지와 이해를 얻기 위해 류큐문화회관을 설치하고 미국 민정부의 방송 미디어를 재단·민방으로 이관하였다. 또 미국 민정부 홍보지 『오늘의 류큐今日の琉球』(1957~1970)와 고등변무관 주재로 제7심리작전부대가 발행하는 『슈레의 빛守礼の光』(1959~1973) 등 인쇄물에 의한 교화선전이 이루어졌다.[18)]

1950년대 후반 미국 민정부의 홍보지로 창간된 두 잡지는 미군의 대오키나와 정책이 강경책에서 선무공작으로 바뀐 것을 상징적으로 보여준다. 기사 내용도 정치 이데올로기적인 주제를 피해 경제를 중심으로 하는 화제에 초점을 맞춘다. 가령 『슈레의 빛』은 오키나와 주민에 대한 선무공작으로 매월 약 7만 5천부가 무료로 배포되었다. 그 논조나 내용을 분석해 보면 적어도 다음의 세 가지 특징을 알 수 있다. 첫 번째는, 류-미琉米 친선과 상호이해라는 방향성이 특히 강조되고 있다는 점이다. 그것이 잡지의 방침이라고 창간사에서도 분명히 밝히고 있다. 또한 미군병사와 주둔지 주민과의 우호를 강조하는 기

---

22 정식명칭은 류큐열도 미국 민정부琉球列島米国民政府. 류큐정부의 상부조직이자, 미군의 의사를 류큐정부에 하달하기 위한 명령기관이다. 업무를 처리하는 류큐정부뿐 아니라, 전력공급을 총괄하는 류큐전력공사도 미국 민정부 소관이었으며, 류큐대학도 처음에는 미국 민정부 관할이었다. 또 직접 사법권을 행사하기 위해 '미국 민정부 재판소'라는 독자적인 재판소도 설치했다. 발족 당시 최고 책임자는 민정 장관으로 통치의 모든 책임을 맡고 있었지만, 미국 극동군 사령관(연합국군 최고 사령관)을 겸임하고 있었기 때문에 실제로는 오키나와에 있는 민정부 장관에게 직무권한을 위임하고 있었다. 1957년에 민정 장관·부장관제가 폐지되고 고등 변무관으로 바뀌었다.

사나 논조가 유달리 많은데, 이 역시 섬 전체 투쟁 이후 미국 민정부의 대오키나와 정책이 강경책에서 유화 정책으로 바뀌었음을 잘 보여준다.

오키나와 주민에 대한 유화 정책의 일환으로, 류-미 친선이라는 명분 아래 페리제독이 류큐를 방문한 날을 기념일로 지정했다. 이 기념일은 점차 확대되어 주간 행사로 자리를 잡았는데 이때 열리는 다양한 행사에 많은 단체들이 참가했다. 특히 흥미로운 것은 여성들의 교류이다. 예를 들어 『슈레의 빛』에는 미국과 류큐 여성들이 만든 오키나와 국제여성 클럽에 대한 기사가 실려 있다. 이들은 류-미 친선의 일환으로 어학 강좌나 요리·문화 강좌를 열어 사교나 문화 사업 등을 하고 있다고 소개했다. 그러나 1961년 6월호 「사설」은 여성들 사이의 류-미 친선이 '일방적인 우정'이라고 지적하고 있다. 즉, 미국여성은 류큐여성을 기지 안의 집으로 초대하거나 레스토랑 또는 극장으로 초대하지만, 류큐여성 쪽에서는 그런 일이 없다는 것이다. 덧붙여 류큐여성은 기지 안의 주택에 비하면 자기 집이 너무 허름해서 미국여성을 초대하는 것이 실례일지 모른다는 소극적인 생각을 가지고 있다며 이런 "소극적인 태도는 버려야 한다"고 썼다. 이 시기의 잡지에서 흥미로운 것은, 그 이전의 류-미 간 교섭이 소위 전과 등을 통해 오키나와 측에서 이루어진 '물物'을 매개로 한 관계였던 것에 반해, 이 시기의 교섭은 류-미 친선을 통해 미국 측에서 '사람의 교류'를 강조하고 있다는 점이다. 그러나 그 '사람의 교류'는 대등한 것이 아니었다. 여성들 간의 교류에서도 알 수 있듯이 류-미 친선이라는 상호교류의 실태에는 통치자와 피통치자의 관계가 확연히 존재하고 있었으며, 그래서 일방적인 관계를 벗어나기 어려웠다.

두 번째 특징은 공산주의에 대한 비판적인 논조가 「사설」에 자주 나타난다는 점이다. 소련이나 중국, 동구 각국이나 쿠바 등의 공산주의 정책을 비판하고, 나아가 오키나와현 내에서 그에 찬동하는 선동자가 있다고 거듭 강조하고 있다. 『슈레의 빛』정치 기사나 사설에는 항상 반공에 관한 것밖에 없다는 독자들의 불만 섞인 편지에 대해 편집부는 민주주의를 지키는 입장에서 공산주의의 잘못을 지적한 것이라고 설명했다. 1960년대에 접어들어 대오키나와 통치 정책이 억압적인 강경책에서 유화 정책으로 바뀌었다고는 해도 공산주의에 대한 비판은 「사설」을 통해 반복적으로 언급되었고, 그 비판의 논조 또한 바뀌지 않았다. 미국 민정부가 인민당 기관지『인민人民』의 발행을 불허하고, 오키나와 교직원회의『애창가집愛唱歌集』을 회수하라고 명령한 것도 정책 변경 후인 1960년에 들어서였다.19) 1965년 이후에는 베트남전쟁이 격화되어 공산주의 · 북베트남 정부의 정책에 대한 비판을 싣는 한편, 자유주의 진영을 군사전략적으로 떠받치고 있는 오키나와 미군기지의 중요성을 강조하였다.

세 번째 특징은 미국정부의 오키나와 통치와 원조를 통해 오키나와 경제가 발전하고 사회가 근대화, 문명화되었음을 강조하는 논조이다. 고등변무관 자금을 비롯해 미국정부에서 오키나와에 투하한 거액의 예산, 미국민이 제공하는 라라LARA23 물자나 리바크 물자24 등의 직접원조가 류큐 발전에 큰 기여를 했다고 여러 차례에 걸쳐 강조했다. 예를 들면, 1963년 회계연도에 미국이 류큐에 지원한 돈은 전 류큐인 총수입의 절반에 이르고, 이 원조가 없었으면 류큐의 국민소득은 반으로 줄어들 것이라는 기사를 썼다. 또한 이렇게 막대한 직접

---

23 아시아 구제연맹.
24 미국의 잉여농산물자법(1954제정)에 의해 배급된 원조물자. 주로 탈지분유, 밀가루 등이었으며 류큐열도 봉사위원회Ryukyu Islands Voluntary Agency Committee, 약칭 RIVAC가 이 물자를 받아 빈곤가정이나 아동복지시설 등에 배급하였다. 1971년까지 이어짐.

원조는 오키나와에 미군기지가 있기 때문에 가능한 것으로 미군기지는 류큐 경제에서 없어서는 안되는 존재라고 강조했다. 뿐만 아니라 미국이 다양한 경로를 통해 보내는 거액의 류큐 원조금 덕분에 류큐의 경제사회생활이 근대화되고 많은 발전과 진보를 이루었다고 수차례 언급했다. 이러한 주장을 집대성하여 전후 20년이 되던 해에 특집호로 「진보의 20년」(1965.9)을 내놓았다. 이 특집호는 미국정부의 원조를 통해 전후 20년간 오키나와 사회가 얼마나 진보했는가를 다루었다. 오키나와의 지식인을 동원하여 농림수산업이나 해운전기 등의 산업경제부터 교육문화, 공중위생에 이르기까지 다방면에 걸친 논의를 이례적으로 80면(보통은 45면)이 넘는 지면에 할애했다. 또 통계 숫자를 이용하여, 미국정부의 방대한 원조로 오키나와 경제가 발전하고 근대화와 진보가 이루어졌음을 더욱 강조해서 보여주었다.

『슈레의 빛』은 언급했듯이 약 7만 5천 부(1965~66년은 9만 1천 부)가 인쇄되어 무료로 배포되었다. 그러나 미국 민정부 선무공작의 일환이라는 인식 때문에 발간부수에 비해 읽힌 비율은 적었다.[20] 당시 대학생들은 이를 미국 민정부의 프로파간다 잡지라고 비판했으며, 일부에서는 류큐문화회관을 비롯한 주요 공공시설에 놓여 있던 배포용 잡지를 몰래 폐기하고 소각함으로써 저항의 의지를 표출했다. 가노 마사나오鹿野政直는 또 다른 홍보지인 『오늘의 류큐』를 분석하면서 이런 일련의 인쇄물 분석이 오키나와에 대한 미군통치나 전략 논리를 명확히 하는데 있어 중요하다고 지적한다. 그러나 많은 부수를 발행했던 그 홍보지들은 오키나와에 있던 저항의 분위기 탓에 거의 읽히지 않았다고 추정하고 있다.[21] 당시 사람들에게 물어봐도 잡지 이름은 알지만 실제로 읽은 기억은 없다는 대답이 많다. 따라서 인쇄물을 통한 교화선전이라는 미군의 유화 정책은 큰 성과를 거두었다고 말하기 어렵다. 다만 그 두 홍보지에서 누차 강조한 것에서 알 수 있듯이, 정치주의에서 경제번영으로 바뀐 논조는 그 후 오키나와 사회에 점차 영향을 미쳤다. 미일 양 정부의 원조 정책에 의한 오키나와의 경제성장과 그 영향은 오키나와 사회에 미군기지의 존재와는 다른, 또 하나의 '미국'의 침투를 촉진했다.

4. 생활 개선과 미국의 영향

또 하나의 '미국'은, 가전제품으로 상징되는 근대적이고 미국적인 생활양식에 대한 오키나와 중간소득층의 욕망과 수용을 통해 오키나와에 침투했다. 그 수용 과정에는 오키나와를 둘러싼 미일의 정치경제적 상황을 비롯한 여러 가지 요인이 복합적으로 얽혀있다. 앞서 살펴보았듯이 1950년대 미국과 오키나와 사이에는 압도적인 물량 차이가 있어서 기지 안의 미군주택은 그야말로 '별세계'일 뿐이었다. 오키나와 사람들은 엄청난 격차 때문에 애당초 그 세계를 선망하는 감정조차 품지 않았다고 한다(그런데 해를 거듭할 때마다 점점 선망의 대상이 되어갔다). 그러나 1953년 이후에 일어난 기지건설 붐, 1955~56년의 고철 붐, 1958년 달러 전환 후 외자도입에 의한 설비투자와 이에 따른 파인애플·사탕수수 재배 붐, 1960년 군용지료의 집중 지불과 일본정부의 연금 및 원호연금의 증대, 그 후 미일 원조확대와 일본경제의 고도성장 등에 의해 오키나와 경제도 성장 일로를 달린다. 1960년대 들어 실질 국민소득은 전년대비 10% 이상 증가하고, 일인당 실질 국민소득도

1955년 148달러에서 1964년 298달러로 10년 사이에 두 배 이상 증가했다. 이러한 소득 증대와 함께 오키나와의 생활수준도 향상되었다. 1966년에는 내구소비재 붐이 일어 텔레비전, 전기세탁기, 전기냉장고 등의 가전제품을 비롯해 선풍기나 토스트기, 믹서 등의 전기제품이 일반 가정에까지 보급되었다. 오키나와 경제 성장에 따른 소득 증가가 이러한 변화의 직접적인 원인이라고 할 수 있지만, 미국문화와의 관계 속에서 생각해 보면 다음과 같은 흥미로운 점을 발견할 수 있다. 바로 농가의 생활개선운동에서 대학이 맡은 보급 활동의 역할과, 오키나와 일반가정으로 가전제품이 보급되는 과정에서 보이는 미국문화 수용과의 관련성이다.

　가족노동을 기본으로 하는 오키나와 농업에서는 농업생산과 일상생활이 매우 밀접한 관계를 맺고 있었다. 따라서 농가의 생활 개선을 위해서는 농업생산의 증대와 함께 건전한 일상생활의 향상이 매우 중요했다. 오키나와 농가 생활 개선의 중요성에 처음으로 주목하고 이를 정부에 강력히 촉구한 사람은 하와이대학 보급부 가정학 관계자인 비겐 여사였다. 그녀는 미군 정부의 권유로 일본을 시찰하고 돌아가는 길에 오키나와에 들러 농촌생활을 둘러보고 그 빈곤함에 충격을 받는다. 그녀는 그 길로 직접 농업개량국을 방문해 생활 개선 보급사업의 필요성을 역설하면서 농촌 4H클럽(미국에서 싹튼 농촌 보급사업에서 청소년 교육을 목적으로 하는 조직)[25]의 육성을 제안했다. 이는 전후 오키나와에서 행정에 의한 생활 개선 보급사업이 시작된 계기가 되었다. 1951년 류큐정부에 생활개선과가 설치되어 일본 본토로 시찰 연수를 가고, 여기에 이미 시작 단계에 있던 농촌개선 보급원의 지도가

25　4H클럽은 실천을 통하여 배운다는 취지로 설립된 세계적인 청소년 단체이다. 4H는 머리 Head, 마음Heart, 건강Health, 손Hands을 의미하는 영단어의 첫 글자를 의미한다.

더해져, 다양한 생활 개선 보급사업이 추진되었다.

보급 활동의 대부분은 주로 시설개선과 식생활개선 지도에 맞춰져 있었다. 시설개선에서는 1950년대 전반 농촌의 큰 과제였던 부뚜막 만들기나 그 개량, 나아가 부엌개선이 주로 이루어졌다. 식생활개선에서는 당시의 식량부족을 해결하기 위해 농사로 더 많은 식량을 얻는 법을 지도하고 식생활도 여러 가지를 궁리하여 두부나 미소(일본 된장) 만들기를 통한 영양개선과 절임 등의 보존식품 만들기를 가르쳤다. 또 당시 미국에서 제공한 라라 물자나 리바크 원조로 배급되던 밀가루(소맥분)나 탈지분유를 어떻게 활용하고 요리할지도 중요한 문제였다. 미국의 원조배급물자를 활용하는 데 있어서 큰 역할을 담당한 것은 류큐대학 가정학과였다.

류큐대학은, 전후의 혼란이 진정되어 가던 1940년대 후반에 대학 설치 여론이 나오자 미군 정부가 요청을 받아들여, 1950년에 미국 민정부령으로 설치된 대학이다. 설립 초기에 미군 정부 정보교육부 관할이기는 했지만 오키나와에서는 전전과 전후를 통틀어 처음 설치된 대학이었다. 관리운영은 1965년 류큐정부로 이관되기 전까지 미국 민정부의 포고, 포령에 따랐고 그 감독 아래 놓여있었기 때문에 '포령대학'이라고도 불렀다. 초기에는 미군관할이라는 법령을 제정하지도 않은 채, 미군정보 교육부에서 류큐대 감독관으로 파견한 채프먼과 오키나와인 학장대리의 합의만으로 운영되었다고 한다. 채프먼은 제1회 입학식에서 류큐대의 역할에 대해 다음과 같이 말했다. "본교는 일본 것도 아니고 미국 것도 아니다. 이곳은 공부하고자 하는 자의 희망에 부응하여 류큐열도 사람들에게 도움을 주는 대학으로 성장하길 바라며 창설된 것이다. (…중략…) 우리는 본교가 소위 문화적 원동력이 되어 이곳에서 만들어진 새로운 힘과 새로운 빛이 류큐열도의 모든 마을에 흘러갈 수 있도록 대학의 모든 교과를 고도로 실용적인 것으로 할 것이다. (…중략…) 류큐열도의 모든 가정에 복지를 가져다 줄 것이다." 이 발언에서 확인할 수 있듯이 류큐대학은 전후 오키나와 재건에 중요한 '실용적' 역할을 담당하도록 되어 있었다.

또 미국 국방성은 류큐 점령 정책의 일환으로, 미국 민정부에 의해 창설된 류큐대학 발전을 촉진하기 위해 랜드그랜트대학Land-grant University[26]의 원리, 개념, 운영방법을 바로 도입하고 보급사업의 연구 및 운영을 권고했다. 미국의 보급사업은 주립인 랜드그랜트대학의 농학부나 가정학부에 농업시험장을 부설하여 대학이 교육·연구·보급 기능을 담당하는 삼위일체형으로 운영되었다. 류큐대학은 미국 랜드그랜트대학의 교육 이념을 본떴는데, 특히 전후 오키나와 사회를 재건하기 위해 일반 사람들에게 지식을 환원하는 보급사업에 주력했다. 이는 류큐대 학부편성에도 반영되어, 농학과 함께 가정학이 중시되고 가정학과가 농학과와 함께 보급 활동을 진행하였다. 또한 일본대학으로는 드물게 가정학부가 농학부 안에 편성되기도 했다. 나아가 국방성 점령지역 재교육 지부는 류큐 교육에 관한 제안을 미국 의회에 제출하고, 류큐대학 발전을 위해 육군성을 원조할 것을 요구했다. 그리고 미국 육군성은 류큐열도 민정관의 제언에 따라, 류큐대학에 원조와 조언을 해주며 협력할 대학으로 미시건 주립대학을 선정하여 계약을 맺는다. 미시건 주립대학은 보급사업을 활발히 진행하고 있는

---

26 모릴 랜드그랜트 법Morrill Land-Grant Colleges Act의 적용을 받는 대학. 모릴 랜드그랜트 법은 남북전쟁 중인 1862년 6월에 제정되었다. 이는 농학, 군사학 및 공학을 가르치는 고등교육 기관을 설치하기 위해, 상원과 하원의원 한 명당 3만 에이커의 국유지를 무상으로 제공하는 등 연방 정부 소유의 토지를 주정부에 제공하도록 정한 것이다. 랜드그랜트대학은 설립 당시에는 이과 계열의 실용적인 학문이 특화되어 있었다. 현재는 문과 계열 학부도 설치하여 종합대학으로 성장한 대학이 많다.

농업대학으로 유명했는데, 특히 보급사업을 위해 농학이나 공학, 가정학을 중요시했으며 그 분야에 큰 기여를 한 대학이었다. 1951년부터 1968년까지 미시건 주립대학에서 51명의 교수가 류큐대학으로 파견되었고 5~6명이 항시 오키나와에 머무르면서 각 전문 분야의 강의뿐 아니라 학과운영이나 교육행정에 관한 지원과 조언을 담당했다. 특히 가정학과에는 1951년부터 1959년까지 4명의 교수가 파견되어 일반 보급사업 활동에 큰 영향을 미쳤다. 이들은 보급사업 활동으로 농업이나 축산 분야와 함께 매월 소책자를 발행하거나 전시회를 열었다. 또 류큐열도 각지에 있는 류-미 문화회관을 중심으로 생활 개선 강습회나 요리 강습회, 나아가 신문잡지의 지면이나 라디오 · 텔레비전 방송, 상영회 등을 통한 요리 실연 등도 실시했다.22)

오키나와의 생활 개선 보급사업은 앞서 언급한 정부 파견의 개량 보급원과 류큐대학 가정학과 교원이 함께 진행했다. 1952년에 가정학부 조교수로 임명된 오나가 키미요翁長君代는 가정분야 보급사업을 맡아 동료 교수나 미시건 주립대학에서 파견된 교수들과 함께 오키나와 본도의 북동부 지역부터 기타 섬을 포함한 전역에서 요리강습회를 비롯한 생활 개선 보급 활동에 힘썼다. 오키나와 각지에서 실시된 요리강습회에서는 라라 물자나 리바크 원조물자로 배급된 탈지분유나 밀가루를 사용한 요리를 주로 가르쳤다. 오나가 키미요 자신도 원조물자를 통해 탈지분유를 처음 보았다고 한다. 그녀는 탈지분유를 부드럽게 녹이려고 여러 번 시행착오 한 끝에 독자적으로 거품을 내는 도구를 만들었다. 또 달지 않은 탈지분유를 차가운 채로도 쉽게 마실 수 있도록 여러 가지 연구를 했다고 한다. 오나가 키미요는 가정학과의 보급사업을 하는 동안 미국정부가 파견하는 '국민지도원'의 자격을 얻어 미국을 시찰하고 미시건 주립대학에서 유학했다. 또 미국 농가에서 홈스테이를 하는 등 실제로 미국생활을 체험하고 배웠다. 미국시찰과 유학 경험은 오키나와로 귀국 한 후 생활 개선 보급사업의 일환으로 미국의 식문화나 생활양식을 가르칠 때 큰 영향을 미쳤다. 귀국 후에는 요리강습회를 위해 냄비나 도마 등의 요리도구를 왜건wagon에 쌓아 각지를 돌며, 군에서 배급된 밀가루를 이용한 케이크 만들기나 과자 만들기의 실연, 배급 통조림인 런천미트를 활용한 요리, 채소를 사용한 샐러드 요리를 소개하고 보급했다.23) 1960년대 전반이 되자 오키나와에서는 미국 식문화의 영향으로 빵을 먹는 것이 일반화되고 그에 곁들이는 샐러드 양배추 등의 날채소를 먹기 시작한다. 오나가 키미요는 1963년 3월부터 『슈레의 빛』 요리란을 담당하여 일반 독자를 위해 채소나 파인애플을 이용한 샐러드 요리, 배급 밀가루를 이용한 케이크나 과자 만들기 레시피를 발표했다. 거기서 오나가 키미요는 날채소를 처음 먹었을 때의 일화를 소개하고 있다. 1952년 미국인 가정에 초대를 받았을 때 샐러드가 나왔는데, 그때는 그다지 맛있다고 느껴지지도 않았고 채소를 익히지도 않은 채 내오다니 미국인은 예의가 없다고 생각했다고 한다. 그러나 그로부터 10여 년 지난 지금은 오히려 날채소를 먹지 않으면 뭔가 허전한 기분이 들 정도라고 말한다. 날채소에 대한 오나가 키미요 개인의 이러한 감각의 변화는 미국의 식문화나 생활양식이 오키나와 가정으로 침투해 간 과정을 잘 보여준다. 점령 초기에는 미군만 날채소를 먹었을 뿐, 오키나와에는 샐러드를 먹는 습관이 없었다. 그러나 미군에 신선한 채소를 공급하기 위한 정부의 지원 조치로, 기지에 인접해 있는 농촌에서는 '청정채소'라고 불리는 채소 생산에 힘을 쏟기 시작한다. 미군은 매일 먹을 싱싱한 채소를 확보하기 위해 오키나와로 생산 지역을 한정하고 그 농법에도 엄격한 조건을 붙였다. 그러나 청정채소의 수

요가 점점 늘면서 생산량도 함께 늘어난다. 『슈레의 빛』 기사(1962.7)에는, 일찍이 고구마밖에 없던 밭에서 '류큐의 청정채소'가 생산되어 지금은 류큐에 주둔하는 미군부대뿐 아니라 한국과 일본, 필리핀에 주둔하는 미군부대에까지 팔려나가 농가의 큰 수입원이 되었다는 글이 실려 있다. 그리고 오나가 키미요의 요리란에서 소개되었듯이 미군의 식탁에만 오르던 신선한 채소는 1960년대 중반쯤 되자 오키나와 중류가정에서도 일반적인 식재료가 되었다. 오키나와에서 샐러드를 받아들인 것은 단순히 그 요리법만을 받아들인 것이 아니다. 이는 기계화된 농업의 근대적인 재배방식으로 생산된 건강하고 싱싱한 날채소를 청결한 식탁에서 먹는 미국의 식문화와 생활양식을 수용하는 과정이기도 했다.

이렇게 오키나와 농가의 생활 개선 보급사업에서는 행정뿐 아니라 류큐대학의 역할이 중요한 위치를 차지했고 이는 일본 본토와 다른 특징이었다고 할 수 있다. 게다가 강습회나 실연을 통해 미국의 식문화와 생활양식은 지역의 주부에게까지 영향을 미쳤고 이 배경에 미국 민정부와 미시건 주립대학의 지원과 협력이 있었다. 즉 미국 식문화와 생활양식은 농가나 일반가정의 생활 개선운동으로 진행된 류큐대학의 보급 활동을 통해 침투한 것이라 할 수 있다. 그때 대학이 맡은 역할은, 전후 일본 본토의 생활 개선 보급 활동이나 아메리카니즘의 침투에서는 볼 수 없는 오키나와만의 특징이었다. 나아가 오키나와의 생활 개선 보급 활동은 일본 본토의 생활 개선 사업을 참고한 정부측과 미국대학의 보급사업을 본뜬 류큐대학의 활동을 통한, 이른바 미일합작에 의한 생활 개선 사업이었다는 것에 주목해야 한다. 1950년대부터 60년대 전반의 오키나와는 미국이 토지 강제 접수 등을 통해 폭력으로서의 미군기지를 확장해 나가는 동시에, 다른 한편에서는 생활 개선 보급사업을 통해 미국의 식문화와 생활양식이 일반 가정 안으로 조용히 침투하고 있었다. 미국문화는 홍보지 등의 인쇄물을 통한 교화선전보다도 생활 실태에 입각한 개선운동이나 요리강습회 등을 통해 오키나와 안으로 서서히 침투했다고 할 수 있다.

5. 가전제품의 침투

1960년대 중반에는 미국의 소비문화와 생활양식을 상징하는 텔레비전이나 세탁기, 냉장고 등의 가전제품이 오키나와의 일반가정으로 침투하기 시작한다. 오키나와에서 텔레비전 방송은 오키나와 본도에서는 1959년, 미야코·야에야마八重山에서는 1967년에 시작되었다. 1960년에는 오키나와 본도에 새로운 방송국이 개설되어 두 곳이 되고, 지역신문에서는 발 빠르게 텔레비전의 시대가 찾아왔다고 보도했다. 텔레비전 방송과 관련하여 제도적으로 큰 전환을 이룬 것은 1964년에 일본 본토와 오키나와 간에 마이크로 회선이 개통된 일이다. 그전에는 방송시간도 한정되어 있었고, 본토의 주요 방송국들에서 방송된 필름을 나중에 항공편으로 받아 방송하거나 열악한 제작환경에서 16밀리 필름으로 찍은 것을 위주로 방송을 편성하였다. 개국 당시 오키나와의 텔레비전 수상기는 약 2,000~2,500대였으나 회선이 개통된 후에는 일본 본토의 뉴스도 동시간대에 볼 수 있고 도쿄 올림픽도 동시 중계로 방영되어 텔레비전 보급이 약 10만 대까지 비약적으로 증가했다.24)

293

오키나와의 경제성장이 계속되면서 1960년대 중반에는 소득 증가에 따라 생활 형편도 향상되어 지금까지의 생활 형태에 큰 변화가 일어났다. 그즈음 지역신문은, 전후 십여 년이 지나 오키나와 사회에도 "소비혁명"이라는 "새로운 물결"이 밀려왔다고 썼다. 또 일반 가정도 의식주 면에서 소비생활이 활발하여 텔레비전, 스테레오 전축, 세탁기, 냉장고를 구입하는 등 "가전제품 붐"에 편승했다고 보도했다. 이러한 가전제품 등의 내구소비재를 구입하는 사람들은 도시의 고소득층에서 점차 중간소득층으로 이동했으며,25) 여기에는 월부제도가 한몫 하고 있어 지금은 "월부 가난"이 고민거리가 되었다는 신문기사도 눈에 띈다. 가전제품을 월부로 구입했던 중간소득층은 주로 상호복리제도로 마련된 공제조합에 속한 공무원이나 교원들이었다. 1968년에는 오키나와에도 컬러 방송이 시작되어 3C(car · cooler · color television) 시대에 접어들고, 미국 스타일의 "대형소비시대"를 맞이했다는 기사를 지역신문에서도 볼 수 있다.

한편 농촌 생활 개선 보급사업의 일환으로 1952년부터 1965년까지 류큐의 모든 농가를 대상으로 농촌의 생활 및 시설개선 상황 조사가 행해졌다(류큐정부 자료의 조사 일람표로 확인할 수 있는 것은 1962년부터이다). 나아가 1966년부터 1970년까지 5개년 계획의 일환으로 각 촌村27 내의 마을 두 곳과 촌 내 개선 그룹 조사가 오키나와 전역에서 실시되었다.26) 이 통계 조사는 1960년대 오키나와 농가에 텔레비전이나 세탁기, 냉장고 등의 가전제품이 어느 정도 침투해 있었는지를 보여준다.

---

27 일본의 지방자치법에서는 시정촌市町村을 기초 지방공공단체로 정하고 있다. 시정촌은 광역적인 지방공공단체인 도도부현都道府県과 대등한 관계에 있으며, 시정촌 간의 관계도 역시 대등하다. 그러나 시와 정촌은 지방 의원의 숫자나 복지사무소에 관한 규정 등 법령 상 그 기능에 약간의 차이가 있다(정과 촌의 기능은 동일하다). 최근에는 시정촌 병합이 진행되어 촌의 수는 감소 추세에 있다.

자료에 의하면 1962년 전 류큐 농가 8만 6,165호 중 텔레비전이 있는 가구가 1만 763호로 전체의 12.4%, 냉장고와 세탁기는 각각 3.8%와 2.4%에 불과하다. 업자의 추산에 따르면 도시지역에서는 전체 가구의 50~60%가 월부로 텔레비전이나 세탁기를 구입했다고 하니, 오키나와 내 가전제품의 구입에 있어 도시와 농촌의 격차가 매우 컸음을 알 수 있다. 1966년에 이르면 텔레비전이 있는 가구의 비율이 농촌에서도 평균 50% 가까이 되었지만 냉장고나 세탁기의 경우는 아직 12% 전후에 머물렀다. 또 농촌 중에서도 지역에 따라 큰 차이를 보여 중부나 남부지구의 가전제품 침투 비율은 비교적 높았던 것에 비해 본도에서 떨어져 있는 섬 지역은 훨씬 수치가 낮았다. 본도 내에 있는 농촌들 간에 냉장고나 세탁기의 비율은 별 차이가 없었지만, 텔레비전의 경우에는 기지에 인접해 있던 중부지구와 나하시 근교의 남부지구에서 각각 75%와 80%로 높은 비율을 보여 북부지구와 큰 차이가 있었다. 조사의 소견을 보면 중부지구의 가전제품 구입이 타지역보다 높은 이유가 기지에 인접해 있어 미국생활에 자극받은 탓이라고 분석하고 있다.

이처럼 1950년대와는 달리 60년대에는 오키나와의 생활수준이 높아지면서 기지 내의 미국식 생활양식에 영향을 받고 있다는 것을 확인할 수 있다. 그리고 1960년대 후반이 되면서 류큐의 모든 농가에 전기제품이 점차 보급되어간 것을 알 수 있다. 5개년 계획 마지막 해인 1970년 전 류큐 농가의 냉장고 보급률은 평균 38%로 여전히 지역 차가 있다. 하지만 텔레비전이나 세탁기의 경우에는 각각 83%와 52%를 넘어서 지역 간 차이가 그리 눈에 띄지 않는 수준이 되었다.[27)]

요시미 순야는 전후 일본에서 아메리카니즘이 일본 전역으로 확대된 점을 언급하며, 미국을 모방하고 싶은 욕망이 미국의 문화 헤게모

295

니와 적극적으로 타협함으로써 스스로의 아이덴티티를 재탄생시켰다고 지적한다. 그리고 전후 일본의 미국화를 논의하면서 생활이미지의 변화에 초점을 맞춰 전후 일본의 '가전제품' 광고 속 이미지가 어떻게 전개되었는지를 살핀다. 요시미 슌야에 따르면, 미국화라 할 수 있는 '가전제품'의 상품 이미지는 모더니티와 결부되어 도회적 모더니즘, 젠더, 내셔널리즘의 담론으로 편성되었다. 또 1950년대 일본 본토의 광고에서는 가전제품의 보급이 민주화의 이미지와 겹쳐지면서 가전제품을 능숙하게 다루는 주부의 주체성에 대한 담론이 구축되었다고 지적한다. 나아가 1960년대의 광고는 일본기업의 앞선 기술력을 강조하며 자포니즘과 테크놀로지가 일본인의 주특기라는 하나의 이데올로기를 만들어 간다.[28]

오키나와에서는 앞서 서술했듯이 1959년 11월에 최초의 텔레비전 방송국이 개국하고 그 전후로 지역신문에도 텔레비전을 중심으로 하는 가전제품 광고들이 실리기 시작했다. 본토의 신문에 실린 것과 동일한 일본 가전제품 광고였지만, 추가로 문구를 덧붙였다는 점에서 조금 더 고심한 흔적이 보인다. 초기 광고 문구에서 눈에 띄는 것은 "모던주택에는 가전제품"처럼 모던이라는 말이 많이 사용되었다는 점이다. 특히 텔레비전에 대해서는 "선명한 영상"이나 "박력 있는 하이파이"처럼 제조사가 가진 영상이나 음향의 기술력을 강조했다. 유명 여배우가 미소 짓고 있는 광고사진의 구도는 본토의 신문 광고와 같았다. 어떤 광고에서는 자사의 가전제품이 국제적인 품질경쟁에서 이겨서 국경과 이데올로기를 뛰어넘어 세계 제1위의 수출실적을 기록했다는 점을 내세우고 있다. 또 다른 광고에서는 일본의 최첨단 기술에 의해 역사상 가장 작고 가벼운 마이크로 텔레비전이 세계 최초로 개발되었다는 점을 강조하고 있다.

『오키나와신문』에는 1959년 말부터 텔레비전 등의 가전제품 광고가 실렸기 때문에, 1950년대와 1960년대의 광고 특징이 섞여 있다. 1960년대 『오키나와신문』에 게재된 가전제품 광고에서 흥미로운 것은 본토와 동일한 광고에 다음과 같은 문구가 추가되어 있다는 점이다. "오키나와에 히노마루가 펄럭이게 된 지 벌써 1년 반, 그리고 두 번째 맞이하는 새해. 가도마쓰門松[28]의 초록빛과 함께 올려다보는 히노마루는 한층 더 선명합니다." 이것은 1964년 새해에 실린 후지FUJI사의 가전제품 광고였다. 이 광고 문구는, 미군점령하의 오키나와에서 법정 축일에 공공건축물에 히노마루를 게양할 수 있게 된 것이 1961년 6월부터였고 이와 함께 일본으로의 일체화를 촉진하는 복귀운동이 한층 고양되었던 상황을 반영한다. 이렇게 1960년대 전반에는 오키나와 일본의 일체화를 당연시하는 내셔널리즘의 담론이 가전제품의 신문광고 속에 드러나 있었다. 또 가전제품은 아니지만 은행이나 관광 관련 광고에도 "오키나와와 본토를 잇는다"라든가 "'일본의 오키나와로' 외국 기분 만끽" 등, 오키나와와 일본의 일체화를 명시하는 광고문구가 실려 내셔널리즘을 의식한 서술이 적지 않았음을 알 수 있다. 이는 미군 정부가 사용하는 "류큐"가 아니라 "오키나와"라는 명칭을 광고에 사용했다는 점에서도 잘 드러난다.

1967년 12월에 미야코·야에야마에서도 텔레비전 방송이 시작되자 "샤프의 획기적인 '태양전지'"를 소개하는 광고에 "서쪽 끝에 위치한 구다카지마久高島부터 구메지마久米島 니시메사키西目崎까지, 이시가키지마石垣島 간논자키觀音崎까지 (…중략…) 오키나와의 바다 구석구석을 끊임없이 비춘다"라는 문구가 추가되었다. 1960년대 전반에는

---

28 새해에 문 앞에 장식으로 세우는 소나무. 때로는 매화·대나무를 곁들이며 금줄을 걸치기도 한다.

오키나와와 본토의 일체화를 구사하는 내셔널리즘 담론이 엿보였지만, 오키나와의 일본 복귀가 거의 확실시된 1960년대 후반에는 미야코·야에야마까지 포함한 오키나와 전역의 일체화가 강조되고 있다. 즉 1960년대 전반 오키나와 광고에서는 오키나와와 일본의 일체화를 강조하고, 1960년대 후반에는 일본과의 일체화를 기정사실화 한 뒤에 사키시마先島[29]를 포함한 오키나와 전역에 대해 일본 본토와 일체화를 주장하는 점이 특징이다.

1960년대 일본 본토의 광고는 세계를 겨냥한 광고가 많은데, 그 내용은 일본의 기술력이 세계적으로 우수다고 자랑하는 것이었다. 여기서 세계란 기술력이 우수한 구미 세계를 상정한 것이다. 같은 가전제품의 오키나와 광고에서도 세계적으로 자랑스러운 기술력이 강조되고 있지만, 여기서 '세계'는 구미 세계라기보다 수출처인 동남아시아나 중동을 의식한 것이었다. 동일한 제품이 오키나와에서는 그 우수한 기술력과 품질관리에 의해 동남아시아나 중근동으로 많이 수출되고 있다는 점을 한층 강조하고 있기 때문이다. 즉 오키나와는 기술력을 자랑하는 당사자인 일본이라는 주체로서가 아니라 수출처인 동남아시아와 같은 세계로 여겨졌던 것이다.[29] 이렇듯 동일한 제품이라 할지라도 일본 본토와 오키나와의 광고에서 '세계'라는 단어가 가리키는 대상이 다르듯이 두 광고의 내용도 미묘하게 달랐다. 이를 통해 앞서 논의했던 일본과 오키나와의 일체화를 시사하는 내셔널리즘의 균열을 확인할 수 있으며, 일본은 오키나와에 대해 일체성과 차이성이라는 이중의 시선을 가지고 있었다고 할 수 있다.

더욱 주목하고 싶은 것은 가전제품으로 상징되는 미국적 생활양식

---

29 일본 남서제도에 속한 류큐제도 중 남서부에 위치한 미야코 열도, 야에야마 열도를 총칭.

이 미군기지와의 교류를 통해 오키나와의 가정으로 직접 침투한 것이 아니라, 일본을 경유하여 들어왔다는 점이다. 이 때문에 미국적 생활양식에 대한 오키나와의 욕망은 일본을 경유하는 과정에서 일본의 내셔널리즘 담론과도 겹쳐졌다. 1960년대 오키나와 사회는, 한편에서는 '일본 복귀'운동과 함께 반기지·반미운동이 뜨겁게 달아올랐고, 다른 한편에서는 미국적 생활양식의 상징인 가전제품이 일본을 경유하여 들어오면서 일본과의 일체화 담론이 진행되었다. 전후 일본은 미국의 문화적 헤게모니와 적극적으로 타협했다. 따라서 1960년대 오키나와 주민에게 일본의 이미지는, 폭력으로서의 미군기지로 상징되는 오키나와의 미국문제를 해결하는 정치적 존재라기보다 오히려 대중소비문화라는 미국의 생활양식이나 근대적 미국의 상품문화의 풍족함을 체현한 '조국'으로 받아들여졌다. 이는 미군기지로서의 미국과 소비문화로서의 미국이라는 두 개의 이미지 중, 소비문화로서의 미국을 이미 체현한 풍요로운 일본사회라는 이미지다.

오키나와의 아메리카니즘에서 일본이 수행한 역할에는 두 가지 의미가 있다. 하나는 오키나와의 미국문제를 해결하는 정치적 존재로서 일본정부의 역할이 빈약했기 때문에, 대조적으로 미국의 대중소비문화 생활양식을 익힌 풍요로운 일본이라는 이미지가 확대되었다는 점이다. 또 하나는 미국의 소비문화나 생활양식이 일본을 경유하여 들어왔기 때문에, 1950년대까지만 해도 완전히 '별세계'였던 미국식 문화가 1960년대에는 일본국민으로의 일체화를 지향하면서 오키나와 주민도 손을 뻗으면 닿을 수 있는 대상으로 다가왔다는 점이다. 즉 소비문화나 생활양식으로서의 미국은 일본을 경유하여 그려짐으로써 미군기지로서의 미국과는 분리된 채 오키나와의 중류가정 속으로 침투하였다. 이러한 의미에서 미국의 생활양식이나 문화를 체현한 일본의 이미지는, 1960년대에 일본국민으로의 일체화를 지향했던 오키나와에서 기지로서의 미국의 존재를 후경화시키는 역할을 담당했다고 할 수 있다. 그리고 이는 '복귀운동'과 함께 기지반대운동을 주도했던 공무원이나 교직원 등의 오키나와 중간소득층이 미국적 생활양식이나 소비문화를 미군기지로서의 미국과는 별개로 생활의 근대화나 합리화의 스타일로 욕망하고 수용할 수 있게 하는 토양을 제공했다. 따라서 오키나와의 중류층을 형성한 공무원이나 교직원 등이 미군기지를 반대하면서 복귀운동을 하는 것과, 가전제품으로 상징되는 미국의 소비문화나 생활양식을 욕망하는 것은 점차 분리되어 모순 없이 공존하고 수용되었다.

6. 미군기지와 생활의 모순

1960년대 오키나와 중류가정에서는 미군기지로서의 미국과 가전제품으로 상징되는 미국적 생활양식이 분리된 채 모순 없이 공존했지만, 일상생활 속에서 두 개의 미국을 모순으로 안고 살 수밖에 없는 사람들이 있었다. 기지 근처에서 장사를 하던 사람들이나 미군기지에서 문화적 영향을 받은 뮤지션들이 바로 그들이었다. 이들은 기지와 인접한 지역에 살면서 미군과 일상적으로 관계를 맺고 있었기 때문에 두 개의 미국을 분리공존 시키는 것이 불가능했다. 즉 둘 사이의 모순과 삐걱거림을 안고 살아가야만 하는 사람들이었다. 베트남전쟁이 본격화 된 1965년 이후 코자 거리는 베트남전쟁에서 돌아온 미군

병사나, 이제 막 전장으로 갈 날을 앞두고 난폭하게 거칠어진 미군병
사들로 넘쳐나고 있었다. 매일 밤마다 미군병사들은 문제를 일으켰
는데, 특히 백인병사와 흑인병사 사이의 집단 싸움은 특수음식점가[30]
뿐 아니라 그 주변지역 사람들의 생활까지 위협했다.

　나가도 에이키치長堂英吉의 소설『흑인거리黑人街』30)는 매춘부 출신
의 늙은 여성의 눈을 통해 당시 코자 거리에서 발생한 흑인병사와 백
인병사의 대립과 집단적 싸움을 잘 그리고 있다. 소설의 주인공 '우
메'는 오키나와 중부의 미사토촌美里村에서 가난한 농부의 딸로 태어
났다. 그녀는 전쟁이 일어나기 전에 오사카에서 매춘부생활을 하다
가 전후에 오키나와로 돌아와 흑인병사를 상대하는 매춘으로 돈을
벌어 코자의 흑인 거리에 큰 클럽을 열었다. 당시 특수음식점가는 흑
인병사와 백인병사의 대립과 집단 싸움 때문에 거리가 구분되어 있
었다. 그런데 이를 모르는 한 백인병사가 흑인 전용 클럽에 들어갔다
가 무리지어 있던 흑인병사에게 뭇매질을 당하는 사건이 일어난다.
이 일로 흑인병사와 백인병사 간에 집단싸움이 벌어지고 '우메'가 경
영하는 가게는 순식간에 격투장으로 돌변한다. 고생고생해서 겨우
마련한 가게는 그 싸움으로 큰 피해를 입었다. '우메'는 화가 나서 오

301

30　일본정부는 항복하고 불과 3일째인 8월 18일, 점령군용으로 성적 위안시설을 준비하여
　그 영업을 적극적으로 지도하며 빠르고 충실한 설비를 도모하도록 전국에 지시, 이어서
　유곽과 기생집, 요정, 카페, 또 산업전사위안소의 업자들에게 RAARecreation & Amusement
　Association를 결성시켜 1억엔의 예산을 투입, 관계관청을 동원하였다. 그리고 점령 2, 3개
　월 사이에 매춘전문점이나 캬바레, 댄스홀, 맥주홀 등 점령군에게 여성의 서비스를 제공
　하는 시설이 전국 각지에서 지방청의 후원으로 만들어졌다. (…중략…) 폐창령에 따라
　창기단속 규칙 등은 폐기되었지만, 말뜻 그대로의 의미로서 공창제도, 즉 공권력에 의한
　관리매춘제도의 폐기를 GHQ도 추구했던 것은 아니고, 일본정부도 그러한 생각은 없었
　다. 머지않아 구 기생집이 접대소, 구 창기가 접객부, 유곽이 특수음식점 · 아카센赤線
　등으로 이름을 바꾸어 등장한다(후지메 유키, 「제국주의와 성폭력」, 제주 4 · 3연구소 편,
　『동아시아의 평화와 인권』, 역사비평사, 1999 참조).

키나와 순사에게 항의를 하지만 되려 MP(미헌병)에게 미군병사 전용 영업면허까지 빼앗겨 버린다는 것이 소설의 내용이다. 이 작품에 대해 오카모토 케이토쿠岡本惠徳는 당시 코자의 현실에 입각하여 사회의 말단에 있는 매춘부 출신인 '우메'를 주인공으로 삼아 흑인병사에게 친근감을 가진 시점으로 사건을 그렸다는 것이 특징이라고 했다. '우메'의 눈으로 오키나와의 현실을 파악하려는 작가의 시선은 베트남전쟁의 출격기지인 오키나와에 증폭되어 나타난 미국 내 인종대립 모순을 포착한다. 덧붙여 오카모토 케이토쿠는 이 소설이 미군의 체제에 반항하는 흑인병사와, 공무원이나 교사 등 유복한 계층이 주도하는 '일본복귀운동'에 반대하는 사회 하층민인 '우메'를 중첩시킴으로써 지배자와 피지배자 쌍방의 내부 모순을 동시에 포착하고, 사회의 하층부에 있는 사람들 간의 연대를 보여준다고 지적했다.[31]

이 소설의 무대가 된 장소나 상황, 그리고 인물 설정은 당시 코자의 특수음식점가를 잘 반영하고 있다. 특히 소설의 주인공인 '우메'는, 1960년대 오키나와가 미국을 수용하는 과정에서 두 개의 '미국'이 일상생활 속에 분리공존하는 공무원이나 교원의 방식과는 확연히 다른 입장을 보여준다는 점에서 흥미롭다. 미군병사와 일상적으로 만나는 '우메'의 생활은, 한편에선 미군기지에 반대하며 복귀운동을 주장하고 다른 한편에선 일본 본토를 매개로 미국의 소비문화나 생활양식을 욕망하는, 두 개의 미국이 분리공존하는 오키나와 중류가정의 일상과 달랐다. 오히려 '우메'의 생각이나 삶은, 1960년대 코자 거리의 센터도오리나 게이트도오리 등 기지 근처에서 장사하던 사람들과 닮아있다.

1963년 11월, 미국통합참모본부가 오키나와에 주둔하고 있던 미군에 정식으로 베트남 출동 명령을 내리자 오키나와의 미군기지뿐 아

니라 기지 주변지역까지 베트남전쟁의 전황에 큰 영향을 받게 되었다. 그때까지 토산품점이 즐비해 있던 센터도오리는 베트남전쟁의 격화와 함께 미군병사를 상대하는 술집이나 매춘업소 등의 특수음식점가로 변모하기 시작했다. 그리고 베트남 특수를 맞아, 미군병사를 상대하는 센터도오리의 특수음식점가들은 전에 없는 전성기를 구가했다. 이는 베트남전쟁에서 잠시 쉬기 위해 귀환한, '야마가에리山歸り'라고 불리는 미군병사들이 전쟁 수당으로 받은 달러를 이곳에 뿌려댄 덕이었다. 미군병사에게 인기가 많은 가게는 당시 공무원 평균 월급의 20배 가까이 되는 매상을 하루에 벌기도 했다고 한다. 이곳에서는 오키나와의 일반적인 생활과는 매우 다른 '별세계'가 펼쳐졌다. 그러나 이 별세계에 베트남 특수라는 경제적 호황만 있었던 것은 아니다. 전쟁에 직면하여 살기를 띤 미군병사들의 광폭한 정신 상태로 인해 지역주민들은 폭력이나 패싸움 등 무서운 '광기상태'에 휩싸여야 했다. 센터도오리에서 자란 어느 레스토랑 경영자의 아들은 베트남 특수의 양면성을 지적한다. 그는 베트남 특수로 생활수준이 높아진 장점이 있는 반면 미군병사들에게 정신적으로 매우 심한 굴욕을 당하기도 해서, 혜택도 있었지만 증오하는 마음도 생겨 복잡하다고 말한다.32) 베트남전쟁 기간 동안 미군기지가 끼친 영향이나 미군병사에 대한 양가적인 감정은, 미군기지를 통해 흘러나오는 미국음악에 영향을 받아 센터도오리를 중심으로 음악활동을 하던 뮤지션들도 마찬가지였다. 그러한 뮤지션 중 한 명인 미야나가 에이치宮永英一는 미군병사인 아버지와 오키나와 도쿠노시마德之島 출신인 어머니 사이에서 태어났고 어릴 때는 코자에서 할머니 손에 자랐다. 할머니가 오키나와 연극을 좋아해서, 어릴 때 할머니와 종종 극장에 갔었다고 한다. 나중에 나카노마치中の町의 특수음식점가에서 어머니와 함께 살면서

303

초등학교와 중학교에 다녔는데 학교에서 '튀기'라 불리며 차별을 받았다. 그러나 일상적으로 접했던 미국음악의 영향을 받아 중학교를 졸업하고 독학으로 음악을 익혀 밴드를 결성, 미군병사들을 상대로 센터도오리나 게이트도오리의 가게에서 음악활동을 했다.

베트남전쟁이 격화되면서 미군병사들은 점점 광폭해졌고 이들을 상대로 연주를 하다 보니 매주 주말은 싸움의 연속이었다고 한다. 베트남전쟁으로 미군병사들은 날카로워져 있었고, 흑백 대립이라는 미국 내의 인종차별 의식이 기지나 코자 거리에까지 들어왔다. 여기에 전쟁을 치르고 있는 베트남 사람과 같은 동양인이라며 오키나와인을 깔보는 흑인병사의 인종차별 의식까지 더해져 차별구조는 중층적으로 복잡하게 얽혀 있었다. 그러한 상황 속에서 미야나가 에이치는 전장으로 향하는, 내일 죽을지도 모르는 미군병사들의 달러로 생계를 유지하는 '혜택'를 받으면서도 그 '야마가에리' 미군병사들을 봉으로 삼아 꾀어내야 하는 자신들의 생활 방식에 모순을 느꼈다고 한다. 특히 베트남에 가고 싶지 않은 심정을 토로하면서도 다음날 전장에 가야만 하는 미군병사 친구를 보면 마음이 복잡해지고, 동시에 개인적으로도 친구를 잃고 싶지 않은 마음에 전쟁에 반대하게 되었다고 말한다.33)

그 시기 오키나와 주민들은 한편으로 '베트남 특수'의 '혜택'을 받으면서도, 대다수는 공무원이나 교원들을 중심으로 '기지 전면 철거와 즉시 반환'을 슬로건으로 내세워 베트남전쟁에 반대하고 '일본복귀운동'을 강력하게 추진해나갔다. 이런 상황 속에서, 베트남전쟁에 종군하는 미군병사들의 달러에 의존하여 생계를 꾸리던 센터도오리나 게이트도오리의 상인들은 1967년에 '코자 시민의 생활을 지키는 모임'을 발족시켜, '기지철거'와 '즉시복귀'에 반대를 표명했다. '복귀운동'

을 외치던 당시 오키나와에서 그들의 주장은 소수에 불과한 주장이었다. 게다가 1960년대 오키나와 사회의 일반 가정에서는 두 개의 '미국'이 분리공존해 가던 중이었기에, 모순을 안고 사는 코자 사람들의 생활은 점차 주변부로 떠밀리게 되었다. 그들은 미군기지의 폭력과 미국적 생활양식이라는 '미국'의 모순을 일상적으로 체험하면서 보수적으로 살아가던 사람들이었다. 또한 그들의 생활은 1960년대 오키나와의 일반 가정 속에 두 개의 '미국'이 분리공존하고 있음을 역으로 날카롭게 비추는 거울이기도 했다.

1960년대 중반의 경제성장이나 베트남 경기의 혜택 속에서 공무원이나 교원들인 중간소득층은, 한편으로 베트남전쟁의 반대와 미군기지의 철거를 주장하면서도 다른 한편으로는 자신들의 생활 속에 미국적 생활양식이나 소비문화를 욕망하고 수용해갔다. 그리고 폭력으로서의 미군기지와 미국적 생활양식이라는 두 개의 '미국'은 그들의 일상생활 가운데 모순되지 않은 채 공존했다. 그러나 미군기지 근처에서 일상적으로 미군병사와 타협하며 살아가던 사람들에게 그 두 개의 '미국'은 결코 분리 공존하는 게 아니었고, 모순을 안은 채 삐걱거리며 존재하는 것이었다. 앞서 말한 센터도오리의 특수음식점가에서 일할 수밖에 없는 사람들이나 뮤지션들이 가진 미국에 대한 '혜택'과 '굴욕'이라는 이중의 모순된 의식은 그것을 여실히 보여준다. 이는 두 개의 '미국'이 분리공존하던 대다수 오키나와 주민들의 생활과는 다르게, 모순과 삐걱거림을 껴안은 채 이른바 오키나와와 미국의 문화적 혼혈로서 꿋꿋이 살아가려는 방식이었다.

모순을 안고 살아가는 생활 방식이라는 점은 기지에서 일하는 전군노全軍勞[31] 조합원들도 마찬가지였다. 그러나 이들은 미군기지를 적극 반대했다는 점에서 센터도오리의 사람들이나 뮤지션들과 정치적

305

주장이 달랐다. 일할 곳이 없어서 미군기지에 취직한 사람들은 미군에 비민주적으로 인권을 무시당하고 인종차별을 받는 것에 반발하여 1960년대 전반에 인권과 노동권의 존중을 요구하며 전군노라는 조합을 만들었다. 만드는 과정에서 갖은 억압과 고통을 받았지만 결국 전군노를 조직하여 군무원의 인권이나 생활보장의 일부를 실현시켰다. 미군과의 관계가 악화되어 요구의 실현이 늦어질 것을 우려한 전군노는 제1회 정기대회 때부터 기치를 올렸던 '조국복귀 추진' 주장과는 별개로, 조직운영 차원의 정치적 슬로건 주장은 신중히 다루기로 결정했다. 그러나 베트남전쟁이 격화되고 복귀운동이 고조되는 시대상황의 변화 속에서 전군노는 생활보장 등의 경제적 요구에서 나아가 기지반대라는 정치적 주장까지 하지 않을 수 없었다. 이 과정에서 조합원들 사이에 많은 고민과 주저함이 있었다. 군무원은 미군기지에서 일하면서 생활을 유지해 나간다. 기지의 폭력이나 부당함은 너무 싫지만 해고당하면 생활은 어떻게 할 것인가. 또 베트남전쟁이 격화되는 중에 미군기지에서 일하는 것이 베트남 사람들에 대해서는 어떠한 의미를 가지는가. 이러한 모순 속에서 군무원들은 불안과 고민을 품고 기지에서 일하며 기지반대 복귀운동을 해나갔다.[34)]

미군기지와 생활의 모순 속에서 불안과 고민을 안고 살아간다는 점에서 군무원과 센터도오리의 사람들은 매우 비슷하다고 할 수 있다. 그러나 결정적으로 다른 점은 전군노 조합원들이 그 모순을 고민하고 그것을 받아들이면서도, 결국 모순을 뛰어 넘어 '기지반대'로까지 나아갔다는 사실이다. 이는 단순한 주의주장 등의 이데올로기적 측면을 말하는 것이 아니다. 전군노의 '기지반대' 주장은, 기지에서

---

31   정식 명칭은 '전 오키나와 군노동조합全沖縄軍労働組合'이다.

일하는 자신의 생활기반까지 무너뜨린다는 것을 알면서도 그 모순을 사회에 알리고 타자와 함께 싸움으로서 새로운 전망을 향해 나아간 것이었다. 나는 이 선택이 가지고 있는 '정치성'의 의의에 대해 말하고자 하는 것이다. 전군노가 전개한 운동에는 1960년대 후반 '경계를 넘는 오키나와'의 모습이 있다. 즉 그들은 자신들의 생활공간에서 모순을 안고 살아갔지만 동시에 그 모순을 사회로 확장하고 타자와 함께 싸우면서 넘어선 것이다.

7. 마치며

경계를 넘는다는 것은 무엇일까. 이 글을 통해 '경계를 넘는 오키나와'라는 주제로 전후 오키나와의 아메리카니즘 수용에 대해 1940년대 후반부터 50년대 전반, 그리고 1960년대라는 두 시대를 중심으로 논의를 전개했다. 이 두 시대를 논한 것은 전후 오키나와의 아메리카니즘 수용과 관련하여 '경계를 넘는 오키나와'라는 주제를 고찰할 때 두 시기의 비교가 흥미롭고 중요한 논점을 제시하기 때문이다.

마지막으로 다시 한 번 요약하고자 한다. 1940년대 후반부터 50년대 전반은 미군과 오키나와 사람들 사이에 권력관계나 물량에 있어 압도적인 격차가 있었던 시대이며, 그러한 상황 속에서 오키나와 주민이 경험한 미국은 미군의 군수 물자로 체현되는 '미군문화'였다. 오키나와 사람들이 미군문화를 경험하고 수용한 방식에는 다음과 같은 두 가지 특징이 있었다. 하나는 미군의 군수식료인 레이션에서 이어지는 오키나와 사람들의 통조림 식품의 수용 방식에 있다. 그것은 당시 수입품의 90% 전후로 소비되던 오키나와의 '런천미트 기호'로 나타났으며, 오키나와 사람들은 여러 가지 요리법을 궁리하여 '미국' 식료품을 자신들의 식생활로 받아들여 정착시켰다. 다른 하나는 밀무역 네트워크를 형성한 것이다. 오키나와 사람들은 소위 '전과'를 통해 기지에서 훔친 군수 물자를 암시장으로 흘리고 나아가 미야코나 요나구니를 경유하여, 남쪽으로는 타이완이나 홍콩에서 북쪽으로는 본토나 구치노시마까지 국경이나 법제도를 자유자재로 빠져나가 넓은 밀무역 네트워크를 개척하고 형성하였다. 이는 혼돈의 시대를 살아가기 위해 오키나와 사람들이 스스로 생활공간을 넓힌 것이었다. 또 압도적인 권력을 가진 미군통치 속에서 살아남기 위한 행위는 오키나와의 일상적인 저항으로 연결되었다. 전과나 밀무역을 통해 나타난 행동양식에서, 오키나와전이라는 전례 없는 비참한 체험에 이어 미군의 강압적인 직접통치하에서 박탈당한 오키나와 사람들의 주체가 강대한 권력을 가진 미군과 협상하며 형성된 오키나와의 새로운 '주체성'을 엿볼 수 있다. 이 시대의 '경계를 넘는 오키나와'는 압도적인 권력을 자랑하는 미군과의 지배-피지배 관계 속에서 다양한 교섭을 통해, 상황에 따라서는 그 지배관계조차 역전시켜 자신들의 생활공간을 넓혀갔던 방식이라고 할 수 있다.

그러나 1960년대 전반 미국이 베트남전쟁에 본격적으로 개입함에 따라 그 최전선 기지로서 오키나와에 있는 미군기지의 역할이 점점 강화되고, 미군기지에서 파생된 기지피해나 구조적 폭력이 한층 심해졌다. 그러나 다른 한편으로 미일 두 정부의 재정원조, 달러전환, 베트남전쟁 특수 등에 의해 오키나와에서도 경제성장이 계속되어 개인소득이 상승하자 아메리카니즘의 새로운 양상이 오키나와 중류가정 안으로 침투하게 되었다. 즉 미군기지로서 미국의 존재와는 다른, 대중소비문화로서의 미국적 생활양식이 또 하나의 '미국'으로서 유입되었다. 이때 미국적 생활양식인 대중소비문화를 대표한 것이 텔레비전이나 세탁기, 냉장고 등의 가전제품이었다. 이러한 가전제품들은 1960년대 전반 경제성장에 따라 생활수준이 향상되면서 오키나와 중간소득층 가정으로 침투했다. 또 미국의 원조물자를 활용한 요리 강습회를 통해 미국의 음식문화가 보급되었다.

1960년대 오키나와의 아메리카니즘 수용을 고찰할 때 가전제품의 침투는 미국 음식문화의 침투와 함께 일반 가정에 큰 영향을 미쳤다. 즉 1960년대 오키나와의 아메리카니즘은 1950년대 전반까지의 '미군문화'가 아니라 '대중소비문화로서의 미국적 생활양식'을 향한 욕망과 수용을 통해 침투했다. 더욱 흥미로운 것은 가전제품으로 대표되는 미국적 생활양식이 미군기지를 통해 직접 유입된 것이 아니라, 일본 본토를 경유한 일본제품이 '미국'의 소비문화로서 들어왔다는 점이다. 즉 일반 오키나와 사람들이 미국의 대중소비문화를 수용하는 과정에 일본사회와 일본제품이 중간 매개로서 전경에 나타난 것이다. 가전제품의 침투는 미일합작으로 미군기지의 안정적인 사용을 보장하는 정치경제적 문맥에 있었던 것이 아니라, 미국의 대중소비문화를 받아들여 재빨리 '근대화'를 달성한 풍요로운 일본사회로의 일체화라는 문맥에서 나타난 것이었다. 오키나와의 입장에서 보자면 그때까지 미국 뒤에 숨어있던 일본이 미군기지라는 정치문제를 해결하는 주체로서가 아니라 대중소비문화를 수용하는 문맥에서 그 중개자의 위치로 나타났다는 사실에 주목해야 한다.

그러나 서술했듯이 1960년대 오키나와에는 여전히 강대한 미군기지로서의 미국이 존재하고 있었다. 이러한 상황에서 미군기지로서의

309

미국과, 대량생산과 대중소비문화로서의 미국이라는 두 개의 '미국'
에 대한 관계성이 되물어졌다. '복귀운동'을 주도해왔던 공무원이나
교원 등 오키나와의 중간소득층은 한편에선 '기지반대'를 주장하고,
다른 한편에선 가전제품을 욕망하고 수용해갔다. 그들에게 두 개의
'미국'은 분리공존하는 것이었다. 그러나 미군기지 근처에 살면서 생
활을 영위하는 사람들이나 기지에서 문화적 영향을 받은 뮤지션들은
이 두 개의 '미국'을 모순으로 껴안고 살아가야만 했다. 그들은 일상
속에서 모순과 불안을 품은 채 살고 있었다.

이는 미군기지에 모순을 느끼면서도 생활을 위해 미군기지에서 일
할 수밖에 없는 전군노 조합원들도 마찬가지였다. 그러나 전군노 조
합원들이 모순을 받아들이는 것에 그치지 않고 자신의 생활 기반까
지 무너트릴 수 있는 '기지반대'를 표명하고 행동했다는 점에서 둘 사
이에는 결정적인 차이가 있었다. 특히 전군노운동은 모순을 받아들
이면서도 자신들의 생활공간을 사회로 확장하고 타자와 함께 싸우면
서 그 모순을 넘어서려 했다. 이는 국가의 구조나 법제도가 흔들리고
있던 시기에 자신들의 생활공간을 거점으로 삼아 자유자재로 국경이
나 제도적 틀을 넘나들던 1940년대 후반부터 50년대 전반의 '경계를
넘는' 오키나와의 모습과 다르다. 전군노의 운동은 점령이 계속되어
통치구조나 제도적 구조가 확립되는 가운데 자신들의 생활공간을 사
회로 확장하고 타자와 함께 싸우면서 넘어서고자 했던, 1960년대의
'경계를 넘는 오키나와'의 모습이었다. 경계를 넘는다는 것은 국가나
민족을 넘는 것만을 의미하지는 않는다. 자신들의 생활 영역을 어떻
게 타자나 사회로 확장하고 넘어설 것인가라는 점도 마찬가지로 중
요한 의의를 가지고 있다.

1950년대 전반은 미군이 기존 기지의 확장과 새로운 기지건설을 위

해 '총칼과 불도저'를 앞세워 신규 토지접수를 강행했던 시기로, 미국이 기지라는 구조적 폭력을 이 작은 오키나와에 보다 강력하게 확립해가던 시대였다. 그러나 1950년대 후반은 이러한 미군의 압정에 저항하여 오키나와 주민이 '섬 전체 투쟁'을 전개하고, 전후 오키나와 '주체'의 본류를 형성해나간 시대였다. 미군에 저항하면서 형성되었던 1950년대 후반 오키나와의 주체는 오키나와 전후사에서 오키나와 '주체'의 본류가 되었고 1960년대에 대대적으로 전개된 '복귀운동'의 주체로 이어졌다. '복귀운동'으로 이어진 오키나와의 저항하는 '주체'에 대해서는 이미 많이 다루어졌으며, 앞서 말했다시피 이 글에서는 거의 언급하지 않았다. 오키나와의 저항하는 '주체'의 본류에 대해서는 '경계를 넘는 오키나와'라는 문제 구성과는 또 다른 문제틀이 필요하다고 생각하기 때문이다. 나는 미군점령하의 오키나와라는 시대상황이나 여러 가지 장면 혹은 문맥 속에서 오키나와에 복수複數의 '주체'가 만들어졌다고 생각한다. 지금까지 논한 '경계를 넘는 오키나와'의 '주체성'은 바로 전후 오키나와가 가지고 있던 복수성을 잘 보여준다.

311

  글을 마치며 다시 한 번 강조하고 싶은 점이 있다. 이 글의 첫 부분에서 나는 "폭력으로서의 미군기지가 압도적으로 존재하는 상황 속에서 전후 오키나와 사람들의 미국경험이나 교섭은 그에 대한 저항 혹은 수용을 통해 생존생활에서 소비문화생활로 이행했다"고 썼다. 미국의 일본 점령을 분석한 존 다우어는 그 이행이 '미일합작'에 의해 초래되었다고 말한다.35) 그러나 미군점령하의 오키나와에서 '미일합작'은 결코 '포옹'이 아닌 '강간'이었다. 다음의 사실은 그것을 단적으로 보여준다. '기지·군대를 허용하지 않는 행동하는 여자들의 모임'은 '오키나와 주둔 미군병사의 여성에 대한 성범죄' 사례를 지역신문이나 관련 저서에서 확인한 결과, 1945년 3월부터 1972년 5월까지 245

건의 강간 범죄가 있었다고 보고했다.36) 나는 그 범죄 연표를 보고 경악을 금치 못했다. 범죄의 잔인성은 말할 것도 없고, 미군병사에 의한 강간 피해자가 주로 1950년대 전반까지는 식량확보를 위해 밭에서 감자를 캐던 여성들이었고, 그 후에는 기지종업원이나 가정부, 그리고 1960년대에는 특수음식점가의 호스티스 여성들이었기 때문이다. 즉, 미군점령하의 오키나와가 생존생활에서 소비문화생활로 이행하는 각 시기에 중심적인 역할을 담당한 여성들이 강간범죄에 휘말렸다는 사실을 알 수 있다. 바꿔 말하면 미군점령하의 오키나와에서 여성들은 항상 강간 위험에 노출되어 있었던 것이다. 이것은 간접점령하에 있던 일본 본토의 미일합작인 '포옹'과 달리, 직접점령하에 있던 오키나와에서는 미군에 의한 '강간' 구조가 일상적이었음을 잘 보여준다. 조사보고서는 이 점을 간과하고 미군점령하의 오키나와를 논하는 것은 불가능하다는 사실을 우리에게 시사하고 있다.

312

저자 주

냉전 체제와 '미국'의 소비

1) John W. Dower, 三浦陽一 외역, 『敗北を抱きしめて 上巻패배를 껴안고 상권』, 岩波書店, 2001, 274~275면.

2) John W. Dower, 三浦陽一 외역, 『敗北を抱きしめて 上巻패배를 껴안고 상권』, 岩波書店, 2001, 12~13면.

3) John W. Dower, 三浦陽一 외역, 「日本の読者へ일본 독자에게」, 『敗北を抱きしめて 上巻패배를 껴안고 상권』, 岩波書店, 2001, xiii~xiv면.

4) 다우어에 따르면, 점령하의 일본인이 맥아더에게 보낸 편지는 "완벽한 패배에 직면한 일본인이 품었던 희망과 꿈을 설명하는 방법으로서 심리학이 얼마나 부족하고 불충분한 것인지를 보여준다." 오히려 그 편지들은 "개인의 목소리를 들음으로써, 일본이 연합국에 무조건 항복한 후에 발생한 사람들의 목소리가 가진 다양성의 커다란 가치를 알 수 있기" 때문이다(John W. Dower, 袖井林二郎 역, 「해설解說」, 『拝啓マッカーサー元帥様삼가 맥아더 원수님께』, 岩波現代文庫, 2002, 425~426면).

5) John W. Dower, 三浦陽一 외역, 『敗北を抱きしめて 上巻패배를 껴안고 상권』, 岩波書店, 2001, 308면.

6) John W. Dower, 三浦陽一 외역, 『敗北を抱きしめて 上巻패배를 껴안고 상권』, 岩波書店, 2001, 29면.

7) John W. Dower, 「天皇制民主主義の誕生천황제 민주주의의 탄생」, 『世界세계』, 1999.9, 221~232면.

8) John W. Dower, 三浦陽一 외 역, 『敗北を抱きしめて 上巻패배를 껴안고 상권』, 岩波書店, 2001, 220~223면.

9) 小森陽一, 『ポストコロニアル포스트 콜로니얼』, 岩波書店, 2001, 100~101면.

10) 亀井俊介, 「自由の聖地자유의 성지」, 加藤秀俊・亀井俊介 편, 『日本とアメリカ일본과 미국』, 日本学術振興会, 1991, 83~144면.

11) 佐伯彰一, 「仮想敵としてのアメリカのイメージ가상 적으로서 미국의 이미지」, 加藤秀俊・亀井俊介 편, 『日本とアメリカ일본과 미국』, 181~224면.

12) 沢田次郎, 『近代日本人のアメリカ観근대 일본인의 미국관』, 慶応義塾大学出版会, 1999, 253~282

면, 『少年俱楽部소년구락부』의 대미관対美觀을 분석한 것으로 또한 田中秀東, 「児童雑誌『少年俱楽部』における対米イメージ아동잡지 『소년구락부』에 나타난 미국 이미지」, 上智大学アメリカ, カナダ研究所 編, 『アメリカと日本미국과 일본』, 彩流社, 1993, 51~80면 등이 있다. 미국을 상대로 한 미래 전쟁 소설의 유행은 실제의 '미래'를 예언하는 것 이상으로, 이 정도로 일본의 대중이 '미국'을 의식하고 있었음을 보여준다는 점에서 매우 중요하다.

13) 다이쇼기 엘리트들의 미국관 분석으로는 德富蘇峰에 초점을 맞춘 沢田次郎, 『近代日本人のアメリカ観근대 일본인의 미국관』 외에 近衛文麿, 宇垣一成, 加藤高明, 米田実 등의 미국관을 분석한 長谷川雄一 편저, 『大正期日本のアメリカ認識다이쇼기 일본의 미국 인식』, 慶応義塾大学出版会, 2001 등을 참조.

14) 室伏高信, 『アメリカ미국』, 先進社, 1929, 4면.

15) 新居格, 「アメリカニズムとルシアニズムの交流아메리카니즘과 러시아니즘의 교류」, 『中央公論중앙공론』, 1929.6, 59~66면.

16) 大宅壮一, 「大阪は日本の米国だ오사카는 일본의 미국이었다」, 『大宅壮一全集 第二巻오야 소이치 전집 제2권』, 蒼洋社, 1981(초판 1929), 146~148면.

17) Jeffrey E. Hanes, 「大衆文化 / 下位文化 / 民衆文化대중문화 / 하위문화 / 민중문화」, 吉見俊哉 편, 『都市の空間 都市の身体도시의 공간 도시의 신체』, 勁草書房, 1996, 91~136면.

18) Sun-Young Yoo, "Embodiment of American Modernity in Colonial Korea", *Inter-Asia Cultural Studies*, Vol.2, No.3, 2000, pp.423~441.

19) 清水幾太郎, 「敵としてのアメリカニズム적으로서의 아메리카니즘」, 『中央公論중앙공론』, 1943.4, 81~88면.

20) 佐藤毅, 「モダニズムとアメリカ化모더니즘과 미국화」, 南博 편, 『日本モダニズムの研究일본 모더니즘 연구』, ブレーン出版, 1982, 1~56면.

21) マサオ ミヨシ, 佐復秀樹 역, 『Off Center중심을 벗어나』, 平凡社, 1996, 194~226면.

22) Frederick Buell, *National Culture and the New Global System*, Johns Hopkins University Press, 1994, pp.40~71.

23) 酒井直樹, 『日本思想という問題일본 사상이라는 문제』, 岩波書店, 1997, 42~52면.

24) 早瀬利雄, 「現代アメリカの実体현대 미국의 실체」, 『中央公論중앙공론』, 1940.3, 76~78면.

25) 中村弥三次, 「アメリカ認識の基本問題미국 인식의 기본 문제」, 『文芸春秋문예춘추』, 1941.11, 24~35면.

26) 津村秀夫, 「何を破るべきか무엇을 파괴해야 할까」, 河上徹太郎 외, 『近代の超克근대의 초극』, 富山房百科文庫, 1979(초판 1943), 118~136면.

27) タカシ フジタニ, 「ライシャワー元米国大使の傀儡天皇制構想라이샤우어Reischauer―전 미국 대사의 괴뢰 천황제 구상」, 『世界세계』, 2000.3, 137~146면.

28) 平野共余子, 『天皇と接吻천황과 키스』, 草思社, 1998, 39~41면.

29) 岩本茂樹, 「ブロンディ 블론디」, 『関西学院大学社会学部紀要관서학원대학 사회학부 기요』 78호, 1997, 155~166면; 79호, 1998, 147~158면.

30) 平井常次郎, 『アメリカ博覧会미국 박람회』, 朝日新聞社, 1950.

31) 有山輝雄, 『占領期メディア史研究점령기 미디어사 연구』, 柏書房, 1996, 41~61면.

314

32) 山本武利, 『占領期メディア分析점령기 미디어 분석』, 法政大学出版局, 1996, 298~299면.

33) 松浦総三, 『占領下の言論弾圧점령하의 언론 탄압』, 現代ジャーナリズム出版会, 1969, 50면.

34) Mark Gayn, 井本威夫 役, 『Japan diary일본 일기』, ちくま学芸文庫, 1998, 115~116면.

35) Monica Braw, 立花誠逸 役, 『検閲1945~1949검열 1945~1949』, 時事通信社, 1988, 84~89면.

36) 川島高峰, 「戦後世論調査事始전후 여론조사의 시초」, 『メディア史研究미디어사 연구』 제2호, 1995, 54~62면.

37) 平野共余子, 『天皇と接吻천황과 키스』, 草思社, 1998, 87~88면.

38) 江藤淳, 『落葉の掃き寄せ낙엽을 쓸어모음』, 文芸春秋, 1981. 에토 준의 점령기 검열 제도에 대한 연구는 『閉された言語空間닫힌 언어 공간』, 文芸春秋, 1989 참조.

39) 松浦総三, 『占領下の言論弾圧점령하의 언론 탄압』, 現代ジャーナリズム出版会, 1969, 46~47면.

40) John W. Dower, 三浦陽一 외役, 『敗北を抱きしめて 下巻패배를 껴안고 하권』, 岩波書店, 2001, 248~249면.

41) Monica Braw, 立花誠逸 役, 『検閲1945~1949검열 1945~1949』, 時事通信社, 1988, 202면.

42) 桑原稲敏, 「進駐軍と戦後芸能진주군과 전후 예능」, 『別冊新評 戦後日本芸能史별책 신평 전후 일본예능사』, 新評社, 1981, 48~54면.

43) 강신자姜信子, 『日韓音楽ノート한일 음악 노트』, 岩波新書, 1998, 149~154면.

44) 小林信彦, 『私説東京繁昌記사설 도쿄 매창기』, 中央公論社, 1984, 41~44면.

45) 原田弘, 『MPのジープから見た占領下の東京MP지프에서 본 점령하 도쿄』, 草思社, 1994, 167면.

46) 安藤更生, 『銀座細見긴자세견』, 中公文庫, 1977, 29~30면

47) 原田弘, 『MPのジープから見た占領下の東京MP지프에서 본 점령하 도쿄』, 草思社, 1994, 62~66면.

48) 平和博物館を創る会 編, 『銀座と戦争(増補版)긴자와 전쟁(증보판)』, 平和のアトリエ, 1993, 279면.

49) 猪野健治 編, 『東京闇市興亡史도쿄 암시장 흥망사』, 草風社, 1978, 209면.

50) 福島鋳郎 編著, 『G.H.Q.東京占領地図G.H.Q. 도쿄 점령 지도』, 雄松堂出版, 1987.

51) 古茂田信男 외, 『日本流行歌史일본유행가 역사』, 社会思想社, 1970.

52) 이 점에 관해서는 다른 글에 이미 상세하게 논한 바 있다. 예를 들어 吉見俊哉, 「メディア天皇制の射程미디어 천황제의 사정」, 『世界세계』, 1993.7, 228~235면; 「メディア天皇制とカルチュラル・スタディーズ미디어 천황제와 문화 연구」, 花田達朗 외編, 『カルチュラル・スタディーズとの対話문화 연구와의 대화』, 新曜社, 1999; 「メディア・イベントとしての"御成婚"미디어 이벤트로서의 황실 결혼」, 津金沢聡広 編著, 『戦後日本のメディア・イベント전후 일본의 미디어 이벤트』, 世界思想社, 2002, 267~287면.

53) 安田常雄, 「アメリカニゼーションの光と影미국화의 빛과 그림자」, 中村政則 외編, 『戦後日本 -占領と戦後改革 第3巻 戦後思想と社会意識전후 일본-점령과 전후 개혁 제3권 전후사상과 사회의식』, 岩波書店, 1995, 263~265면.

54) 吉田司, 『スター誕生스타 탄생』, 講談社, 1999, 64~72면.

55) 1948년 무렵부터 유행하기 시작한 알로하 셔츠에 관해서는, 出石尚三이 이를 '피점령 국민으로서의 의식'에 결부시킨 흥미로운 해설이 있다(石川弘義他 감수, 『アメリカンカルチャー 第一巻미국문화-제1권』, 三省堂, 1981, 45~48면).

56) 牧野活隆, 『再考 沖縄経済재고 오키나와 경제』, 沖縄タイムス社, 1996, 12~36면. 그 외에 전후

오키나와에서 벌어진 B엔 통화 체제의 구축에 관해서는, 皆村武一, 『戦後日本の形成と発展전후 일본의 형성과 발전』, 日本経済評論社, 1995, 325~387을 참조.

57) Michael Schaller, 『アジアにおける冷戦の起源(The American occupation of Japan-The origins of the cold war in Asia)아시아에서 냉전의 기원』, 五味俊樹 번역 감수, 木鐸社, 1996(원저는 1985), 195~222면.

58) 이종원李鍾元, 『東アジア冷戦と韓米日関係동아시아 냉전과 한미일관계』, 東京大学出版会, 1996, 8면.

59) 이종원李鍾元, 『東アジア冷戦と韓米日関係동아시아 냉전과 한미일관계』, 東京大学出版会, 1996, 29~35면.

60) 加藤典洋, 『アメリカの影미국의 그림자』, 河出書房新社, 1985, 7~76면.

61) 沖縄国際大学文学部社会学科石原ゼミナール 편, 『戦後コザにおける民衆生活と音楽文化전후 코자의 민중생활과 음악문화』, 榕樹社, 1994, 295~296면.

62) 平井玄, 「コザの長い影코자의 긴 그림자」, DeMusik Inter. 편, 『音の力〈沖縄〉コザ沸騰篇음악의 힘〈오키나와〉코자 비등편』, インパクト出版会, 1998, 21~56면.

63) Bruce Cumings, 「世界システムにおける日本の位置세계 체제에서 일본의 위치」, Andrew Gordon 편, 『歴史としての戦後日本(Postwar Japan as history)역사로서의 전후 일본』, みすず書房, 2001, 92~125면.

64) Chalmers A. Johnson, 鈴木主税 역, 『アメリカ帝国への報復(Blowback-the costs and consequences of American empire)미제국에 대한 보복』, 集英社, 2000, 39~41면.

65) 栗原彬, 「大衆の戦後意識대중의 전후의식」, 中村政則 외편, 『戦後日本—占領と戦後改革 第3巻 戦後思想と社会意識전후 일본—점령과 전후 개혁 제3권 전후사상과 사회의식』, 岩波書店, 1995, 167면.

전후 일본사상사에 나타난 '민중'과 '대중'

1) 石母田正, 「'国民のための歴史学'おぼえがき'국민을 위한 역사학' 메모」, 『戦後歴史学の思想전후 역사학의 사상』, 法定大学出版局, 1977, 254면, 253면도 참조.

2) 大塚久雄, 「近代的人間類型の創出근대적 인간 유형의 창출」, 『近代化の人間的基礎근대화의 인간적 기초』, 筑摩書房, 1968, 12~16면, 원 논문은 1946년.

3) 大塚久雄・川島武宜・土居健郎, 『'甘え'と社会科学'아마에'와 사회과학』, 弘文堂, 1976, 197면.

4) 大塚久雄・川島武宜・土居健郎, 『'甘え'と社会科学'아마에'와 사회과학』, 弘文堂, 1976, 240면.

5) 川島武宜, 「イデオロギーとしての孝이데올로기로서의 '효'」, 『イデオロギーとしての家族制度이데올로기로서의 가족제도』, 岩波書店, 1957, 원 논문은 1948년에 발표되었다.

6) 川島武宜, 「イデオロギーとしての孝이데올로기로서의 '효'」, 『イデオロギーとしての家族制度이데올로기로서의 가족제도』, 岩波書店, 1957, 12면.

7) 柳田国男, 「村のすがた마을의 모습」, 『定本柳田国男集第二一券정본 야나기타 쿠니오 전집 제21권』, 筑摩書房, 1970, 409면. 원 논문은 1948년에 발표되었다.

8) 柳田国男, 『村と学童마을과 학동』, 『定本柳田国男集第二一券정본 야나기타 쿠니오 전집 제21권』, 1970, 283면. 원 논문은 1945년에 발표되었다.

9) 柳田国男, 『炭焼日記탄소일기』, 『定本柳田国男集別卷第四二정본 야나기타 쿠니오 전집 별권 제4권』, 112면.

10) 柳田国男, 『村と学童마을과 학동』, 『定本柳田国男集第二一券정본 야나기타 쿠니오 전집 제21권』, 1970, 279면.

11) 柳田国男, 『先祖の話선조의 이야기』, 『定本柳田国男集第十券정본 야나기타 쿠니오 전집 제10권』, 3면. 원 논문은 1946년에 발표되었다.

12) 인용은 柳田国男, 『先祖の話선조의 이야기』, 『定本柳田国男集第十券정본 야나기타 쿠니오 전집 제10권』, 118면·120면·142면·150면에서.

13) 柳田国男, 『定本柳田国男集第十券정본 야나기타 쿠니오 전집 제10권』, 3~4면.

14) 柳田国男, 「日本民俗学の前途일본민속학의 앞길」, 『定本柳田国男集第三一券정본 야나기타 쿠니오 전집 제31권』, 543면, 원 논문은 1947년.

15) 神島二郎, 『近代日本の精神構造근대 일본의 정신구조』, 巌波書店, 1961, 21면.

16) 赤松啓介, 『非常民の性民俗비상민의 성 풍속』, 明石書店, 1991, 13면.

17) 赤松啓介, 『非常民の性民俗비상민의 성 풍속』, 明石書店, 1991, 82~83면·96면.

18) きだみのる, 『気違い部落周遊紀行미친 마을 주유 기행』, 富山房百科全書, 1981(원저는 1948년), iv면.

19) 子息山田彝, 「あとがき후기」, 『気違い部落周遊紀行미친 마을 주유 기행』, 富山房百科全書, 1981, 249면.

20) 子息山田彝, 「あとがき후기」, 『気違い部落周遊紀行미친 마을 주유 기행』, 富山房百科全書, 1981, 115면.

21) きだみのる, 『にっぽん部落일본 마을』, 巌波新書, 1967, 74~75면·81면.

22) 大塚久雄, 「内と外の論理的構造안과 밖의 논리적 구조」, 『宗教改革と近代社会종교개혁과 근대 사회』(4쇄), みすず書房, 1964, 164면.

23) 大塚久雄, 「内と外の論理的構造안과 밖의 논리적 구조」, 『宗教改革と近代社会종교개혁과 근대 사회』(4쇄), みすず書房, 1964, 167면.

24) 色川大吉, 「困民党と自由党곤민당과 자유당」, 『色川大吉著作集 第四巻이로카와 다이키치저작집 제4권』, 筑摩書房, 1996; 色川大吉, 「自由民権運動の地下水を汲むもの자유민권운동의 지하수의 계보」, 『色川大吉著作集 第一巻이로카와 다이키치저작집 제1권』, 筑摩書房, 1995.

25) 이로카와 다이키치色川大吉의 관심의 추이에 대해서는 色川大吉, 「著者による解説·解題저자 해설·해제」, 『色川大吉著作集 第二巻이로카와 다이키치 저작집 제2권』, 筑摩書房, 504~505면 참조.

26) 色川大吉, 「不知火海民衆史시라누이카이민중사」, 『色川大吉著作集 第四巻이로카와 다이키치 저작집 제4권』, 筑摩書房, 1996, 401면.

27) 吉本隆明, 「転向論전향론」, 『吉本隆明全著作集第一三巻요시모토 다카아키 전집 제13권』, 勁草書房, 1969.

28) 吉本隆明, 「自立の思想的拠点자립의 사상적 거점」, 『吉本隆明全著作集第一三巻요시모토 다카아

키 전집 제13권』, 勁草書房, 1969, 243면.

29) 吉本隆明, 「自立の思想の拠点자립의 사상적 거점」, 『吉本隆明全著作集第一三卷요시모토 다카아키 전집 제13권』, 勁草書房, 1969, 245면.

30) 吉本隆明, 「日本のナショナリズム일본의 내셔널리즘」, 『吉本隆明全著作集第一三卷요시모토 다카아키 전집 제13권』, 勁草書房, 1969, 190면.

31) 吉本隆明, 「自立の思想の拠点자립의 사상적 거점」, 『吉本隆明全著作集第一三卷요시모토 다카아키 전집 제13권』, 勁草書房, 1969, 262면.

32) 吉本隆明, 「情況とはなにか정황이란 무엇인가」, 『吉本隆明全著作集第一三卷요시모토 다카아키 전집 제13권』, 勁草書房, 1969, 390~391면·407면.

33) 吉本隆明, 「日本のナショナリズム일본의 내셔널리즘」, 『吉本隆明全著作集第一三卷요시모토 다카아키 전집 제13권』, 勁草書房, 1969, 234면.

34) 柳田国男, 『情況へ정황에 대해』, 宝島社, 1994, 241면.

35) 柳田国男, 『情況へ정황에 대해』, 宝島社, 1994, 488면.

36) 鶴見俊輔, 「転向論の展望전향론의 전망」, 思想の科学研究会 編, 『共同研究転向下卷공동연구 전향 하권』, 平凡社, 1962, 350면.

37) 鶴見俊輔, 思想の科学研究会 編, 『共同研究転向下卷공동연구 전향 하권』, 平凡社, 1962, 361면.

38) 鶴見俊輔, 「期待と回想上卷기대와 회상 상권」, 晶文社, 1997, 189면.

39) 鶴見俊輔 編, 『戰後日本の大衆文化史전후 일본의 대중문화사』, 巖波書店, 1984.

40) 鶴見俊輔, 『語りつぐ戰後史구술 전후사』, 講談社文庫, 1975, 104면.

41) 鶴見俊輔, 「期待と回想上卷기대와 회상 상권」, 晶文社, 1997, 205면·246면.

42) 松下圭一, 「大衆国家の成立とその問題性대중국가의 성립과 그 문제성」, 『戰後政治の歴史と思想전후 정치의 역사와 사상』, ちくま学芸文庫, 1994. 원 논문은 1956년.

43) 松下圭一, 「天皇制論천황제론」, 『前後政治の歴史と思想전후 정치의 역사와 사상』, ちくま学芸文庫, 1994.

44) 松下圭一, 「社会科学の今日的状況오늘날 사회과학의 상황」, 『戰後政治の歴史と思想전후 정치의 역사와 사상』, ちくま学芸文庫, 1996, 171면. 원 논문은 1960년.

45) 久野収, 『市民主義の成立시민주의의 성립』, 春秋社, 1996. 원 논문은 1960년.

46) 松下圭一, 「'市民'的人間型の現代的可能性'시민'적 인간형의 현대적 가능성」, 『戰後政治の歴史と思想전후 정치의 역사와 사상』, ちくま学芸文庫, 1996, 171면. 원 논문은 1966년.

47) 日高六郎, 『戰後思想を考える전후사상을 생각한다』, 巖波新書, 1980. 인용은 같은 책의 「滅私奉公の時代'멸사봉공의 시대' 및 「青年について'청년에 대해서」에서.

48) 村上泰亮, 『新中間大衆の時代신중간대중의 시대』, 中公文庫, 1987, 13면. 원저는 1984년.

49) 村上泰亮, 『新中間大衆の時代신중간대중의 시대』, 中公文庫, 1987, 244면.

50) 村上泰亮, 『新中間大衆の時代신중간대중의 시대』, 中公文庫, 1987, 265~266면.

51) 山崎正和, 『柔らかい個人主義の誕生유연한 개인주의의 탄생』, 中公文庫, 1987, 179면. 원저는 1984년.

52) 「21世紀日本の構想21세기 일본의 구상」, 懇談会, 『日本のフロンティアは日本の中にある일본의 프론티어는 일본 안에 있다』, 講談社, 2000. 인용은 24면·26면·38~39면·41면.

318

53) 「21世紀日本の構想21세기 일본의 구상」, 懇談会, 『日本のフロンティアは日本の中にある일본 의 프론티어는 일본 안에 있다』, 講談社, 2000, 165면・167면.

54) 石牟礼道子, 『苦海浄土고해정토』, 講談社, 1969, 121면.

55) 石牟礼道子, 『苦海浄土고해정토』, 講談社, 1969, 61면.

56) 石牟礼道子, 『苦海浄土고해정토』, 講談社, 1969, 277면.

57) 石牟礼道子, 『椿の海の記츠바키 바다의 기록』, 朝日新聞社, 1976, 220~222면.

58) 石牟礼道子, 『流民の都유민의 도시』, 大和書房, 1973, 441면.

59) 石牟礼道子, 『苦海浄土고해정토』, 講談社, 1969, 265면.

60) 森崎和江, 『ははのくにと幻想婚어머니의 나라와 환상결혼』, 現代思潮社, 1970, 174면.

61) 森崎和江, 『奈落の神神지옥의 신들』, 大和書房, 1974, 34~35면.

62) 森崎和江, 『ははのくにと幻想婚어머니의 나라와 환상결혼』, 現代思潮社, 1970, 121면.

63) 森崎和江, 『ははのくにと幻想婚어머니의 나라와 환상결혼』, 現代思潮社, 1970, 111면.

64) 森崎和江, 『ははのくにと幻想婚어머니의 나라와 환상결혼』, 現代思潮社, 1970, 119면.

65) 森崎和江, 『ははのくにと幻想婚어머니의 나라와 환상결혼』, 現代思潮社, 1970, 108면・142면.

'이등병'을 표상하다

1) 소설은 1953년부터 1957년에 걸쳐 제10권까지 간행되었다. 영화도 1961년까지 제10편이 제작, 개봉되었다. 소설과 영화가 대응되는 점은 거의 없다. 영화 제8편〈신新 이등병 이야기〉이후로는 크레딧에서 야나토리 미쓰요시라는 작가 이름조차 사라졌다. 영화는 전 작품이 쇼치쿠 홈비디오에서 비디오로 출시되어 현재까지 시판되고 있다.

2) 鶴見俊輔, 『鶴見俊輔集 続 1 − 新しい開国쓰루미 순스케 모음집 속편1−새로운 개국』, 筑摩書房, 2000(원저는 1961), 265면.

3) 香内三郎, 「ブーム・その栄光と幻想붐, 그 영광과 환상」, 『調査情報조사정보』 95호, 1967. 2, 9면.

4) 『図書新聞도서신문』, 1956. 4. 7, 4면.

5) 제2권의 '후기'에 따르면, 제1권은 발매 2개월 반 만에 12쇄를 찍었다(『二等兵物語−練兵休 の巻이등병 이야기−연병휴(다치거나 아플 때 공식적으로 쉬는 것) 편』, 1954, 236면). 또한 1956년 4 월, "제8권 『虚脱日本の巻허탈 일본 편』이 그해 3월에 발매되었지만, 신서판으로 새로 단장 하여 끼워넣은 것이다. 각권마다 평균 5만권, 총 40만 권 정도가 팔렸다고 볼 수 있다."『図 書新聞도서신문』, 1956. 4. 7, 4면.

6) 점령기 말기부터 증가하기 시작한 '전쟁물'은 샌프란시스코강화조약 발효시기인 1952년 에 32편, 1953년에 49편이 출판되었다. 그 후 2년간 감소하다가 『이등병 이야기』가 나온 1956년에는 그해 9월까지 60편이 간행되어 전후 최고기록을 세웠다(吉田裕, 『日本人の戦 争觀−戦後史のなかの変容일본인의 전쟁관−전후사에 나타난 변용』, 岩波書店, 1995년, 85면).

7) 吉田裕, 『日本人の戦争觀−戦後史のなかの変容일본인의 전쟁관−전쟁사 속의 변용』, 岩波書店, 1995년, 85~91면.

8) 이후 주인공인 화자는 "지방과는 다른" 군대라는 세계에서 "뇌의 재조합"을 강화하는 과

정을 마치 참여관찰자같은 냉정한 태도로 엮어나간다. 예를 들어 편상화編上靴를 평상어인 '아미아게구츠'가 아니라 문어체인 '헨조카'라고 읽고(『이등병 이야기』, 67면), 마찬가지로 빨래건조장物干場을 문어체인 '부츠칸조'라고 부른다(149면). 이처럼 군대 특유의 경직된 습속을 빈정거리는 듯한 표현은, 당시 군대경험 없는 신세대 젊은 독자에게도 흥미로운 부분이다. 그러나 이 소설에서 나타나는 '대상과 거리두기', '아이러니' 같은 효과들은 현재 시점을 대놓고 외삽한 결과이다. 야나토리 미쓰요시 자신이 소개하는 「독자의 편지」에서 이 점을 지적하고 있다. "두뇌가 명석하지 않은 나에게 철학적 냄새란 너무 현대적이어서, 이등병의 몸으로 분에 넘치는 느낌이다. (…중략…) 당시에 이런 생각을 할 수 있었을까. 그보단 현재 젊은이의 비판적 태도가 짙게 배어있다고 생각한다."(신서판 『二等兵物語—五里霧中の巻이등병 이야기—오리무중 편』, 229면. 중략은 인용자)

9) 예를 들어, 「독자의 감상」의 하나로 저자의 글이 재수록된 『東京日日新聞도쿄니치니치신문』의 서평은, 『진공지대』와 "여러 의미에서 대척되는 작품"이라는 말을 『이등병 이야기』에 대한 찬사로 바쳤다(신서판 『二等兵物語—練兵休の巻이등병 이야기—연병휴 편』, 1955, 238면). 「독자의 말」에 인용된 편지에도 "노마 히로시의 『진공지대』도 읽었는데, 저런 군인도 분명 있긴 하겠지만 (…중략…) 납득할 수 없습니다"라고 쓰여 있다 (신서판 『二等兵物語—五里霧中の巻이등병 이야기—오리무중 편』, 229면. 중략은 인용자.)

10) 梁取三義, 『手前味噌 随筆・二等兵物語자화자찬—수필 이등병 이야기』, 1956, 35면.

11) 『北海日日新聞홋카이니치니치신문』, 신서판 『二等兵物語—練兵休の巻이등병 이야기—연병휴 편』, 1955년, 238면에서 인용.

12) 南博・柳真沙子・大井しな子, 牧野実, 「二等兵物語は何故ヒットしたか—一の分析〈이등병 이야기〉가 히트한 이유의 분석」, 『キネマ旬報키네마준포』, 1956 신년특별호, 74~77면.

13) 원작자 역시 8월에 출판된 수필집에서 이러한 '이등병 붐'에 대한 감상을 서술하고 있다. 이렇게 굴절되어 있는 흥미로운 술회에 대해서는 본고의 마지막 장에서 검토를 덧붙였다. 여기에서는 우선 한 부분만 인용하겠다. "아사쿠사의 쇼치쿠 극장에서는 〈빼빼이 노름의 군인テンスケの兵隊〉인가 하는 것이 상영되고 있다. 신주쿠의 스트립 극장에서는 〈여자 이등병 이야기女の二等兵物語〉인가 하는 것이 걸려있는 모양인데, 어떤가. 그러나 이런 붐 따위에 이등병 이야기의 작가는 전혀 관여하지 않았다."(『手前味噌 随筆・二等兵物語자화자찬—수필 이등병 이야기』, 1956, 80면)

14) 『笑の泉웃음의 샘』, 1956.5, 125면.

15) 南博, 柳真沙子, 大井しな子, 牧野実 「二等兵物語は何故ヒットしたか—一の分析〈이등병 이야기〉가 히트한 이유의 분석」, 『キネマ旬報키네마준포』, 1956 신년특별호, 74~75면.

16) 『笑の泉웃음의 샘』, 1956.5, 128면.

17) 『笑の泉웃음의 샘』, 1956.5, 128면.

18) 岩本憲児, 牧野守 감수, 『映画年鑑영화연감』, 時事通信社, 1957, 226면, 일본도서센터발행의 복각판.

19) 〈너의 이름은〉 3부작은 1956년 6월까지 '전후 일본영화 흥행수입 베스트10' 기록에 각각 1위(제3편), 3위(제2편), 6위(제1편)를 점했다(『영화연감』 1957년판, 42면). 1957년 상반기까지 '전후 흥행수입 베스트20'에 그 시점에서 제4편까지 개봉된 〈이등병 이야기〉 시리즈

는 어떤 작품도 랭크되어있지 않다. 20위의 〈노래하는 둘만의 황금여행길歌う弥次喜多 黃金道中〉(쇼치쿠, 1957년 1월 개봉)의 배급수입은 174,560,000엔이었다(『영화연감』 1958년판, 47면). 개봉주간의 1일평균 관객동원수를 보면, 1954년 5월 개봉한 〈너의 이름은(제3편)〉, 〈스튜디오 대소동スタジオは大騒ぎ〉(5,451명) 이후 쇼치쿠 작품에만 한정해도 1954년 7월 〈남자대학おとこ大學〉, 〈마지막 에도 사람最後の江戸っ子〉(6,171명)을 필두로 한 4개의 프로그램이 〈이등병 이야기〉, 〈부초일기〉(5,162명)를 상회하고 있다(瓜生忠男, 「放送と映画の交流と疎外3―メロドラマえの関心방송과 영화의 교류 및 소외3―멜로드라마에 대한 관심」(35면); 「放送と映画の交流と疎外3 メロドラマえの関心4―'新諸国物語'の前後방송과 영화의 교류 및 소외4―'새로운 나라들 이야기'의 전후」(37면), 『調査情報조사정보』 92~93호, 1966.11~12.)

20) 『映画年鑑영화연감』 1957년판.

21) 森満二郎, 「二等兵物語이등병 이야기」, 『キネマ旬報키네마준포』, 1955.12 상순호, 98면.

22) 미나미 히로시는 "물론 획기적인 영화라고해서 결코 큰 칭찬을 받을만한 작품이라는 뜻은 아니다"라고 부언하고 있다. 작품의 질이야 둘째치고, 〈이등병 이야기〉의 새로움은 제작했던 쇼치쿠도 인정하고 있다. 회사 사료에 의하면, "종전 이전에는 도저히 허용될 수 없었던 일본 군대의 병영생활이 희비가 교차하며 그려지고 있는" 영화였다.(『松竹七十年史쇼치쿠 70년사』, 1964, 326면), 『キネマ旬報키네마준포』, 1956 신년특별호, 74면.

23) 『映画年鑑영화연감』 1957년판, 443면.

24) 『キネマ旬報키네마준포』, 1956 신년특별호, 74~75면.

25) 이 경우, "전쟁장면이 보고 싶다"는 동기를 전쟁영화 장르컨벤션에 대한 기대치와 대응시키며 동어반복적으로 환원하는 것은 적절하지 않다. 오히려 이 시기까지 일본에는 전투행위를 순연한 스펙타클로서 파는 류의 영화를 만든다든가, 그것을 영화적 쾌락으로서 공헌시킨다든가 하는 사회적 조건이 존재하지 않았다는 점을 강조하고 싶다.

26) 『キネマ旬報키네마준포』, 1953.8 상순호, 79~83면.

27) 여기에 쓰인 '동기 부여'라는 개념은 러시아 형식주의의 소설론을 참조하고 있다. 이것은 언설의 '정당화'에 착안하는 점에서 사회학에서 말하는 '동기'와 통한다. 즉 주어진 작품을 구성하는 모티프의 집합은 이것이 작품 전체에 적합하다고 받아들이는 쪽에서 납득할 수 있어야 한다. "때문에 각각의 모티프, 혹은 모티프의 집합체의 도입은 정당화(동기부여)되어야 한다. 각각의 모티프 혹은 그 집합체의 도입을 정당화하는 수단들의 체계는 '동기부여'라고 불린다."(Boris Viktorovich Tomashevskiy, 「テーマ論주제론」, 水野忠夫 편 『ロシアフォルマリズム文学論集 러시아 형식주의 문학논집 2』, せりか書房, 1982, 32면)

28) 梁取三義, 『手前味噌 随筆・二等兵物語자화자찬―수필 이등병 이야기』 58면・45면. 이것이 사실이라면 두가지 점에서 흥미로운 일화이다. 첫째 도호나 신토호는 원래부터 전쟁물을 적극적으로 만들었던 회사로, 그 내용은 "영웅숭배적인, 호전적인 경향"(柳真沙子, 「二等兵物語は何故ヒットしたか―の分析〈이등병 이야기〉가 히트한 이유의 분석」, 75면)이 강하기 때문이다. 그 점에서 전쟁 소재를 희극영화로 만든다고 해서, 앞서 서술한 '탈정치적, 탈군사적인 동기부여'를 했을지 여부는 실제로 제작에 들어가지 않은 이상 추측일 뿐이고, 지극히 의심스럽다. 둘째, 원작자가 '예술영화'라는 말로 설득되었다는 점이다. 이런 점에 입각해 말하자면, 영화화에 당면하여 마땅히 '정치적, 군사적인 동기부여'를 수반하는 영

화, 즉 앞장에서 본 의미에서 '정직하게 있는 그대로 군대를 그린다'는 저자의 의도를 다루는 진실한 영화를 기대했다는 것이다. 그런데 "점점 바뀌어가면서 주연은 반준에게 맡겨지고, 말 그대로 교토 작품이 되어버렸다. 나는 비관했다."(梁取三義, 『手前味噌 随筆·二等兵物語자화자찬─수필 이등병 이야기』, 59면) '교토 작품'이라 비관했다는 의미는, 당시 쇼치쿠 교토촬영소가 본래 시대극을 전문으로 했고 기노시타 케이스케木下恵介 감독의 〈24개의 눈동자〉 같은 예술작품이라면 당연히 쇼치쿠 오후나 촬영소에서 만들 것이라 기대했기 때문이다. 짐작대로 영화는 소설과 전혀 딴판이 되었다.

29) 『映画年鑑영화연감』 1957년판, 225면.

30) 『映画年鑑영화연감』 1955년판, 108면; 『映画年鑑영화연감』 1956년판, 230면.

31) 山根貞男, 「SPという名の添えもの映画SP라는 이름의 부록영화」, 根岸洋之 기획구성, 佐佐木淳·丹治史彦 편, 『唄えば天国 ニッポン歌謡映画デラックス '天の巻'노래하면 천국─일본가요영화 딜럭스 '하늘 편'』, メディアファクトリー, 1999년, 110면.

32) 『映画年鑑영화연감』 1957년판, 209면.

33) 『映画倫理規程 審査記録75 30·9·1~30·9·30영화윤리규정 심사기록75 30·9·1~30·9·30』, 映画倫理規程管理部事務局, 1955년, 6면.

34) 『キネマ旬報키네마준포』, 1955.12 상순호, 98면.

35) 반준은 이러한 기획을 자신이 제안했다고 말했다. 야나토리 미쓰요시도 그렇게 들었다고 썼다. 그러나 노구치 쓰루키치는 반준이 연기하면 반드시 성공한다는 '어떤 사람'의 추천이 계기가 되었다고 말한다(『伴淳放浪記반준방랑기』, しなの出版, 1967, 309~310면; 『伴淳のアジャパアー人生반준의 아자, 빠 인생』, 徳間1書店, 1957년, 213면, 『手前味噌 随筆·二等兵物語자화자찬─수필 이등병 이야기』, 59~60면; 野口鶴吉, 「〈君の名は〉より〈二等兵物語〉まで〈너의 이름은〉부터 〈이등병 이야기〉까지」, 『文芸春秋문예춘추』, 1956.6, 317면).

36) 『伴淳放浪記반준방랑기』, しなの出版, 1967, 311~312면; 「伝記叢書전기총서」(大空社에 의한 복각), 1998.

37) 『映画年鑑영화연감』 1957년판, 226면.

38) 『映画年鑑영화연감』 1957년판, 210면.

39) 『キネマ旬報키네마준포』 9월 상순호부터 11월 상순호까지 '촬영소'란 및 '촬영진행상황'란 참조.

40) 아쉽게도 〈이등병 이야기〉의 정확한 제작비를 표기한 자료는 없다. 반준의 자서전에는 영화 제1편은 "이 영화는 겨우 1천 2백만 엔의 제작비로 촬영했지만 2억 엔 정도의 수익을 얻었다'고 한다(『伴淳放浪記반준방랑기』, しなの出版, 1967, 309면). 수익에 대해 '2억 엔 정도'라는 조금 과장된 숫자를 썼다면 제작비에 관한 부분도 그대로 받아들이기는 주저되는 면이 있다. 그러나 노구치 쓰루키치가 이 영화가 중편으로 기획된 점, 원작료가 매우 쌌다는 점을 자신의 글(「〈君の名は〉より〈二等兵物語〉まで〈너의 이름은〉부터 〈이등병 이야기〉까지」)에서 회상하고 있고, 검소한 셋트와 의상 등으로 유추해보면 실제로 제작비는 매우 낮았다고 생각할 수 있다.

41) 南博, 柳真沙子, 大井しな子, 牧野実 「二等兵物語は何故ヒットしたか─の分析〈이등병 이야

322

기〉가 히트한 이유의 분석」, 『キネマ旬報키네마준포』, 1956 신년특별호, 74면.

42) 보리스 토마네프스키는 '동기부여'를 아래와 같이 분류한다. 설화의 경제와 관계된 '구성 상의 동기부여', 현실의 환영과 관계된 '현실적인 동기부여', 미적 구성과 관계된 '미적인 동기부여'이다(Boris Viktorovich Tomashevskiy, 「テーマ論주제론」, 水野忠夫 편 『ロシアフォ ルマリズム文学論集2러시아 형식주의 문학논집 2』, せりか書房, 1982, 32~42면). 이들은 모두 텍스트 내적인 것으로, 이에 비해 본고가 강조하는 '동기부여'는 오히려 메타 텍스트적인 혹은 사회적 컨텍스트와 관계된 '동기부여'이다.

43) 南博, 柳真沙子, 大井しな子, 牧野実 「二等兵物語は何故ヒットしたか─の分析〈이등병 이야 기〉가 히트한 이유의 분석」, 『キネマ旬報키네마준포』, 1956 신년특별호, 75면.

44) 佐藤忠男, 「アチャラかについて익살에 대해서」, 『映画評論영화평론』, 1956.5, 25면.

45) 佐藤忠男, 「アチャラかについて익살에 대해서」, 『映画評論영화평론』, 1956.5, 26면.

46) 佐藤忠男, 「日本映画の苦悩일본영화의 고뇌」, 『映画評論영화평론』, 1956.2, 44면.

47) 南博, 柳真沙子, 大井しな子, 牧野実 「二等兵物語は何故ヒットしたか─の分析〈이등병 이야 기〉가 히트한 이유의 분석」, 『キネマ旬報키네마준포』, 1956 신년특별호, 76면.

48) 이 장면의 컷트 분할을 살펴보면, 반준의 바스트 숏을 써서 그의 모습을 전체 상황에서 단 절시켜 개그로 받아들이기 쉽도록 만들고 있다. 더욱이 그의 '빵!'은 자기언급적인 짓거리 이기도 하다. 반준은 여기에서 '아자─빠'의 '빠'라고 할 때처럼 오른손을 위로 향해 가볍 게 펴는 몸짓을 하고 있다.

49) 中原弓彦, 『日本の喜劇人일본의 희극인』, 晶文社, 113·118면.

50) 岩槻歩, 「戦時期日本映画におけるプロパガンダ研究─身体と権力전시기 일본영화에 있어서 프 로파간다 연구─신체와 권력」, 千葉大学大学院 文学研究科 석사논문, 1998년.

51) 佐藤忠男, 「無駄派の美学と能率派の美学무타파의 미학과 능률파의 미학」, 『映画芸術영화예술』, 1959.12; 『大中文化の原像대중문화의 원상』, 岩波書店, 1993, 65면.

52) 佐藤忠男, 「無駄派の美学と能率派の美学무타파의 미학과 능률파의 미학」, 『映画芸術영화예술』, 1959.12; 『大中文化の原像대중문화의 원상』, 岩波書店, 1993, 66면.

53) 佐藤忠男, 「無駄派の美学と能率派の美学무타파의 미학과 능률파의 미학」, 『映画芸術영화예술』, 1959.12; 『大中文化の原像대중문화의 원상』, 岩波書店, 1993, 66면.

54) 南博, 柳真沙子, 大井しな子, 牧野実 「二等兵物語は何故ヒットしたか─の分析〈이등병 이야 기〉가 히트한 이유의 분석」, 『キネマ旬報키네마준포』, 1956 신년특별호, 75면.

55) 제복을 갖춰 입은 음침하고 냉혹한 종군간호사와 대비하여, 민소매 원피스를 걸친 발랄 하고 명랑한 여성으로 표상된 위안부들은 관객(남성으로 상징된)의 성적 욕망의 계류점 으로 강조되고 있다. 게다가 위안부들과 간호사들이 모래사장에서 프로레슬러같은 모양 새로 난투극을 벌이는 장면처럼, 이 영화의 여성 재현은 철저하게 시각적 착취의 대상으 로 드러났다.

56) 이 점에 대해서는 다음 글 참조. 斉藤綾子, 「失われたファルスを求めて─木下恵介の"涙の 三部作"再考잃어버린 남근을 찾아서─기노시타 케이스케의 "눈물의 3부작" 재고」, 『映画学영화학』 14 호, 2000. 이 글에서 사이토는 정신분석학적 시점으로 기노시타 케이스케 작품과 수용을 둘러싼 '눈물'의 공동성과 역사적 외상의 관계에 대해서 매우 시사적이고 풍부한 문제제

323

기를 전개하고 있다.

57) 영화 제1편과 제2편의 이야기는 원작과 같이 전시하 일본 내에서 완결되었다. 영화 제3편에서는 예외적으로 일본군에게 점령된 섬의 사람들도 나오지만, 그들을 대표하는 여자는 엑조틱한 의상을 걸치고 피부를 검게 칠한 일본인이다. 미군병사도 등장하지만 포로였던 그들은 섬의 여자의 도움으로 간단히 도망간다. 일본어를 전혀 모를 것이 분명한데 어떻게 일본어 가타카나로 쓴 장문의 편지를 남기고 가버렸을까. 밝고 친절한 미군청년 두 명은 전시하의 적이라기보다 점령군 미군의 잔상으로 보인다.

58) 이 장면에 대해 전쟁영화보다는 수년 전부터 유행한 샐러리맨 영화와 장르적 유사성이 있다고 보는 견해가 있는 것도 주목할 만하다(大井しな子,「二等兵物語は何故ヒットしたか─一の分析〈이등병 이야기〉가 히트한 이유의 분석」, 『キネマ旬報키네마준포』, 1956 신년특별호, 75면).

59) 梁取三義, 『手前味噌 随筆・二等兵物語자화자찬─수필 이등병 이야기』, 1956, 45면.

60) 영화 제1편에는 야나토리 미쓰요시가 '특별 출연'으로 등장, 반준과 아차코가 부대 내 연예회에서 분장한 채 춤추는 것을 보고 웃던 장교 한 사람을 연기했을 정도이다. 이러한 출연에 대해서는 본인이 직접 이야기하고 있는데 반해, 영화 제3편의 소설화에 대해서는 언급하지 않았다. 본래의 소설 『이등병 이야기』 시리즈와 별개로, 영화 개봉에 맞추어 영화와 같은 플롯의 단편을 집필하여 잡지에 특별 게재한 것은 원작자가 영화제작자의 영역을 침범하고 있음을 보여준다.

61) 梁取三義, 『手前味噌 随筆・二等兵物語자화자찬─수필 이등병 이야기』, 1956, 33면.

62) 梁取三義, 『手前味噌 随筆・二等兵物語자화자찬─수필 이등병 이야기』, 1956, 37면.

63) 野口鶴吉,「〈君の名は〉より〈二等兵物語〉まで〈너의 이름은〉부터 〈이등병 이야기〉까지」, 『文芸春秋문예춘추』, 1956.6, 317면.

64) 『伴淳放浪記반준방랑기』, 312면.

65) 『朝日新聞아사히신문』 오사카판大阪版, 1956.3.12 조간.

66) 梁取三義, 『手前味噌 随筆・二等兵物語자화자찬─수필 이등병 이야기』, 1956; 野口鶴吉,「〈君の名は〉より〈二等兵物語〉まで〈너의 이름은〉부터 〈이등병 이야기〉까지」, 『文芸春秋문예춘추』, 1956.6, 317면.

67) 真杉竜彦,「明治天皇と日露大戦争메이지천황과 러일대전쟁」, 『映画評論영화평론』, 1957.6, 72면.

68) 竹中労, 『日本映画縦断 1 傾向映画の時代일본영화 종단 1─경향영화의 시대』, 白川書院, 1947, 222면.

69) 황실상품화란 과거 천황이 아닌 동시대 황실 이미지를 대규모로 소비하는 것으로, 그 다음해인 1958년에 시작한 황태자 결혼식御成婚 붐을 통해 이루어졌다. 마쓰시타 케이이치松下圭一의 '대중천황제론'의 의의는 이 '붐'을 불가역적인 역사적 변화로 파악한 것이다(『中央公論중앙공론』, 1959.4; 松下圭一, 『戦後政治の歴史と思想전후 정치의 역사와 사상』, ちくま学芸文庫, 1994).

애매한 일본의 '흑인'

1) Homi K. Bhabha, *The Location of Culture*, London & New York : Routledge, 1994, chap4(호미 바바, 나병철 역, 『문화의 위치』, 소명출판, 2002).

2) Michael Taussig, *Mimesis and Alterity. A Particular History of the Senses*, New York & London : Routledge, 1993, p.70.

3) Toru Mitsui, "The Reception of the Music of American Southern Whites in Japan", in Ned V. Rosenberg ed., *Transforming Tradition. Folk Music Revivals Examined*, Urbana & Chicago : University of Illinois Press, 1993, p.289.

4) John G. Russell, "Consuming Passions : Spectacle, Self-Transformation, and the Commodification of Blackness in Japan", in *positions* 6-1, 1998.

5) チャールズ・カイル, 相倉久人, 「解説 ブルースと黒人해설 블루스와 흑인」, 『都市の黒人ブルース도시의 흑인 블루스』, 音楽之友社, 1968, 7면(Charles Keil, *Urban Blues*, University of Chicago Press, 1966).

6) Jeff Titon, "Reconstructing the Blues : Reflections on the 1960s Blues Revival", in Ned V. Rosenberg ed., *Transforming Tradition. Folk Music Revivals Examined*, Urbana & Chicago : University of Illinois Press, 1993, p.225f.

7) 「声なきブルースの町산や 소리 없는 블루스의 거리 산야」, 『ニューミュージック・マガジン 뉴 뮤직 매거진』, 1964년 4월호, 46면. 굵은 글씨는 인용자.

8) Jeff Titon, "Reconstructing the Blues : Reflections on the 1960s Blues Revival", in Ned V. Rosenberg ed., *Transforming Tradition. Folk Music Revivals Examined*, Urbana & Chicago : University of Illinois Press, 1993, p.223.

9) 細川周平, 「日本語でロックはできるか? ロック草創期における言語観について일본어로 록이 가능할까? 록 초창기 언어관에 대하여」, 『国際学術フォーラム 伝統文化とグローバリゼーションーアジアにおけるポピュラーカルチャーの形成と発展국제학술포럼 전통문화와 세계화―아시아 대중문화의 형성과 발전』, 中部高等学術研究所, 2000, 127~137면.

10) 특수한 것의 보편성을 예찬하는, 외국 음악을 연주하는 일본인 밴드의 전술에 관한 예로는 오르퀘스타 데 라 루스의 「살사에 국경은 없다」가 있다. Hosokawa Shuhei, "'Salsa no tiene frontera'. Orquesta de la Luz and the Globalization of Popular Music", *Cultural Studies* 13-3, 1998, p.514 참조.

11) ⟨Black Eyed Blues⟩ from West Road Live in Kyoto, 1975.

12) 『女性自身여성자신』, 1980.7.24, 208면.

13) Ian Condry, "The Social Production of Difference. Imitation and Authenticity in Japanese Rap Music", in Heide Fehrenbach & Uta G. Poiger eds., *Transaction, Transgressions, Transformations. American Culture in Western Europe and Japan*, New York & Oxford : Berghahn Books, 2000, p.175 참조.

14) 『週刊明星주간 명성』, 1980.3.23, 39~40면.

15) Eric Lott, *Love and Theft. Blackface Minstrelsy and the American Working Class*, New York & Oxford : Oxford University Press, 1993, p.7.

325

16) Eric Lott, *Love and Theft. Blackface Minstrelsy and the American Working Class*, New York & Oxford : Oxford University Press, 1993, p.35.

17) W. T. Lhamon Jr., *Raising Cain. Blackface Performance from Jim Crow to Hip Hop*, Cambridge & London : Harvard University Press, 1998, p.108.

18) 사회학자 도요다 히데키豊田秀樹에 따르면 NHK는 미국으로 가요홍백전 방송을 내보낼 때 랏츠&스타가 나오는 부분을 내부 검열했다고 한다(市川伸一 編, 『「チビクロさんぼ」の出版は是か非か「흑인 꼬마 삼보」 출판의 시시비비를 따진다』, 北大路書房, 1998, 219면에서 인용). 이 사건은 랏츠&스타가 미국에서 단죄 받을까봐 NHK가 우려했음을 보여준다. 물론 이 흑인 분장 밴드는 일본방송에서 추방되지 않았다. NHK는 미국과 일본방송의 컬러 코드가 다른 것을 잘 알고 있었던 것이다.

19) Masahiko Ohyama, "Rock'N'Roll, Dancing and Motorcycles : An Ethnography of a Motorcycle Gang in a Japanese Small Town", in *Perfact Beat* 5-1, 2000, pp.69~70.

20) Lhamon Jr., *Raising Cain. Blackface Performance from Jim Crow to Hip Hop*, Cambridge & London : Harvard University Press, 1998, p.152.

21) 『週刊明星주간 명성』, 1980.3.23, 43면.

22) George Lipsitz, *Dangerous Crossroads. Popular Music, Postmodernism and the Politics of Place*, London & New York : Verso, 1994, p.62.

23) 이탈리아에서는 이 용어가 어떻게 수용되었는지 알고 싶다면, Tony Mitchell, *Popular Music and Local Identity. Rock, Pop and Rap in Europe and Oceania*. London& New York : Leichester University Press, 1996, p.162 참조.

24) 『朝日新聞아사히신문』, 1999.12.11.

25) 「朝日新聞西田健作記者への手紙아사히신문 니시다 켄사쿠 기자에게 보내는 편지」, 『blast』, 2000년 2월호, 118~119면; 같은 해 3월호, 132~135면.

26) E. Taylor Atikins, "Can Japanese Sing the Blues? 'Japanese Jazz' and the Problem of Authenticity", in Timothy Craig ed., *Japan Pop! Inside the World of Japanese Popular Culture*, Armonk, N. Y. : M. E. Sharpe, 2000, pp.27~59; Shuhei Hosokawa, "'Salsa no tiene Frontera'. Orquesta de la Luz and the Globalization of Popular Music", *Cultural Studies* 13-3, 1998, pp.509~534; Martha E. Savigliano, *Tango and the Political Economy of Passion*, Boulder-San Francisco-Oxford : Westview Press, 1995, chap.5 등

27) 『blast』, 1999년 8월호, 15면.

28) DJユタカ, 『Front』, 1998년 10월호, 79면.

29) 「日本のブルス일본의 블루스」, 『ブラック・ミュージック・レビュー블랙 뮤직 레뷰』, 1999년 10월호 참조.

30) 後藤明夫 編, 『Jラップ以前 ヒップホップ・カルチャーはこうして生まれたJ랩 이전 힙합문화는 이렇게 태어났다』, TOKYO FM出版, 1997, 43면 이하.

31) 『Front』, 1998년 1월호, 16면.

32) Ian Condry, "The Social Production of Difference. Imitation and Authenticity in Japanese Rap Music", in Heide Fehrenbach & Uta G.Poiger eds., *Transaction, Transgressions, Transformations. American*

Culture in Western Europe and Japan, New York & Oxford : Berghahn Books, 2000, pp.176ff.

33) 枝口芳子, 『ラフラ、二十四歳の遺言－あるラッパーの生涯라후라, 24세의 유언－어느 래퍼의 생애』, ポプラ社, 2001.

34) 『blast』, 2000년 3월호, 132면.

35) Murray Forman, "'Represent' : Race, Space and Place in Rap Music", *Popular Music* 19-1, 2000, pp.65~90.

36) 엔카는 사계절의 풍물이나 일본인의 독특한 심정을 통해 '일본인의 마음'을 표현했다. 그렇지만 나라 이름을 직접 언급한 가사는 거의 없다. 앨범 이름으로 나라 이름이 들어간 예로는 화라우토FAROUT의 《일본인日本人》, 화 이스토 화미리 반도Far East Family Band의 《NIPPONJIN》, 오카바야시 노부야스岡林信康의 《메이드 인 저팬MADE IN JAPAN》, 나가부치 츠요시長渕剛의 《일본인日本人》, 구와타 반도KUWATA BAND의 《일본의 록NIHON NO ROCK》, 아가타 모리오あがた森魚의 《일본 소년日本少年》 등이 있지만, 수록곡 중에 '일본', '일본인'을 직접 언급한 것은 없다. 이것은 자국명이 빈번하게 가사에 나타나는 미국이나 브라질과는 대조적이다.

37) 『Front』, 1998년 1월호, 19면.

38) 『Front』, 1998년 10월호, 70면.

39) Simon Frith, Performing Rites. *On the Value of popular Music*, 1996, pp.263 · 265.

40) Ronald Radano, "Hot Fantasies : American Modernism and the Idea of Black Rhythm", in Ronald Radano and Philip V. Bohlman eds., *Music and the Racial Imagination*, Chicago & London : University of Chicago Press, 2000, pp.459~480 참조.

41) 니나 코르니예츠와 존 러셀은 일본에 퍼지고 있는 흑인차별에 대한 가장 격렬한 비판자이다. 그들은 일본인이 '흑인을 좋아'하거나 '싫어'하는 소설, TV 등에서 섹시하거나 우스꽝스러운 흑인 스테레오타입을 추출하여 서양에서 빌려온 인종 편견에 따라 아무 것도 모르는 채 조작당하고 있다거나(존 러셀), 노골적인 에로스에 빠져있다(니나 코르니예츠)고 논한다. 존 러셀은, "일본인 젊은이들 사이에 랩 음악이 유행하는 것은 사회정치적 메시지의 질서전복적인 내용보다는 카운터패션, 주장, 춤추기 쉬운 데 연유하는 듯하다. 결과적으로 이것들 전부에서 흑인 스테레오타입을 확인할 수 있다." (John G. Russell, "Race and Reflexivity : the Black Other in Contemporary Japanese Mass Culture", in George Marcus ed., *Rereading Cultural Anthropology,* Durham & London : Duke University Press, 1992, p.316; Nina Cornyetz, "Fetishized Blackness-Hip Hop and Racial Desire in Contemporary Japan", *Social Text* 41,1994, pp.113~139) 그런데 이것은 일본인과 달리 가사에 담긴 메시지를 이해할 수 있고 아프리카계 스포츠선수, 음악, 스타, 이웃, 동급생과 일상적으로 접하는 미국의 백인 학생들 역시 마찬가지라고 할 수 있다. 비트 제너레이션과 비밥에 관해 논했던 한 대학 교수는 흑인문화를 접하더라도 "인종과 인종차 개념에 대해 극히 한정된 효과"밖에 미치지 못한다고 한탄했다(John Panish, *The Color of Jazz. Race and Representation in Postwar American Culture*, Jackson : University Press of Mississippi, 1997, p.145). 인종적 현실에 대해 랩으로부터 아무 것도 배우지 못한 것은 일본인만이 아니다.
존 러셀은 페리 제독의 선원들이 했던 민스트럴쇼 이후 "일본에는 흑인을 연극적으로 흉내내는 전통"이 생겼다고 말하는데, 이것은 『나비부인』이나 『미카도The Mikado』가 반복

상연되면서 서양에 일본인을 흉내내는 전통이 생겼다고 하는 것만큼 과장이라 할 수 있다(John G. Russell, "Race and Reflexivity : the Black Other in Contemporary Japanese Mass Culture", in George Marcus ed., *Rereading Cultural Anthropology*, Durham & London : Duke University Press, 1998, p.141. 이 외 그의 일본어 문헌, 『日本人の黒人観―問題は「チビクロさんぼ」だけではない일본인의 흑인관―문제는「흑인 꼬마 삼보」만이 아니다』, 新評論社, 1991; 『偏見と差別はどのようにつくられるか―黒人差別・反ユダヤ意識を中心に편견과 차별은 어떻게 만들어지는가―흑인 차별・반유대의식을 중심으로』, 明石書店, 1995 참조). 그가 게재한, 1870년 무렵 일본인이 흑인 분장을 하고 찍은 사진은 연극 관련 사진이 아니라 사진관에서 촬영된 사진이었다. 야마모토 카지로山本嘉次郎의 『에노켄의 천만장자ェノケンの千万長子』(1936)나 최근 코미디 프로그램에 가끔 흑인 분장이 등장하긴 하지만, '흑인성에 대한 일본인의 말도 안 되는 집착'이라는 말을 들을 만큼 표현 형태로 확립되었다고는 볼 수 없다. 일본인의 인종 차별을 고발하는 태도에는 공감한다. 하지만 지역적 맥락에 대한 독단 때문에 얼렁뚱땅 넘어가는 추론도 있고 차별하는 일본인에 대한 역차별로밖에 볼 수없는 일방적인 발언이 미국에서는 '정치적으로 올바르다'고 간주되는 기준으로 기술되고 있다.

42) Eric Lott, *Love and Theft, Blackface Minstrelsy and the American Working Class*, New York & Oxford : Oxford University Press, 1993, p.92.

43) 富山一郎, 「国民の誕生と'日本人種국민의 탄생과 일본 인종」, 『思想사상』, 1994년 11월호, 37~56면.

44) John G. Russel, "Consuming Passions-Spectade, Self-Transformation, and the Commodification of Blackness in Japan", in *positions* 6-1, 1998, p.173.

45) 吉野耕作, 『文化ナショナリズムの社会学―現代日本のアイデンティティの行方문화내셔널리즘의 사회학―현대 일본 정체성의 행방』, 名古屋大学出版会, 1997, 150면.

46) 吉野耕作, 『文化ナショナリズムの社会学―現代日本のアイデンティティの行方문화내셔널리즘의 사회학―현대 일본 정체성의 행방』, 名古屋大学出版会, 1997, 164면.

47) Eric Lott, *Love and Theft, Blackface Minstrelsy and the American Working Class*, New York & Oxford : Oxford University Press, 1993, p.35.

벌레라는 주제로 본 일본의 하위문화

1) 畑中正一, 『現代ウイルス事情―インフルエンザからエイズまで현대 바이러스의 실태―인플루엔자에서 에이즈까지』, 岩波新書, 1992; 浅田彰・畑中正一, 「遺伝子のインター・テクスチュアリティ―유전자의 텍스트 상호성」, 『現代思想현대사상』 제15권 제7호, 青土社, 1987.

2) 천재와 인재를 함께 죄(都美, 罪)로 수용하는 성향에 대해서는 모토오리 노리나가本居宣長가 상대上代의 선악관을 『고지키』, 『일본서기』, 『오하라히노리토大祓祝詞』 등을 통해 탐구하면서 '일부러 일으키는 죄(악행・악질적인)'만이 아니라 '스스로 유사(더럽혀짐・재난)'도 '죄'라고 한 연구가 있다. 아즈마 요리코東より子, 『宣長神学の構造―仮構された'神学'노리나가 신학의 구조―허구화된 신학」, ペリカン社, 1999. 특히 제 5장 「'신대'의 이법…神代の理法…「吉凶相根ざす理」」을 참조할 것

3) 주일 미군이 발행하는 신문 *Pacific Stars and Stripes*는 1995년 8월 6일자 1면 기사에서 긴 시간 숨겨왔던 계획의 존재를 보도했다.

4) 『宇宙戦艦ヤマト 우주전함 야마토』에서는 지구 대기권의 방사능을 없애기 위해 '코스모 클리너'가 사용되었던 것에 반해 옴 진리교단에서는 사린이나 겨자 가스의 독성을 없애고 생물병기로부터 자신들을 지키기 위해 같은 이름의 장치가 사용되었다.

5) 옴 진리교단은, 1997년경 기독교와 불교가 서로 대치하여 3차 세계대전이 일어나 아마겟돈이라는 세계종말이 일어난다는 아사하라 쇼코의 예언을 믿었다. 그 때문에 그들의 행동은 종말론 신자 특유의 비합리적인 색채를 띠고 있다.

6) 上野昂志, 「オウム真理教とサブカルチャー―戦後社会のツケが回ってきた 옴진리교와 하위문화―전후 사회의 청구서가 돌아왔다」, 『図書新聞 도서신문』, 1995.5.6.

7) 大塚英志, 「われらの時代のオウム真理教 우리 시대의 옴진리교」, 『諸君 제군』, 1995.6. 연합적군 사건과 하위문화의 관련에 관해서는 大塚英志, 『彼女たちの連合赤軍 그녀들의 연합적군』, 文芸春秋, 1996.

8) 片山洋次郎, 『オウムと身体 옴과 신체』, 日本エディタースクール出版社, 1995; 宮台真司, 『終わりなき日常を生きろ 끊임없는 일상을 살아가라』, 筑摩書房, 1995.

9) 大沢真幸, 『虚構の時代の果て 허구 시대의 끝』, ちくま新書, 1996; 大沢真幸, 『戦後の思想空間 전후의 사상공간』, ちくま新書, 1998.

10) 東浩紀, 『動物化するポストモダン 동물화하는 포스트모던』, 講談社現代新書, 2001. 또한 오사와 마사치 大沢真幸는 아즈마 히로유키 東浩紀와의 대담에서 '동물'이 현대를 생각한다는 점에서 키 텀 key term이라고 인식하면서도 '인간적'과 '동물적'을 완전하게 이항대립하는 것은 유보하면서 '인간과 동물 간 옅은 경계선이 현대의 지식과제가 되었다'라고 말하고 있다. 大沢真幸 東浩紀(대담), 「虚構から動物へ 허구에서 동물로」, 『大航海 대항해』 제43호, 新書館, 2002.

11) 諸橋轍次, 『大漢和辞典 대한자―일본어사전』(大修館); 白川静, 『字統 자통』(平凡社); 貝塚茂樹他, 『角川漢和中辞典 가도가와 한자―일어―중국어사전』(角川書店) 등 참조.

12) 동물원의 문화사적 고찰에 대해서는 졸고, 「メディアとしての動物園 미디어로서의 동물원」, 渡辺守雄 外, 『動物園というメディア 동물원이라는 미디어』(青弓社, 2000)에도 있지만 지면상 곤충에 관한 부분이 생략되었기에, 졸고 「'動物園'の象徴政治的諸相 '동물원'의 상징 정치적 이미지들」(『現代思想』 제24권 제4호, 1996)을 참조.

13) 西村三郎, 『文明のなかの博物学―西欧と日本 下巻 문명 안의 박물학―서구와 일본 하권』, 紀伊国屋書店, 1999, 517면.

14) 자료는 데즈카 手塚 프로덕션・아키타 秋田 서점 공동편집, 『手塚治虫全史―その素顔と業績 데즈카 오사무의 모든 것―그 본모습과 업적』, 秋田書店, 1998에 의거한다.

15) NHK프로그램 〈그때, 역사는 움직였다 その時、歴史は動いた〉의 '전쟁 속에서 애니메이션이 탄생했다 戦火の中でアニメが生まれた'(2000년 6월 28일 방송분) 내레이션으로부터.

16) John W. Dower, 斎藤元一 역, 『容赦なき戦争―太平洋戦争における人種差別 용서없는 전쟁―태평양전쟁에서 인종차별』, 平凡社ライブラリー, 2001, 제9장 참조.

17) Douglas Lummis, 加地永都子 역, 「原子力的な日光の中での陽なたぼっこ 원자력적인 일광 속에

서 햇볕쬐기」,『思想の科学사상의 과학』, 1981.6.

18) 加藤典洋,『アメリカの影미국의 그림자』, 河出書房新社, 1985.

19) Harry D. Harootunian, 姜尚中 역,「アメリカの日本・日本の日本미국의 일본・일본의 일본」,『みすず미스즈』370호, 1992.

20) 이 표현에 불쾌감을 일으키는 사람도 있을 것이다. 그런 사람들에게는 국학자, 가모노 마부치賀茂真淵의 다음 말을 들려주고 싶다. '무릇 천지에 살아있는 것은 전부 벌레이다. 그것들 안에서 어떻게 인간만 귀하다고 할 수 있겠는가.'(賀茂真淵,「国意考국의고」,『近世神道論・前期国学근세신도론・전기국학』日本思想体系 39, 岩波書店, 1972, 379면)

21) 이 분석은 宮台真司・石原英樹・大塚明子,『サブカルチャー神話解体하위문화 신화해체』, PARCO出版局, 1993에 의거한다.

22) 賀茂真淵,「国意考국의고」,『近世神道論・前期国学근세신도론・전기국학』日本思想体系 39, 岩波書店, 1972, 386면.

23)『ピーター・パン・シンドローム—なぜ, 彼らは大人になれないのか피터팬 신드롬—어른이 되지 않은 사람들』(Dan Kiley, 小此木啓吾 역, 祥伝社, 1984)은 1984년부터 스테디셀러이다. 서양에서도 기층문화에서 민중의 세계관에는 곤충적인 것이 존재한다는 것은『치즈와 구더기』(카를로 진즈부르그, 김정하 역, 문학과지성사, 2001) 등에서도 살펴볼 수 있다.

24) 1995년도 작품 중에서는 오시이 마모루押井守〈공각기동대GHOST IN THE SHELL〉의 엔딩을 잊을 수 없다. 시로 마사무네士郎正宗 원작 만화와 달리 네트워크 속에 존재하는 '인형조종자'라고 불리는 정체불명의 해커(레트로 바이러스)와 '융합'했던 사이보그 구사나기 모토코草薙素子가 어린 소녀의 의체(사이보그 몸체)로 '유형진화'하면서 끝난다. 그 외에도 오토모 가즈히로大友克洋의 〈AKIRA〉(1998)나 스탠리 큐브릭의 〈2001 스페이스 오디세이〉(1968)도 고전이라고 할 수 있다. 가마타 토지鎌田東二,『翁童論—子どもと老人の精神誌옹동론—아이와 노인의 정신지』, 新曜社, 1988을 참고할 것

25) 예를 들어『よむ읽기』, 岩波書店, 1994.7; 稲葉振一郎,『ナウシカ解読—ユートピアの臨界나우시카 해독—유토피아의 임계』, 窓社, 1996; 清水正,『宮崎駿を読む—母性とカオスのファンタジー미야자키 하야오를 읽는다—모성과 카오스의 판타지』, 鳥影社, 2001; 正木晃,『はじめての宗教学—『風の谷のナウシカ』を読み解く최초의 종교학—〈바람계곡의 나우시카〉독해』, 春秋社, 2001 등.

26) 森岡正博・井上章一,『男は世界を救えるか남자는 세상을 구할 수 있는가』, 筑摩書房, 1995.

27) 여기서 '망명자'라는 것은 에드워드 사이드가『知識人とは何か지식인이란 무엇인가』에서 기술한, 다음과 같은 상태에 있는 사람을 말한다. '안주하지 않고, 계속 이동하고, 항상 불안정하고 또 타인을 불안정하게 만드는 상태.' Edward W. Said, 大橋洋一 역,『知識人とは何か지식인이란 무엇인가』, 平凡社, 1998, 93면.

28) 大塚英志・ササキバラゴウ,『教養としての'まんが・アニメ'교양으로서 '만화/애니메이션'』, 講談社現代新書, 2001.

29) 이 에피소드는 후에 삭제되기도 했지만 현재 입수 가능한 고단샤판 데즈카 오사무 만화전집『철완 아톰 ①』에는 재수록되어 있다. 그러나 현재 출판중인 고단샤 만화문고판에는 수록되어 있지 않다.『철완 아톰』도 엄밀한 텍스트 비평이 필요한 작품이다.

30) 大塚英志・ササキバラゴウ,『教養としての'まんが・アニメ'교양으로서 '만화/애니메이션'』, 講

330

談社現代新書, 2001.

31) 다음을 예로 들 수 있다. Ashley Montagu, 尾本恵一・越智典子 역,『ネオテニー—新しい人間造化論유형성숙—새로운 인간조화론』, どうぶつ社, 1986.

32) 石田秀実,『こころとからだ—中国古代における身体の思想마음과 신체—중국 고대의 신체사상』, 中国書店, 1995.

33) 上野俊哉,『紅のメタルスーツ—アニメという戦場붉은색의 메탈슈트—애니메이션이라는 전쟁터』, 紀伊国屋書店, 1998, 144~148면.

34) 渡辺守雄,「文化モジュールとしての〈宀かんむり〉—ドメスティックなものをめぐって 문화 모듈로서의〈한자부수〉—도메스틱한 것을 둘러싸고」,『教養研究교양연구』제2권 제2호, 九州国際大学教養学会, 1995.9.

35)『医心方의심방』26권에서 인용하고 있는『大清経대청경』에서 기술하고 있다. 石田秀実,『こころとからだ—中国古代における身体の思想정신과 신체—중국 고대의 신체사상』, 中国書店, 1995, 141면.

36) 발타자르, 멜키오르, 캐스퍼는 예수 그리스도가 탄생할 때 빛나는 별을 따라 동방에서(즉 아시아에서) 왔다고 하는 세 명의 현인이다.

37) 大野晃,『手塚治虫〈変容〉と〈異形〉데즈카 오사무〈변용〉과〈이형〉』, 翰林書房, 2000.

38) 竹村真一,「拡張する人間観확장하는 인간관」,『岩波講座文化人類学第1巻 新たな人間の発見이와나미강좌 문화인류학 제 1권 새로운 인간의 발견』, 1997, 241~283면 참조.

39) Mark Driscoll, 水嶋一憲 역,「変態機械—インターフェースの政治形態学변태기계—인터페이스의 정치형태학」,『現代思想현대사상』제24권 제8호, 1996, 24~29면.

40) 村瀬学,「13歳論—子どもと大人の'境界'はどこにあるのか13세론—아이와 어른의 '경계'는 어디에 있는가」, 洋泉社, 1999.

41) 1995년이라는 두 번째 전환기에는〈에반게리온〉이외에도 1970년대 초의 첫 번째 전환기에 과학의 영역에서 밝혀진 바이러스 유전자 차원의 '기생' = '역전사'라는 테마를 다룬 작품들이 하위문화의 영역에서 일제히 개화했다. 앞에서 간단히 언급한 이와아키 히토시岩明均의『寄生獣기생수』(1989~1995) 이외에도 세나 히데아키瀬名秀明의 SF바이오 호러소설『パラサイト・イブ파라사이트 이브』(1995)가 기생 생물인 미토콘드리아의 반란을 그렸다. 스즈키 코지鈴木光司의『らせん라센』(1995)도 소녀의 원한에 조정당하는 바이러스가 기생하는 이야기 설정으로 '소녀'와 '벌레' 커플의 공포스러운 측면을 잘 그려낸 호러소설의 걸작이다. 최근에는 우루시바라 유키漆原友紀의 만화『虫師충사』가 생명의 '원형'으로서 '벌레'를 그리고 있으며 앞으로의 전개가 기대된다.

경계를 넘는 오키나와

1) 吉見俊哉,「日本のなかの'アメリカ'について考える일본 안의 '아메리카'에 대해 생각하다」,『環환』8호, 2002 겨울, 131~143면.

2) 李鍾元,「前後米国の極東政策と韓国の脱植民地化전후 미국의 극동 정책과 한국의 탈식민지화」,

331

『岩波講座 近代日本と植民地 8이와나미강좌 근대 일본과 식민지 8』, 岩波書店, 1993, 3~38면.

3) 牧野浩隆, 『再考沖繩経済다시 생각하는 오키나와 경제』, 沖繩タイムス社, 1996, 12~36면.

4) 島マス先生回想録編集委員会, 『島マスのがんばり人生시마 마스의 끈질긴 인생』, 1986, 73~74면.

5) 金城須美子, 「沖繩の食生活にみるアメリカ統治の影響오키나와의 식생활로 보는 미국 통치의 영향」, 照屋善彦・山里勝己 편, 『戦後沖繩とアメリカ전후 오키나와 미국』, 沖繩タイムス社, 1995, 152~180면.

6) 那覇市総務部女性室 편, 『なは・女のあしあと那覇女性史(戦後編)나하・여성의 발자취 나하 여성사(전후편)』, 琉球新報社, 2001, 75~76면.

7) 1946~1954년의 「전 류큐 지역 범죄 발생 검거인 수치 조사」를 보면 '죄명'이라는 항목에 살인이나 상해와 함께 '밀무역'이나 관련 죄명, 또 '군시설 난입', '군수품 부당소지' 등 '전과'와 관련된 죄명도 있다. 1949년까지 범죄 검거수에서는 '야간통행 위반'(1949년 통계, 1304명)에 이어 '군수품 부당소지'(692명), '밀매음'(768명), '밀무역'(61명) 순으로 높은 수치를 나타낸다. 1950년 이후에는 '자동차 운전 규칙 위반'(1952년 통계, 3609명)에 이어 '밀매음'(704명), '군시설 난입'(415명) 순이다. 그러나 1952년까지는 '군수품 부당소지'(271명), '밀무역' 관련 수치(합계 116명) 역시 높았다(沖繩市長村長会, 『地方自治七周年記念誌지방자치 7주년 기념지』, 沖繩市長村長会, 1955, 814~819면). 그러나 많은 증언에 따르면, 검거해야 할 입장에 있는 경찰도 당시 주민생활의 힘든 상황을 알고 있었기 때문에 보고도 못 본 척하거나, 체포를 보류하는 등 주민에게 '가슴 아픈 배려'를 했다고 한다. 따라서 여기에 표시된 숫자는 실상에 비하면 빙산의 일각이라고 할 수 있다.

8) 石原昌家, 『空白の沖繩社会史공백의 오키나와 사회사』, 晩声社, 2000; 石原昌家, 『戦後沖繩の社会史전후 오키나와 사회사』, ひるぎ社, 1995; 古波津清昇, 『沖繩産業史오키나와 산업사』, 文教図書株式会社, 1983.

9) 『私の戦後史 第八集나의 전후사 제8집』, 沖繩タイムス社, 1985, 19~21면・162~169면.

10) 분명 '밀무역'이나 '전과'의 시대는 그때까지의 사회규범이 붕괴하여 나타난 아노미상황이었다고도 할 수 있다(与那国暹, 『戦後沖繩の社会変動と近代化전후 오키나와의 사회변동과 근대화』, 沖繩タイムス社, 2001, 59~63면). 그러나 나는 그러한 시대에 국경선이나 제도적 구조를 자유자재로 빠져나가 독자적으로 세계를 개척해나갔던 오키나와 사람들의 '주체성'에 더욱 주목하고 싶다. 예를 들어, 1947년 미군 민정관 체스 소령이 오키나와를 방문한 후 요나구니에서는 장래에 불안을 느낀 사람들이 '이제 살 길은 밀무역으로 도와준 타이완에 기댈 수밖에' 없다며 '타이완 합병론'을 '현실'적으로 논의하고, 타이완과의 합병을 원하는 진정위원회가 조직되어 장제스 앞으로 진정서까지 보냈다고 한다(大浦太郎, 『密貿易島밀무역섬』, 沖繩タイムス社, 2002, 74~76면).

11) 若林千代, 「'オフ・リミッツ'の島'오프 리미츠'의 섬」, 『現代思想현대사상』, 青土社, 1999.3, 28면.

12) 鳥山淳, 「軍用地と軍作業から見る戦後初期の沖繩社会군용지와 군작업으로 보는 전후 초기의 오키나와 사회」, 『浦添市立図書館紀要우라소에 시립도서관 정기간행물』 12호, 浦添市立図書館, 2001, 77면.

13) 대표적 사례로 아하곤 쇼코阿波根昌鴻(1903~2002)가 말한 '무저항의 저항'이라는 문구를 들수 있다. 아하곤 쇼코는 1953년부터 미군에 의한 이에지마伊江島의 토지 강제수용에 대해,

일괄적으로 '진정, 바람, 당부, 비원, 탄원' 등의 '무저항의 저항'을 통한 반대운동의 중심적 역할을 한 인물로 잘 알려져 있다. 아하곤 쇼코의 '무저항의 저항'에 대해 본토에서 온 청년이 '진정'은 '너무 점잖은' 방식이라 '싸우는 것이 아니다'라고 비판하자 아하곤 쇼코는 다음과 같이 대답했다고 한다. "분명 익숙한 싸움은 아니라고 생각한다. 그러나 지원단체도, 신문기자도, 보는 사람도, 듣는 사람도 없을 때, 이 떨어져 있는 작은 섬인 이에지마에서 죽음을 당하면 그걸로 끝이다. 이 외에 방법은 없다."(阿波根昌鴻, 『米軍と農民미군과 농민』, 岩波書店, 1973, 54면) 이 '무저항의 저항'은 그 후의 '섬 전체 투쟁'에서 '복귀운동'으로까지 계승되었다.

14) 三浦展, 『「家族」と「幸福」の戦後史가족과 '행복'의 전후사』, 講談社, 1999.

15) 宮城悦二郎, 『占領者の眼점령자의 눈』, 那覇出版者, 1982, 117~123면.

16) 那覇市総務部女性室 편, 『なは・女のあしあと 那覇女性史(戦後編)나하·여성의 발자취 나하여성사(전후편)』, 琉球新報社, 2001, 430면.

17) 宮里政玄, 『アメリカの沖縄統治미국의 오키나와통치』, 岩波書店, 1966, 111~190면; 宮里政玄, 『日米関係と沖縄미일관계와 오키나와』, 岩波書店, 2000, 137~214면.

18) 宮城悦二郎, 『沖縄占領の二七年間오키나와 점령 27년간』, 岩波書店, 1992, 34~58면.

19) 이 두 사건이 실린 '출판허가 관계자료'에 대해서는 『那覇市史 資料編 第3巻 2 나하시 역사 자료편 제3권 2』(2002)를 참조. 당시의 인쇄 출판물은 '허가제'였으며(1965년 2월에 폐기), 군정부나 류큐정부가 사전에 검열했다. 그 때문에, 출판편집자 측의 자기규제도 강했다고 한다. 덧붙여 1952년부터 1962년까지 출판물 신청 수는 971건이었으며 이 중 허가를 받지 못한 경우가 25건이었다.

20) 몬나 나오키門奈直樹는 "Media Survey. Prepared by Research and Evaluation Division Public Affairs Department USCAR, APO 96248"에 근거하여, "반드시 『슈레의 빛』이나 『오늘의 류큐』가 많이 읽혔다고는 생각하지 않는다. 실제로 미국 민정부의 조사에 따르면, 이 두 잡지의 열독률은 전 오키나와 잡지의 고작 1%였다고 한다"는 점을 지적한다(門奈直樹, 『沖縄言論統制史오키나와 언론 통제사』, 現代ジャーナリズム出版会, 1970, 314면).

21) 鹿野政直, 『戦後沖縄の思想像전후 오키나와의 사상』, 朝日新聞社, 1987, 165~166면.

22) 류큐대학 농·가정학부에 의한 농업보급과 가정생활 개선 보급사업 활동은 1955년부터 행해졌는데, 1960년도 한 해에만 『農家便り농가소식』이나 총서의 발행이 14회, 강습회나 간담회가 108회, 신문·라디오·텔레비전·시사회가 131회로(『琉球大学十周年記念誌류큐대학 10주년 기념지』, 1961, 120면), 많은 수의 보급사업이 행해졌음을 알 수 있다. 新垣博子, 「琉球大学における家政学教育류큐대학의 가정학 교육」, 『琉球大学教育学部紀要 第二三集류큐대학 교육학부 정기간행물 제23집』, 1979; 沖縄県農林水産部営農指導課 발행, 『農業改良普及事業の歩み-沖縄県農業改良普及事業四〇周年記念誌농업개량보급사업의 추이-오키나와현 농업개량보급사업 40주년 기념지』, 1991.

23) 翁長君代自伝刊行会 편, 『素晴らしきかな人生 翁長君代自伝멋진 인생 오나가 키미요 자전』, 若夏社, 1985, 186~276면; 琉大農家政学部 발행, 『琉大農家便り 류대농가소식』, 1957.11.

24) 텔레비전 보급률에 대해서는 오키나와 통계연감, 미국 민정부의 기록, 방송회사의 자료 등 각 출처에 따라 그 숫자가 다르다(宮城悦二郎, 『沖縄・戦後放送史오키나와・전후 방송사』,

ひるぎ社, 1994, 191~192면). 오키나와 통계연감에 실린 텔레비전 보급대수는 다음과 같다. 1960년(1만 9천 대), 1936년(7만 9천 대), 1964년(9만 8천 128대), 1965년(12만 2050대), 1968년(16만 7900대), 1970년(19만 9325대).

25) 주민생활에서 소비지출을 차지하는 광열비의 증가율과 1966년 이후의 '내구소비재 붐'을 분석한 논문으로 松田賀孝, 「戦後沖縄社会経済史研究전후 오키나와 사회경제사 연구」(東京大学出版会, 1981, 677면)가 있다. 또 당시 가전제품이나 자동차 월부 판매에 대한 상황을 분석한 것으로는 琉球銀行調査部, 「消費者信用の動向소비자 신용 동향」(『琉球ニュース류큐 뉴스』 96호, 1967.2)을 참조했다.

26) 「生活改善状況調査まとめ 一九六六年~一九七〇年(五年間)생활개선 상황조사 모음 1966년~1970년(5년간)」(오키나와현 공문서관 소장 류큐정부 문서 RD00059686B, 「農林局農業改良課生活改善係농림국 농업개량과 생활개선계」 소유), 「農山漁家の生活改善普及に関する書類농촌·산촌·어촌의 생활 개선 보급에 관한 문서」(오키나와현 공문서관 소장 류큐정부 문서 R00061114B, 「北部改善普及所 一九六五年 第11号第４種북부 개선 보급소 1965년 제11호 제4종」 소유).

27) 류큐정부가 실시한 가전제품이나 내구소비재에 관한 조사로는 농가의 생활개선상황을 대상으로 한 농림국 농업개량과의 조사뿐 아니라, 통계국에서 실시한 주요 내구소비재 조사도 있다. 이 조사는 전 류큐의 3천여 세대(조사 연도에 따라 세대수가 다르다)를 농가, 근로자세대, 일반세대로 구분하여 1963년, 1965년, 1968년, 1970년 4차례에 걸쳐 진행되었다. 통계국 조사에 의한 1970년의 주요 가전제품(흑백텔레비전, 냉장고, 세탁기) 보유상황 조사 결과는 다음과 같다. 전 류큐세대(85.7%, 59.9%, 53.5%), 농가(78.2%, 26.6%, 42.2%), 근로자세대(88.6%, 98.1%, 57.1%), 일반세대(85.2%, 70.7%, 54.0%). (琉球政府企画局統計庁, 『沖縄統計月報오키나와 통계 월보』, 179호, 1970.4, 59~65면).

28) 吉見俊哉, 「アメリカナイゼーションと文化の政治学미국화와 문화의 정치학」, 見田宗介他 편, 『岩波講座現代社会学 第一巻 現代社会の社会学이와나미강좌 현대사회학 제1권 현대 사회의 사회학』, 岩波書店, 1997, 180~214면.

29) 아라사키 모리테루新崎盛暉는 1961년 이후 '비약적으로 증대'한 일본정부의 류큐 경제원조 정책의 배경에 군사적, 정치적인 요소와 함께 경제적인 요소가 있다며 다음과 같이 지적했다. "'일본'에서 '류큐'로의 수출은 매년 수출 총액의 약 3%를 차지한다. '류큐'는 동남아시아에서 홍콩, 태국, 한국과 나란히 일본의 중요한 수출시장이다. 다른 지역으로는 영국, 캐나다에 필적한다. (…중략…) 오키나와로의 수출은 오키나와에서의 수입을 훨씬 웃돈다. 그리하여 본토는 오키나와에서 매년 약 7,000만 달러의 외화수입을 얻고 있다. 이것은 경제원조 금액의 수십 배에 달한다."(中野好夫·新崎盛暉, 『沖縄問題二十年오키나와 문제 20년』, 岩波書店, 1965, 193면) 이렇게 일본기업에게 1960년대 오키나와는 일본제품의 수출처인 동남아시아 여러 나라와 나란히 유력한 수출시장으로 파악되었다.

30) 『新沖縄文学신오키나와 문학』 창간호, 沖縄タイムス社, 1966.

31) 岡本恵徳, 『現代文学にみる沖縄の自画像현대문학에서 보는 오키나와의 자화상』, 高文研, 1996, 127면.

32) 沖縄国際大学文学部社会学科石原ゼミナール 편, 『戦後コザにおける民衆生活と音楽文化전후 코자의 민중생활과 음악문화』, 榕樹社, 1994, 239~286면.

33) 企画部平和文化振興課 편,『沖縄市史資料集 4 ロックとコザ오키나와시 역사자료집4 록과 코자』 개정판, 沖縄市役所, 1998, 37~76면.

34) 上原康助,『基地沖縄の苦闘－全軍労闘争史기지 오키나와의 고투－전군노 투쟁사』, 創広, 1982.

35) John W. Dower, 三浦陽一 외역,『敗北を抱きしめて패배를 껴안고』, 岩波書店, 2001.

36) 基地・軍隊を許さない行動する女たち会 편,『沖縄・米兵による女性への性犯罪(一九四五年四月~二〇〇一年六月)오키나와・미군에 의한 성범죄(1945년 4월~2001년 6월)』제6판. 미야기 하루미宮城晴美와 다카사토 스즈요高里鈴代는『うるま新報우루마신보』,『오키나와 타임즈』,『류큐신보』와 같은 지역신문, 미국 민정부의 자료,『나하시 역사』의 전시・전후 체험기(2)와 증언, 저서 등 28점의 자료들에서 전후 오키나와의 강간 범죄를 뽑아 범죄표를 작성하였다. 다만, 미군점령하의 미군에 의한 강간 범죄를 기록한 수치들은 사건의 성격에 따라 감추어진 것도 많아, 신문이나 저서에 게재되어 있는 사례는 극히 일부에 한정된 것이라고 할 수 있다. 수치는 실태에 비하면 극히 일부에 지나지 않지만 미군기지에서 파생한 구조적 폭력의 실태를 극적으로 보여준다.

335

저자 주